CB081865

O Brasil Imperial – Vol. III

Organização
Keila Grinberg e Ricardo Salles

O Brasil Imperial – vol. III – 1870-1889

4ª edição

CIVILIZAÇÃO BRASILEIRA
Rio de Janeiro
2025

CAPA
Sérgio Campante

PROJETO GRÁFICO DE MIOLO
Evelyn Grumach e João de Souza Leite

CIP-BRASIL. CATALOGAÇÃO-NA-FONTE
SINDICATO NACIONAL DOS EDITORES DE LIVROS, RJ

B83 O Brasil Imperial, volume III: 1870-1889 / organização Keila Grinberg
4ª ed. e Ricardo Salles – 4ª ed. – Rio de Janeiro: Civilização Brasileira, 2025.

Inclui bibliografia
ISBN 978-85-200-0868-3

1. Brasil - História - Império, Segundo Reinado, 1840-1889. 2. Brasil - História - Império, 1822-1889. I. Grinberg, Keila, 1971-. II Salles, Ricardo, 1950-.

09-3818 CDD: 981.05
CDU: 94(81)"1822-1889

EDITORA AFILIADA

Texto revisado segundo o Acordo Ortográfico da Língua Portuguesa de 1990.

Direitos desta edição adquiridos pela
EDITORA CIVILIZAÇÃO BRASILEIRA
Um selo da
EDITORA JOSÉ OLYMPIO LTDA.
Rua Argentina, 171 – Rio de Janeiro, RJ – 20921-380 – Tel.: (21) 2585-2000

Atendimento e venda direta ao leitor:
sac@record.com.br

Impresso no Brasil
2025

Sumário

Apresentação

José Murilo de Carvalho

Por motivos que não são de todo claros, tem havido nos últimos 10 ou 15 anos grande incremento nos estudos sobre o século XIX brasileiro. Não que nosso Oitocentos tivesse, em algum momento, deixado de atrair a atenção dos estudiosos, historiadores ou não. Ele sempre despertou mais atenção dos pesquisadores, por exemplo, do que o período que o sucedeu, a Primeira República. Mas, seguramente, o interesse tem crescido muito, pelo menos na historiografia produzida no Centro-Sul, sobretudo no Rio de Janeiro e em São Paulo. A historiografia mineira também se volta mais para o período, embora ainda mantenha forte ênfase na colônia, sem dúvida a parte mais rica da história da região.

O aumento pode ser em parte atribuído à concentração de alunos de pós-graduação nos estados de São Paulo, Rio de Janeiro e Minas Gerais. De fato, essa concentração é grande. Em 2005, por exemplo, o Sudeste era responsável por 46% dos 50 programas de Doutorado e Mestrado em História existentes no país. Esses 46% produziram 45% das teses e dissertações defendidas nesse mesmo ano. Restringindo o cálculo apenas às teses de Doutorado, a porcentagem sobe para 66%. Mas imagino que essa razão quantitativa não explique tudo. A efeméride dos 200 anos da chegada da corte portuguesa ao Rio de Janeiro constituiu um poderoso fator para chamar a atenção para o século XIX em geral e para a monarquia em particular. Mas seu impacto na produção historiográfica, se houver, deverá verificar-se principalmente a partir de 2008, não dando conta de um fenômeno que teve origem anterior. O que a efeméride, celebrada com grande visibilidade, pelo menos no Rio de Janeiro, poderá fazer é aumentar ainda mais o interesse no século XIX. Outras razões haverá para o movimento anterior, cuja identificação, no entanto, deixo a cargo da argúcia do leitor.

Seja como for, há vários indicadores do aumento do interesse no século XIX. Um deles foi a criação em 2002 do Centro de Estudos do Oitocentos (CEO), sediado na Universidade Federal Fluminense. O Centro congrega hoje, entre permanentes e associados, cerca de 220 pesquisadores de 12 estados, com predominância dos do Rio de Janeiro e de Minas Gerais. A partir de 2003, graças a recursos de um programa de excelência (Pronex) financiado pelo CNPq e pela Faperj, o Centro vem promovendo seminários e publicações voltados para o tema da nação e da cidadania no século XIX.

Outro claro indicador do bom momento dos estudos do Oitocentos é a coleção Brasil Imperial que agora vem à luz. Composta de três robustos volumes, tem a organização de Keila Grinberg e Ricardo Salles, que também se responsabilizam por três capítulos. Ambos fazem parte do grupo de pesquisadores anteriormente mencionado, assim como o fazem vários outros colaboradores da coleção. Uma das principais marcas da publicação é o fato de que, com poucas exceções, organizadores e autores pertencem a uma nova geração de historiadores que chega à maturidade já tendo conquistado o reconhecimento de seus pares. Trata-se de uma geração totalmente formada nos programas de pós-graduação em História que se vêm difundindo por todo o país, ampliando e democratizando a pesquisa histórica entre nós.

Esses historiadores vêm construindo sua obra na sequência do trabalho de antecessores, dos quais muitas vezes foram alunos. Os antecessores constituíram a primeira geração de profissionais formados nos cursos de pós-graduação em História, inicialmente na USP, depois nos outros cursos que se iam criando, ou mesmo em universidades europeias e norte-americanas. No tocante aos estudos do século XIX, essa primeira geração produziu historiadores como Fernando Novaes, Carlos Guilherme Mota, Emilia Viotti da Costa, Ilmar Rohloff de Mattos, Maria Odila da Silva Dias, Maria Ieda Linhares e o próprio autor desta apresentação. Fora do circuito universitário, há que se mencionar também Evaldo Cabral de

Mello. Todos publicaram suas primeiras obras nas décadas de 1970 e 1980 e já tinham, por sua vez, substituído a geração anterior de historiadores do Oitocentos que não tinha formação universitária especializada. Essa última predominou até a década de 1960 e incluía expoentes da historiografia do século XIX do calibre de Oliveira Lima, Tobias Monteiro, Hélio Viana, José Honório Rodrigues, Pedro Calmon, Raimundo Faoro, Otávio Tarquínio de Sousa e João Camilo de Oliveira Torres. Pode-se dizer, então, que os autores da Coleção Brasil Imperial constituem uma terceira geração de historiadores, se começarmos nossa contagem a partir do início do século XX.

Não cabe aqui fazer um retrato dessa nova geração. Mas gostaria de apontar o que julgo ser algumas de suas principais características. A primeira tem a ver com o espaço. A melhor distribuição geográfica dos cursos de pós-graduação levou à maior nacionalização da pesquisa histórica. A nacionalização permitiu não apenas a multiplicação de bons estudos regionais, como também a de estudos nacionais sob perspectivas menos marcadas pelo centro político e econômico do país. A segunda característica tem a ver com o tempo. A geração que a antecedeu foi muito marcada pela luta ideológica, exacerbada durante os governos militares. Divergências de abordagens eram rapidamente transpostas para o campo político-ideológico, com prejuízo do diálogo acadêmico e talvez mesmo da qualidade dos trabalhos. A nova geração formou-se em ambiente menos tenso e menos polarizado, beneficiando-se de maior liberdade de debate, de melhores condições de escolha, tanto de temas como de abordagens, e de ambiente intelectual mais produtivo.

Essas características, que não hesito chamar de virtudes, marcam os três volumes e 33 capítulos organizados por Keila Grinberg e Ricardo Salles. A coleção segue a linha cronológica usada em histórias gerais do período, como a dos cinco volumes da *Historia Geral da Civilização Brasileira*, organizados por Sérgio Buarque de Holanda, e como a dos capítulos sobre o Brasil-Império da *Cambridge History of Latin America*, organizada por Leslie Bethell. Mas, dentro da baliza cronológica, não vemos a tradicional narrativa linear típica das histórias do período. Não vemos também a opção feita no livro sobre o século XIX publicado em 2007 pelo grupo de pesquisadores do CEO-Pronex, que consistiu em tratar o período sob o ângulo de dois temas centrais fortemente relacionados, quais sejam, nação e cidadania. Antes, e aí reside talvez a maior riqueza da coleção, os organizadores optaram por apostar na exploração de grande variedade de temas e abordagens.

Temas clássicos, como escravidão, nação, Estado, Igreja, Guerra do Paraguai, são tratados de maneira inovadora graças à exploração de novas fontes de dados ou ao uso de novas perspectivas de análise. Particularmente forte é a parte dedicada ao tráfico, à escravidão e à raça, que ocupa nada menos do que seis dos 33 capítulos da obra. Vê-se aí a marca dos organizadores, reconhecidos especialistas nesses temas. Além da retomada em termos novos de velhos tópicos, a coleção introduz assuntos pouco ou nada explorados anteriormente. Entre eles, salientam-se os da política indigenista, da língua nacional, da ecologia, da cultura popular. Faz-se também um esforço, embora ainda incompleto, para cobrir a história regional.

O leitor da coleção terá, assim, diante de si uma rica oferta de novos temas e novas ideias sobre o Oitocentos. O século continuará sendo um desafio para seus intérpretes e para os que por ele simplesmente se interessam. Mas os três volumes agora publicados servirão sem dúvida para iluminar pontos obscuros, problematizar interpretações aceitas, abrir novos caminhos. Qual, a não ser essa, a tarefa do historiador de hoje?

Prefácio

O ano de 1870 é um marco na história do império. No primeiro dia de março, a morte de Solano López em batalha satisfaz a vontade de d. Pedro II e encerra a sangria material, humana e moral da longa guerra contra o Paraguai. Vitoriosa nos campos de batalha, a monarquia, na *Era dos impérios*, está exangue. Doravante, defrontar-se-á com questões, tendências, forças sociais, políticas e ideológicas que, avolumando-se, precipitarão o 15 de novembro de 1889.

A primeira e mais importante dessas questões é a escravidão, força ativa e pano de fundo da construção da Nação, do Estado e do próprio regime. A "questão servil", como a diziam os estadistas do império, volta com força à agenda política e culmina com a aprovação da lei de 28 de setembro de 1871, que decreta, entre outras medidas, a liberdade do ventre escravo e, como consequência, coloca definitivamente no horizonte de fim da escravidão. Esse horizonte impõe, ao mesmo tempo que é imposto por ela, a discussão da questão racial e da cidadania na monarquia e na Nação, na qual a presença e a atuação de políticos e intelectuais negros foi um importante fator que merece a atenção da historiografia. São esses os temas do capítulo que abre o terceiro e último volume da coleção Brasil Imperial, "Raça e cidadania no crepúsculo da modernidade escravista no Brasil", de autoria de Hebe Mattos.

Política e escravidão ainda estão presentes no segundo capítulo, de autoria de Ricardo Salles, e no Capítulo 10, de Maria Helena Machado. O primeiro explora a relação entre a vida política e a escravidão, principalmente entre 1850 e 1871, e o segundo analisa diretamente o grande movimento político de massas que acabou por destruir a ordem escravista e abriu caminho para a derrocada do regime: o movimento abolicionista.

O movimento republicano, o federalismo e a implantação da República, como vetores e resultados de uma correlação de forças sociais e políticas que levou à queda da monarquia, são analisados por Renato Lemos no capítulo que encerra a coleção.

No início da década de 1870, o tempo e a vida social aceleram-se como nunca até então, no mundo e no império do Brasil. Isso era ainda mais verdadeiro na cosmopolita corte do Rio de Janeiro, como exposto por Margarida de Souza Neves. Entretanto, a partir da década seguinte, embalada pela expansão das fronteiras do café e por novas forças sociais, desponta a metrópole do novo século, São Paulo, tema de Maria Luiza Ferreira de Oliveira no Capítulo 5. Os imigrantes, que passam a chegar em grande número, foram fundamentais para construir esse complexo socioeconômico que sustentou nossa Primeira República. Imigrantes que já vinham e continuaram a vir para as províncias — depois estados — do Sul. Seu papel na conformação social dessas regiões é objeto do capítulo de João Klug, "Imigração no Sul do Brasil".

O momento, no entanto, não era apenas dos novos fazendeiros do oeste paulista e dos imigrantes. Martha Abreu e Larissa Viana, no Capítulo 7, retomam, sob o aspecto da festa e da cultura popular, o tema de Hebe Mattos: a presença política da população escrava e afro-descendente nas décadas finais do império.

Nesse mundo em transformação, a vida intelectual conheceu um novo dinamismo. Como disse Silvio Romero, um dos mais expressivos representantes da chamada Geração de 1870, "um bando de ideias novas" passaram, então, a revoar sobre as cabeças dos intelectuais que adentravam, naquele momento, na vida pública. É disso que nos fala Angela Alonso em seu capítulo, "Apropriação de idéias no Segundo Reinado". O paradigma realista domina a literatura do período, como argumenta Leonardo Affonso de Miranda Pereira no oitavo capítulo.

O império — e por que não dizer a Nação — nasceu sob o signo da escravidão. Quando esta era extinta ou golpeada de morte em outras partes das Américas, no Brasil, mas também no Sul dos Estados Unidos e em Cuba, ela se desenvolveu com redobrada força. Na base desse desenvolvimento estavam o algodão e a cana-de-açúcar e, no caso brasileiro, a nova cultura do café. Um ramo de rubiácea, afinal, ao lado de um de fumo abraçavam o escudo de armas do Brasil no pavilhão imperial. A exploração de uma natureza tropical, pretensamente adversa à civilização, era vista, ao mesmo tempo, como fonte inesgotável de riquezas, o que justificou, para a opinião política dominante, a preservação e a expansão da escravidão. Derrubada esta última pelo movimento abolicionista e pelas lutas dos próprios escravos, o mesmo padrão devastador de uso da natureza se manteve e se intensificou no século seguinte. A relação entre Meio Ambiente e História, campo promissor de investigação historiográfica, está presente, para o período imperial, no nono capítulo, em que José Augusto Pádua analisa o tema "Natureza e sociedade no Brasil monárquico". Os resultados, os colhemos hoje.

CAPÍTULO I

Raça e cidadania no crepúsculo da modernidade escravista no Brasil

Hebe Mattos

A escravidão africana conformava o coração de boa parte das sociedades coloniais americanas e manteve-se bem mais que mera sobrevivência dos antigos regimes coloniais nas Américas do Oitocentos. Os pais fundadores dos Estados Unidos da América eram quase todos senhores de escravos, e muitos somavam em suas plantações centenas deles. O mesmo se pode dizer das elites do Brasil colonial que estiveram à frente da independência do país. Nas colônias francesas e inglesas, apesar dos governos liberais nas metrópoles, o compromisso com os colonos escravistas e suas propriedades daria origem a processos bastante complexos de abolição gradual, que se arrastariam até meados do século XIX. As várias repúblicas da América espanhola não teriam evolução muito diferente. Ainda assim, independências e abolições mantiveram-se relacionadas nas Américas.[1]

Monarquias constitucionais e repúblicas não foram variáveis muito significativas para pensar diferenças no que se refere ao processo abolicionista no continente americano. A monarquia inglesa foi pioneira na abolição da escravidão com indenização aos proprietários em suas colônias, enquanto o império napoleônico restabeleceu a escravidão nas colônias francesas em nome do mesmo direito de propriedade. Em ambos os casos, com exceção do Haiti, a independência não esteve em questão, e a cidadania plena acabou vedada aos descendentes livres de ex-escravos. Em bases crescentemente raciais, a república estadunidense se manteria escravista até o final da Guerra de Secessão, em 1865. O longo tempo de sobrevida da escravidão, século XIX adentro, demonstra muito claramente o quão rápido novas instituições e princípios foram capazes de regular uma modernidade escravista.

Em certo sentido, a monarquia constitucional no Brasil desempenhou papel semelhante. Para muitos, o regime não teria sobrevivido à abolição da escravidão porque teria na legitimação de uma modernidade escravista a própria razão de ser.[2] Até que ponto o desmanchar da ordem escravista no Brasil se confundiu com a crise política da monarquia é uma questão clássica na historiografia brasileira que este tento revisita à luz das pesquisas, desenvolvidas nas últimas décadas, sobre a história social da escravidão.

Se o Brasil não esteve isolado no contexto internacional ao ensaiar a convivência entre modernidade e escravidão, o fez, entretanto, com algumas originalidades, especialmente no que se refere às formas de associação entre raça e cidadania no contexto da construção do Estado nacional monárquico.

A utilização de uma gramática racial para garantir a continuidade da propriedade escrava ou a restrição de direitos aos descendentes de escravos libertos foi comum em grande parte dos novos países em formação nas Américas na primeira metade do século XIX.[3] Também no Brasil a questão se fez presente mas em registro de certa forma diferente. Cerca de metade da população livre da antiga colônia portuguesa era classificada como parda em estimativas do final do período colonial. Muitos desses pardos, ex-escravos incluídos, eram proprietários de escravos. As reivindicações dos novos súditos e cidadãos "de cor"[4] por alguma forma de incorporação à modernidade nacional que se inventava foram questões políticas cruciais nas conturbadas primeiras décadas da monarquia e acabaram por ter alguma efetividade política.[5] Abordar as relações entre monarquia constitucional e escravidão é também tratar da amplitude e dos limites da possibilidade de retirar, da legitimidade escravista, o quesito racial. Para tanto, do ponto de vista metodológico, proponho inicialmente fazer dialogarem a história social da escravidão e a história política do período. Em seguida, e a partir desse diálogo, farei breve análise de trajetórias emblemáticas de alguns políticos e intelectuais negros do final do Oitocentos.[6] Penso que tal abordagem permite lançar nova luz sobre a modernidade escravista oitocentista, tal como foi vivida no Brasil monárquico.

RAÇA, ESCRAVIDÃO E CIDADANIA

Podemos começar em 1850. É verdade que a proibição do tráfico atlântico de escravos, isoladamente, não implicava agenda necessária de emancipação gradual.[7] Junto, porém, com a chamada Lei de Terras, aprovada apenas 14 dias depois, sinalizava para um projeto de reformas que contemplava a substituição da escravidão como horizonte.[8] O contexto internacional e as disputas políticas entre as elites imperiais precisam ser levados em consideração para entender essa inflexão. E não apenas eles. Também a ação coletiva dos chamados cidadãos "passivos" e dos homens e mulheres escravizados contaram decisivamente na dinâmica política do período.

De fato, a aprovação da lei de extinção definitiva do tráfico atlântico de escravos é emblemática dessa dinâmica. As interpretações e pesquisas históricas têm colocado em relevo ora as pressões inglesas, ora o jogo político regional para entender a decisão de finalmente interromper os negócios negreiros contra a vontade dos representantes das principais províncias exportadoras do país.[9] Outros autores têm também enfatizado o temor provocado pela concentração de africanos — produzida pela exacerbação do tráfico ilegal de escravos que alimentou a expansão cafeeira nas décadas de 1830 e 1840 — como uma das principais razões para a mudança de postura do Partido Conservador em relação à questão, em 1850.[10] O próprio Eusébio de Queirós parece ter-se antecipado à historiografia, associando esses vários fatores para explicar sua iniciativa. A capitulação à pressão inglesa, sobretudo após a aprovação da *bill* Aberdeen, foi aventada pela oposição liberal da época, como a principal razão da direção adotada pelo gabinete conservador. Em discurso pronunciado na Câmara, em 16 de julho de 1852, Eusébio respondeu à crítica liberal, admitindo que a crescente pressão inglesa nos anos imediatamente anteriores à lei, associada à ausência de discurso público em defesa da posição brasileira, impunham ao governo uma solução para o impasse, frisando, porém, que a ocasião e a forma adotadas para solucioná-lo foram exclusivamente internas. Para explicar a aprovação da lei pela Câmara conservadora, o ministro destacou a aliança do gabinete conservador com representantes de interesses agrários das áreas não cafeeiras, sobretudo do Nordeste açucareiro, abarrotados de escravos e endividados com os traficantes. Por fim, considerava que concorrera para a medida um "temor salutar" gerado pela concentração de africanos em proporções inéditas no Brasil.

Sob a pressão dos ingleses e do "temor salutar" de revoltas de africanos, a decisão procurava associar-se a outras propostas modernizadoras, como a já referida Lei de Terras, que produziram, em regra, resultados políticos bastante diferentes daqueles imaginados por seus formuladores.

Em 1851, o governo monárquico aprovou duas dessas iniciativas: a implantação de um registro civil e a realização de um recenseamento geral, medidas essenciais para a construção de um Estado nacional em padrões modernos do ponto de vista internacional.[11] Os regulamentos aprovados transferiam, das paróquias católicas para instituições civis, os registros de nascimento, casamento e óbito e também determinavam que a cor da população fosse informada no recenseamento a ser realizado. O conjunto de medidas ganhou a alcunha de "lei do cativeiro" e resultou em revolta popular com foco em Pernambuco, que se espraiou por diversas outras províncias do Nordeste, o que rapidamente fez o Estado imperial desistir de implementar as ações.[12] Não parece razoável atribuir apenas à ignorância a alcunha dos decretos. Afinal, por todo o Atlântico, a racialização crescente — seja das justificativas da escravidão, seja das restrições ao exercício da cidadania aos chamados livres "de cor" — era regra e não exceção.

Por outro lado, a rápida vitória da chamada Revolta dos Marimbondos coloca em evidência o fato de que a maioria dos revoltosos, formada por "homens livres pobres", não era assim tão inexpressiva do ponto de vista político. Não parece coincidência que, mais ou menos à mesma época, a prática de mencionar a cor dos brasileiros livres tenha praticamente desaparecido da documentação civil e criminal do país.[13] Não se trata de pensar mudança de tal envergadura como resultante direta dos levantes contra os registros e a proposta de recenseamento, mas de perceber que a pressão era antiga e portadora de legitimidade.

A oposição à retirada dos registros civis das paróquias não foi aspecto dissociado da alcunha de "lei do cativeiro". De fato, transferir do pároco para um representante do Estado o poder de definir a condição civil dos cidadãos produziria um pequeno terremoto na vida cotidiana do brasileiro comum. Era o registro de batismo que oficialmente definia se cada criança nascida no Brasil era livre, e cidadã brasileira, ou escrava. Além disso, apesar da ética do silêncio que tendia a prevalecer em situações formais de igualdade, os chamados livres "de cor" continuavam confrontados com a marca da escravidão, toda vez que se afastavam de suas redes de relações pessoais. Na verdade, os riscos de reescravização ou escravização ilegal eram constantes para qualquer um que se afastasse destas redes de reconhecimento e proteção, ainda mais em tempo de generalização do tráfico interno de cativos, em substituição ao recém-extinto tráfico transatlântico.[14] Nesse contexto, aumentariam sobremaneira os riscos de leituras políticas do reconhecimento da condição civil dos livres "de cor" e de seus filhos, se essa atribuição fosse transferida para as mãos de representantes dos governos locais.

Imediatamente após o fim do tráfico, as instituições escravistas tenderam a se fortalecer, com o incremento do tráfico interno, que tornava ainda mais precária a vida dos escravizados. Em médio prazo, porém, a propriedade escrava tendeu a se concentrar cada vez mais nas mãos dos maiores senhores, quebrando a cumplicidade da maioria da população livre, independente de sua cor, com a escravidão. Além disso, a nova circulação dos cativos pelo território brasileiro acabou por generalizar expectativas de direitos costumeiros dos escravos, antes vigentes apenas em contextos ou regiões específicos.[15] As novidades políticas da década de 1860 ganham nova inteligibilidade se analisadas à luz dessas transformações.

A influência da política do cotidiano na proposta reformista implementada no início da década de 1870, em especial, a Lei do Ventre Livre, tem sido bastante abordada por aqueles que estudam a escravidão. A formação de pecúlio e a aquisição da alforria quando da morte do senhor eram práticas comuns no país, que dependiam, porém, da vontade senhorial. Sidney Chalhoub constatou pioneiramente o enorme crescimento, na década de 1860, das ações de liberdade que buscavam garantir ao escravo sua autocompra por via judicial. A Lei do Ventre Livre tornou a prática um direito, sob chuva de protestos senhoriais.[16]

A preferência das famílias escravas no acesso à alforria também se estruturava como prática costumeira. Era moeda de troca valiosa na política de domínio senhorial, esgrimida como esperança ou castigo exemplar. Também essa tensão explodiria nos tribunais na década de 1860. Se consideramos as ações de liberdade que chegaram em segunda instância à Corte de Apelação, constatamos que os números de ações praticamente triplicaram na década que precedeu a aprovação da Lei do Ventre Livre, englobando um número crescente de escravos rurais, antes praticamente ausentes desse tipo de processo. Como já tive oportunidade de assinalar em outros trabalhos, predominaram então ações de manutenção de liberdade, que faziam emergir nos tribunais o trânsito familiar da escravidão à liberdade e novos recursos sociais que permitiam às famílias escravizadas questionar as até então frequentes reescravizações ilegais.[17]

O texto da Lei do Ventre Livre, além de libertar a descendência dos últimos escravizados, fez da preferência das famílias no acesso à alforria remunerada uma regra estruturadora do recém-criado Fundo de Emancipação. As famílias escravas, cuja existência tantos debates produziu na historiografia, foram explicitamente reconhecidas pela lei de 1871, como elemento de classificação e hierarquização da escravaria. Por meio dessas famílias organizaram-se listas de matrícula, criadas a partir do Fundo de Emancipação, que relacionavam separadamente famílias e indivíduos escravos.[18]

A situação internacional também contribuía para a vitória das perspectivas reformistas. As elites políticas brasileiras eram bem informadas em termos de política internacional. Em livro sobre os intelectuais da chamada "geração de 1870", Angela Alonso destacou a influência das experiências francesa e portuguesa no pensamento político anterior, especialmente nas construções tendentes a legitimar a mescla entre modernidade e sociedade de corte prevalecente no Brasil.[19] A influência, porém, da experiência política inglesa no Caribe, da abolição da servidão na Rússia e da guerra civil norte-americana no pensamento reformador, que então se esboçava apenas, começa a ser mais bem considerada.

De fato, o impacto (político, social e jurídico) da lei de 1871 não foi pequeno, e a matrícula geral dos escravos foi talvez sua mais significativa materialização. Com sua instituição, além do silêncio ritual, as relações entre raça e cidadania modificaram-se de modo radical. Até então, os chamados homens livres "de cor" precisavam ser socialmente reconhecidos como tal, o que no mínimo limitava sobremaneira seu direito de ir e vir além das já referidas redes imediatas. Após 1871, deslocava-se o ônus da prova: era o senhor que precisava apresentar a matrícula de seu escravo. Sem ela, qualquer pessoa "de cor" era juridicamente livre. A instituição da matrícula se, por um lado, servia para garantir futura indenização ao direito de propriedade senhorial no processo gradual de abolição para o qual a lei sinalizava, de outro, pela primeira vez, rompia com a associação legal entre cor e suspeita da condição de escravidão.

RAÇA, CIDADANIA E ABOLIÇÃO

Para senhores e escravos, o mundo não seria mais o mesmo depois de então. As bases da legitimidade escravista tinham-se enfraquecido decisivamente. Os cativos mais antigos potencializavam as pressões pela alforria e, em grande parte dos casos, a alcançavam. Os últimos africanos (em sua maioria chegados ilegalmente ao país entre 1830 e 1851) e seus descendentes diretos representavam a maior parte da população escrava remanescente. A opinião pública da época, mesmo que insipiente, tinha amplo conhecimento, portanto, da ilegalidade da situação. O abolicionista Luiz Gama não se cansaria de alardeá-la nos jornais e tribunais paulistas, já na década de 1870. Ele próprio teria sido escravizado ilegalmente quando criança, segundo sua autobiografia.[20] O tema foi também um dos mais frequentes nas crônicas abolicionistas de José do Patrocínio na *Gazeta da Tarde*.[21] A primeira proposta da Lei dos Sexagenários, apresentada pelo Ministério Dantas, em 1884, recusava indenização aos senhores, implicitamente fundamentada naquela convicção. A proposta derrubou o gabinete. A maioria dos escravos africanos matriculados após a lei de 1871 teve sua idade aumentada para esconder o fato de que entraram no país à época do tráfico ilegal. A Lei Saraiva Cotegipe, que substituiu a proposta original apresentada por Dantas, exigiu indenização em serviços e se fez acompanhar do regulamento negro, visando coibir o crescimento das fugas de escravos. Ainda assim, elas rapidamente se transformaram em desobediência civil generalizada.[22]

Nesse contexto, a questão da abolição não era algo que se reportava apenas a questões econômicas, relativas à "mão de obra"; incidia diretamente na própria definição de cidadão brasileiro. Pela Constituição monárquica, só se tornava plenamente cidadão aquele que tivesse nascido "ingênuo", isto é, livre, e não escravo. Até 1871, e mesmo depois, havia muita discussão jurídica sobre as limitações da cidadania dos que obtinham alforria. Explicitamente, a condição de cidadão politicamente ativo lhes era vedada pela Constituição.[23]

Em função disso, a reforma de 1871 esteve estreitamente ligada à discussão sobre os direitos políticos dos recém-nascidos libertados. Se os "ventres-livres" fossem considerados "ingênuos", isso os tornaria cidadãos brasileiros plenos. Apesar de ficarem assim conhecidos, a questão permaneceu controversa do ponto de vista jurídico até a Lei Áurea. Afinal, nos termos da lei, os ventre-livres deveriam prestar serviços ao senhor de sua mãe até a idade de 21 anos. Para muitos, seriam mais propriamente libertos, sujeitos às limitações constitucionais pertinentes. Depois de a ela se oporem, os últimos escravocratas se agarraram à lei de 28 de setembro de 1871 como ponto final para a chamada questão servil. Mesmo depois do 13 de maio, pelo menos alguns ainda tentaram manter os "ventres-livres" sob seu controle, precisando ser impedidos por via judicial.[24]

É possível relacionar, em certa medida, a aprovação da lei de 1871 e a volta da temática dos direitos políticos ao centro das discussões parlamentares. Segundo a Constituição, o direito ao voto, em primeira e segunda instâncias, estava definido por princípios censitários, de medição objetiva extremamente difícil, sobretudo no contexto pouco monetarizado, predominante no mundo rural. Por conta disso, a construção das listas de qualificação de votantes e de eleitores de segunda instância foi fonte permanente de conflito. De fato, as tensões políticas nas eleições locais só foram de certo modo controladas, na medida em que o imperador, através do Poder Moderador, tendeu a constituir grande eleitor, garantindo a rotatividade política entre conservadores e liberais. O partido indicado pelo imperador para compor o gabinete fazia as mesas eleitorais, a lista de votantes e, em regra, vencia as eleições.[25] Após 1871, a derrota imposta aos interesses dos cafeicultores escravistas acirrou as críticas aos usos e abusos da fraude eleitoral pelo partido no poder, fazendo crescer as críticas ao Poder Moderador, bem como as simpatias republicanas entre os setores agrários em expansão. Boa parte dos fundadores do Partido Republicano Paulista, reunidos na Convenção de Itu, em 1873, era formada por cafeicultores escravistas.[26] O federalismo seria sua principal palavra de ordem. Modernidade e escravidão resistiam a separar-se no contexto brasileiro.

O repertório de ideias acionadas pelos reformadores da chamada "geração de 1870", como ficaram conhecidos os novos intelectuais e políticos que então entravam na cena pública, raramente recorria às camadas populares como atores em seus projetos, como em parte acontecera nas chamadas rebeliões regenciais. Visando maior representatividade eleitoral, a reforma de 1881, que instituiu a eleição direta, em vez de aumentar a participação política, elevou a renda mínima do cidadão ativo. O caráter antidemocrático da nova regra foi denunciado na época por José do Patrocínio e alguns outros[27] — foram vozes, contudo, isoladas. Apesar da formulação eventual de projetos de reformas sociais, mesmo os republicanos considerados "radicais" em geral imaginavam ditaduras positivistas ou militares para implementá-las.[28] A tradição reformista liberal, que se atualizava na nova geração, tendeu a se associar à força do Poder Moderador como tábua de salvação para efetivar as reformas pretendidas.[29] Anarquismos e socialismos custaram a fazer adeptos no pensamento político brasileiro.

Por trás do (quase) consenso antidemocrático das elites políticas e intelectuais ressurgia com força e sob novas perspectivas a questão racial. É simplismo, porém, atribuí-las a uma sociedade ainda em grande parte organizada de forma "colonial", de fato sem perspectiva verdadeiramente nacional. Uma consciência nacional esteve em construção desde a independência e se impunha ainda com mais força na passagem da monarquia à república. As relações entre raça e cultura, porém, se haviam tornado centrais para o pensamento ocidental de finais do século XIX, e não era fácil para os intelectuais brasileiros recusá-las. A questão racial passou a estar presente, mesmo que por vezes de forma sutil, em praticamente todo o pensamento social brasileiro.[30]

Não se tratava apenas de uma estratégia conservadora para enfrentar, do ponto de vista intelectual, a aceleração do processo abolicionista. Muitos dos intelectuais brasileiros eram francamente reformistas e, a princípio, queriam modificar o *status quo*. Entre eles, a visibilidade e a expressão daqueles que se identificavam e eram identificados como pardos não eram pequenas. Mesmo nas vertentes mais eruditas das ciências sociais europeias, porém, que já se afastavam de definições biologizantes das hierarquizações raciais, as relações entre raça e cultura, no mínimo, definiam diferenças de civilização entre os grupos humanos. Qualquer que fosse o ponto de vista, num país cuja maioria da população definia-se como "parda" desde finais do século XVIII, não era possível pensar em identidade nacional sem pensar em raça no final do século XIX. Como imaginar racialmente a nação brasileira era definitivamente uma questão a ser enfrentada.

Os projetos imigrantistas e o branqueamento como meta (de resto muito mais presentes após a abolição e a república) não eliminavam o ideal de uma raça brasileira em formação, com base na mestiçagem, tomada como característica positiva. Esse tipo de formulação, com origem nos movimentos sociais da independência, começou a receber ainda maior difusão nas últimas décadas do império e nos primeiros anos da república.

De fato, a ideia do brasileiro pardo como metáfora da nação remontava às décadas da independência[31] e foi revisitada no contexto da luta abolicionista, a partir de diferentes perspectivas. Delas, talvez a que melhor ilumine as diversas possibilidades abertas (e fechadas) no contexto das lutas pelo fim da instituição escravista no país seja a assumida por alguns dos intelectuais pardos que se engajaram na campanha abolicionista. Eles ampliaram ao máximo as possibilidades de uma abordagem não racista, ainda que racializada, da identidade nacional, ao utilizarem as próprias histórias de vida como símbolo. Nesses discursos, a grande reforma da questão servil relacionava-se de forma transformadora com as questões raciais e a identidade nacional.

Luiz Gama é um caso emblemático de uso político da condição mestiça no contexto aqui abordado. Segundo carta pública que escreveu a Lúcio de Mendonça, em 25 de julho de 1880,[32] teria nascido em 1830, na Bahia, filho de quitandeira "africana livre", "da Costa da Mina [Nagô de Nação] de nome Luiza Mahin", e de um fidalgo baiano de família de origem portuguesa. De acordo com a narrativa, na Bahia, sua mãe teria sido presa por envolver-se em planos de insurreição de escravos. Em 1837, durante "a Revolução do Dr. Sabino" (...) "veio ela ao Rio de Janeiro e nunca mais voltou". Seu pai teria sido "revolucionário em 1837". Em 1838, batizou o filho, após a partida de Luiza Mahin, tendo-o "criado em seus braços" até que, falido por dívidas de jogo, o vendeu como escravo em 10 de novembro de 1840, a bordo do patacho *Saraiva*. A narrativa autobiográfica da carta conclui-se antes da publicação de *Trovas burlescas de Getulino*, livro com o qual Luiz Gama se lançou na vida literária. Toda a ênfase do texto está exatamente na trajetória do autor antes de se tornar figura pública na cidade de São Paulo.

> Agora chego ao período em que, meu caro Lúcio, nos encontramos no "Ipiranga", à rua do Carmo, tu, como tipógrafo, poeta, tradutor e folhetinista principiante; eu, como simples aprendiz-compositor, de onde saí para o foro e para a tribuna, onde ganho o pão para mim e para os meus, que são todos os pobres, todos os infelizes; e para os míseros escravos, que, em número superior a 500, tenho arrancado às garras do crime.

Os biógrafos de Luiz Gama não contestam a narrativa da carta a Lúcio de Mendonça, mas também não são capazes de comprovar seus elementos mais controversos.[33] Não se atestam a existência de Luiza Mahin e o nome do pai fidalgo nem se esclarece se houve um processo de ação de liberdade que tivesse estabelecido as "provas inconcussas de sua liberdade" mencionadas na carta. Cabe lembrar que era fundamental, para a obtenção dos plenos direitos políticos, a demonstração de que se tivesse nascido "ingênuo", e não "cativo".

O fato de não se comprovarem os acontecimentos narrados na carta não é suficiente para contestá-los. Nem me parece fundamental sua comprovação para os argumentos aqui desenvolvidos. Trata-se, antes, de sublinhar o aspecto simbólico da narrativa. Ao identificar-se como filho de africana livre, Luiz Gama encarnava pessoal e diretamente um de seus principais argumentos jurídicos nas muitas ações de liberdade em que se envolvia nos tribunais paulistas — o da escravização ilegal, sem dúvida, o de maior peso político. Por outro lado, a narrativa da própria experiência no penoso percurso do tráfico interno, da Bahia a São Paulo, passando pelo Rio de Janeiro, separado para sempre da família, fazia-o também encarnar, de forma verdadeiramente exemplar, parte essencial da experiência escrava [especialmente a paulista] no período.

Esses, porém, não são os únicos aspectos simbólicos a destacar na narrativa. Ao traçar sua ascendência, reconhece-se mestiço, filho de mãe africana livre e de pai escravista de origem portuguesa. Na carta, Gama orgulha-se, especialmente, da africanidade que atribui à mãe. Em poucas linhas cria para sempre um perfil e uma vida para Luiza Mahin. Africana, nagô, pagã, "que sempre recusou o batismo", livre e envolvida em "planos de insurreições de escravos (na Bahia) que não tiveram efeito", migrada para o Rio de Janeiro, "presa e deportada em uma casa de dar fortuna". Na narrativa de Gama, Luiza Mahin é quase um arquétipo da altivez e independência africanas, que desde então vêm empolgando imaginações. Por outro lado, a falta de caráter do pai, que vendeu como escravo o próprio filho, embora até então criado com carinho, não deixa de ser emblemática ao avesso. Não há ali do que se orgulhar.

Desde a década de 1860, Gama tornou-se jornalista de renome, ligado aos círculos do Partido Liberal. Participou da criação do Club Radical e, depois, do Partido Republicano Paulista, ao qual se manteve ligado até a morte, em 1882, apesar dos muitos conflitos internos por conta da questão abolicionista. Mesmo que toda a narrativa seja estritamente verdadeira, não resta dúvida de que a escolha do momento de torná-la pública e as opções feitas para narrá-la têm evidente sentido político no contexto da época.

E ele não seria o único a fazê-lo. Poucos anos depois, outro famoso abolicionista pardo, nos termos da época, repetiria Luiz Gama ao fazer construção pública de sua vida pessoal. Em 1885, o já famoso jornalista José do Patrocínio trouxe de Campos dos Goitacazes para o Rio de Janeiro sua mãe, *tia* Justina, africana, liberta, quitandeira, já então muito doente, que faleceu no mesmo ano. Seu enterro tornou-se um acontecimento político, ainda hoje citado em sua biografia como fundador da cadeira nº 21 da Academia Brasileira de Letras. Mas não se limitou a isso: além de reivindicar publicamente a origem escrava e africana da mãe, fez questão de se envergonhar, também publicamente, da condição de escravocrata do pai.[34]

> Agora mesmo (...) quis Deus que eu fosse vítima de uma dor profunda. Fui rever uma lista de africanos livres, confiados à guarda de pessoas da maior excepção; africanos que, tendo sido aprisionados, tinham pelo Estado garantida a sua liberdade. Não é a primeira vez que folheio este tristíssimo documento, em que estão os nomes de pessoas de grande vulto em nossa história [as que ficaram com a guarda dos africanos]. Mas um nome me havia escapado. Era o nome de um sacerdote de Jesus Cristo, de um cônego honorário e pregador da Capela Imperial, condecorado com as ordens da Rosa e do Cristo, vigário da vara de Campos, examinador sinodal do bispado do Rio de Janeiro e, na época, deputado provincial por esta província, o bacharel João Carlos Monteiro. Este é o nome do meu pai! Pois bem, eu declaro (...) que estes africanos foram reduzidos à escravidão (...) Deles proveio a escravatura de meu pai, que subiu a 92 pessoas. Estes desgraçados, por morte do senhor, foram vendidos para pagar as dívidas do homem que os havia escravizado!

Mostrava-se, assim, ao mesmo tempo como filho de pai escravocrata e mãe liberta, exatamente como fizera Luiz Gama; apesar disso, definia-o o caráter mestiço. Homens que viviam e transitavam no mundo da civilização e da modernidade, era em nome delas que buscavam incorporar Justina e Luiza Mahin à identidade brasileira.

As fugas coletivas de escravos intensificaram-se por essa época, ganhando cada vez mais caráter político e emprestando dimensão específica a tais opções. Patrocínio era então republicano, como fora Luiz Gama, mas a convergência entre a desobediência civil dos libertos e a ação reformista da coroa o fariam por algum tempo monarquista logo após o 13 de maio.[35]

ABOLIÇÃO, REPÚBLICA E IDENTIDADE RACIAL

Duas interpretações frequentemente se contrapõem em relação à queda da monarquia no contexto geral aqui delineado. A primeira, esboçada no início do texto, associa a monarquia constitucional à necessidade de legitimar a escravidão entre as elites agrárias. A própria unidade da antiga América portuguesa após a independência estaria, em grande parte, ligada a esse fato. Afinal, a dominação escravista se constituía, primeiramente, no mundo da política. A escravidão enquanto instituição dependia de um estado que a considerasse legítima, instaurasse legalmente o mercado de escravos, bem como regras de trânsito entre as diferentes condições civis que assim se desenhavam. Todas essas tarefas, sem romper com os códigos políticos e sociais de civilização e modernidade que se impunham no novo contexto internacional, tinham sido cumpridas satisfatoriamente pela monarquia e constituíam, de fato, sua própria razão de ser. Não há como negar, em termos gerais, essa assertiva.

Com a abolição, entretanto, a monarquia se viu abandonada por suas bases tradicionais. O federalismo atraía os setores agrários mais dinâmicos e já sem espaço na pouco flexível estrutura política imperial, mas a maioria das elites agrárias se manteve monarquista até a abolição e dependente do poder pessoal do imperador para arbitrar suas diferenças. Seus membros sentiram-se abandonados. Foram muitos os convertidos à república após o 13 de maio, e sem dúvida foram decisivos.[36] Apenas os últimos libertos e alguns intelectuais reformistas — que, em geral, se recusavam a mobilizar os libertos como força política (com a conhecida exceção de Patrocínio e sua mobilização da guarda negra) — mantiveram-se do lado da legalidade monárquica, sem qualquer possibilidade de êxito. Reformas democráticas imediatas empolgavam poucos dos atores que estavam na arena política institucional.

Apesar disso, a desobediência civil generalizada que preparou a abolição sugeria mais em termos de possibilidades de mudanças. Os clubes de libertos, as organizações populares para açoitar fugitivos, as fugas em massa dos últimos escravizados, as estruturas dos quilombos urbanos, a ausência de indenização sugeriam a possibilidade de se ampliar a reforma iniciada.[37] Do ponto de vista da maioria dos intelectuais reformistas, era preciso democratizar a terra, a educação e o sufrágio popular, não necessariamente ao mesmo tempo, ainda que necessariamente nessa ordem.[38] Talvez em função disso, os planos de reforma e a mobilização dos libertos se mantiveram sem comunicação — apartados pelo *éthos* colonial predominante entre os brasileiros letrados, independentemente da cor, e pelo estranhamento dele decorrente, o qual se tornaria cada vez mais suscetível de leituras raciais no limiar do século XX. As trajetórias melancólicas de José do Patrocínio e André Rebouças na primeira década republicana são paradigmáticas das frustrações produzidas por esse desencontro.

Para Patrocínio, nem o 13 de maio nem a república em que tanto acreditara fariam de si o paradigma de cidadão brasileiro, que de certa forma sonhara ser. Tornou-se maldito. Em contradição política com o segundo presidente militar (Floriano Peixoto), viu seu jornal *A Cidade do Rio* ser definitivamente fechado, em 1893, mesmo ano em que publicou os idílios africanos escritos por André Rebouças, então em exílio voluntário na África. Importou o primeiro automóvel para a cidade e dedicava-se à confecção de balões dirigíveis e às discussões que resultaram na criação da Academia Brasileira de Letras quando morreu, em uma homenagem a Santos Dumont. Morreu melancolicamente, como se costuma repetir, mas sem abdicar de seus sonhos de modernidade.[39]

Ninguém, porém, representou melhor a frustração das possibilidades abertas pelos acontecimentos surpreendentemente revolucionários do 13 de maio do que André Rebouças e seu constitucionalismo monárquico radical. A exemplo do que aconteceu com Patrocínio, biógrafos e historiadores tendem a considerar o exílio autoimposto após a queda da monarquia fruto de idiossincrasias pessoais, sem maiores significados em relação ao contexto histórico do período. No entanto, a frustração com a reversão da conjuntura de reformas e o esforço para produzir respostas às novas ideias raciais que se colocavam cada vez mais em voga, no Brasil e no mundo, são gritantes evidências nos escritos do final da vida do engenheiro abolicionista.

Não há dúvidas quanto à depressão que o acompanhou nos últimos anos. A forma como viveu essa situação, porém, ilumina muito mais do que as dificuldades pessoais por ele enfrentadas. Não se pode considerar aleatório que sua crise pessoal se tenha manifestado sob a forma de aguda consciência de suas origens africanas. Procurou trabalho na África, que chamou de "continente-Mártir",[40] afirmando-se carente de "floresta virgem e de sol africano".[41] Morou durante dois anos na África do Sul, após rápida passagem por Lourenço Marques, em Moçambique. Passou esses anos reivindicando a origem africana e dedicando-se a planos de modernizar e civilizar o continente. Ao contrário do que até então prevalecera em seu diário, no qual raramente se referia à sua condição de negro ou mulato, na correspondência do final da vida por diversas vezes designou-se "o negro André".[42]

Nos dois anos que passou na África, desenvolveu pensamento racial bem diferente da fé liberal e desracializada que até então professara. Seus escritos relacionam fortemente raça e cultura, aparentemente influenciados pelos chamados precursores do pan-africanismo atuantes nos Estados Unidos, Libéria e Serra Leoa.[43] Os artigos "O problema da África" e "O problema hebreu", escritos em Lisboa e publicados na *Revista de Engenharia*, e o texto "Idílios africanos", publicado na primeira página do jornal *A Cidade do Rio*, de José do Patrocínio, no sábado 4 de fevereiro de 1893, são obras que sinalizam para essa virada em seu pensamento no que se refere à questão racial.[44] Uma virada também, ao que tudo indica, quanto à identidade pessoal. A luta abolicionista seguida da queda da monarquia o tinha transformado no negro André. De certo modo, foi a identidade negra, entendida como reivindicação de suas origens escravas e africanas, que se agigantou dentro dele e o deixou sem lugar nas promessas de branqueamento que rapidamente passaram a predominar na nova modernidade brasileira. Algo parecido acontecera com José do Patrocínio. O relativo ostracismo de ambos era, de alguma forma, opção. Em uma de suas cartas, André Rebouças afirmou sentir-se "em corpo e alma meio Brasileiro e meio Africano". Desiludido com o Brasil, parecia-lhe "melhor viver e morrer n'África".[45] Sabemos que não cumpriu o prometido. Deu fim à vida na ilha da Madeira, no meio do Atlântico.

Não se quer reforçar aqui a tendência hoje declinante de ver na institucionalidade republicana efetivamente instalada um relativo retrocesso em relação ao contexto monárquico — ainda que esse fosse, sem dúvida, o ponto de vista de André Rebouças. Tomadas mais amplamente, as primeiras décadas republicanas reforçaram tendências reformistas esboçadas desde 1870, bem como o sentido predominantemente elitista de seu encaminhamento, como se havia delineado com a reforma eleitoral de 1881.

O caráter surpreendente da aceleração de erosão social da legitimidade escravista nos meses que antecederam a abolição, porém, abrira expectativas de modificação daquele sentido elitista, rapidamente não confirmadas. Mesmo que as esperanças de indenização pela "propriedade" perdida, mantidos firme pelos velhos interesses escravistas, também tenham sido frustradas através da queima das matrículas dos escravos, empreendida por Rui Barbosa quando ministro da Fazenda.

Em meio a continuidades e rupturas, a difusão cada vez maior de um pensamento francamente racista, que reivindicava caráter científico, era especialmente perturbadora para os intelectuais brasileiros de ascendência africana. A presença de intelectuais negros foi marcante na vida intelectual do Brasil oitocentista, e especialmente relevante no movimento abolicionista. Eles foram, de certa forma, o fruto mais democrático da modernidade escravista brasileira — com seu término, contraditoriamente, perderiam a antiga visibilidade.

Notas

1. Para uma visão panorâmica do tema, ver Robin Blackburn, *The Overthrow of Colonial Slavery*, Londres, Verso, 1988 (*A queda do escravismo colonial 1776-1849*, Rio de Janeiro, Civilização Brasileira, 2002). Para o caso dos Estados Unidos, ver Ira Berlin, *Generations of Captivity. A history of African-american slaves*, Cambridge, The Belknap Press of Harvard University Press, 2003. (*Gerações de cativeiro*, Rio de Janeiro, Record, 2006).

2. Sobre as relações entre monarquia e escravidão, ver Ilmar R. de Mattos, *O tempo saquarema*, São Paulo, Hucitec, 1987; Ricardo Salles, *Nostalgia imperial*, Rio de Janeiro, Top Books, 1996; e Rafael de Bivar Marquese, "Governo dos escravos e ordem nacional: Brasil e Estados Unidos, 1820-1860" *in* Istvan Jancsó, *A construção do Estado e da nação*, São Paulo, Hucitec, 2003.
3. Cf., entre outros, Robin Blackburn, *op. cit.*; Thomas Holt, *The Problem of Freedom — Race, Labor and Politics in Jamaica and Britain, 1832-1938*, Baltimore, The Johns Hopkins University Press, 1992; e Laurent Dubois, *Les Esclaves de la République: l'histoire oublié de la première émancipation 1789-1794*, Paris, Calmann-Lévi, 1998, e "Luzes escravizadas. Repensando a história intelectual do Atlântico francês", *Estudos Afro-asiáticos*, ano 26, nº 2, 2004, p. 331-354.
4. As expressões de época relativas a cor e status social serão referidas entre aspas.
5. Sobre as demandas raciais nos conflitos políticos do final do período colonial e das primeiras décadas após a independência, cf., entre outros, João José Reis e Eduardo Silva, "O jogo duro do Dois de Julho: o partido negro na Independência da Bahia", *in Negociação e conflito. A resistência negra no Brasil escravista*, São Paulo, Companhia das Letras, 1989; Mathias Rohrig Assunção, "Elite Politics and Popular Rebellion in the Construction of Post-colonial Order. The case of Maranhão, Brazil (1824-41)", *Journal of Latin American Studies*, v. 31, I, fevereiro de 1999; Hebe Mattos, *Escravidão e cidadania no Brasil monárquico*, Rio de Janeiro, Jorge Zahar, 2000; Hendrik Kraay, "As Terrifying as Unexpected: the Bahian Sabinada, 1837-1838", *Hispanic American Historical Review*, 72:4, 1992; Jerry W. Cooney, *Race, State, and Armed Forces in Independence-Era Brazil. Bahia, 1790-1840*, Stanford, Stanford University Press, 2001; "'Em outra coisa não falavam os pardos, cabras, e crioulos': o recrutamento de escravos na guerra da independência na Bahia", *Revista Brasileira de História*, São Paulo, v. 22, nº 43, 2002, p. 109-126; "Identidade racial na política, Bahia, 1790-1840: o caso dos Henriques" *in* Istvan Jancsó, *Brasil: formação do Estado e da nação*, São Paulo, Fapesp/Hucitec, 2003.
6. Utilizo aqui a designação "negro" em sentido contemporâneo, conforme o termo tem sido construído pelos movimentos negros no Brasil, como marca da escravidão e reivindicação identitária de origem escrava e africana. No texto, quando pertinente, utilizarei as designações de época apropriadas.
7. Sem revogar a lei de 7 de novembro de 1831, que a antecedera, a Lei nº 581 do Império do Brasil, aprovada em 4 de setembro de 1850 e conhecida como Lei Eusébio de Queirós, conseguiu finalmente extinguir o tráfico de escravos africanos para o Brasil. Cf., entre outros, Leslie Bethell, *A abolição do tráfico de escravos no Brasil: a Grã-Bretanha, o Brasil e a questão do tráfico de escravos, 1807-1869*, tradução de Vera Nunes Neves Pedroso, Rio de Janeiro/São Paulo, Expressão e Cultura/Edusp, 1976; e Jaime Rodrigues, *O infame comércio*, Campinas, Ed. Unicamp, 2002.
8. A Lei nº 601 do Império do Brasil, conhecida como Lei de Terras, foi sancionada em 18 de setembro de 1850, 14 dias após a aprovação da lei de abolição do

tráfico atlântico de escravos. Determinou que as terras devolutas do país não poderiam ser ocupadas por qualquer outro título que não o de compra ao Estado em hasta pública. Resultava da discussão de um projeto de lei agrária, apresentado pelo Conselho de Estado em 1842, que propunha intervenções políticas para a substituição do trabalho escravo pelo trabalho livre, baseadas no estímulo à imigração e à colonização estrangeira, sobretudo europeia. Os analistas são unânimes em considerar que, desse ponto de vista, o impacto da lei foi praticamente nulo durante o período monárquico. Cf. Hebe Mattos, "Lei de Terras" *in* Ronaldo Vainfas (org.), *Dicionário do Brasil Imperial*, Rio de Janeiro, Objetiva, 2002. Sobre os diferentes impactos da medida, ver José de Souza Martins, *O cativeiro da terra*, São Paulo, Lech, 1979; Hebe Maria Mattos de Castro, *Ao sul da história*, São Paulo, Brasiliense, 1987; José Murilo de Carvalho, *A construção da ordem: a elite política imperial*, Rio de Janeiro, Campus, 1980; Ilmar R. de Mattos, *op. cit.*; Roberto Smith, *Propriedade da terra e transição. Estudo da formação da propriedade privada da terra e transição para o capitalismo no Brasil*, São Paulo, Brasiliense, 1990; e Márcia Motta, *Nas fronteiras do poder. Conflito e direito à terra no Brasil do século XIX*, Rio de Janeiro, Vício de Leitura, 1998.

9. Entre outros, Leslie Bethell, *op. cit.*; José Murilo de Carvalho, 1980, *op. cit.*, e *Teatro de sombras: a política imperial*, São Paulo, Vértice, 1988.
10. Robert W. Slenes, "Malungo, Ngoma vem. África coberta e descoberta no Brasil", *Cadernos do Museu da Escravatura*, nº 1, Luanda, Ministério da Cultura, 1995; Sidney Chalhoub, *Visões da liberdade. Uma história das últimas décadas da escravidão na corte*, São Paulo, Cia. das Letras, 1999.
11. Trata-se dos decretos 797 e 798 de 18 de junho de 1851, que mandavam "executar o regulamento para a organização do censo geral do Império" e "executar o regulamento do registro de nascimento e óbitos".
12. Cf. Guilhermo Palácios, "Revoltas camponesas no Brasil escravista: a 'Guerra dos Maribondos' (Pernambuco, 1851-1852)", *Almanack Braziliense*, nº 3, maio de 2006 p. 9-39.
13. Sobre a questão, cf. Hebe Mattos, *Das cores do silêncio. Significados da liberdade no Sudeste escravista*, Rio de Janeiro, Nova Fronteira, 1998, cap. 5.
14. Sobre o tema: *idem, ibidem*, cap. 9; Sidney Chalhoub, "The Politics of Silence. Race and Citizenship in 19th-Century Brazil", *Slavery and Abolition*, v. 27, nº 1, abril de 2006, p. 73-87.
15. Sobre a concentração social da propriedade escrava e a circulação de expectativas de direitos costumeiros dos escravos após 1880, ver, entre outros, Hebe Mattos, 1998, *op. cit.*, partes 1 e 2.
16. Sidney Chalhoub, 1999, *op. cit.*, cap. 2.
17. Hebe Mattos, 1998, *op. cit.*, cap. 9.
18. Sobre as listas, cf. Hebe Mattos, "Uma janela para o Oitocentos" *in* Hebe Mattos e Eduardo Schnoor, *Resgate. Uma janela para o Oitocentos*, Rio de Janeiro, Topbooks, 1995.

19. Angela Alonso, *Ideias em movimento: a geração de 1870 na crise do Brasil império*, São Paulo, Paz e Terra, 2002.
20. Sud Menucci, *O precursor do abolicionismo (Luiz Gama)*, Rio de Janeiro, Cia. Editora Nacional, 1938; Elciene Azevedo, *Orfeu da carapinha. A trajetória de Luiz Gama na imperial cidade de São Paulo*, Campinas, Ed. Unicamp, 1999; Beatriz Gallotti Mamigonian, "To be a liberated African in Brazil: labour and citizenship in the nineteenth century", Ph.D. em História, University of Waterloo, 2002.
21. José do Patrocínio, *Campanha abolicionista. Coletânea de artigos*, Rio de Janeiro, Biblioteca Nacional, 1996, p. 39-175.
22. Robert Conrad, *Os últimos anos da escravidão no Brasil*, Rio de Janeiro, Civilização Brasileira, 1978; Joseli Maria Nunes Mendonça, *Entre as mãos e os anéis. A Lei dos Sexagenários e os caminhos da abolição no Brasil*, Campinas, Ed. Unicamp, 1999; Hebe Mattos, 1998, *op. cit.*, parte 4.
23. Sobre os direitos políticos dos libertos: Hebe Mattos, 2000, *op. cit.*; Keila Grinberg, *O fiador dos brasileiros. Cidadania, escravidão e direito civil no tempo de Antônio Pereira Rebouças*, Rio de Janeiro, Civilização Brasileira, 2002, e *Código Civil e cidadania*, Rio de Janeiro, Jorge Zahar, 2002; Sidney Chalhoub, 2006, *op. cit.*
24. Entre outros, Robert Conrad, *op. cit.*; Hebe Mattos, 1998, *op. cit.*, parte 3; Sidney Chalhoub, 1999, *op. cit.*, e 2006, *op. cit.*
25. Sobre os partidos políticos no Segundo Reinado, ver José Murilo de Carvalho, 1980, *op. cit.*, cap. 8. Sobre o Poder Moderador e a rotatividade eleitoral em nível local, ver Renato Lessa, *A invenção republicana*, Rio de Janeiro, Topbooks, 1995. Sobre as listas de qualificação de votantes e os direitos políticos no Brasil imperial, ver Maria Odila da Silva Dias, "Sociabilidades sem história. Votantes pobres no Império, 1824-1881" *in* Marcos Cezar de Freitas (org.), *Historiografia brasileira em perspectiva*, São Paulo, Contexto, 1998; Hebe Mattos, 1995, *op. cit.*; José Murilo de Carvalho, *Cidadania no Brasil. O longo caminho*, Rio de Janeiro, Civilização Brasileira, 2003, e *D. Pedro II*, São Paulo, Cia. das Letras, 2007.
26. Maria Emilia Marques Zimmermann, *O PRP e os fazendeiros de café*, Campinas, Ed. Unicamp, 1987.
27. José do Patrocínio, *op. cit.*
28. Para a reforma de 1881, entre outros, José Murilo de Carvalho, 1990, *op. cit.*, 2003, *op. cit.*, e 2007, *op. cit.* Sobre as correntes políticas na chamada geração 1870 e no movimento republicano, ver Angela Alonso, *op. cit.*, e Celso Castro, *A proclamação da república*, Rio de Janeiro, Jorge Zahar, 2000.
29. É o caso, especialmente, de André Rebouças e Joaquim Nabuco. Cf., entre outros, Angela Alonso, *op. cit.*, e Maria Alice Rezende de Carvalho, *O quinto século. André Rebouças e a construção do Brasil*, Rio de Janeiro, Iuperj/Ucam/Revan, 1998.
30. Lilia M. Schwarcz, *O espetáculo das raças. Cientist'as, instituições e questão racial no Brasil (1870-1930)*, São Paulo, Cia. das Letras, 1993.
31. Manoel Salgado Guimarães, "Nação e civilização nos trópicos: o IHGB e o projeto de uma história nacional", *Estudos Históricos*, nº 1, 1988, e "História e

natureza em Von Martius: esquadrinhando o Brasil para construir a nação", *História, Ciências, Saúde — Manguinhos*, v. VII (2), julho-outubro de 2000, p. 389-410; Ivana S. Lima, *Cores, marcas e falas: sentidos da mestiçagem no Império do Brasil*, Rio de Janeiro, Arquivo Nacional, 2003.

32. Ver transcrição integral em Sud Mennucci, *op. cit.*
33. Ver, entre outros, Sud Mennuci, *op. cit.*, p. 9-59; Elciene Azevedo, *op. cit.*; e Lígia F. Ferreira (org.), *Primeiras trovas burlescas & outros poemas de Luiz Gama*, Rio de Janeiro, Martins Fontes, 2000.
34. *Gazeta da Tarde*, 16 de março de 1885. Ver também Raimundo Magalhães Jr., *A vida turbulenta de José do Patrocínio*, Rio de Janeiro, Sabiá, 1969, p. 8; e www.academia.org.br e www.vidaslusofonas.pt.
35. Ver prefácio de José Murilo de Carvalho, "Com o coração nos lábios", *in* José do Patrocínio, *Campanha abolicionista. Coletânea de artigos*, Rio de Janeiro, Biblioteca Nacional, 1996.
36. Sobre o tema, ver, entre outros, Robert Conrad, *op. cit.*
37. Hebe Mattos, 1998, *op. cit.*, parte 3; Maria Helena P. T. Machado, *O plano e o pânico. Os movimentos sociais na década da abolição*, Rio de Janeiro, Ed. UFRJ, 1994; Claudia Andrade dos Santos, "Projetos sociais abolicionistas. Rupturas ou continuísmo?" *in* Daniel Aarão Reis Filho (org.), *Intelectuais, história e política (séculos XIX e XX)*, Rio de Janeiro, 7Letras, 2000, p. 54-74.
38. Angela Alonso, *op. cit.*; e Maria Alice Rezende de Carvalho, *op. cit.*
39. Sobre a vida de José do Patrocínio, cf., entre outros, Ana Carolina Ferracin da Silva, "De 'Papa-pecúlios' a 'Tigre da Abolição': a trajetória de José do Patrocínio nas últimas décadas do século XIX", tese de doutorado em História, Unicamp, 2006.
40. André Rebouças, *Diário e notas autobiográficas*, Rio de Janeiro, José Olympio, 1938, p. 386. Carta de 3 de março de 1892, a Taunay.
41. *Idem, ibidem*, p. 385. Carta de 28 de janeiro de 1892, a Antônio Julio Machado, a quem solicitava "oportunidade de trabalho em África".
42. *Cf. idem, ibidem*, p. 398-429.
43. Propósitos civilizadores para a África, valorização do cristianismo, interesse pelo "problema hebreu" e associação entre raça e cultura como base da identidade racial são temas que ocupam lugar central nos textos dos chamados precursores do pan-africanismo, como Martin Delany e Edward Blinden, entre outros. Sobre o tema, cf. Paul Gilroy, *O Atlântico negro. Modernidade e dupla consciência*, Rio de Janeiro, Editora 34, 2001, caps. 1 e 6. Ver também Kwame Anthony Appiah, *Na casa do meu pai. A África na filosofia da cultura*, Rio de Janeiro, Contraponto, 1997, caps. 1 e 2.
44. Cf. André Rebouças, "O problema da África" *Revista de Engenharia*, p. 249-251, 14 de janeiro-14 de fevereiro de 1891; e "O problema hebreu", *Revista de Engenharia*, p. 258-260, 28 de maio-28 de junho de 1891. Ambos os textos foram escritos em Lisboa, no final de 1890 e início de 1891. Os idílios africanos foram escritos já na África do Sul.
45. André Rebouças, *op. cit.*, p. 400-401. Carta de 9 de abril de 1893, a Taunay.

CAPÍTULO II

As águas do Niágara. 1871: crise da escravidão e o ocaso saquarema

Ricardo Salles

Este texto visa a colocar em perspectiva as três últimas décadas do império, buscando correlacionar a questão da escravidão, a política e as ações de políticos, senhores, escravos e setores livres da população na crise e na queda da monarquia. Para isso, serão interpretados os significados da ordem saquarema, em especial nas décadas de 1850 e 1860, sob a égide da política da conciliação; do contexto relativo à aprovação da Lei do Ventre Livre e, finalmente, do movimento abolicionista.

Em 1896, Joaquim Nabuco amargava o ostracismo político que lhe fora imposto pelo novo regime republicano e curtia a ressaca da frustração do movimento abolicionista. Este não só fora incapaz de ir além do 13 de maio de 1888 como, em sua opinião, contribuíra, ainda que involuntariamente, para a queda do regime monárquico pouco mais de um ano depois. O antigo líder abolicionista refletia sobre o mesmo tema que ocupa nossa atenção neste capítulo: a lei de 28 de setembro de 1871, sua origem, seu impacto social e suas conexões com a crise da escravidão e do império.

As reflexões de Nabuco não eram casuais. Dedicado, naquele momento, a escrever a biografia do pai, Nabuco de Araújo, ele considerava a participação deste último na complexa conjuntura política que resultara na aprovação da lei. Por tabela, acertava contas com sua própria atuação como líder abolicionista na década de 1880. Mas não nos precipitemos em nossa digressão. Consideremos primeiramente os eventos em torno de 1871.

A lei de 28 de setembro daquele ano — que, como se sabe, decretara a liberdade do ventre da mulher escrava e previa ainda que a criança liberta permaneceria, até a idade de oito anos completos, em poder e sob a autoridade dos senhores, que, então, poderiam optar por entregá-la aos cuidados do Estado, mediante indenização em títulos no valor de 600$000, ou utilizar-se de seus serviços até a idade de 21 anos — era semelhante à proposta que seu pai defendera na reunião do Conselho de Estado em abril de 1867, exceto pela parte referente à indenização dos senhores, em títulos ou em serviços. Mais ainda, a medida ia ao encontro do programa do novo Partido Liberal, criado em 1869, do qual Nabuco de Araújo fora uma das lideranças.

Entretanto, a proposta, em 1871, cabia à iniciativa do gabinete conservador de José Maria da Silva Paranhos, recém-agraciado com o título de visconde do Rio Branco, que, aliás, nas discussões do Conselho de Estado de 1867, lhe fora, no mínimo, reticente. Adiante, veremos o porquê de sua mudança de opinião. Por ora, vale ressaltar que, em razão disso, os liberais — mas não o senador Nabuco de Araújo — colocaram-se contra a proposta. O significado de tudo isso e do próprio alcance da lei — que terminou aprovada, em termos de suas consequências —, na avaliação de Joaquim Nabuco, era que estava em jogo muito mais do que disputas políticas partidárias, e sim tendências históricas mais profundas que se manifestavam fora do alcance das intenções e atos de agentes sociais imediatos. Esses agentes podiam pretender, com seus posicionamentos, alcançar determinados objetivos, mas

> reformas dessa natureza não operam matematicamente (...); não são soluções *exatas*, *precisas*, que produzam efeitos de antemão calculados: são sempre a decretação do desconhecido; obram pelo imprevisto, pelo espírito que está nelas; são grandes moldes sociais de que saem novos tipos humanos.[1]

Assim, seu pai e Rio Branco situavam-se em um movimento maior propulsado por forças impessoais, das quais buscavam ser os intérpretes, ainda que elas sempre lhes escapassem em toda sua significação. Por isso, prosseguia Nabuco, utilizando-se do verbo no tempo presente, denotando claramente que se referia a um processo histórico do qual se sentia partícipe, eventos de 1871 e também os da abolição, que ele protagonizara,

> [s]eja a liberdade dos que ainda não nasceram, ou a dos que excederam o limite normal da vida escrava, não é a disposição material da lei que opera; é o conflito produzido pela luta do direito superveniente com os antigos fatos, com os interesses sobreexcitados, que ele vê já desenraizados e apodrecendo, mas ocupando ainda todo o leito da estrada por onde ele tem que passar...[2]

A referência à Lei dos Sexagenários, de 1885, não deixa dúvidas de que Nabuco estava considerando a questão da abolição um processo histórico de largo alcance. O que, assim, está em questão, tanto em uma data quanto na outra e mesmo no momento em que ele escrevia,

> é o novo espírito da sociedade, o entusiasmo, o ardor dos emancipados; é o encontro de duas classes, uma que é uma raça e que de escrava acorda livre, senão de fato, pela esperança, pela imaginação, e outra que de surpresa sente desmoronar-se toda sua posição social, cavar-se, desaparecer o chão sob o seu poderio territorial até então intato e perpétuo.[3]

E arrematava:

> É o fenômeno das grandes cataratas, como a do Niágara, quando o rio, mais manso, mais tranqüilo, mais descuidoso, sente de repente, sob suas águas que deslizavam, o espaço vazio e precipita-se nele com todo o seu peso para depois dessa queda, em que parece pulverizar-se no ar, entrar em uma garganta apertada, cujas rochas por todos os lados lhe comprimem e desnorteiam a marcha.[4]

A comparação com águas do Niágara, que vinham mansas para, de repente, precipitar-se em estrondo na enorme catarata para serem novamente comprimidas por margens que lhe desnorteavam a marcha, está repleta de significados. Em primeiro lugar, como já salientado, a ideia de que os homens agiam num processo histórico de sentido inevitável, no rumo do progresso, e que a eles se impunha com a força de um fenômeno natural. Daí a consideração de que se tratava do conflito do direito ainda por vir, "superveniente", isto é, do mundo por nascer, do progresso, "com os antigos fatos, com os interesses (...) já desenraizados e apodrecendo", mas que ainda ocupavam "todo o leito da estrada" por onde esse mundo novo teria que passar.

Em segundo lugar, a comparação permite perceber como Nabuco, de forma parcial, mas significativamente distinta daquela assumida por ele em 1883, como se verá na parte final deste texto, relacionava 1871 e as propostas do movimento abolicionista. Ao acentuar a continuidade entre 1871 e 1888, reaproximava-se, numa memória narrativa retrospectiva, das cautelas de seu pai no primeiro momento histórico e afastava-se da radicalidade do abolicionismo, característica do segundo.

Reconhecia, mesmo que tacitamente, a frustração da abolição e o abandono inevitável da raça negra. Não acreditava, como seu amigo Rebouças, que se devesse insistir no prosseguimento das reformas abolicionistas, particularmente com a reforma territorial, isto é a implantação da pequena propriedade rural.[5] A república, mas também a abolição, na medida em que contribuíra, mesmo involuntariamente, para o advento da primeira, era responsável pelo ânimo abatido de Nabuco. Em entrada de seu diário, de 3 de janeiro de 1893, ele assim comentava os efeitos da abolição sobre os destinos do regime monárquico:

> Hoje me dizia Artur que a abolição havia contribuído para a queda da monarquia de dois modos, pela desafeição do poder territorial e dos capitais todos, e pela agitação democrática, pelo entusiasmo democrático que forçou a abolição. Por isso, respondi-lhe eu a política monárquica devia depois da abolição ser outra, era preciso dar corda a esse entusiasmo democrático em vez de querer contê-lo subitamente, deixá-lo gastar-se (...). Nada importava o expediente de contentar a lavoura, se se tivesse também pensado em encaminhar a onda democrática.[6]

A nota reflete sua percepção, que se consolidara naquele momento, sobre o movimento histórico brasileiro e que presidiu a redação de *Um estadista do império*: o papel desestabilizador, e potencialmente perigoso, da "onda democrática" na política.

Media-se em tudo com seu pai, num ajuste de contas consigo mesmo em que avaliava sua atuação política recente à frente do movimento abolicionista. Louvava-o na atitude de apoiar a proposta de Rio Branco. Até porque era ele, em larga medida, quem a inspirava. Louvava-lhe, principalmente, a sabedoria política que sua atuação na reunião do Conselho de Estado de 4 de abril de 1867 — quando primeiro se discutira a conveniência ou não de se tomarem medidas que visassem conduzir ao fim ordenado da escravidão — descortinara. A escravidão estava abolida em todo "o mundo cristão. Só resta no Brasil e na Espanha", ainda que esta última já estivesse ultimando os preparativos para aboli-la, dizia o conselheiro. Então, só restaria o Brasil, que seria "sem remédio arrastado para o abismo, se nada fizer, se do tempo quiser esperar a solução". Ainda mais porque, se para os países europeus tratava-se de um assunto atinente a suas colônias, no Brasil o perigo estava conosco, podia afetar a ordem pública e a sociedade civil.[7]

> Daí a urgência de conjurá-lo pela previsão, e pela providência; daí a necessidade de tomar a iniciativa desta grande questão; de evitar que ela se torne uma questão política e presa dos demagogos. *Impedir a torrente é impossível, dirigi-la para que não se torne fatal é de alta política.*[8]

E nos vemos de novo às voltas com as águas que, agora, na década de 1890, de fato atormentavam o filho do conselheiro. Essas águas eram as mesmas que haviam começado a montar em meados da década de 1860 e haviam culminado — ou assim pareceu para alguns — em 1871. Vejamos mais detalhadamente esse momento.

HOMENS QUE VÃO E HOMENS QUE VÊM

O final da década de 1860 e o início da seguinte assinalam um daqueles momentos na história em que as gerações políticas se substituem. Em 1871, dos dirigentes políticos imperiais mais expressivos que haviam composto os gabinetes conservadores, de 1848 e 1852, ou o gabinete da conciliação, de 1853, estavam vivos José Thomaz Nabuco de Araújo, José Maria da Silva Paranhos, o duque de Caxias, e Joaquim José Rodrigues Torres, o visconde de Itaboraí. Os dois últimos viviam seu ocaso. Rodrigues Torres, único vértice que restara vivo da trindade saquarema, composta por ele, seu cunhado — Paulino José Soares de Sousa, visconde do Uruguai — e Eusébio de Queirós, morreria no início de 1872.

Caxias, também um veterano do tempo saquarema, ainda atuaria nos anos seguintes. Mesmo depois de se ter retirado, extenuado e amargurado pela guerra com o Paraguai, ainda viria a ser chamado para chefiar o gabinete conservador de meados de 1875 ao final de 1877. Como senador conservador de maior prestígio e herói da vitória contra o Paraguai, sua convocação para o comando do gabinete visava recompor as relações do Estado com a Igreja católica, abaladas pelo enfrentamento dos bispos com Rio Branco, que o precedera como presidente do Conselho de Ministros. Visava também recompor as bases do próprio Partido Conservador, rachado em torno da aprovação da Lei do Ventre Livre, conduzida a ferro e fogo pelo mesmo Rio Branco contra a oposição tenaz dos representantes fluminenses, paulistas e mineiros do partido. Entretanto, à sombra do velho duque, a figura forte do gabinete era José Maurício Wanderley, o barão de Cotegipe. Quanto a Caxias, depois de sua saída como chefe de gabinete, ainda viveria um pouco mais, retirado na fazenda de Santa Mônica, em Desengano, nas proximidades de Valença. Ali esperou a morte, que veio em 1880.

As gerações não se definem por seus marcos cronológicos. O homem forte do gabinete de Caxias, Cotegipe, por exemplo, nascera em 1815. Era pouco mais velho que Rio Branco, de 1819, e praticamente contemporâneo de Nabuco de Araújo, de 1813, e de Eusébio de Queirós, nascido em 1812. Seu tempo, contudo, foi outro e, em 1871, ainda estava em larga medida por vir. Foi o mesmo tempo de Paulino José Soares de Sousa, filho, e de Andrade Figueira, nascidos respectivamente em 1833 e 1834, ambos seus correligionários conservadores na defesa da escravidão ao longo da década de 1880. Foi também o tempo do abolicionista Joaquim Nabuco, nascido em 1849 e na mesma classe social que ele. Foi até mesmo — sinal dos tempos — a época do mulato José do Patrocínio, filho de um padre e de uma escrava, jornalista e militante radical do abolicionismo, que veio ao mundo em Campos dos Goitacazes, em 1854.

O ano de 1871, marco dessa troca de gerações, foi, por excelência, o tempo de duas figuras que haviam vivido e protagonizado, ainda que não como personagens principais, os gabinetes conservadores de 1848 e 1852 e o da conciliação, de 1853: Nabuco de Araújo e José Maria da Silva Paranhos, o visconde do Rio Branco.

Nabuco de Araújo iniciara a vida política com os conservadores da província de Pernambuco, tendo-se destacado no julgamento dos praieiros de 1848. Transferindo-se para a corte, adotou uma posição independente em relação à bancada pernambucana na Câmara, que se queixava da forma conciliatória com que o governo central conservador tratava os liberais pernambucanos. Pronunciou, em 1853, o famoso discurso conhecido como “Ponte de Ouro” em que pregava a ideia de conciliação no governo entre os homens moderados dos dois partidos. Foi ministro da Justiça do gabinete de Paraná, em 1853, e também do gabinete conservador de Abaeté, em 1858. Só voltou ao Conselho de Ministros em 1865, ainda na pasta da Justiça, já então no gabinete liberal de Olinda, rompido com os conservadores. Senador e conselheiro de Estado, foi articulador da Liga Progressista, do Centro Liberal e do novo Partido Liberal, posição em que o encontramos em 1871.

O conselheiro Nabuco, no entanto, como avaliou seu filho, já começara a viver seu ocaso nessa época.[9] Sentia-se deslocado na figura de líder do novo partido liberal. Por um lado, via-se espicaçado por seus setores radicais e pelo surgimento do partido republicano. Por outro, depois da experiência dos governos da Liga Progressista e da fundação do Centro Radical, não se entendia com liberais históricos e com a atitude de oposição intransigente de Zacarias de Góes. Diante da iniciativa do gabinete conservador de Rio Branco em promover a reforma do elemento servil, tendia a apoiá-lo, mesmo que com reservas. Afinal, a medida estava prevista no programa de seu partido, e ele mesmo fora um de seus defensores na reunião do Conselho de Estado que primeiro discutira a questão em 1867. Via-se parcialmente paralisado, cada vez mais reflexivo e menos ativo na vida política imediata.[10] Desiludira-se de seus companheiros de viagem. Fato é que se mostrava incapaz de ser alternativa de direção política do Estado imperial, quanto mais de direção moral e intelectual efetiva.[11] Essa dimensão de sua figura seria, em larga medida, construída pelo filho, depois de derrubado o regime e desaparecido o conselheiro.

O oposto acontecia com seu amigo e antigo correligionário dos anos da conciliação, José Maria da Silva Paranhos, que vivia seu momento máximo à testa do gabinete conservador de 8 de março de 1871, o mais longo do império.

O baiano Paranhos, órfão muito cedo e de família modesta, veio para a corte, onde fez carreira no jornalismo e na política, como liberal, inicialmente sob a proteção do visconde de Sepetiba. Em 1851, no entanto, foi chamado por Honório Hermeto Carneiro Leão, o consagrado líder do Partido Conservador fluminense, para ser seu secretário em sua missão diplomática no Prata. Bandeou-se, assim, para o lado conservador. Participou do gabinete da conciliação como ministro da Marinha e dos Estrangeiros, foi titular da pasta dos Estrangeiros no gabinete de 1858 e ministro da Fazenda no gabinete conservador de 1861, chefiado pelo marquês de Caxias. Mesmo sem laços consanguíneos com as grandes famílias de proprietários ou negociantes, como Paraná, Caxias, Uruguai, Itaboraí e Eusébio de Queirós, era, como se pode ver, ligado aos conservadores fluminenses. Por isso mesmo, em 1871, foi chamado para chefiar o gabinete conservador que conduziria a aprovação no Parlamento da reforma do elemento servil.

Antes de prosseguir, no entanto, é necessário retroceder um pouco para melhor entender as circunstâncias em que se deu a convocação de Rio Branco, como ele se desincumbiu de sua missão e qual a postura de Nabuco de Araújo diante de sua iniciativa. Para tanto, são necessárias duas palavras sobre o significado e o alcance da política da conciliação, promovida pelo marquês de Paraná entre 1853 e 1856, e o período que se seguiu, principalmente a partir de 1862, com a experiência da Liga e do Partido Progressista, quando tanto Rio Branco quanto Nabuco de Araújo ganharam maior projeção política.

CAFÉ, ESCRAVOS E POLÍTICA: SIGNIFICADO E ALCANCE DA CONCILIAÇÃO

É lugar-comum na historiografia do império a constatação de que a experiência da Liga Progressista e do Partido Progressista, ao menos na figura de um de seus principais mentores, Nabuco de Araújo, inspirava-se na política de conciliação promovida anteriormente pelo marquês de Paraná.[12] José Murilo de Carvalho considera que haveria mesmo continuidade entre as duas experiências.[13] Há, no entanto, algumas diferenças significativas entre as duas situações que não devem ser negligenciadas.

Em primeiro lugar, trata-se do fato de que a conciliação foi conduzida por uma liderança do Partido Conservador com sólida articulação política e base social entre os grandes proprietários escravistas do Sudeste, em especial do Rio de Janeiro. Como se sabe, Paraná e outras das principais lideranças do partido — José Clemente Pereira, Itaboraí, Uruguai, Eusébio, Caxias, Muritiba — tinham notórias relações com as grandes famílias de proprietários de escravos, quando não o eram eles mesmos.[14] Analisemos o caso de Paraná.

Filho de militar, não descendia diretamente de família rica; seu pai alcançou apenas o posto de tenente-coronel.[15] Tendo-se graduado em Coimbra, em 1825, é provável que Honório Hermeto tenha recebido, para tanto, alguma ajuda de seu tio, João Neto Carneiro Leme, negociante que se dedicava ao comércio de escravos entre o Rio de Janeiro e Minas Gerais. De qualquer forma, de volta ao Brasil, em 1826, casou-se com a filha de João Neto em seu segundo casamento, Maria Henriqueta. Iniciou então carreira na magistratura. Pouco mais tarde, lançou-se na vida política.

Em 1830, foi eleito deputado-geral por Minas Gerais, fato que se repetiu por mais duas legislaturas, até 1841. Na Câmara dos Deputados, Honório notabilizou-se por seu alinhamento com os moderados e logo com os regressistas. Neste percurso esteve ao lado de Bernardo Pereira de Vasconcelos, Rodrigues Torres e Paulino José Soares de Sousa na formação do futuro Partido Conservador. Foi ministro pela primeira vez em 1832, e novamente em 1843, presidente da província do Rio de Janeiro entre 1841 e 1843, quando desempenhou papel fundamental na contenção de qualquer movimentação liberal na província, em especial na zona de Resende, Valença e Paraíba do Sul, e criou as bases para a repressão dos liberais em Minas Gerais, levada a cabo pelo então barão de Caxias. Quando desses acontecimentos, em meados do ano, já havia sido eleito e escolhido senador, e nomeado conselheiro de Estado. Foi presidente de Pernambuco em 1849, durante a repressão aos rebeldes praieiros; e nomeado para missão diplomática no Rio da Prata em 1851, responsável pela aliança que garantiu o sucesso na guerra contra Rosas e Aguirre. Chamado a presidente do Conselho de Ministros em 1853, promoveu a política da conciliação. Foi nessa posição que a morte o colheu em 1856, aos 55 anos.

Assim, não cabe qualquer sombra de dúvida sobre o alinhamento conservador de Paraná. Foi a partir dessa carreira e bases políticas que ele pôde perseguir a política da conciliação, que se fazia, claramente, entre vencedores e vencidos, depois da ascensão dos conservadores ao poder, em 1848, e da derrota da revolta dos liberais pernambucanos que se seguiu, na qual Paraná tomaria parte decisiva. O gabinete conservador perduraria até sua própria subida ao poder, em 1854. A conciliação correspondeu também a um momento de prosperidade material do império, a qual um de seus mais citados impulsionadores, o capitalista Irineu Evangelista de Sousa, barão de Mauá, em 1854, debitou à liberação de capitais advinda da abolição efetiva do tráfico internacional de escravos em 1850. Entretanto, tal prosperidade tinha fundamento muito mais sólido, se não levarmos em conta apenas a disponibilidade imediata de capitais, mas as condições econômicas mais gerais. Tratava-se da vertiginosa expansão cafeeira escravista pelo Vale do Paraíba, impulsionada exatamente pelo recrudescimento sem precedentes do tráfico de escravos africanos, a partir de 1835, após breve período minguante ocorrido depois de sua primeira proibição formal, em 1831. Tal expansão interagiu e esteve na raiz da expansão da classe senhorial, assinalada por Ilmar Rohloff de Mattos, e do regresso conservador.[16] Honório Hermeto participou ativamente desse duplo movimento, não só de sua face política, como vimos até aqui, mas também de sua face econômica.[17] Vejamos.

Em 1854, já como presidente do Conselho de Ministros, interpelado por um senador pelo Maranhão, D. Manoel, sobre as origens de sua fortuna, Paraná narrou a formação e a condição de seus negócios privados em discurso no Senado.[18] Nascera em família com poucos recursos, mas suficientes para garantir seus estudos em Coimbra. Do pai herdara apenas dois pajens.

> Se, porém, por esta parte nada herdei, todos sabem que por outra alguma coisa recebi e tenho herdado; é sabido que casei-me com minha prima, filha do meu tio o sr. João Netto Carneiro Leme, que negociou por muitos anos nesta cidade, e alguma fortuna possuía. Teve ele aqui em seu começo uma fábrica de preparar arroz; depois negociava em escravos, comprando-os em Valongo, e revendendo-os para Minas e para esta província...[19]

Do sogro e tio recebera dote pelo casamento que não se sentia na obrigação de declarar. Dizia somente que, quando de seu primeiro apontamento como magistrado para o cargo de juiz de fora em São Sebastião, em São Paulo, levava consigo oito escravos, mobília de boa qualidade, uma baixela de prata, um aparelho de chá e outro de mesa. Deixara ainda "alguns vinténs em poder de meu sogro, que os pôs em rendimento".[20] Ainda segundo Honório, levando uma vida sem luxos, não houvera necessidade de lançar mão de capital que sempre tivera e do qual se aproveitara "dando-o a prêmio". O sogro ainda o encarregara de várias cobranças e, principalmente, da execução de uma dívida de 25:600$000, que lhe cedera por nove contos. Em 1834, seu capital acumulado chegava a 30 contos. Relatava, em seguida, diversos empréstimos que fizera a comerciantes estabelecidos na corte, em Campos dos Goitacazes e a "vários fazendeiros de serra acima, abonados pela firma do sr. José Bernardo Brandão, estabelecido com casa de comissão de café nesta corte".[21]

Em 1836, conseguira realizar uma ideia que já vinha acalentando havia algum tempo: tornar-se fazendeiro. Para isso comprara terras quase incultas no valor de 4:500$000. Com outras aquisições, o valor das terras adquiridas chegou a dez contos. Sua fazenda situava-se na divisa das províncias de Minas Gerais e Rio de Janeiro, em Sapucaia. Chamava-se Lordello.[22] Obteve ainda os serviços de 26 africanos sob a tutela do

Estado, enviou os escravos que pôde de seu serviço doméstico para a fazenda, comprou mais alguns de uma fazenda em Cantagalo e arrematou "outros nas praças desta cidade e do Porto da Estrela."[23]

> Nas compras de terras e escravos, que não fiz de uma vez, mas sucessivamente e aos poucos, em proporção do recebimento do dinheiro que tinha a prêmio, absorveu-se afinal todo o meu capital, sem que me desse rendimento a fazenda, que pelo contrário, precisava ainda de engenho e outras obras.[24]

Recorrera a empréstimos, principalmente para comprar novos escravos: 12 contos do Cofre dos Órfãos da Corte, em 1837, e outros 12 contos da mesma instituição no ano seguinte por intermédio de seu concunhado Jerônimo José Teixeira,[25] com cujo filho, Jerônimo José Teixeira Júnior, casaria sua filha, Maria Henriqueta, em 1853. Assim, o que investira inicialmente em sua fazenda representava capital de mais de 50 contos, 30 dos quais ele mesmo tinha acumulado, 24:600$000 que obtivera por empréstimos e mais os 26 africanos. Continuara acumulando bens, comprando, em 1847, a meação de uma herança, inclusive a chácara que habitava com sua família, tudo no valor de 25 contos, dos quais só possuía sete, obtendo o restante por novos empréstimos. Já então colhia café, e muito. Sua produção começara em 1840, com mil e tantas arrobas, e depois, sucessivamente, 2.000, 3.000, 4.000, 6.000. Em 1846, produzia 8.000 arrobas, 9.000 em 1847, 15.000 em 1850 e 20.000 em 1852.

Passou a explicar a razão de tamanho sucesso no desempenho produtivo de sua propriedade. Colhia mais do que outros que tinham mais cativos. "Não tenho na fazenda mais de 150 escravos entre grandes e pequenos; emprego poucas pessoas livres; pago aos meus escravos o que colhem nos dias de guarda, e o excesso de sua respectiva cota nos dias de serviço."[26]

> Em 1850 eu dava a minha fazenda com reserva de 30 e tantos escravos por 160:000$ (...), hoje senhores, não a dou certamente por essa soma, porque acho que vale muito mais. Não a dou porque

> apesar de ter morrido um ou outro escravo, tem nascido muito mais do que tem morrido; ainda que seja verdade que isso não compensa o serviço perdido.
>
> Não a venderia hoje por mais 50:000$, porque teria dificuldade de achar emprego igualmente produtivo, e uma vez que os escravos têm hoje valor muito maior do que aquele que tinham na época a que acima referi.[27]

Quando morreu, em 1856, Paraná deixou, além de suas propriedades urbanas na corte, a maioria situada no Caminho de Botafogo, sua fazenda de café com 189 escravos: 60,3% homens e 39,7% mulheres. Destas, 47 estavam em idade fértil, entre 14 e 38 anos de idade. Vinte e cinco escravos no total (13,2%) tinham 40 anos de idade ou mais. Trinta e sete (19,6%) tinham menos de 13 anos. Apenas sete escravos estavam na casa dos 50 anos, e a mais velha tinha 58 anos. Esses dados confirmam a formação relativamente recente do plantel, sua estratégia de adquirir escravos jovens no processo de montagem da fazenda e a tendência à reprodução natural.[28]

A acumulação de capital que Paraná realizara — a acreditar-se em suas palavras e não há por que não o fazer — fora impressionante e dá a medida exata da forma, da velocidade e da intensidade com que ocorreu a expansão do café na primeira metade do século XIX. Se considerarmos apenas o capital inicial de que ele dispunha, incluindo seus rendimentos, mas sem os empréstimos que efetuou, isto é, 30 contos de réis, em 13 anos, ele multiplicara seu valor em cinco vezes. E mais uma revelação, no que diz respeito ao impacto da extinção do tráfico internacional sobre a parte específica representada pelos escravos na composição do capital escravista: em 1854, quatro anos depois de abolido aquele comércio, seu capital total se valorizara em 31,25%! Em larga medida, pela valorização de seus cativos.

Nesse ponto, pode-se compreender melhor as palavras de Eusébio de Queirós em seu famoso discurso de 1852 quando justificou a extinção efetiva do tráfico, entre outras razões, pelo fato de que acabava com o risco de que a propriedade rural passasse para as mãos dos traficantes devido à dependência que lhes tinham os proprietários. A explicação não era puramente retórica (para encobrir o fato de que a medida fora tomada, de fato, pela pressão inglesa). A valorização dos escravos de Paraná, verificada após a abolição do tráfico, era inversamente proporcional à participação do tráfico no financiamento da mão de obra das plantações, principalmente no momento de expansão da cultura cafeeira no Vale do Paraíba. Nesse momento, os escravos eram despejados na região e "devorados" pelas necessidades da produção. Era disso que se tratava quando Paraná dizia que seus escravos nasciam mais que morriam, "ainda que seja verdade que isso não compensa o serviço perdido". Tratava-se também, todavia, da passagem para uma nova fase da cultura cafeeira, a fase do apogeu. Diminuíam o ritmo de ocupação de novas terras e a necessidade de braços novos; estabilizavam-se os plantéis — podendo haver até mesmo tendência ao crescimento natural, como no caso do que pertencia a Paraná — e se colhiam os frutos dos cafezais maduros.[29] Nessa fase, a parte dos escravos na composição geral do capital, que nunca fora pequena, como o atesta o próprio exemplo de Paraná (24 contos em escravos, sem contar os 26 africanos adquiridos e os escravos domésticos transferidos para o serviço rural, contra dez contos em terras), crescia ainda mais, juntamente com o valor dos pés de café plantados.

Os resultados dos investimentos em terras, escravos e na produção de café não deixam dúvida alguma quanto à sua alta taxa de retorno, provavelmente sem paralelo em outras formas de aplicação disponíveis, como o rentismo. A narrativa de como Paraná formara sua fortuna nos diz também do processo social dessa formação. A nomeação de avaliadores, devedores e credores demonstra a valorização do status social dos parceiros e é sinal da importância atribuída por Paraná ao retorno político e social de suas transações. Mostra mesmo o quanto o sucesso das transações econômicas dependia, em larga medida, das boas relações sociais e políticas. No conjunto, essas transações efetuavam-se no âmbito da praça e da província do Rio de Janeiro, normalmente envolvendo grandes comerciantes e financistas, assim como grandes famílias de proprietários rurais. Não só Paraná realizava o percurso em direção à propriedade rural, afastando-se do comércio negreiro — o negócio de seu sogro —, como tecia sua rede de alianças e laços familiares que lhe conferia sólidas bases de poder.[30] Do ponto de vista político, essas transações se davam no universo do Partido Conservador.

A estratégia de casamentos da família de Paraná é clara evidência de reiteração do processo social e político que fora tecido na formação de sua fortuna. Três de seus quatro filhos casaram-se ainda em vida de Paraná, e suas escolhas matrimoniais renovaram e ampliaram os vínculos da família no interior da classe senhorial. Maria Emília Carneiro Leão de Barros, nascida em 1827, casou-se, em 1845, com o comendador Constantino Pereira de Barros, filho de José Gomes de Barros, importante proprietário de terras na área da cidade do Rio de Janeiro, sendo ambos agraciados, mais tarde, com o título de barão e baronesa de São João de Icaraí. Honório Hermeto Carneiro Leão Filho, nascido em 1832, foi deputado provincial pelo Rio de Janeiro e por Minas Gerais, e casou-se com Maria Cândida Torres, filha do barão de Itambi e sobrinha de Joaquim José Rodrigues Torres. Maria Henriqueta Carneiro Leão Teixeira, nascida em 1834, casou-se, em 1853, com seu primo-irmão Jerônimo José Teixeira Júnior, filho de Jerônimo José Teixeira, que encontramos anteriormente como um dos parceiros dos negócios relatados por Paraná. Maria Henriqueta e o marido tornaram-se proprietários e receberam o título de visconde e viscondessa de Cruzeiro. Finalmente, o filho caçula, Henrique Hermeto Carneiro Leão, nascido em 1847, casado, depois de morto o marquês, com Zeferina Marcondes, herdou sua fazenda Lordello e foi agraciado, em 1888, com o título de barão de Paraná.[31]

De tudo isso, o que se vê é que Paraná, em 1853, depois do sucesso de sua missão no Prata, que lhe valera o título de visconde, e de toda sua calejada carreira política nas hostes conservadoras, estava no ápice de sua carreira política quando foi chamado pelo imperador para formar o novo Conselho de Ministros. Mas estava também absoluta e exitosamente entrosado nas redes sociais que compunham a classe senhorial. Assim, tanto sua posição política quanto a social lhe conferiam plenas condições de disputar a liderança do Partido Conservador fluminense com a trindade saquarema, o que de fato veio a acontecer em relação à política de conciliação por ele praticada. Essa disputa, no entanto, durante todo o período do gabinete, permaneceu adstrita ao âmbito interno do partido. É certo que Paraná não contou com o concurso ativo de nenhum dos nomes da trindade, Rodrigues Torres, Paulino ou Eusébio, para a sua política. Eles de fato a ela se opuseram, ainda que sem chegar à ruptura com o governo. Divergiam das propostas governamentais sobre como conduzir as relações com a oposição liberal. Pode-se imaginar que a disputa entre eles pela liderança dos conservadores em geral e dos fluminenses em particular viesse a se aprofundar, não fosse a morte prematura de Paraná. Mas não há base para se imaginar que as consequências da disputa levariam a radical ou pelo menos acentuada mudança de rumo no padrão moral e intelectual que os saquaremas vinham imprimindo na condução política do império.

Além da questão da sólida ancoragem social da conciliação de Paraná na classe senhorial, um segundo aspecto a distingue da política perseguida pela Liga e pelo Partido Progressista na década de 1860. A conciliação foi realizada a partir do governo e não para chegar a ele. Nesse sentido, ela não comprometeu a unidade relativa do Partido Conservador. Tratou-se de expansão do movimento de direção política saquarema, cujas origens remontam ao regresso conservador de 1837 e, mais especificamente, à vitória militar e política sobre os movimentos liberais em 1842.[32] A oposição do núcleo saquarema tradicional à política da conciliação não resultou em qualquer dissidência formal do partido. Caxias e Rio Branco, ambos ligados aos conservadores fluminenses e ministros de Paraná, pontuaram nos ministérios conservadores que se seguiram até a volta dos liberais em 1862. Estiveram também presentes no gabinete de 1868, comandado pelo velho visconde de Itaboraí, Joaquim José Rodrigues Torres, sobrevivente da trindade saquarema, que marcou a volta dos conservadores ao poder.

Por outro lado, muitos liberais atraídos pelo movimento da conciliação — entre eles algumas de suas lideranças expressivas, como Limpo de Abreu, prestes a se tornar visconde de Abaeté, e Torres Homem, futuro visconde de Inhomirim, que participaram do governo de Paraná — bandearam-se de vez para o Partido Conservador. Lá, estavam destinados a cumprir ainda importante papel; Limpo de Abreu, por exemplo, como chefe do gabinete conservador de 12 de dezembro de 1858.

O mesmo não se verifica no caso da experiência da Liga. É verdade que duas lideranças expressivas do Partido Conservador, Zacarias de Góes e Nabuco de Araújo, iniciaram a dissidência da Liga Progressista, depois do Partido Progressista, e terminaram por se afastar completamente de sua antiga filiação partidária para, em 1869, fundar novamente o Partido Liberal. Todo esse movimento, entretanto, foi expressão de um fracasso e não de uma vitória, como fora o caso da conciliação de Paraná, que se seguiu ao momento maior de triunfo conservador dos gabinetes de 1848 e 1852.[33] O movimento realizado por Zacarias e Nabuco de Araújo foi a expressão do insucesso de sua política de isolar os conservadores mais arraigados, os vermelhos ou *extremes*, como os chamava Joaquim Nabuco. Zacarias e Nabuco de Araújo consumaram seu movimento de ruptura definitiva com os conservadores quando estes triunfaram, em 1868, abrindo um longo período de domínio do governo, que se prolongaria até 1878.

A Liga propôs, de fato, a conciliação entre conservadores moderados e liberais contra os conservadores intransigentes, e reivindicava para si a herança da experiência da conciliação. Propunha, entretanto, conciliação entre os partidos, ou ao menos entre parcelas dos partidos, para se tornar governo. Quando chegou ao governo, em momento algum constituiu sólida maioria na Câmara e gastou boa parte de suas energias tentando conciliar progressistas e liberais históricos, sem efetivamente ter consolidado sua posição. A Liga fracassou e, com ela, sua conciliação. Se foi derrubada por d. Pedro, em 1868, em ato autoritário que rompia a tradição, é, em parte, porque podia sê-lo — não conjugara apoios suficientes, fosse para implementar suas propostas, fosse para resistir à pressão dos conservadores e ao golpe de misericórdia desferido pelo imperador.

Finalmente, outra diferença entre as experiências da Liga e da conciliação de Paraná é que se este tinha o objetivo declarado de criar condições para que se promovesse o progresso da sociedade, queria fazê-lo dentro da ordem. Queria fazê-lo para reafirmar a ordem, tal como estabelecida com a vitória dos conservadores. A reforma eleitoral de Paraná, sua maior reforma, não abalava, como não abalou, o quadro institucional estabelecido desde o regresso. Nada se falava sobre o Poder Moderador, sobre o Senado vitalício etc. A conciliação era uma proposta nitidamente de caráter conservador e visava a ampliação da direção moral e intelectual conservadora exercida pela coroa enquanto partido, no sentido gramsciano do termo que lhe é conferido por Ilmar Rohloff de Mattos. A Liga, não. Ela visava a reformas, mesmo que ainda tímidas se comparadas com as que seriam, em breve, defendidas pelos radicais e pelo centro liberal, e o isolamento dos conservadores mais intransigentes.[34]

Talvez o maior ponto de contato entre a política da Liga e do Partido Progressista e a política da conciliação de Paraná tenha sido no plano político. Afinal, ambos buscaram reformar o sistema político no sentido de sua ampliação. Mas mesmo a esse respeito a semelhança é mais aparente do que efetiva.

A reforma mais radical de Paraná foi política, a reforma do sistema eleitoral. A proposta, que entrou em vigor em 1856, previa a eleição por distritos — círculos — eleitorais, e não mais pelo colégio eleitoral provincial como um todo. Além disso, tornava incompatíveis para a eleição em seus distritos de atuação profissional vários funcionários públicos e representantes do governo. O objetivo era dar maior expressão política às forças políticas locais em detrimento da intervenção do governo central nas eleições. Isso significava abrir espaços políticos para forças econômicas e sociais menos dependentes do poder central e que estavam em ascensão. Os círculos tinham, ou deveriam ter, como resultado a quebra das câmaras monolíticas afinadas com o governo. Esse era seu alcance hegemônico. Apesar da oposição, principalmente dos saquaremas tradicionais, que temiam o rebaixamento do perfil da representação, mas, na verdade, a perda de controle do processo eleitoral, a lei foi implementada. A primeira eleição dos círculos foi realizada, logo após a morte de Paraná, sob o comando de Caxias, que o substituíra provisoriamente.

A eleição resultou em uma Câmara mais diversificada, fosse pela ascensão de lideranças locais, fosse, principalmente, pela presença de uma bancada liberal, minoritária, mas expressiva. D. Pedro passou, então, a pensar na formação do novo gabinete. Sua primeira escolha, em mais uma inequívoca prova das proximidades entre saquaremas e conciliadores, apesar de suas divergências, recaiu sobre o visconde do Uruguai. Da trindade saquarema, ele fora o que menos críticas fizera à conciliação. Uruguai, entretanto, recusou o convite. Com isso, apostava na falência da conciliação.[35] O imperador convocou Olinda, que aceitou e trouxe para o gabinete o concurso de liberais, no caso Sousa Franco, seu ministro da Fazenda. O gabinete, no entanto, formado em maio de 1857, caiu em dezembro do mesmo ano, diante das divergências sobre política financeira, iniciadas exatamente pelas disputas entre Sousa Franco e o presidente do Banco do Brasil, ninguém mais do que Itaboraí. O imperador convocou, então, outro integrante da trindade saquarema, Eusébio de Queirós, que, alegando razões de ordem pessoal, também não aceitou o convite. Depois de nova tentativa de convocar Uruguai, igualmente frustrada, a escolha de d. Pedro recaiu sobre Ferraz, que compôs um gabinete de feição conservadora, assim como seus sucessores, o visconde de Abaeté e o marquês de Caxias. Os saquaremas, embora não por intermédio de suas lideranças mais expressivas, estavam de volta ao poder.[36]

Nesse meio-tempo, processara-se uma modificação na Lei dos Círculos, que se tornaram maiores e passaram a eleger três deputados. A modificação visava contemplar as críticas de que a lei anterior acabava dando muito espaço para a escolha de representantes de expressão apenas local. Ainda assim, nas eleições de 1860, apesar da vitória dos conservadores, elegeu-se expressiva minoria liberal no âmbito nacional, principalmente nos centros urbanos.[37] No campo conservador, Zacarias de Góes e Nabuco de Araújo passaram a liderar uma dissidência que buscava a aproximação com os liberais no sentido de isolar os conservadores mais intransigentes, agrupados em torno das lideranças saquaremas fluminenses. A articulação foi bem-sucedida e obteve a derrubada do gabinete Caxias, em 1862. Seguiu-se período de instabilidade em que se sucederam seis gabinetes liberais ou progressistas, até 1866, quando Zacarias de Góes, então à frente do Partido Progressista, reassumiu a presidência do Conselho de Ministros. Dessa feita, manteve-se no poder até sua renúncia, induzida pelo imperador, em 1868. A queda de Zacarias, tramada em parte pelos conservadores, a partir da pressão que Caxias exercia sobre o gabinete como comandante das tropas no Paraguai, assinalou a volta dos conservadores ao poder.

O próprio visconde de Itaboraí foi chamado para compor o novo gabinete. Sua ascensão, no entanto, paradoxalmente, pode ser considerada o marco do fim do tempo saquarema.

O período entre a morte de Paraná, em 1856, e a ascensão definitiva de Zacarias de Góes, em 1868, foi de crise política que, contudo, se restringiu ou buscou sempre encaminhar sua resolução ao âmbito parlamentar. Foi mais um teste da estabilidade das instituições do império, erigidas ao longo do tempo saquarema; uma demonstração da eficácia da direção moral e intelectual da coroa enquanto partido gramsciano, que formou sucessivos gabinetes sem que as disputas políticas transbordassem os limites parlamentares e as regras do jogo fossem desrespeitadas. A estabilidade das instituições, em meio ao acirramento e à instabilidade das disputas parlamentares, foi evidência da solidez do tempo saquarema. A direção moral e intelectual saquarema prescindia, em certa medida, de sua direção política em sentido estrito, isto é, sua direção moral e intelectual projetava-se além do fato de estar ou não no governo.

A partir da queda de Zacarias, esse quadro mudou.

SINAL DOS TEMPOS: CRISE POLÍTICA E CRISE DE HEGEMONIA

A crise de 1868, em seus desdobramentos, teve duplo significado. Por um lado, sepultou a tentativa progressista de se apresentar como alternativa de direção política à hegemonia saquarema. Por outro, a volta destes, no bojo de uma crise que se iniciara com a quebra das regras por parte do imperador, indicava a ruptura com o quadro de direção política amplo que os próprios saquaremas haviam consolidado. A crise de 1868, no entanto, ia além de seus marcos políticos. Duas questões e, principalmente, as conexões entre elas ocupavam cada vez mais a agenda política: a guerra e a escravidão. A guerra só agravou e tornou manifesta a fragilidade social do Estado imperial, fundado numa ordem escravista. Se antes de 1850 a oferta atlântica praticamente ilimitada de cativos permitia a ascensão dos setores livres da população, incluído o ingresso de escravos, via a instituição das alforrias, no mundo da liberdade e até da propriedade escravista, a partir de meados da década de 1860, a situação começou a mudar. A escassez de mão de obra cativa reduziu as margens de solidariedade escravista, enrijeceu as divisões sociais, pressionou a redução nas alforrias. Ao mesmo tempo que isso ocorria, o Estado imperial, em um quadro internacional crescentemente desfavorável à escravidão, via-se obrigado a recorrer à libertação de cativos para preencher as fileiras do exército no Paraguai. Nas zonas rurais do Sudeste, os escravos, fortalecidos em comunidades de senzala mais estáveis e estruturadas, aumentavam sua pressão por espaços de liberdade em um mundo em que os senhores se tornavam mais avaros em concedê-la.[38]

Vejamos tudo isso um pouco mais detalhadamente.

No início da década de 1860, a escravidão passou a ser fonte de permanente mal-estar na sociedade imperial,[39] causado, em primeiro lugar, pelos atos de resistência, quando não de rebeldia aberta, dos próprios escravos. Provinha também da opinião, nem tanto da ação, de estrangeiros ou, em menor número, brasileiros que, a partir das lutas por direitos políticos e sociais crescentes tanto no continente europeu quanto nas Américas e de suas próprias crenças políticas, filosóficas e religiosas, condenavam moralmente a escravidão.[40] Era quase impossível não se render às evidências de que ela era fato condenado pelo avanço do capitalismo e pelo predomínio crescente dos países centrais no quadro internacional. Tudo isso era vivido como uma condenação da escravidão produzida pelo avanço da civilização.

Mas a adoção disseminada e quase unânime da retórica de condenação moral não significava que se passasse à ação. Alegava-se que a extinção do tráfico internacional, com a tendência à reprodução natural negativa da população escrava, resolveria, por si só, a questão; que não havia outro modo de fazê-lo sem comprometer a agricultura, principal indústria nacional. A aceitação da condenação moral da escravidão tinha mesmo um papel importante, ainda que paradoxal, em sua justificação. Por um lado, trazia o foco para as circunstâncias que praticamente impossibilitavam a substituição, pretensamente desejada, do trabalho servil: sem os escravos, não seria possível manter a agricultura. Não havia como, naquele momento, susbstituí-los pelo braço livre, que não viria em número suficiente para atender às necessidades da agricultura. Por outro lado, a escravidão era herança de outra época, na qual todos os povos civilizados, não só os portugueses e, mais tarde, os brasileiros, a haviam utilizado. Se por diferentes razões os europeus podiam então dela abrir mão, não era certo nem justo exigir o mesmo da nova nação, que não dispunha dos meios para tanto. Finalmente, era preciso levar em consideração as peculiaridades da escravidão brasileira, sua benevolência e seu papel civilizador em relação ao escravo. A prática comum das alforrias, debitada na índole dos senhores e não na pressão direta ou indireta dos próprios escravos, seria claro indício disso.[41] Assim, no dia a dia, a escravidão continuava em toda parte, movia a economia e estava presente no cotidiano. Consciente ou inconscientemente, a aceitação verbal da condenação moral da escravidão era um meio, talvez o melhor porque velado, de manutenção do *status quo* escravista.

A situação começou a mudar pouco antes de meados da década de 1860, ainda que muito lentamente. Talvez tenha sido o imperador quem primeiro percebeu a mudança. Em janeiro de 1864, ele enviou a Zacarias de Góes, datada da véspera do dia em que este assumiria a presidência do Conselho de Ministros pela segunda vez, uma nota sobre o assunto. Nela, d. Pedro dizia que os acontecimentos da guerra civil norte-americana exigiam que "pensemos no futuro da escravidão no Brasil, para que não nos suceda o mesmo a respeito do tráfico dos africanos". Avaliava que se deveria promover a abolição através da liberdade dos filhos das escravas "que nascerem daqui a certo número de anos". A medida, tão logo as circunstâncias o permitissem, deveria ser tomada com firmeza, devido aos males que necessariamente originaria.[42]

A nota, para empregar a fórmula consagrada de Reinhard Koselleck, esclarecia qual era o "espaço de experiências" em relação ao qual o imperador e, certamente, seus estadistas estabeleciam um determinado "horizonte de expectativas" em relação à escravidão. Tanto os acontecimentos imediatos e a experiência do passado recente, nos planos, nacional e internacional, eram considerados. Na esfera nacional, tratava-se dos eventos relacionados à extinção efetiva do tráfico internacional de escravos em 1850, quando a própria integridade do império se vira ameaçada pelas ações da marinha inglesa. A lição era clara: a situação nunca mais deveria chegar àquele ponto. Os eventos da guerra civil norte-americana, no plano internacional, no entanto, mostravam que essa possibilidade existia e que era questão de tempo para que a escravidão no Brasil viesse a ser diretamente questionada no plano externo, assim como no interno.

Na década de 1860, já estava consolidada uma literatura histórica e política sobre os percursos e resultados das experiências históricas das abolições atlânticas, especialmente no Caribe. Três caminhos haviam sido percorridos nas regiões onde a escravidão desaparecera. Havia a trilha da ação violenta, quer se tratasse da revolução escrava — como em São Domingos, nas Antilhas francesas — de algumas guerras de independência da América espanhola, ou da experiência, em curso naquele momento, da guerra civil norte-americana, caminho a ser evitado a qualquer custo. Um segundo percurso era o das colônias inglesas e francesas, onde a extinção da escravidão havia sido decidida pela ação parlamentar. Com indenizações aos antigos senhores, no primeiro caso, em 1838, e sem indenizações no segundo, em 1848, diante de uma conjuntura revolucionária na metrópole. Por fim, havia o caso das experiências menos traumáticas e custosas dos lugares onde se havia decretado a liberdade do ventre da mulher escrava — caso de alguns estados do norte dos Estados Unidos e de diversas repúblicas da América Latina.

A nota de d. Pedro mostra também a atenção particular que era dada aos eventos imediatos da guerra civil norte-americana. O imperador e seus estadistas sabiam que, em larga medida, nos campos de batalha dos Estados Unidos, jogava-se a sorte da escravidão no Brasil e, caso fossem desatentos, a própria sorte do império. O ano de 1863 havia sido particularmente desastroso para o exército confederado, fragorosamente batido em Gettysburg. Em janeiro de 1864, era evidente para um observador atento, como o eram o imperador e a maioria dos estadistas imperiais, que os dias da escravidão estavam contados, nos Estados Unidos e também no Brasil. Nada mais seria como antes.

A esse quadro somava-se o fato de que a situação do império no cenário internacional era delicada. A questão Christie estava ainda fresca, e não havia um ano o Brasil rompera relações diplomáticas com a Inglaterra (25 de maio de 1863). Por sua vez, as relações entre o império e o governo da União nos Estados Unidos estavam longe de ser cordiais. Não bastasse o fato de ter reconhecido o estado de beligerância dos estados confederados em relação à União, havia a pressão norte-americana para abertura da navegação internacional do Amazonas, o que só seria aceito pelo governo imperial em finais de 1866. Além de tudo isso, o Brasil reconhecia o império de Maximiliano no México, que, claudicante, era sustentado por tropas francesas de Napoleão III, fato que o tornava mais intolerável para os Estados Unidos.

No contexto mais próximo da região platina, o governo imperial, em parte sob influência dos pecuaristas gaúchos, em parte em defesa de seus interesses financeiros no Uruguai e movido por política externa de orientação hegemônica na região, apoiava a revolta de Venancio Flores contra o governo *blanco* do presidente Bernardo Berro.

Em terceiro lugar, a nota de d. Pedro a Zacarias de Góes mostra como ele, diante desse quadro internacional, percebia, no início de 1864, o grau efetivo de perigo que a eventual manutenção pura e simples da escravidão representava para a ordem e a civilização imperiais. Se o perigo era sério, não era imediato. A medida pensada pelo imperador o evidenciava. A libertação do ventre da mulher escrava, já em si uma proposta gradual, se aplicaria não imediatamente, mas visando àqueles "que nascerem *daqui a certo número de anos*" (grifos meus). Portanto, nada de pressa.

Finalmente, a nota mostra que d. Pedro não tinha ilusões quanto à reação que uma medida desse tipo despertaria entre os proprietários de escravos. Haveria descontentamento e protestos, para dizer o mínimo.

Talvez por isso ou premido pelo rumo que a intervenção brasileira no Uruguai tomava, com o desdobramento do conflito com o Paraguai, o imperador só voltou ao assunto em finais de 1865, quando encomendou a Pimenta Bueno um projeto de libertação dos nascituros. Pronto em janeiro de 1866, o projeto só foi apresentado ao Conselho de Estado no início de fevereiro do ano seguinte, sendo debatido nas sessões de 2 e 9 de abril de 1867.

Em 1867, do ponto de vista externo e interno, a situação não estava melhor, mas pior do que aquela vivida em 1864 e 1865. A guerra civil norte-americana terminara com a vitória completa da União. No México, os liberais republicanos, sob a liderança de Benito Juarez, acossavam as forças do imperador Maximiliano, que viria a ser capturado e, em seguida, fuzilado em junho daquele mesmo ano. A guerra com o Paraguai, apesar das vitórias iniciais, estava longe do fim e expunha a fragilidade do império — devida à escravidão —, que fora obrigado a recorrer à libertação de escravos para fazer face às necessidades de uma guerra nacional e a exigir a mobilização total de recursos materiais e, principalmente, humanos e morais.[43]

Foi este último o fator decisivo para que a questão servil viesse à baila no princípio de 1867. Não por acaso, em sua sessão do dia 5 de novembro do ano anterior, o Conselho discutira a eventualidade de se efetuar o recrutamento em massa de escravos para compor as fileiras do exército. Considerando os riscos inerentes à medida, optara-se por solução mais moderada. Alforriaram-se os chamados "escravos da nação", os pertencentes à coroa e aos conventos para que combatessem no Paraguai, além de prever pagamentos e concessão de títulos honoríficos a particulares que libertassem seus escravos para a guerra.[44] Em março, a convocação por meio de sorteio de oito mil guardas nacionais para a guerra sofreu forte e generalizada resistência social.[45] A proximidade dessas discussões do Conselho de Estado — em 5 de novembro de 1866, sobre o recrutamento de escravos, e, em 2 e 9 de abril, sobre a proposta de São Vicente — não deve ser subestimada. Trata-se de claro indício da importância da guerra para deflagrar o debate sobre a escravidão.[46]

Basicamente, três posições manifestaram-se na reunião do Conselho.[47] O marquês de Olinda foi curto e direto em seu parecer por escrito: não via necessidade de se tomar qualquer medida a respeito do assunto. Era favorável à abolição de uma vez, mas somente quando os escravos fossem tão poucos, devido às alforrias e às mortes, que esse ato não trouxesse prejuízos aos senhores e à ordem pública. Perguntava-se se havia alguma pressão que forçasse o governo a tomar a iniciativa de uma abolição gradual.

> E será verdade que estamos em cima de um vulcão? Não penso assim. Em algumas localidades tem-se manifestado alguma inquietação; mas nesses mesmos lugares cessam logo que se tomam providências prontas. E em geral os escravos estão quietos, e não se lembram de mudança de condição. E a verdade é: que o que assusta os senhores, e em particular os fazendeiros, são essas vozes que a imprudência tem feito soar — que de um modo ou de outro chegam aos ouvidos dos escravos. Mas isto não tem tomado corpo. E se é verdade que estamos em cima de um vulcão, não sejamos nós mesmos que vamos promover a explosão...[48]

A referência de Olinda à metáfora do vulcão é sintomática da ideia de forças sociais inevitáveis, como os fenômenos naturais, sobre as quais se deveria atuar. A metáfora indica também que não havia ilusões quanto ao potencial explosivo contido nas relações sociais escravistas. No entanto, a opinião do marquês era de que esse não era o caso naquele momento. Ao contrário, tomar a iniciativa de medidas abolicionistas parciais acabaria por acender o pavio das insurreições escravas.

O segundo posicionamento era aquele do conselheiro Nabuco de Araújo, que também, como já vimos, lançava mão da metáfora que comparava forças sociais a forças naturais para dar conta da situação. O conselheiro também não via perigo imediato, mas considerava a torrente da abolição inevitável. Impedi-la era impossível, "dirigi-la para que não se torne fatal é de alta política".

O terceiro posicionamento, que agrupou a maioria dos conselheiros, reconhecia o problema de um ponto de vista genérico e concordava que se deveria adotar a liberdade do ventre da mulher escrava como melhor forma de encaminhá-lo, quando chegasse o momento adequado. A medida deveria ser adotada em data futura, ainda que próxima, mas não naquele momento. Preocupava a esses conselheiros a proteção do direito de propriedade dos senhores. Quando a reforma viesse, deveria prever algum tipo de indenização aos proprietários. Com pequenas diferenças, partilhavam essa posição Itaboraí, Muritiba, Eusébio de Queirós e Paranhos. O futuro autor da Lei do Ventre Livre achava que o governo, por iniciativa do próprio imperador, se havia precipitado no encaminhamento da questão. Não havia pressão externa ou interna, fosse esta última social ou política, que requeresse a iniciativa de se encaminhar medidas que abreviassem o fim da escravidão. Deixadas as coisas como estavam, o fim do regime servil viria com o tempo, sem transtornos e sem comprometer os interesses e o apoio dos "nossos proprietários rurais".[49] Nesse momento, Paranhos alinhava-se aos saquaremas históricos.

Em 1868, diante do pior momento da guerra, d. Pedro não hesitou em sacrificar Zacarias e chamar os conservadores de volta ao poder. E o fez sem rodeios. Convocou ninguém menos que Itaboraí para formar o novo gabinete. Superadas as dificuldades no Paraguai, a expectativa do imperador era de que o velho visconde se pusesse a trabalhar pela reforma do elemento servil, como, então, se tratava o tema da abolição gradual. Itaboraí, fiel a sua posição no Conselho e a seus compromissos sociais mais imediatos com os grandes proprietários, nada fez para que o assunto fosse levado adiante. Sem o apoio de seus principais companheiros saquaremas — Eusébio falecera em maio de 1868, e Uruguai em 1866 —, o visconde ainda contava com alguns velhos aliados, como Muritiba, veterano do ministério conservador de 1848, na pasta da Guerra, e José Maurício Wanderley, barão de Cotegipe, político baiano, militante do "campo conservador extremo", nas palavras de Joaquim Nabuco,[50] na Marinha. Contava ainda com outros novos, como José de Alencar, que se acercara dos saquaremas históricos, ministro da Justiça, e Paulino de Souza, filho de Uruguai, que estava à frente da pasta do império. Todos se destacariam na luta contra a proposta de lei da liberdade do ventre, de 1871, encaminhada por outro membro do gabinete, Paranhos.

O desgaste com o imperador levou à queda do ministério e à substituição de Itaboraí por São Vicente. Apesar de autor do projeto de liberdade do ventre, ou talvez por isso, São Vicente não conseguiu angariar suficiente apoio político e parlamentar para transformar seu projeto em lei. Foi substituído, então, por Paranhos, que acabava de se cobrir de louros como ministro plenipotenciário no Paraguai. Sua missão, que aceitou e cumpriu, era clara: fazer aprovar a lei da liberdade do ventre.

ESTADISTAS, DEPUTADOS E FAZENDEIROS

Por que Paranhos, em 1871, já visconde de Rio Branco, mudou de opinião a respeito do projeto de libertação do ventre da mulher escrava? Esta pergunta, feita pelo historiador de hoje, foi também feita, de forma mais irada e agressiva, por grande parte de seus correligionários do Partido Conservador na época. Especialmente por aqueles que representavam as províncias cafeicultoras do Rio de Janeiro, São Paulo, Minas Gerais e Espírito Santo. Cobravam-lhe coerência com as posições anteriores, que havia defendido no Conselho quatro anos antes. Sem reconhecer que mudara de opinião completamente, Rio Branco se explicou. Não fora contra o projeto, apenas não via, na ocasião, necessidade da reforma. Agora, as circunstâncias, principalmente internacionais, haviam mudado. Segundo suas próprias palavras, sua experiência como ministro plenipotenciário do império, enviado ao Paraguai, em 1869, fora um importante, senão decisivo, fator para que reconhecesse esse fato. No Paraguai, tivera plena clareza da má impressão e do isolamento internacional que a manutenção da escravidão trazia ao império.[51]

A experiência no Paraguai havia sido mais que a exposição direta à opinião estrangeira negativa em relação ao império por conta da escravidão. Afinal, qualquer observador atento — e esse era o caso de Rio Branco — disso já tinha conhecimento. O teor das discussões de abril de 1867 no Conselho de Estado o evidencia. Havia mais. Em Assunção, Paranhos deparou-se com o exército imperial em carne e osso. Um exército vitorioso, que ocupava a capital inimiga. Contudo, um exército negro, imediatamente associado à instituição servil no Brasil, que causava forte constrangimento não apenas aos paraguaios derrotados, aos aliados argentinos e uruguaios, aos representantes diplomáticos dos países americanos e europeus, mas constrangia o próprio comando e as autoridades brasileiras. Em dezembro de 1868, depois dos sangrentos combates que haviam redundado na destruição de mais um exército de Solano López e na tomada de Assunção, o constrangimento era explicitado por Caxias em sua correspondência com Muritiba, ministro da Guerra. Dizia que presenciara "atos vergonhosos" de seus soldados, motivados pelo cansaço da guerra ou

> porque a introdução do elemento servil nas suas fileiras esteja produzindo já seus maléficos resultados por meio dos exemplos imorais e de todo contrários à disciplina e subordinação dados constantemente por homens que não compreendem o que é pátria, sociedade e família, e que se consideram ainda escravos que apenas mudaram de senhor; ou (...) porque a duração da guerra comece desde agora a arrefecer o ardor de nossos soldados fazendo-os olvidar seus deveres os mais sagrados; ou (...) finalmente porque a maioria dos oficiais de quaisquer patentes não exerça sobre seus subordinados aquela influência moral, gérmen de excelentes resultados, e tão essencial aos Corpos arregimentados, o que é verdade é que a vitória do dia 6 e a do dia 11 me custaram esforços inauditos.[52]

O tom da carta expressava o estado de espírito de Caxias, cansado e descrente de que valesse a pena o prosseguimento do conflito. Indiretamente, porém, alertava para uma fragilidade estrutural do exército imperial: sua dependência, em alguma medida, mas o bastante para ser um problema, do elemento servil. Paranhos, quando chegou a Assunção, tomou contato direto com o ânimo de Caxias, que logo se retiraria do teatro de operações. O saque de Assunção realizado pelas tropas brasileiras e denunciado por diversos representantes diplomáticos estrangeiros que se encontravam na cidade certamente contribuiu ainda mais para agravar a sensação de mal-estar. Paranhos já estava na capital paraguaia quando esses eventos ainda repercutiam negativamente.[53]

Na sessão da Câmara de 1871, em que usava sua experiência diante da má impressão que a escravidão no império causava às nações estrangeiras no Paraguai, o visconde não entrou em detalhes, que, no entanto, dificilmente esquecera. Tampouco lembrou-se de mencionar que naquela ocasião, alegando razões políticas e preocupações com a manutenção da ordem no império, recomendara o retorno dos soldados ao Brasil, que então se iniciava, de forma desmembrada, evitando as grandes paradas militares e concentrações de tropa na corte.[54] O mal-estar da escravidão não era mais uma constatação genérica, mas uma vivência concreta, experimentada exatamente no momento em que a política externa imperial conhecia seu ápice. Não se tratava mais de um problema social que poderia trazer repercussões políticas no futuro, mas de uma questão política imediata, como alegava Rio Branco diante da crítica de seus opositores do Partido Conservador, que defendiam que o assunto debatido no Parlamento era de natureza apenas social.[55] Nesse momento, em que a proposta da liberdade do ventre era apresentada, a capital do império era sacudida por diversos distúrbios de rua nos quais pontuava a ação de veteranos do Paraguai.[56]

O teor das discussões no Conselho de Estado em suas sessões de novembro de 1866, quando o assunto do recrutamento de escravos para a guerra foi seu tema, e de abril de 1867, quando a questão da guerra foi trazida à baila no contexto da discussão sobre a liberdade do ventre da mulher escrava, evidencia a imbricação, nessa altura insofismável, entre escravidão e nação. Segundo Paranhos, essa imbricação tornara-se dramática e viva a partir de sua experiência no Paraguai. De fato, a exposição à opinião negativa estrangeira foi sua única alegação para considerar que, contra sua opinião de 1867, agora era a hora de promover a reforma do elemento servil.

De todo o exposto até o momento, fica claro que alguns estadistas, entre eles Paranhos em 1871, mas não em 1867, tinham a percepção política de que o quadro desfavorável à escravidão poderia tornar-se, rapidamente, uma situação de crise e instabilidade política e social, e urgiria conjurar, através de medidas antecipatórias que encaminhassem lenta e pacificamente, a substituição do trabalho escravo pelo livre, fosse lá o que se quisesse efetivamente significar com esta última expressão. Tratava-se de dirigir o processo de extinção gradual do regime servil sem acirrar ou despertar algum tipo de ativismo abolicionista, até entre os escravos, e não comprometer o apoio dos fazendeiros ao regime imperial.

Contudo, enquanto alguns estadistas imperiais viam-se às voltas com a questão da escravidão no contexto internacional e temiam as possíveis repercussões que essa questão poderia ter no plano interno — no Vale do Paraíba cafeeiro, principal base de sustentação social e política do Estado imperial — a instituição servil experimentava um período de estabilidade e grandeza. Nessa região, em meados da década de 1860, a escravidão estava estabilizada e fortemente tendente à reprodução natural de sua população. Nos grandes plantéis, que concentravam a maioria dos cativos, as novas condições materiais e demográficas da correlação de forças entre senhores e escravos restringiram as possibilidades de alforrias. Isso exatamente quando estes intensificavam suas pressões para ampliar seus espaços de liberdade, principalmente através da constituição de laços de sociabilidade estáveis, sendo o mais significativo a constituição de famílias. Por um lado, havia encolhimento na oferta de mão de obra escrava, compensado em larga medida, entretanto, pelo aumento na produtividade do trabalho escravo. Por outro, havia a tendência à estabilização das condições sociais de reprodução natural das comunidades de senzala, com maior equilíbrio entre os sexos, aumento do número de uniões estáveis e de filhos, assim como da expectativa de vida a partir da melhoria nas condições dos escravos. Nessas novas condições, mesmo havendo maior movimentação por parte dos cativos pela ampliação de seus espaços de liberdade e pela própria liberdade — fato que tem sido ressaltado pela historiografia atual —, tal movimentação era obscurecida, aos olhos dos fazendeiros, por uma situação em que a escravidão apresentava de fato possibilidades de estabilidade e mesmo de expansão moderada a longo prazo.[57]

Tal realidade, contudo, ainda não estava assente com clareza no horizonte de expectativas da época. Para aqueles que analisavam a situação de um ponto de vista geral, para os estadistas, principalmente, havia ainda a percepção de que a instituição servil estava fadada a desaparecimento lento e natural causado pela preponderância do número de mortes sobre o de nascimentos entre os cativos. Mesmo assim, para boa parcela destes, a experiência histórica da abolição no Caribe e o quadro internacional, marcado pela Guerra do Paraguai e pela derrota dos estados confederados na guerra civil norte-americana, indicavam que esse desaparecimento lento não era seguro no sentido de impedir ameaças mais amplas à ordem imperial. Poderia haver, diante do novo quadro político, tendência à incrementação de uma oposição ativa à escravidão, que poderia ser de natureza política e apoiada em setores crescentes da opinião pública, nacional e estrangeira, ou que poderia ser movida pelos próprios escravos.

Ou ainda, e o que seria pior, a oposição ativa à escravidão poderia resultar da interação entre esses dois impulsos.

De qualquer modo, pode-se perceber uma quase dualidade de percepções, entre estadistas e fazendeiros, a respeito da situação, que está na raiz da crise política que se abre em 1871. Essa distinção, por certo, só pode ser feita para efeito de análise e para esclarecer situações distintas no interior de uma sociedade. Tanto estadistas quanto fazendeiros viviam no mesmo mundo, fosse ele percebido de um sobrado abastado no bairro do Flamengo, de um gabinete em São Cristóvão, na corte, ou através da janela de uma casa de vivenda que descortinasse para o terreiro e a senzala de uma fazenda de café no Vale do Paraíba. Na prática, as visões dos indivíduos eram matizadas, intercambiadas e complexas. Assim, pode-se falar mais precisamente de pontos sociais de percepção distintos que balizavam inúmeros pontos de vista sobre uma mesma situação.

A estabilização da escravidão no Vale do Paraíba, combinada com a crescente inelasticidade do mercado de mão de obra escrava acarretada pelo cessamento do tráfico internacional e pelos limites do nacional, significou, ao menos naquele momento, a impossibilidade na prática de expansão da classe senhorial em direção às novas terras do oeste paulista, processo que teria de ser — e foi — feito através de outras formas de obtenção e exploração de mão de obra. Tal impossibilidade e mesmo o descomprometimento dos grandes proprietários de outras regiões — que não tinham como obter ou se livravam de seus escravos, exportados para outras áreas mais dinâmicas — com o futuro da escravidão acabaram por romper as bases sociais e econômicas que haviam propiciado a formação da classe senhorial. Por outro lado, ter escravos deixava de ser uma possibilidade para novos e velhos setores sociais intermediários. Mais ainda, a existência do cativeiro, num quadro de crescimento demográfico e diversificação de setores sociais baixos e médios, passou a ser forte fator de aviltamento das condições e do mercado de trabalho.

Do ponto de vista político, a ruptura das regras não escritas do jogo, em 1868, a formação de forte facção do Partido Conservador — os "emperrados", como foram cognominados,[58] ligada à tradicional base social escravista de sustentação do partido, contraposta às reformas capitaneadas por Rio Branco, em especial a do ventre livre — e o surgimento do(s) partido(s) republicano(s) reabriram a questão do direcionamento da vida política da nação. E, dessa feita, pela primeira vez desde a década de 1840, recolocando a questão da própria natureza do regime. Entretanto, tanto o republicanismo dominante, aquele que se nutriu da adesão dos fazendeiros paulistas, quanto a divisão dos conservadores não representavam de imediato ameaça de ruptura radical da ordem social e, em parte, nem mesmo da ordem política.

Para os setores proprietários escravistas da bacia do Paraíba, que perdiam sua posição, a Lei do Ventre Livre não trouxe a crise econômica nem, ao menos em um primeiro momento, os temidos levantes escravos. O andar da aplicação da lei na década de 1870, com o número insignificante das alforrias promovidas pelo Fundo de Emancipação, e a opção da maioria esmagadora dos fazendeiros em permanecer com os ingênuos sob sua tutela até a idade dos 21 anos, deu um horizonte de sobrevida ao cativeiro que adiava seu fim gradual até pelo menos a primeira década do século XX. O que era mais do que qualquer "escravocrata da gema"[59] poderia esperar.

O posicionamento dos republicanos paulistas no sentido de que a federação era a questão central e de que a escravidão era um problema da monarquia, devendo cada província encaminhá-lo de acordo com suas necessidades, abriu a possibilidade de transição absolutamente pacífica, lenta e suave para uma nova situação, tanto política quanto social. Situação em que os setores dos grandes proprietários rurais do novo oeste paulista, menos comprometidos com a escravidão e vinculados a outras formas de exploração da mão de obra, sobretudo dependentes da imigração, poderiam ampliar seu espaço de poder e mesmo se tornar a facção politicamente dominante. Tal transição suave poderia advir com a república — como, em parte adveio —, ou até mesmo com uma monarquia federativa renovada.

Entretanto, águas mais profundas, como avaliava Joaquim Nabuco em meados da década de 1890, passados os acontecimentos, estavam em movimento e terminaram por extravasar os limites e condicionar as possibilidades dessa transição.

O PARTIDO QUE NUNCA HOUVE

Em 1883, no entanto, ele via 1871 mais como uma espécie, senão de dique, de canal que dominara essas águas mais profundas. Para o líder abolicionista de então, depois de 28 de setembro de 1871

> sucedeu outra calmaria de opinião [a primeira havia sucedido à proibição do tráfico internacional em 1850], outra época de indiferença pela sorte do escravo, durante a qual o governo pôde mesmo esquecer-se de cumprir a lei que havia feito passar.
>
> Foi somente oito anos depois que essa apatia começou a ser modificada e se levantou uma terceira oposição à escravidão...[60]

Assim, apesar de assinalar uma certa continuidade entre 1871 e o abolicionismo — a "terceira oposição à escravidão" (a primeira fora a extinção do tráfico internacional em 1850) —, reconhecia que o efeito da Lei do Ventre Livre fora inaugurar "outra época de indiferença" em relação à questão. Reconhecia ainda, implicitamente, que a previsão de seu pai, feita em 1867, estava certa: a liberdade do ventre retardara o ímpeto da torrente que, inevitavelmente, submergiria a escravidão e a ordem imperial. Mas não indefinidamente. A partir de 1879, as águas da torrente contra a escravidão começaram a montar novamente. Com redobrado vigor e

> desta vez, não contra os seus interesses de expansão, como era o tráfico, ou as suas esperanças, como a fecundidade da mulher escrava, mas diretamente contra as suas posses, contra a legalidade e a legitimidade dos seus *direitos*, contra o escândalo da sua existência em um país civilizado e a sua perspectiva de embrutecer o ingênuo na mesma senzala onde embrutecera o escravo.[61]

Aqui se explicita que dentro da continuidade geral do movimento histórico que apontava para o fim da escravidão, na base tanto de 1850 quanto de 1871 e do abolicionismo, havia uma ruptura entre esse último movimento e as reformas anteriores. O abolicionismo colocava-se contra os direitos e contra a própria existência da escravidão. Mais ainda, o abolicionismo se colocava contra a perspectiva de que a Lei do Ventre Livre fora um ponto final na questão.

> A política dos nossos homens de Estado foi toda, até hoje, inspirada pelo desejo de fazer a escravidão dissolver-se insensivelmente no país.
> O abolicionismo é um protesto contra essa triste perspectiva, contra o expediente de entregar à morte a solução de um problema que não é só de justiça e consciência moral, mas também de previdência política.[62]

Por isso mesmo, o movimento abolicionista tudo dividia e deixava em segundo plano outras clivagens que separavam conservadores, liberais e republicanos. O abolicionismo era "uma concepção nova em nossa história política, e dele, muito provavelmente (...), há de resultar a desagregação dos atuais partidos". A escravidão não era só a propriedade dos escravos, mas "o feudalismo, estabelecido no interior", a dependência em que "o comércio, a religião, a pobreza, a indústria, o Parlamento, a Coroa, o Estado" se achavam diante do "poder agregado da minoria aristocrática".[63]

Por isso, o abolicionismo tendia não só a desagregar os partidos existentes, irremediavelmente comprometidos com a ordem escravista, mas deveria, ele mesmo, se tornar um partido, que tinha pela frente não apenas a abolição imediata e sem indenizações, mas a destruição da obra da escravidão, luta que deveria consumir o trabalho de mais de uma geração.[64]

O partido do abolicionismo nunca existiu. E talvez nem pudesse ter havido. Mesmo que o movimento tenha tido claramente um projeto de nação; que tenha conseguido arrastar o apoio das massas urbanas, em larga medida compostas por negros, mestiços e escravos; que tenha incendiado fazendas, senzalas, cidades e vilas do interior, promovendo fugas e quilombos em escala crescente; que tenha conferido novo sentido à resistência escrava, agora catalisada para a derrubada do regime servil, fazendo com que atos de rebeldia e resistência individuais e mesmo coletivos de comunidades e localidades isoladas adquirissem nítido sentido político de classe, mesmo assim não logrou tornar-se um partido e consolidar-se como alternativa moral e intelectual de longo prazo para a nação. Derrubada a escravidão, o abolicionismo não conseguiu manter suas propostas de reforma e acabou dividindo-se e definhando, atravessado por outras questões da pauta política.

A constituição do abolicionismo em um novo partido era tarefa para a qual não bastou o "mandato da raça negra", como queria Nabuco. Em parte, porque a concepção que guiava sua ação, assim como de outras lideranças abolicionistas, era de que esse mandato fosse inconsciente, já que escravos e ingênuos "não teriam meios de reivindicar os seus direitos, nem consciência deles".[65] A história do abolicionismo mostrou que o mandato não era assim tão inconsciente. Afinal, a participação ativa dos escravos em sua própria libertação de fato foi decisiva para a consumação do 13 de maio, sem contar com a atuação da grande massa de militantes negros e mestiços livres que constituía importante segmento do movimento. Essa participação era a ponta de um iceberg, ou a superfície de águas caudalosas, para seguirmos com a metáfora de Nabuco. Águas que se haviam posto em movimento quando as novas condições da escravidão brasileira, a partir da década de 1860, restringiram, cada vez mais, a propriedade escravista diante de uma grande massa da população negra e mestiça livre, ao mesmo tempo que tornava mais duras as condições de vida e trabalho daqueles que estavam cativos, fato que apenas acirrou as resistências e lutas escravas.[66] A população negra e mestiça livre, por sua vez, não só já não tinha condições de partilhar, em suas franjas, da escravidão, mas nela via importante barreira a seu progresso social. A combinação das duas tendências foi explosiva a partir de finais da década de 1870. Não é por acaso que o movimento abolicionista tenha contado com a presença expressiva de negros e mestiços entre suas lideranças, algumas delas, como Luiz Gama e José do Patrocínio, oriundas diretamente de experiências de vida escrava.

A vitória do 13 de maio, por breve momento, abriu as comportas das águas profundas ao abater a escravidão. Restava destruir a obra da escravidão. Isso, ele não conseguiu ou não pôde fazer. Aos poucos, o 13 de maio, em suas consequências práticas e memória, foi reduzido ao momento culminante da lenta, gradual e ordeira marcha na superação do regime servil — talvez como quisesse o senador Nabuco de Araújo, se vivo fosse. O próprio Nabuco, em 1893-1896, como apontado, fiel à perspectiva que via nos fenômenos de 1871 a 1888 a ação de forças imponderáveis — as águas do Niágara — e impactado pela queda do regime monárquico, que debitava às consequências da vitória do 13 de maio, acentuava os aspectos de continuidade, e não de ruptura, que deveriam ter prevalecido entre os dois fenômenos. Lamentava que a monarquia não tivesse sabido encaminhar e deixar gastar-se a "onda democrática" que acompanhara a abolição. Por isso pagara com sua própria existência. A república, hoje constatamos, soube.

Notas

1. Joaquim Nabuco, *Um estadista do império*, 5ª ed. Rio de Janeiro, Topbooks, 1997 [1896-99], vol. 2, p. 849 (grifos no original). Nabuco começou a redigir o livro em 1893. Para as circunstâncias em que Joaquim Nabuco escreveu a biografia do pai, cf., entre outros, Ricardo Salles, *Joaquim Nabuco. Um pensador do Império*, Rio de Janeiro, Topbooks, 2002.
2. Nabuco, *op. cit.*, v. 2, p. 849.
3. *Idem, ibidem*, p. 849-850.
4. *Idem, ibidem*, p. 850.
5. Para o estado de espírito de Nabuco e sua correspondência com Rebouças nesse momento, cf. Ricardo Salles, 2002, *op. cit.*
6. *Diários*, v. 2, Rio de Janeiro, Bem-te-vi, 2005, p. 54.
7. José Honório Rodrigues (org.), *Atas do Conselho de Estado*, v. 6, Brasília, Senado Federal, 1973-1977, p. 205.
8. *Idem, ibidem* (grifos meus). Cf. a passagem também em Joaquim Nabuco, *op. cit.*, p. 710.
9. Joaquim Nabuco, *op. cit.*
10. *Idem.*
11. Sobre a nova conformação programática do quadro partidário que se abriu a partir de 1868, ver José Murilo de Carvalho, "Liberalismo, radicalismo e republicanismo nos anos 60 do século XIX", *Working paper* nº 87-07, Oxford, Centre

for Brazilian Studies, s.d. José Murilo salienta que a passagem do liberalismo radical para o republicanismo, realizada por alguns em 1870, apesar da aparente radicalização, foi, de fato, um retrocesso conservador, uma vez que o novo partido republicano deixava praticamente de lado a principal questão do ponto de vista social, a abolição da escravidão.

12. A aproximação entre as duas experiências políticas foi feita, em primeiro lugar, pelos próprios contemporâneos e consagrou-se nas páginas de *Um estadista do império*, Joaquim Nabuco, *op. cit.*
13. "Era [a queda de Zacarias e sua substituição por Itaboraí] o fim do experimento de Paraná, um resultado que frustraria o marquês, se o tivesse presenciado. Para ele, a Conciliação não pretendia dissolver os partidos, mas redesenhá-los. E, de fato, a dinâmica da Conciliação, entre 1853 e 1868, apontava na direção de nova bipolarização, mas agora entre conservadores dissidentes e liberais moderados, de um lado, e liberais históricos, do outro, com eliminação dos velhos conservadores. A nova balança política inclinava-se para o lado do reformismo. O ressuscitamento dos conservadores repôs o conflito nas bases anteriores, operando um segundo regresso, de consequências mais graves do que o de 1837." Carvalho, "Liberalismo, radicalismo e republicanismo...", *op. cit.*, p. 5.
14. Para as relações entre políticos conservadores senhores de terras e escravos fluminenses, além do clássico Ilmar R. de Mattos, *O tempo saquarema*, São Paulo, Hucitec, 1987, ver, mais recentemente, Jeffrey Needell, *The Party of Order. The Conservatives, the State, and Slavery in the Brazilian Monarchy — 1831-1871*, Stanford, Stanford University Press, 2006. Um dos pontos altos do livro é exatamente a demonstração dessas relações, realizada ao longo de toda a obra, mas especialmente no capítulo 1 e em anexo com tabelas das relações de quatro grandes troncos familiares: os Álvares Azevedo, os Carneiro Leão, os Lacerda Werneck e os Teixeira de Macedo-Queirós Mattoso.
15. Henrique Carneiro Leão Teixeira Filho, "Honório Hermeto Carneiro Leão, marquês de Paraná. Do berço de Jacuí ao fastígio do poder — 1801-1856", *Revista do Instituto Histórico e Geográfico Brasileiro*, v. 236, julho-setembro de 1957, p. 285-306. Desse artigo foi retirada a maior parte das informações biográficas sobre Paraná que se seguem.
16. Sobre esse movimento do tráfico transatlântico, cf., neste volume, o capítulo "O Vale do Paraíba escravista e a formação do mercado mundial de café no século XIX", de Rafael Marquese e Dale Tomich; e Tâmis Peixoto Parron, "A política do tráfico negreiro no Império do Brasil, 1826 a 1850", relatório final de Iniciação Científica, São Paulo, DH/FFLCH/USP, 2006.
17. Essa dupla inserção de Paraná já foi salientada por Almir Chaiban El-Kareh, "O marquês de Paraná: o político e o fazendeiro" *in* Luís Felipe de Seixas Corrêa *et al.*, *O marquês de Paraná*, Rio de Janeiro, Fundação Alexandre Gusmão, 2004.
18. Discurso autobiográfico pronunciado no Senado pelo então visconde de Paraná, presidente do Conselho, na sessão de 31 de julho de 1854, transcrito na *Revista*

do Instituto Histórico e Geográfico Brasileiro, v. 236, julho-setembro de 1957, p. 275-284.

19. *Idem, ibidem*, p. 276.
20. *Idem, ibidem*, p. 277.
21. *Idem, ibidem*, p. 278.
22. Sua sede, com a fachada que foi bastante modificada por seu filho, ainda existe em Jamapara, distrito de Sapucaia.
23. Almir Chaiban El-Kareh considera que Paraná obteve o serviço de africanos que, retirados do poder de traficantes, estavam sob a custódia do Estado, que alugava seus serviços a particulares ou os empregava em obras públicas. Cf. El-Kareh, "O marquês de Paraná...", *op. cit.* A passagem do texto de Paraná é a seguinte: "Fui, pois, principiar a ser fazendeiro com esse capital, que era por si somente suficiente para um bom começo, e com outros adjutórios entre os quais, em primeiro lugar, o serviço de 26 africanos que eu e minha mulher obtivemos...", "Discurso autobiográfico...", *op. cit.*, p. 279.
24. *Idem, ibidem*, p. 279.
25. *Idem, ibidem*, p. 280.
26. *Idem, ibidem*, p. 280-281.
27. *Idem, ibidem*, p. 281.
28. Inventário do marquês de Paraná, 1856, Arquivo Nacional, nº 3001, cx. 2762.
29. Para a distinção das fases da cultura cafeeira no Vale do Paraíba, ver Ricardo Salles, *E o Vale era o escravo. Vassouras — século XIX: senhores e escravos no coração do Império*, Rio de Janeiro, Civilização Brasileira, 2008, em larga medida baseado em Magno Fonseca, *Protagonismo e sociabilidade escrava na implantação e ampliação da cultura cafeeira — Vassouras, 1821-1850*, dissertação de mestrado, Vassouras, Universidade Severino Sombra, 2005.
30. Paraná, nesse sentido, realizava a trajetória típica das famílias que constituíam a base social do "Partido da Ordem", que, de diferentes origens — açúcar, tráfico, comércio interno, serviços à coroa etc. —, rumaram para uma direção comum: a propriedade rural e o serviço à coroa, afastando-se todas do comércio. Cf. Jeffrey Needell, *op. cit.*, especialmente cap. 1, tabelas genealógicas e *passim*.
31. Henrique Carneiro Leão Teixeira Filho, *op. cit.*, p. 297.
32. Sobre a questão da direção moral e intelectual no tempo saquarema, ver Ilmar R. de Mattos, *op. cit.*, e o primeiro capítulo do volume II desta coleção, "O gigante e o espelho".
33. Francisco Iglésias, em "Vida Política, 1848-1868", no qual estamos nos baseando em larga medida para refazer os acontecimentos do período, notou que, desde 1851, debelada de vez a Revolta Praieira e anistiados os revoltosos, havia um serenar de ânimos políticos, com importantes colaborações de liberais ao governo conservador. Por outro lado, ainda segundo Iglesias, no mesmo ano, a convocação dos suplentes das eleições havia trazido à Câmara importante minoria liberal. Apesar de a eleição seguinte ter formado mais uma Câmara unanimemente conservadora — na verdade, por isso mesmo, na medida em que a dissidência tenderia a se insta-

lar entre as fileiras dos próprios conservadores, como previu Nabuco de Araújo —, a ideia de conciliação surgiu com ainda mais força. Esses fatores teriam contribuído para se criarem condições propícias para o advento da Conciliação. *In* Sérgio Buarque de Holanda (org.), *História geral da civilização brasileira*, tomo II, v. 5, 6ª ed., São Paulo, Difusão Europeia do Livro, 1987, p. 18 e ss., 22 e ss.

34. Sobre os diferentes programas políticos elaborados na segunda metade da década de 1860, da Liga, do Centro Liberal, dos radicais e republicanos, ver José Murilo de Carvalho, "Liberalismo, radicalismo e republicanismo...", *op. cit.*
35. Francisco Iglésias, *op. cit.*, p. 60.
36. Aqui seguimos a descrição e a interpretação desses eventos realizada por Francisco Iglesias, *op. cit.* José Murilo de Carvalho, no trabalho recente "Liberalismo, radicalismo e republicanismo...", *op. cit.*, p. 2-3, adota perspectiva distinta. Para ele, depois da morte de Paraná, os gabinetes que se seguiram indicavam perda de espaço do núcleo conservador: Olinda e Ferraz tendiam para o Partido Liberal, Abaeté vinha desse mesmo partido, e Caxias, apesar de conservador, não era chefe e teria sido derrubado exatamente por compor um gabinete conservador ortodoxo.
37. Francisco Iglésias, *op. cit.*
38. A noção de comunidade de senzala foi empregada por Flávio dos Santos Gomes, *Histórias de quilombolas. Mocambos e comunidades de senzalas no Rio de Janeiro — século XIX*, Rio de Janeiro, Arquivo Nacional, 1995.
39. Nos próximos parágrafos, com pequenas modificações, estão basicamente reproduzidas as considerações sobre o assunto já feitas em Salles, 2008, *op. cit.*
40. Para um panorama do surgimento de uma opinião e de um movimento antiescravista em escala atlântica, ver Robin Blackburn, *A queda do escravismo colonial, 1776-1848*, Rio de Janeiro, Record, 2002. Ver ainda David Brion Davis, "The Problem of Slavery in the Age of Revolution" *in* Thomas Bender (org.), *The Anti-Slavery Debate*, Berkeley, University of California Press, 1992.
41. Essa argumentação foi lembrada por aqueles que, em 1871, se opuseram ao projeto de liberdade do ventre da mulher escrava sem, entretanto, aceitar a pecha de escravagistas. O papel civilizador exercido sobre os escravos e seus descendentes foi destacado por Joaquim Manoel de Macedo em texto encomendado sobre o império, publicado em 1873. Cf. *Noções de corografia do Brasil*, Rio de Janeiro, Typ. Franco-Americana, 1873, p. 207, *apud* Ricardo Salles, *Nostalgia imperial*, Rio de Janeiro, Topbooks, 1996, p. 91, em que também saliento a questão de um discurso procrastinador sobre a escravidão (p. 138 e ss).
42. Nota de d. Pedro II a Zacarias de Góes em 14 de janeiro de 1864, *apud* Heitor Lyra, *História de Dom Pedro II*, 3 v., Belo Horizonte/São Paulo, Itatiaia/Editora da USP, 1977, v. 2, p. 162.
43. Cf. Ricardo Salles, *Guerra do Paraguai. Escravidão e cidadania na formação do Exército*, Rio de Janeiro, Paz e Terra, 1990.

44. Os "escravos da Nação" eram os africanos e seus descendentes que, trazidos ilegalmente para o país pelo tráfico clandestino, tinham sido capturados e eram mantidos sob a custódia do governo. Eram utilizados em obras públicas e alugados a particulares. O nome pelo qual eram conhecidos é sintomático do quanto a escravidão estava viva e forte em meados da década de 1860.
45. Cf. Francisco Doratioto, *Maldita guerra. Nova história da Guerra do Paraguai*, São Paulo, Cia. das Letras, 2002, p. 264 e ss.; e Vitor Izecksohn, "Recrutamento militar no Rio de Janeiro durante a Guerra do Paraguai" *in* Celso Castro, Vitor Izecksohn e Hendrik Kraay (orgs.), *Nova história militar brasileira*, Rio de Janeiro, Editora FGV, 2004, p. 179-208, especialmente p. 197 e ss.
46. Entre a reunião de 5 de novembro de 1866, que discutiu o recrutamento de escravos, e a de 2 de abril de 1867, que analisou o projeto de São Vicente, houve três reuniões do Conselho: em 12 de dezembro de 1866, sobre a abertura da navegação no Amazonas, o que era também tema candente da política externa do império; a do dia 15 do mesmo mês, sobre o adiamento das eleições na província do Rio Grande do Sul devido à guerra; e a de 18 de dezembro, para considerar a solicitação do conde d'Eu de dirigir-se ao teatro de operações no Paraguai.
47. A reunião de abril de 1867 foi alvo de diferentes análises historiográficas. Cf. José Murilo de Carvalho, *Teatro de sombras*, Rio de Janeiro, Relume Dumará, 1996. Ricardo Salles, 1996, *op. cit.* e, mais detalhadamente, 2008, *op. cit.*; e Sidney Chalhoub, *Machado de Assis, historiador*, São Paulo, Cia. das Letras, 2003.
48. José Honório Rodrigues (org. e introd.), *Atas do Conselho de Estado*, Brasília, Senado Federal, 1973-1977, v. 6, p. 187-188.
49. *Idem, ibidem*, p. 197.
50. Nabuco, 1997, *op. cit.*, v. 2, p. 1110.
51. *Anais da Câmara dos Deputados*, 1871, apêndice.
52. Carta confidencial ao ministro da Guerra de 13 de dezembro de 1868. Arquivo Nacional, *Cartas, Reservados e Confidenciais referentes à Campanha do Paraguai (1867-1869)*, Livro 4, Códice 924, *apud* Ricardo Salles, 1990, *op. cit.*, p. 135-36.
53. Cf. Francisco Doratioto, *op. cit.*, p. 385.
54. Cf. *idem, ibidem*, p. 448.
55. *Anais da Câmara dos Deputados*, 1871, apêndice.
56. Cf. Marcelo Augusto Moraes Gomes, "'A espuma das províncias'. Um estudo sobre os Inválidos da Pátria e o Asilo dos Inválidos da Pátria, na Corte (1864-1930)", tese de doutorado em História Social, Universidade de São Paulo, 2006, v. 1, p. 382 e ss. Ver também Carlos Eugênio Líbano Soares, *A negregada instituição: os capoeiras na corte imperial, 1850-1890*, Rio de Janeiro, Access, 1998.
57. Ricardo Salles, 2008, *op. cit.* Para a maior movimentação dos escravos em busca da ampliação de seus espaços de liberdade, ver, entre outros, Hebe Mattos de Castro, *Das cores do silêncio*, Rio de Janeiro, Arquivo Nacional, 1995.
58. Foi Zacarias de Góes quem usou pela primeira vez, em 1861, o termo "emperrados" para designar os conservadores *extremes*. Cf. Nabuco, 1997, *op. cit.*, v. 1,

p. 425. A designação apresentava-se em um contexto distinto daquele que se delineou a partir da década de 1870.

59. Assim se autoproclamava Martinho de Campos, visconde de Prados, que foi presidente da província do Rio de Janeiro em 1878. Ver Emilia Viotti da Costa, *Da senzala à colônia*, São Paulo, Difusão Europeia do Livro, 1966, p. 258.
60. Joaquim Nabuco, *O abolicionismo* [1883], p. 3-4. Disponível em *http//:www.culturabrasil.org./zip/oabolicionismo.pdf.*
61. *Idem.*
62. Nabuco, 1883, *op. cit.*, p. 4-5.
63. *Idem, ibidem*, p. 5-6.
64. *Idem, ibidem, passim.*
65. A expressão "mandato da raça negra" é o título do terceiro capítulo de *O abolicionismo*, de onde foram tiradas as citações, e fundamenta a ideia de que os abolicionistas falavam e atuavam em nome dos escravos, dos ingênuos e de seus descendentes, além dos interesses nacionais.
66. Cf., entre outros, Emilia Viotti da Costa, 1966, *op. cit.*; Warren Dean, *Rio Claro. Um sistema brasileiro de grande lavoura — 1820-1920*, Rio de Janeiro, Paz e Terra, 1977; Maria Helena Machado, *Crime e escravidão. Trabalho, luta, resistência nas lavouras paulistas — 1830-1888*, São Paulo, Brasiliense, 1987, e *O plano e o pânico*, São Paulo, Edusp, 1994.

CAPÍTULO III

Apropriação de ideias no Segundo Reinado[1]

Angela Alonso

Nenhuma reforma se fez útil e definitiva sem padecer primeiro as resistências da tradição, a coligação da rotina (...). É o batismo das boas idéias; é ao mesmo tempo o seu purgatório.

MACHADO DE ASSIS, *O Cruzeiro*, 7/7/1878

AS IDEIAS COMO PROBLEMA

Silvio Romero tem a mais influente interpretação sobre o movimento de ideias no Segundo Reinado. A metáfora, de 1878, é de pássaros em revoada. Situação caótica, na qual pretensos intelectuais tupiniquins imitam pobremente os desenvolvimentos de teóricos estabelecidos na Europa.

Escrevendo na década de 1870, Romero era parte do que julgava. Quem voltou posteriormente ao assunto negligenciou esse fato, caso da linhagem da história das ideias, da qual Cruz Costa[2] e Antonio Paim[3] são epígonos. Adotando uma perspectiva cognitiva, reduziram o movimento a seus escritos e classificaram os textos em escolas, conforme sua filiação a teorias europeias. Seria, assim, um movimento de intelectuais, mais especificamente de filósofos. Estudos com outro foco aceitaram esse pressuposto, seja por circunscrever o movimento às instituições de ensino ou pesquisa[4], seja por tomar seus componentes como "intelectuais".[5]

Outro grupo de intérpretes olhou o movimento a partir da posição social de seus membros. Sempre falando de "intelectuais", segmentaram-nos em classes sociais e identificaram ideologias correspondentes. Hall,[6] por exemplo, associa classe média ao "novo liberalismo"; Carvalho[7] faz o mesmo para o "positivismo ortodoxo". A burguesia paulista do café fica com "liberalismo democrático" e "positivismo ilustrado",[8] e a urbana, com o darwinismo social.[9] E assim por diante.

Estudos sobre a formação social brasileira equacionaram a questão na forma de linhagens doutrinárias de longa duração, caso de Faoro[10] e Morse,[11] sem atentar para suas modulações contextuais. Em Sérgio Buarque de Holanda[12] aparece a tese de um desajuste entre sistemas de pensamento importados e realidade brasileira, retomada por Schwarz,[13] agora de dentro da estrutura da obra literária. Nesse prisma, a descrição de Silvio Romero vira sintoma. Essa experiência social, o "sentimento de imitação", é explicada por referência ao desenvolvimento caudatário do capitalismo entre nós. O par centro/periferia estrutura o argumento, apontando sempre o descompasso entre ideias modernas e sociedade atrasada. Daí a necessidade de adaptação. Schwarz, embora entrevendo novas funções para o liberalismo, que ganha versão reacionária para se aclimatar, não atentou para o sentido contrário, como o radicalismo — já veremos —, que o positivismo adquiriu por aqui. Além disso, buscou conectar as lógicas dos textos e da formação social, não se detendo nas ações concretas de seus autores nem na conjuntura sociopolítica da qual emergiram.

As análises têm por pressuposto comum tomar o movimento de ideias como estritamente *intelectual*. Isso supõe um campo autônomo. Ora, no Oitocentos brasileiro não havia instituições intelectuais *strictu sensu*, mas uma única carreira pública, incluindo postos políticos, diplomáticos e acadêmicos. Ao descurar desse dado de realidade, compraram a interpretação dos próprios agentes, endossando como fato sua construção *ex-post* como homens de letras apartados da prática política. Assim, seccionaram o objeto em dois pedaços: autores de obras intelectuais, de um lado, e ativistas políticos, de outro, e cobraram dos primeiros que cumprissem requisitos de qualidade acadêmica que jamais visaram.

Outra suposição comum é a de que havia um fosso tão grande entre as realidades metropolitanas e coloniais, que quaisquer ideias emprestadas ficariam necessariamente deslocadas. Por conta dessa diferença, não se prestou atenção nas semelhanças e padrões compartilhados por países, membros, afinal, da mesma civilização ocidental. E, ao mesmo tempo, obscureceram-se os elementos genuinamente singulares com os quais o movimento da geração 1870 podia dialogar, isto é, a tradição brasileira.

Tais interpretações compartilham a pergunta sobre o sucesso da "adaptação" de teorias estrangeiras à realidade brasileira. Posto assim, ficam sendo as ideias o sujeito do processo. Elas "influenciam" ou "contagiam" os agentes, meros suportes. Aos membros do movimento não se concede nenhuma perspicácia ou capacidade de discernimento da situação, menos ainda de seleção interessada das ideias. Desconsidera-se, pois, toda e qualquer *agency*. O caráter de ação coletiva da geração 1870 fica simplesmente excluído.

Levá-lo em conta obriga a abandonar Silvio Romero, trocando os óculos das ideias estrangeiras pelos da conjuntura nacional. Boa parte da sociologia da cultura mais recente passou do estéril debate em torno da supremacia das práticas sobre as formas de pensar, ou vice-versa, para abordagens que enfatizam os vínculos entre cultura e experiências sociais concretas. Uma ala dessa literatura avizinhou-se da sociologia política, surgindo daí abordagens como a de Ann Swindler,[14] que focaliza a adoção seletiva de recursos culturais em repertórios. O relevante são as estratégias de ação dos agentes, o *uso* que fazem de elementos do repertório e, de modo algum, sua consistência teórica — donde sua definição metafórica como "caixa de ferramentas". Essa pista encaminha a troca do problema da *imitação* para o da *apropriação* de ideias estrangeiras, o que significa supor dos agentes capacidade de escolha interessada de ideias conforme experiências e os dilemas próprios.

Swindler, contudo, restringe seu conceito de repertório a dimensões simbólicas, focalizando esquemas explicativos e formas de linguagem. Do outro lado, no coração do debate sobre movimentos sociais, Charles Tilly[15] adotou o mesmo conceito, mas dilatou-o de modo a fazer caber a dimensão prática. Os repertórios de *ação coletiva* são um conjunto de formas de pensar e agir, simultaneamente nascidas em meio a conflitos políticos. Seus componentes são sujeitos, por isso há reinterpretações e usos não óbvios, conformes aos agentes e às conjunturas. Essa é a ação comitante dos movimentos sociais.

Considerando a inexistência de campo intelectual autônomo no Brasil do século XIX, o movimento da geração 1870 pode ser tomado como socialmente equivalente a outro qualquer, podendo, pois, ser analisado através do esquema conceitual da teoria política, em que Tilly acoplou seu conceito de repertório. Desse ângulo, torna-se crucial desvendar a *estrutura de oportunidades políticas* que propicia a formação do movimento. Tilly[16] argumenta que razões estruturais para a mobilização coletiva sempre existem, a questão é entender quais particularidades de dada conjuntura levam a ação coletiva à efetividade. Em geral, movimentos surgem quando mudanças estruturais acarretam crises no arranjo político entre elites. As fissuras geradas pela mudança, Tarrow[17] acrescenta, abrem novas linhas de ação no ambiente político, incentivando mobilizações coletivas por parte de alijados pela coalizão política no poder. A dilatação da estrutura de oportunidades políticas dá, assim, condições para emergência de movimentos coletivos. Sendo assim, cabe perguntar, no nosso caso, qual estrutura de oportunidades políticas gerou o movimento da geração 1870.

Para conectar a estrutura de oportunidades políticas à incorporação de ideias, é necessário reconstruir a experiência vivenciada pelos agentes. O conceito de Mannheim[18] de *comunidade de experiência* serve bem aqui, pois permite circunscrever as dimensões políticas que efetivamente impactam uma "unidade de geração", isto é, os contemporâneos que vivenciam concretamente os mesmos processos estruturais, desenvolvendo laços efetivos entre si e sentimentos e ideias aparentados.

Estrutura de oportunidades políticas, repertório e comunidade de experiência formam o arcabouço conceitual para uma abordagem política do movimento da geração 1870. De posse dele, argumentarei que seus membros não utilizaram as ideias europeias para construir teorias abstratas, mas como meios de contestação política ao Segundo Reinado.

AS RAZÕES DA MOBILIZAÇÃO

O movimento da geração 1870 configurou-se no momento em que a lenta desagregação de nossa formação social colonial emergiu como tema do debate político, isto é, como problema exigindo equacionamento. Três dimensões dessa estrutura de oportunidades políticas demarcaram os parâmetros da comunidade de experiência dos membros do movimento da geração 1870.

O debate sobre a reforma da ordem sociopolítica colonial, assentada na escravidão e na monarquia, cindiu a elite política imperial. A ala favorável à modernização da economia e do sistema político queria mudanças lentas e graduais, no sentido da abolição da escravidão, da laicização do Estado e da democratização das instituições políticas, de modo a garantir a representação das minorias. Desse lado estavam membros moderados do Partido Conservador e a maior parte do Partido Liberal. Outros, sobretudo os conservadores "emperrados", temiam que quaisquer reformas solapassem as instituições políticas e a hierarquia social. O confronto entre essas facções explicitou-se na virada da década de 1860 para a de 1870, quando os liberais se insurgiram contra as prerrogativas do Poder Moderador, e a parte moderada do Partido Conservador enfrentou os emperrados, iniciando uma reforma modernizadora. A consequência: crise nos dois partidos e esboroamento do acordo entre as facções da elite que mantinha o *status quo* imperial. Parte dos liberais abandonou o sistema oligárquico e acenou com aliança para grupos marginalizados pelos partidos oficiais. E assim nasceu o Partido Republicano.[19]

Descontentes sempre existem; nem sempre, porém, existem formas de vocalizar insatisfações. A modernização conservadora carreada pelo gabinete Rio Branco (1871-1875) ampliou o acesso aos canais públicos existentes e criou novos. Visava, na verdade, implantar a infraestrutura e o pessoal técnico para a expansão capitalista. Malogrou em parte, mas foi bem-sucedida em instalar telégrafo e ferrovias e em baratear os custos dos jornais. A expansão das comunicações propiciou a formação de um espaço público paralelo à vida parlamentar, onde descontentes de longa data podiam se expressar e onde foram adensados pela reforma do ensino superior, parte do pacote modernizador, que franqueou o acesso, para jovens "mal-nascidos", às faculdades de elite.

A combinação entre crise política e modernização econômica criou um ambiente favorável à expressão de grupos marginalizados pelas instituições políticas imperiais. Produziu também outro efeito inesperado. No debate intrafacções da elite, todos os tabus do império tornaram-se assuntos públicos. Os conservadores emperrados fizeram boa parte desse trabalho ao explicitar e justificar os princípios tácitos da sociedade imperial: a monarquia, a escravidão, a religião do Estado. Assim trouxeram à luz a tradição imperial, bases de legitimação do *status quo*, e, ao fazê-lo, apontaram os assuntos melindrosos, mais suscetíveis ao ataque de contestadores.

A nova estrutura de oportunidades políticas, portanto, constituiu um espaço público, ampliou o número de seus participantes potenciais e delineou uma nova agenda de temas e problemas. Nesse cenário, grupos sem acesso às instituições políticas imperiais puderam exprimir seus dissensos. Vários deles escreveram panfletos e artigos de jornais e fizeram comícios e manifestações a partir de finais da década de 1870, entre os quais os "intelectuais" da geração 1870.

Quem eram eles? Ao contrário do que muitos intérpretes apregoam, não há apenas uma extração de classe englobando todo o movimento, e sim bastante diversidade. A explicação para essa mobilização deve ser buscada nos microcontextos de experiência social, em que delineiam-se modalidades de marginalização. Os membros do movimento da geração 1870 distribuem-se em círculos concêntricos, de distanciamento progressivo em relação a um ou ambos os centros de poder do império: o poder social da sociedade de corte, cujo núcleo era o imperador, e o poder político, o controle das instituições de comando do regime, sob hegemonia do Partido Conservador.

Mais perto da sociedade de corte estavam os novos liberais. Vinham de famílias da elite social alojadas no Partido Liberal e viviam a decadência ou a instabilidade econômica, caso de Joaquim Nabuco (1849-1910) e André Rebouças (1838-1898). Seu acesso à corte do imperador garantia-lhes empregos e favores, mas não lhes permitia suplantar sua posição secundária no sistema político, controlado pelo Partido Conservador. Eram críticos da ordem socioeconômica que o partido adversário erigira, a começar pela grande propriedade e pela escravidão.

Os liberais republicanos, como Quintino Bocaiúva (1836-1912) e Salvador de Mendonça (1841-1913), tinham também vínculos com o Partido Liberal, mas não eram nascidos na elite, não tinham vínculo com a agrolavoura nem acesso à corte do imperador. No estilo *self-made men*, eram profissionais liberais urbanos, sobretudo jornalistas, que insurgiam-se contra a falta de oportunidades de carreira política. Falavam em prol da descentralização e de mudanças nos critérios de representação política, tendo em mente o modelo norte-americano.

Os dois grupos eram extrapolações das dissidências do Partido Liberal e mobilizaram-se basicamente por causa de sua marginalização política.

Já os positivistas abolicionistas da corte, do Recife e de São Paulo sofriam também com a marginalização social. Haviam nascido em estratos médios, economicamente estagnados, caso de Miguel Lemos (1854-1917) e Raimundo Teixeira Mendes (1855-1927), ou tinham adentrado as vias abertas do ensino superior, mas viam-se suplantados na ocupação de postos públicos por rebentos da elite imperial, como Antonio da Silva Jardim (1860-1891), Aníbal Falcão (1859-1900) e José Isidoro Martins Jr. (1860-1904). Estavam todos alijados tanto da corte do imperador quanto dos partidos políticos e se rebelaram primeiramente contra a qualidade do ensino e o bloqueio do acesso aos postos da burocracia do Estado, preenchidos por meio de concursos públicos fraudulentos.

Os mais distantes dos núcleos de poder do Segundo Reinado eram dois grupos regionais, dotados de recursos econômicos próprios, sem acesso à sociedade da corte e aos partidos imperais. O grupo dos federalistas positivistas do Rio Grande do Sul, como Júlio de Castilhos (1860-1903) e Joaquim Francisco de Assis Brasil (1857-1938), formou-se para estancieiros, engajados em negócios ao largo da agrolavoura de exportação. Eram sistematicamente desfavorecidos pelo Partido Liberal, então no controle de sua província. Agrupados a partir do curso de direito em São Paulo, reclamavam poder político local e mais liberdade para seus negócios.

Os federalistas científicos de São Paulo tinham demandas parecidas. Gente como Luiz Pereira Barreto (1840-1923) e Alberto Sales (1857-1904), que vinham da pujante economia do café, abrindo o oeste paulista, e estavam insatisfeitos com a lentidão das reformas de infraestrutura, condição de expansão de seus negócios, e com os entraves da sociedade estamental e do sistema político à transformação de seu poderio econômico em postos de poder. Reclamavam sobretudo autonomia provincial, andando perto do separatismo, e reformas nos mecanismos de representação política.

A experiência unindo esses grupos é a situação de marginalização: em consequência das instâncias de poder político e, à exceção dos novos liberais, das regras aristocráticas na distribuição de cargos e recursos. A insatisfação, contudo, não se transformou em contestação ao *status quo* imperial automaticamente. Para que isso ocorresse, era preciso mais do que uma estrutura de oportunidades políticas favorável. Tinham de encontrar formas de expressão que em si mesmas evidenciassem o dissenso com o sistema de dominação do Segundo Reinado, para o que vasculharam o repertório europeu e a própria tradição imperial.

A TRADIÇÃO INVENTADA

A tradição brasileira já nasceu de uma reforma, como tentativa de diferenciação em relação à metrópole. Esse talvez seja seu traço principal, a afirmação de um repertório de formas de pensamento que, não sendo de origem autóctone, precisava ser modulado, em parte, pela invenção de uma tradição nativa — a-histórica ou desvinculada da metrópole. Tal esforço de diferenciação foi o serviço do indianismo. Do outro lado, para não se desvincular da civilização ocidental, a construção de um pensamento brasileiro teve de contemplar a tradição europeia com a qual a nação jovem precisava romper. Daí a operação delicada de simultaneamente expurgar e incorporar o repertório ocidental herdado.

Durante o Primeiro Reinado e a Regência, brigaram definições da nacionalidade, modelos de Estado e cepas de liberalismo, como Faoro (1976)[20] e Bosi,[21] por exemplo, registraram. No início do Segundo Reinado houve um apaziguamento. A conciliação foi não só um arranjo político entre facções da elite antes em guerra, mas uma espécie de acordo espiritual, projeto intencional e duradouro de definição da nacionalidade, em torno do qual se puseram acordes liberais e conservadores.

Seu teor não nasceu de livros de doutrina. Debates de ideias e de estratégias políticas estavam totalmente imbricados — já que não havia, como mencionado, campo intelectual autônomo. Os líderes partidários, senadores e deputados, simultaneamente definiram as instituições centrais do Segundo Reinado e sua legitimação simbólica. O Instituto Histórico e Geográfico Brasileiro, onde se albergavam todos os políticos de proa do império, fez boa parte da tarefa.[22] Natural, pois, que fossem especulares as instituições e as ideias.

Nesse tempo saquarema, como o chamou Matos,[23] a dominação social esteve a cargo dos conservadores fluminenses, mas a imagem da sociedade que então se constituiu expressava os valores compartilhados por toda a elite imperial, que descreviam os alicerces de sua sociedade e instituições políticas.

A criação dessa tradição nacional alimentou-se de duas fontes: o repertório europeu e a experiência nacional. A apropriação de conceitos estrangeiros foi seletiva e interessada. Do repertório contemporâneo, a elite imperial colheu elementos que a ajudassem a forjar uma couraça contra as intempéries amargamente vivenciadas durante a Regência e o Primeiro Reinado, o que lhe deu os parâmetros para a triagem de ideias no repertório estrangeiro.

Olhando para a Europa convulsa de princípios do século XIX, foram atraídos por elementos aptos a exorcizar os fantasmas que os assombravam, o despotismo do príncipe e a revolução popular. Escolheram embeber-se dos princípios de políticos exitosos em esconjurar esses males. O pensamento francês da Restauração foi sua grande fonte — Guizot, Thiers, Royer-Collard viraram seus autores de predileção —, de onde veio um liberalismo moderado, que previa a hierarquização dos cidadãos, a contenção dos excessos do Poder Executivo e que demarcava os proprietários como cidadãos plenos. Seria essa a condição indispensável para a independência de opiniões políticas. Configurava-se o que Florestan

Fernandes[24] chamou de "liberalismo estamental", cujo mínimo elemento não era o indivíduo, mas a família, na qual exercia a cidadania plena, representando-se e a seus dependentes, restringidos em direito por conta de suas incapacidades. Mulheres, crianças e homens sem renda já estavam excluídos no modelo francês, o brasileiro acoplou os escravos. Conservadores, como o visconde de Uruguai, e liberais, como Zacarias de Góes e Vasconcelos, conjuntamente advogaram essa restrição dos direitos políticos, já que não havia povo apto a exercê-los. Dizia este último em 1876: "A nossa constituição admitiu a soberania do povo no bom sentido (...) as famílias que se reúnem têm o direito de governar o país."[25] Nessa formulação, não democrática, o liberalismo unia-se sem problemas à escravidão.

A orientação católica herdada da metrópole foi mantida, e a forma de governo monárquica era ela própria emanação da vontade divina. O absolutista francês Jacques Bossuet era constantemente citado, por conta de sua vinculação dos direitos monárquico e divino. Por obra de Deus, o rei concentrava legitimamente todos os poderes terrenos. Tal catolicismo hierárquico, em versão medievalista, estratificava rigorosamente a sociedade, mas era também a porta para acolher aqueles que o liberalismo excluíra. Os menores — mulheres, homens livres pobres, escravos — eram aceitos na mesma comunhão, incorporados simbolicamente. Como religião do Estado, o catolicismo continuava garantindo a exclusão política desse seu rebanho. A Igreja auxiliava o Estado no controle social nos rincões e garantia que as eleições, sediadas pela igrejas, seguissem o roteiro traçado na corte. Para consumo próprio, a elite imperial deu ao catolicismo um ar mais abstrato, com a incorporação do ecletismo filosófico de Victor Cousin. Era um espiritualismo atenuador de confrontos, andando em direção das sínteses, fugindo de afirmações dogmáticas. Funcionava como bálsamo para os conflitos intraelites, replicando nesse plano a conciliação política. Um catolicismo litúrgico, que prescindia da fé.

No pacote veio o romantismo, na versão de Chauteaubriand e Lamartine. Desinflado de ímpetos revolucionários, derramado em sentimentalismo e embebido em forte dose de religiosidade, fazia par perfeito com o catolicismo hierárquico. Inicialmente Gonçalves de Magalhães, na epopeia, depois José de Alencar, no romance, levaram a cabo a empresa de manifestar a experiência brasileira nessa chave romântica. O problema era espinhoso: tratava-se de construir uma definição da identidade nacional compatível com as instituições políticas. Na forja da nacionalidade deveria entrar a marca da civilização europeia da qual a nação nova desejava fazer parte; daí a construção da imagem de um bom colonizador português. Mas era preciso compensar essa filiação à Europa com um elemento de singularização. Ora, não ficava bem uma representação da brasilidade que contemplasse os escravos, excluídos de cidadania. Não podendo contar com os africanos, os políticos imperiais, como basicamente eram Gonçalves de Magalhães e Alencar, reinventaram a população autóctone, criando uma representação estilizada dos grupos indígenas dizimados pela colonização. O americanismo de *A Confederação dos Tamoios* (1856), *Iracema* (1865) e *O guarani* (1857) forneceu a especificidade da nova nação. Assim se inventou uma tradição aristocrática local, reafirmada pela sociedade da corte por meio do uso de nomes indígenas para compor os títulos nobiliárquicos. A historiografia do IHGB igualmente reforçou a nova tradição, dando às culturas indígenas desaparecidas estatuto de passado histórico como sucedâneo da Idade Média europeia.[26]

Esses três núcleos significativos — o liberalismo estamental, o catolicismo hierárquico e o indianismo romântico — compuseram a tradição imperial. Eram formas de legitimação que protegiam os pilares do *status quo*. Os conceitos atendiam, pois, a propósitos pragmáticos, não visavam à formulação de doutrinas autóctones ou à reprodução das estrangeiras. Sua formulação nutria-se de aguçado realismo político e estavam a serviço da instituição e da conservação da ordem imperial. De maneira alguma andavam ao sabor de modas europeias.

A tradição deliberadamente inventada no início do Segundo Reinado, como sói acontecer em momentos fundacionais,[27] não se cristalizou em livros de teoria política. Encarnou-se nas próprias instituições, e o que nelas não se podia expressar diretamente, a imagem da identidade nacional, ganhou corpo na literatura. Seus princípios só mereceram justificativas explícitas no momento de crise do regime. A partir de finais da década de 1860, membros da elite imperial, particularmente os emperrados, refratários a qualquer reforma, subiram ao púlpito do Parlamento para reafirmar a restrição da cidadania aos proprietários de terra; a imagem da identidade nacional como fusão de portugueses e índios e a manutenção da hierarquia social como expressão direta da vontade divina. Disseram então que qualquer ataque à tradição poria a sociedade imperial inteira abaixo. Deram assim a pista para que os grupos marginalizados o fizessem.

AS BASES DA CRÍTICA

A estrutura de oportunidades políticas da década de 1870 ofereceu as condições para os grupos marginalizados expressarem suas críticas e insatisfações. O próprio debate entre setores da elite política delineou a pauta de assuntos: os três núcleos significativos da tradição imperial. Faltava, contudo, uma forma de expressão para o dissenso. Dificilmente seria forte e vibrante uma crítica composta nos termos da própria tradição, como fazia desde sempre a ala radical do Partido Liberal, recorrendo à mesma retórica clássica, aos mesmos exemplos — os positivos retirados da história romana, os negativos, da realidade próxima, a rebelião escrava do Haiti e as revoltas regenciais. A tradição alicerçava sua autoridade na citação de sumidades europeias, em geral homens de partido que tinham também escrito ensaios de política e livros de literatura, como os já citados Chauteaubriand, Victor Cousin e Guizot. A crítica precisava se alimentar de outras fontes, que diferenciassem os marginalizados da elite imperial e dessem fundamentação a suas reivindicações. Para transitar da marginalização para a contestação à siuação que os marginalizava, os grupos da geração 1870 precisavam, pois, de novos recursos intelectuais.

Foram encontrá-los precipuamente no repertório europeu contemporâneo. Havia então doutrinas disponíveis para todos os gostos, do conservadorismo ao socialismo, na literatura e na ciência. Dessa variedade, os grupos contestadores pinçaram seletivamente conceitos, argumentos e explicações conforme sua eficácia para alicerçar uma crítica à tradição imperial. Isto é, foram às teorias estrangeiras orientados por um interesse prático, desleixados da inconsistência teórica que pudesse resultar da combinação de partes de várias delas. Visando primordialmente ao debate político, atentaram sobretudo para ensaios de parlamentares europeus e de doutrinadores sociais, sem aprofundar-se nos grandes teóricos. Leram, por exemplo, mais o senador Émile Littré do que seu mestre Augusto Comte. Souberam do socialismo por Paul Leroy-Beaulieu, não por Marx. As citações são mais de políticos e pensadores da reforma social do que de literatos e filósofos.

Os grupos contestadores usaram um critério político para a triagem dos esquemas de pensamento do repertório europeu, apropriando-se tão somente daqueles que os auxiliassem a compor uma crítica do *status quo* e a fundamentar projetos de reforma. A dominância compõe o que Charles Hale[28] chamou de "política científica", um conjunto de teorias da reforma social formuladas por vulgarizadores do evolucionismo com um pé na política, caso de Émile Littré, Pierre Laffitte, Jules Simon, Hypollite Taine, Ernest Renan, Paul Leroy-Beaulieu. Deles, os brasileiros tomaram uma teoria evolucionária da história, organizando a sociedade numa escala de desenvolvimento econômico, complexificação social, secularização, expansão da participação política, bem como uma teoria da mudança política, recomendando a racionalização das tarefas político-administrativas e a delegação do poder político a uma elite ilustrada, orientada pela ciência.

Esse esquema analítico permitiu aos contestadores tratarem da conjuntura brasileira como momento de crise do antigo regime, das bases econômicas, sociais e políticas do mundo aristocrático. Entretanto a explicação falava de uma desagregação secular, começando ainda na Idade Média. Nação pós-colonial, o Brasil não poderia ser interpretado estritamente nesses termos, era preciso uma mediação entre a evolução ocidental e a história americana. Os grupos contestadores a encontraram na geração 1870 portuguesa, especialmente em Teófilo Braga e Joaquim Pedro de Oliveira Martins, que analisaram o processo de colonização engendrado por Portugal e sua decadência como império.

Juntando a tais análises as teorias evolucionistas francesas, os grupos contestadores puderam reinterpretar os processos de formação do Estado e da nação brasileiros, frisando a obsolescência da herança colonial e a necessidade de reformas para pôr o país na marcha da civilização ocidental. O Brasil estaria vivendo a crise de decadência de ao menos um dos dois principais legados coloniais: o complexo econômico baseado na tríade latifúndio-monocultura-escravidão e o caráter estamental das instituições políticas imperiais. Esse mal profundo viciaria as demais dimensões da vida social: instituições, hierarquia social e racial, cidadania, relação Igreja/Estado, definição da identidade nacional, relação público/privado. Daí a necessidade de substituí-las para alcançar o progresso. A conjuntura brasileira evidenciaria a crise de desagregação da ordem sociopolítica colonial e reclamaria ação política no sentido de gerar as instituições basilares da civilização moderna.

O outro recurso incorporado pelos grupos contestadores — a tradição — foi sempre negligenciado pelas análises em termos de importação de ideias. A contestação foi feita usando as próprias armas do *status quo*. Eventos e personagens da história brasileira, expurgados na construção saquarema da tradição imperial, foram recuperados como sinalizadores da direção das mudanças que os contestadores propugnavam. Essa apropriação seletiva da tradição político-intelectual brasileira ressuscitou a retórica inflamada dos panfletos políticos da Regência — e seus personagens rebeldes, como frei Caneca e Tiradentes — e sublevações — a Confederação do Equador e a Revolta Praieira, por exemplo —, que tinham sido elididos na história oficial do Segundo Reinado. O próprio romantismo não foi de todo perdido. Seu sentimentalismo foi recuperado, agora na acepção de radicalismo político que teve seu nascedouro na Europa.

A geração 1870 combinou essas duas fontes, o repertório europeu da política científica e a tradição nacional. Seus livros teceram com isso interpretações do Brasil que, simultaneamente, criticavam e dialogavam com o *status quo*. Não produziram obras teóricas, mas textos de intervenção no debate público, o que fica claro em seus assuntos: são avaliações dos pilares da tradição imperial, do indianismo, do liberalismo, do catolicismo e de suas instituições, sobretudo a monarquia centralizada e a escravidão.

Há, contudo, diferentes modalidades de crítica conforme o gênero de marginalização que cada grupo sofria na sociedade imperial e as partes que içaram do repertório europeu e da tradição nacional.

Os liberais republicanos fizeram a crítica do sistema político. Embora responsáveis pelo Manifesto Republicano,[29] de 1870, foram o grupo mais próximo da tradição imperial, e em parte utilizaram ainda suas categorias. Seus panfletos, como "Trabalhadores asiáticos" (1881), de Salvador de Mendonça, "A crise da lavoura" (1868), de Quintino Bocaiúva, e séries de artigos deste último em seu jornal *A República*, como "A questão social",[30] radicalizam as tópicas dos manifestos anteriores do Partido Liberal. Filiaram-se, contudo, mais ao liberalismo do Primeiro Reinado, mobilizado contra o que consideraram restrições da liberdade impostas pelo Segundo Reinado. Recorreram à tradição imperial como modo de melhor criticá-la, como fez o Manifesto Republicano ao citar a teoria do governo representativo de Bossuet para atacar a inconsistência da legitimação da monarquia brasileira, apoiada em teorias contraditórias — a da soberania popular, baseada no direito moderno, que atribui funções; e a do direito divino, que privilegia pessoas. Regimes desse tipo encontrariam seu momento ideal de substituição em períodos de crise. Então por que não seguir o chefe do Partido Democrático francês, Leon Gambetta, que acenava com o "oportunismo"? O termo recém-cunhado designava doutrina política que insistia em investir na linha de mudança mais próxima à tendência do desenvolvimento social e mais propícia à conjuntura, isto é, aquela capaz de implementação mais fácil e de angariar mais apoio. Aplicando o raciocínio ao Brasil, Bocaiúva viu isso na República, não na abolição da escravatura.

Unindo elementos da tradição imperial a cepas da política científica, os liberais republicanos interpretaram a conjuntura como crise de decadência do regime político herdado da metrópole. No Manifesto Republicano, a opção monárquica do Primeiro Reinado é lida como extensão do "despotismo colonial" imposto sobre a soberania nacional que, apenas na Regência, teria vindo à tona, para logo ser novamente soterrada por novo despotismo, o do Segundo Reinado. A Regência é salva da imagem de barbarismo que a tradição imperial lhe atribuía, e, em inverso, o mesmo sentido é transferido para a monarquia, que com sua supercentralização político-administrativa teria sufocado a nação. Desse regime "imposto" emanariam todas as disfunções do regime político, desde as fraudes eleitorais até o sobrepeso do Poder Moderador. Assim, a forma de governo é responsabilizada pela decadência. A solução seria a república federativa. Esse regime político "moderno" seria o único modo de consertar os estragos provocados pelo antigo. A república é justificada também a partir do americanismo. O conteúdo indianista que lhe foi dado pelo romantismo de Alencar é substituído por uma exaltação das virtudes do federalismo norte-americano. Todo esse contexto vem descrito em linguagem organicista, na qual termos da biologia ganham relevo: a crise é uma "gangrena" que afeta todo o "corpo social".

O evolucionismo encaminhava a opção por reformas graduais: a abolição da escravidão, a laicização do Estado, o fim das instituições políticas vitalícias, tudo isso compunha a pauta de reformas necessárias. Textos de Paul Leroy-Beaulieu sobre mudança social e ordem política, particularmente suas reflexões sobre a formação do proletariado, são a fonte de Bocaiúva para tratar da *questão social* brasileira. Nos artigos deste, a análise comparada da situação brasileira com congêneres europeias ressalta a crise de decadência e a emergência de novo gênero de conflito, opondo "o capital e o salário".[31] A maneira de evitar uma revolução socialista não poderia ser a submissão das massas através da religião do Estado, e sim a reforma gradual, promovendo a educação das massas e expandindo os direitos políticos, conforme fizera a França. A reforma "oportuna" consistia precisamente em desinflar a revolução fazendo reformas não na ordem social, mas nas instituições políticas, implantando a federação e a república.

Os novos liberais também combinaram traços da tradição imperial com teorias da política científica, mas geraram uma explicação que ressaltava a dimensão socioeconômica da herança colonial. Embora *O abolicionismo*,[32] de Joaquim Nabuco, seja o livro mais bem-acabado do grupo, textos de André Rebouças, como *Garantia de juros* (1874), e *Agricultura nacional — Estudos econômicos (Propaganda abolicionista e democrática)* (1883), e de Rui Barbosa, como *Abolicionismo* (1885), *Questão militar* (1887), e *Queda do império* (1889) exprimem teses correlatas.

Como nos textos dos liberais republicanos, *O abolicionismo* não adota uma teoria unificada. Apropria-se da tradição imperial e de teses da política científica para construir seu quadro da decadência.

Da tradição recuperara uma linhagem de reformadores nacionais, que englobava liberais como José Bonifácio e Tavares Bastos a conservadores moderados, caso de Rio Branco. A veia católica também foi mobilizada contra si mesma. Referências cristãs vinham deslegitimar moralmente a escravidão.[33] Idem para o romantismo. A poesia de Castro Alves e a literatura estrangeira de Walter Scott e sobretudo *A cabana do Pai Tomás*, de Harriet Beecher Stowe, foram usadas contra o indianismo, para pôr em relevo a escravidão. Do panfletismo dos liberais radicais da década de 1860 veio ainda o estilo incisivo.

De várias fontes da política científica, opúsculos, discursos, artigos de jornal vieram metáforas, sobretudo da química, e citações de autoridades científicas. Os argumentos bebem largamente da teoria evolutiva do deputado e historiador alemão Theodor Mommsen (1817-1903), cuja *História de Roma* (1854-5) reconstruiu a história ocidental dando ênfase à economia, enfatizando a desagregação da ordem feudal e a formação da sociedade capitalista. Nabuco incorporou esse ângulo ao reconstruir a história brasileira, mas a especificou com a análise da colonização portuguesa de outro historiador e político, Joaquim Pedro de Oliveira Martins (1845-1894). Em *História de Portugal* (1879) e *O Brasil e as colônias portuguesas* (1880), a decadência na Ibéria é descrita em tom fatalista, com referência ao ciclo vital. O Brasil teria sido colonizado na hora da degeneração. O Estado-nação se teria fundado, Nabuco daí deriva, sobre as bases socioeconômicas viciadas do trinômio latifúndio-monocultora-escravidão.[34] A independência apenas as nacionalizara. A centralidade da escravidão mantivera-se, reverberando efeitos deletérios para as instituições políticas, a economia, a sociabilidade e para o próprio caráter nacional, impedindo a formação de um povo brasileiro. A "obra da escravidão" seria a "decadência prematura"[36] da jovem nação.

Esses traços são comparados à colonização inglesa dos Estados Unidos, em que tudo se teria passado ao contrário: pequena propriedade, fomento à imigração de mão de obra livre, diversificação econômica. O americanismo dos novos liberais discrepa do indianismo, mas também dos liberais republicanos, ao adotar os Estados Unidos como modelo de sociedade e não como modelo político. A viabilidade da república nas Américas é avaliada a partir da colonização espanhola, que teria gerado pulverização territorial e despotismo político, sem trazer o desenvolvimento econômico dos ianques. Nesse balanço, Nabuco conclui, a monarquia constitucional teria sido a parte positiva do legado colonial português, garantia da ordem e da liberdade, evitando guerras fratricidas e militarismo.[36] Isso explica também sua predileção por Oliveira Martins e Mommsen, dois monarquistas. Seu liberalismo, contudo, não é mais o da comunidade de famílias patriarcais. O indivíduo comparece aqui, na esteira de Stuart Mill, como nova sede de direitos. A escravidão, tão bem acolhida pelo liberalismo estamental, passa a contradizer esse "novo liberalismo".

A principal reforma seria a modernização social e econômica, e nisso seguia *La Réforme intellectuelle et morale* (1871), de Ernest Renan, o qual pensou em uma política científica que contemplava as liberdades individuais, sem contudo cair em um governo de massas. O modelo era a monarquia liberal inglesa, com sua ênfase nas garantias das minorias, mas ideando uma concentração de poderes reformistas na coroa.

Os positivistas abolicionistas privilegiaram, no repertório da política científica, pensadores afinados com programas de políticas sociais. *Apontamentos para a solução do problema social no Brasil* (1880), de Teixeira Mendes, Anibal Falcão e Teixeira de Souza, *fórmula da civilização brasileira*,[37] de Anibal Falcão, e *Positivismo e a escravidão moderna*[38] (1884), seleta de textos editada por Miguel Lemos, compuseram uma teoria positivista da formação brasileira. Esses escritos estão repletos de referências a Comte e a outros "sábios" e cientistas. A linha de argumentação vem de Pierre Laffitte, sucessor oficial de Comte, que se dedicou a escritos e ações de proselitismo em favor de políticos reformistas da Terceira República, como Jules Ferry e Gambetta.[39]

A linguagem científica e a crença na lei dos três estados dão aos textos dos positivistas abolicionistas um novo ar, discrepante da oratória imperial. Essa distância está também na referência elogiosa a atores políticos revolucionários, como Danton e Toussaint-Louverture, líder da revolta escrava no Haiti. Mas a ruptura não é completa. Filiaram-se à tradição imperial, acentuando sua tonalidade luso-brasileira, que incluía Camões e José Bonifácio. Mantiveram também a liturgia católica, sob a roupagem da religião laica da humanidade. Daí vem a crítica moral à escravidão, responsável pela degradação tanto do produtor quanto do produto, tanto do escravo quanto do senhor, que contaminaria as instituições.[40]

A interpretação sobre a formação social brasileira que está em *Apontamentos para a solução do problema social no Brasil* baseia-se na "teoria positiva das forças sociais", de Laffitte. Aí a história ocidental é lida como transição paulatina do "regime militar", de base agrícola, católica e monárquica, para o "industrial", urbano, científico e republicano. O motor da passagem de um para o outro estaria na acumulação de "capital humano" ao longo de gerações, que só se faria mediante a intervenção centralizadora do Estado, sem o que o capital se dispersaria no consumo individual. Aplicando o raciocínio ao Brasil, os positivistas abolicionistas demandavam maior intervenção do Estado e fim da "propriedade sobre o capital humano". A escravidão, instituição do Estado teológico-militar, seria incompatível com o período industrial, no qual a vida social e a atividade econômica pressuporiam liberdade. Anacrônica, existiria apenas onde o estado industrial ainda não se implantara completamente, como era o caso dos países coloniais. Assim, a escravidão brasileira seria uma transposição "aberrante", sobretudo em seu formato racial, ausente na servidão antiga. Essa "sobrevivência" degradaria a economia e a sociabilidade,[41] e impediria a implantação da moderna sociedade capitalista entre nós.

Em *fórmula da civilização brasileira (deduzida da apreciação dos seus elementos essenciais definitivamente reunidos pela luta holandesa)*, a análise econômica é completada por uma teoria cultural, que enfatiza a constituição do povo brasileiro. A colonização portuguesa é particularizada em relação ao padrão de evolução ocidental. O estatuto de colônia teria feito com que no Brasil a formação da nação precedesse a do Estado.

A análise desse processo parte da existência de dois padrões culturais resultantes da crise do catolicismo medieval na transição do Estado teológico para a modernidade, o ibérico e o protestante. No Brasil, a expulsão dos holandeses seria o marco de fixação de uma cultura ibérica. Aí teria sido garantida a unidade territorial. Para a formação da nação, a "noção positivista de pátria"[42] prescrevia ainda governo e tradições comuns, base do "caráter nacional". A cultura ibérica teria legado sua noção de comunidade em vez da de indivíduo como base da nacionalidade. Essa manutenção da família como célula da vida social, a hierarquia social daí decorrente e o caráter centralizador do Estado seriam o legado positivo da colonização portuguesa — e nisso está a continuidade dos positivistas abolicionistas com a tradição imperial.

Tal família nacional teria definido seus componentes na guerra contra os holandeses, quando os portugueses tiveram de incorporar os "fetichistas negros e amarelos"[43] para compor seu exército. Nascera então a nação brasileira, incluindo três povos, portugueses, indígenas e africanos, e acaba aí o elogio da tradição imperial. Ao indianismo os positivistas abolicionistas contrapunham uma ideia de nacionalidade como síntese de três "raças", outra herança colonial positiva, na qual os melhores traços de cada uma delas se teriam incorporado à nacionalidade. A "teoria sociológica das raças" tirava peso do elemento biológico, falando de combinação de culturas conforme funções sociais: intelectiva (branco), ativa (amarelo) e afetiva (preto), a hierarquia, portanto, não seria de natureza, mas resultado do desenvolvimento social. Africanos e indígenas "não estão senão retardados na marcha da civilização".[44] Nessa interpretação, o processo de formação do Estado-nação tinha de ser completado, não reduzido a tábula rasa. Faltava não só abolir a escravidão, mas promover a "incorporação" econômica e moral do ex-escravo à sociedade.

Faltava igualmente um regime político adequado. A obsoleta monarquia devia ser substituída pela república moderna, conforme a política científica recomendava. Todavia, a precedência devia ser dada à questão mais oportuna, à "solução do problema social",[45] que era a escravidão.

Também os federalistas científicos paulistas e os federalistas positivistas gaúchos escreveram grande quantidade de livros e artigos de interpretação do Brasil. Os primeiros lançaram, por exemplo, *Soluções positivas da política brasileira* (1880), de Pereira Barreto; *A pátria paulista* (1887) e o *Catecismo republicano* (1885), de Alberto Sales. Os segundos, *A Revolução Riograndense* (1881), de Ramiro Barcelos, *O oportunismo e a revolução* (1880) e *A república federal* (1881), de Assis Brasil. *Políti-*

ca republicana[46], de Alberto Sales, mais ou menos sintetiza os argumentos de todos eles.

Autoridades da tradição imperial, como Guizot e Laboulaye, são usados contra as instituições do Segundo Reinado, no entanto, a política científica dá a chave explicativa e o estilo, bordado de citações, conceitos e metáforas científicas. Uma teoria da organização social é cosida a partir de Comte e Spencer: a dinâmica moderna oporia forças de conservação e de renovação que estratificam a sociedade em classes, dando prevalência à competição e ao mercado, operando conforme o princípio de sobrevivência do mais apto.[47] Os argumentos mais relevantes, contudo, vêm de doutrinadores com atividade política republicana, a começar por Émile Littré que, além de discípulo rompido com Comte por conta de sua guinada política ditatorial, era respeitado na França como enciclopedista e ativista republicano. Outros republicanos "oportunistas" conciliadores dos princípios liberais à teoria comtiana completam o time, como o inglês John Stuart Mill e o chileno José Victorino Lastarria.

De Littré vem uma versão da Lei dos Três Estados que dá proeminência à política. As formas de governo teriam evoluído no Ocidente rumo à soberania popular. A Revolução Francesa, sempre execrada no império, é festejada por ter inaugurado a sociedade moderna, onde deveria viger o "governo semecrático", nome que Lastarria deu à combinação das ideias liberais de direitos individuais e a igualdade perante a lei com o evolucionismo positivista e sua defesa dos direitos sociais; tudo gerido por uma burocracia eletiva.[48] A monarquia seria, em contraponto, arcaica, "governo de privilégios", em processo de desaparecimento em todo o Ocidente,[49] como os exemplos da Rússia, Itália, Espanha e Portugal[50] deixariam entrever. Stuart Mill acrescentara ao ideal comtiano de reforma social as liberdades políticas e econômicas individuais que, como na tradição imperial, seriam negativas, isto é, garantias contra a intervenção do Estado. A divisão e a limitação do poder político — e não a intervenção do Estado na sociedade — delinearia o bom governo. Essa teoria democrática da política — com aumento, aliás, da participação política — como corolário da evolução social, Sales adotava.

A tese geral correlacionando desenvolvimento social e político requisitava, contudo, especificação para falar da curta história brasileira. Mais uma vez, a geração 1870 portuguesa faz a mediação. O destaque aqui é o republicano, positivista e antiirromântico Téophilo Braga, sobretudo suas *Soluções positivas da política portuguesa* (1880), que ancoram a "Crítica da política monárquica" brasileira, segunda parte do livro de Sales.

Nasce daí uma interpretação do passado colonial brasileiro. A ênfase não está no processo de colonização, como para novos liberais e positivistas abolicionistas, mas na *adaptação* das instituições políticas herdadas à nova sociedade. Como os positivistas abolicionistas, Sales argumenta que a nação precede o Estado nacional, e que a índole "democrática" dessa teria sido sufocada pela forma monárquica da metrópole,[51] mantida após a independência, pela elite, do que se originou o contínuo antagonismo entre a nação "subjugada" e o Estado "opressor", eclodindo nas revoltas coloniais e regenciais contra o "despotismo imperial". Sales invertia, assim, a justificativa da elite imperial para seu modelo político, que sempre punha o Estado como construtor e civilizador da sociedade nacional. Ao contrário, a monarquia teria gerado anarquia, violência, opressão. Sua base seria o medo, não a liberdade.

Todos os problemas brasileiros são atribuídos a esse mal de origem. Liberais e conservadores são igualados como responsáveis, suas cisões e crises são apontadas como evidências de decadência da monarquia "artificial". Em *A república federal* (1881), Assis Brasil, em nome dos federalistas positivistas gaúchos, seguiu na mesma trilha. Amparado basicamente em Téofilo Braga, argumentava que no Brasil jamais existiu uma sociedade feudal no molde das europeias. Daí insistir, como Sales, que a decadência brasileira diz respeito às práticas patrimonialistas de uma elite encastelada numa forma "artificial" de governo, a monarquia. Nada disso é referido à formação socioeconômica, mas ao modelo político. Mesmo a religião de Estado é vista desse ângulo, como mais uma restrição às liberdades.

A escravidão também é vista sob perspectiva comtiana como "aberração"[52] inaceitável no Estado industrial. Nela, Sales via sobretudo, como os liberais republicanos, um "grande erro econômico",[53] fruto das desastradas opções econômicas da colonização, a mineração e o tráfico. Como instituição, teria impregnado o "caráter nacional",[54] surgindo daí a defesa ardorosa da imigração como solução para a questão do trabalho.[53]

O fulcro do problema, Sales avançava, eram, porém, assuntos que mais de perto incomodavam paulistas e gaúchos no Segundo Reinado: a centralização política que desfavorecia suas províncias nas deliberações nacionais[56] e o sistema tributário que drenava seus recursos para o "insaciável erário nacional".[57] Para evidenciar o atraso decorrente, o autor comparava o Brasil a outros países da América ibérica, nos quais a descentralização teria gerado as condições para o desenvolvimento — educação e infraestrutura. A ausência desses elementos no Brasil era culpa dos entraves do sistema político e, nele, das instituições centrais e vitalícias, resistentes à inovação e à mudança. Havia ainda os problemas sempre cantados pelos liberais: o desequilíbrio na representação política das províncias, as falsificações do sistema eleitoral indireto e censitário.

Sales e Assis Brasil, os gaúchos e os paulistas, usavam a política científica para denunciar suas duas marginalizações, econômica e política. A solução, tirada de Stuart Mill, de Teófilo Braga e de Lastarria, é a federação, e a república é o caminho para ela. O tamanho do território e a variedade econômica e social brasileira a encaminhariam desde o nascedouro da nação, e o império teria obstado esse caminho natural. Os Estados Unidos, com sua federação, seu regime de direitos civis e políticos, seu respeito às diferenças de crença, aparecem como modelo. Lá sim, o regime político propiciaria o desenvolvimento das diversas potencialidades da nação.

A "política do oportunismo", dos estadistas do tempo — Cavour e Mazini na Itália; Thiers e Gambetta na França —, mandava reformar na direção do próprio desenvolvimento social. As reformas não criariam a civilização, a ela, entretanto, ajustariam as instituições. Então, nem toda medida boa seria oportuna.[58] Dada sua centralidade, o modelo político se imporia. A república federal era mais oportuna do que a abolição da escravidão.

Os livros são exemplares de cada grupo e do modo pelo qual a geração 1870 lidou com o repertório estrangeiro. Mais comparativista do que imitativa, a geração 1870 buscou os escritos de outras gerações 1870, a francesa e a portuguesa particularmente, porque lá havia reflexões sobre experiências similares às suas. A mudança social acelerada com a constituição do capitalismo em vários países, seguida em muitos de trocas de regime e processos de secularização, dava exemplos de caminhos a seguir e a evitar. Esse pendão comparativo veio da experiência de diversos membros do movimento que assistiram pessoalmente a crises similares à brasileira, viajando pela Europa e pela América.

Do que viram e leram, a "política científica" foi o que mais de perto reverberou sobre suas situações de marginalização, uma vez que forneceu linguagem e esquema explicativo para construir interpretações do Brasil em dissonância com a tradição imperial. A história nacional deixou de ser lida sob o signo da singularidade que o indianismo e a historiografia do IHGB enfatizavam e tornou-se a chave da modernização rumo a um padrão comum a todo o Ocidente. Nesse diapasão, a conjuntura brasileira tornou-se parte de crise da sociedade e das instituições políticas aristocráticas, mas foi também particularizada por conta de suas peculiaridades coloniais. Teses sobre o declínio do império português permitiram tratar os problemas brasileiros como desagregação da ordem sociopolítica legada pela colonização. A conclusão: a impossibilidade de o país seguir a "marcha da civilização" carregando os pilares coloniais da sociedade imperial — um regime político aristocrático, uma economia escravista, uma monarquia católica.

Essa perspectiva comum desdobrou-se em modalidades de interpretação — a de liberais republicanos e federalistas científicos era institucionalista, privilegiando o processo de formação do Estado nacional. O cerne da herança colonial negativa era a forma de governo, da qual derivavam os demais problemas. Positivistas abolicionistas privilegiaram a formação da nação brasileira, em interpretação culturalista, e os novos liberais encaminharam explicação socioeconômica, focalizando o trinômio latifúndio-monocultura-escravismo como legado da metrópole. Essas diferenças de ênfase, contudo, não devem empanar o ponto comum, a crítica ao caráter oligárquico das instituições políticas imperiais, à escravidão como base da economia e da cidadania, à religião de Estado, ao clientelismo e ao indianismo. O sentido dos escritos da geração 1870 foi, numa palavra, a contestação dos valores e instituições da ordem imperial.

O REFORMISMO

Marginalizados pelas instituições políticas, os grupos contestadores propunham reformas estruturais e especulares em relação à ordem imperial.[59]

Pediam todos uma reforma. Viam o Estado burocrático-legal como condição *sine qua non* do ingresso na modernidade. A descentralização político-administrativa e tributária, a garantia de livre exercício das atividades produtivas, bancária e comercial, e a criação, pelo Estado, da infraestrutura de comunicações e transportes gerariam as condições para a expansão do capitalismo. Nesse pacote entrava a secularização das instituições. A separação de Igreja e Estado, à exceção de positivistas abolicionistas, era desejada também como meio de incentivo à imigração protestante.

Nas instituições políticas, prolongavam o Partido Liberal, pedindo extinção ou diminuição drástica de prerrogativas dos postos vitalícios (Poder Moderador; Senado; Conselho de Estado); independência do Judiciário em relação ao Executivo como garantia de lisura eleitoral, e mudança dos critérios de representação política. Iam, contudo, além, demandando federação: federalistas científicos paulistas e gaúchos e positivistas abolicionistas buscavam um modelo com grande autonomia das províncias e municípios confederados; liberais republicanos e novos liberais desejavam uma descentralização mais moderada; os últimos mantendo a monarquia que todos os demais rifaram.

A ampliação da cidadania era outra parte substanciosa das reivindicações. Nesse pacote, entrava o *habeas corpus* e a liberdade de imprensa. Os direitos políticos seriam ampliados, no formato mais participativo dos positivistas abolicionistas e de parte dos federalistas positivistas gaúchos, ou mais representativo dos demais grupos. Queriam todos a generalização não só do do voto, mas da prerrogativa de lançar candidaturas. Federalistas científicos paulistas e parte dos gaúchos pediam efetivamente sufrágio universal, incluindo progressivamente as mulheres e imediatamente os analfabetos, que os liberais republicanos excluíam. No conjunto, a cidadania deixaria de ser referida ao *pater familia*, encontrando sede na célula da sociedade moderna, o indivíduo. Os positivistas abolicionistas destoavam, definindo o voto como função social, e não como direito individual.

Na universalização de direitos civis, demandada por todos, imbricavam-se a laicização do Estado e o consequente registro civil de nascimento, casamento e óbito e a liberdade religiosa, embora dissesse respeito sobretudo à abolição da escravidão, almejada por todos os grupos contestadores. Liberais republicanos, contudo, a propunham gradual, e os federalistas científicos pensavam em sua federalização, com cada província abolindo em seu próprio ritmo, enquanto fariam políticas de atração de imigrantes. Novos liberais, positivistas abolicionistas e federalistas científicos gaúchos falavam em abolição imediata e sem indenização aos proprietários. Seu ângulo não era a economia, mas a justiça. Iníqua, a escravidão seria insustentável na civilização moderna. Justiça, todavia, só se faria indo além da abolição, com uma rede de proteção social aos trabalhadores. Outro direito social defendido por todos era a universalização do ensino básico. Em maioria, contudo, pensavam que a iniciativa privada deveria repartir a tarefa com o Estado.

Na política externa, ao "imperialismo" do Partido Conservador sobre o Prata opunham a solidariedade continental. Escaldados com a recente guerra contra o Paraguai, todos os grupos contestadores eram pacifistas.

Em consonância com as ênfases explicativas, os grupos dividiam-se quanto à sociedade ideal resultante das reformas. Os positivistas abolicionistas pendiam para o iberismo — anti-imigrantistas, queriam uma sociedade nacional totalmente autóctone. Sendo a sociedade moderna urbano-industrial, a reforma agrária seria inócua, e o escravo acabaria operário, donde a preocupação em impor limites ao capitalismo com políticas sociais. O Estado substituiria o senhor patriarcal no "protetorado" ao povo. Necessitando, portanto, de um Executivo forte e centralizado, amparado num regime eleitoral plebiscitário.

Todos os outros grupos eram americanistas e mantinham o sistema representativo. Para liberais republicanos e federalistas científicos o modelo era a república federativa, democrática com capitalismo baseado na mão de obra imigrante. Novos liberais buscaram nos Estados Unidos, em contraparte, seu modelo econômico: o imposto territorial rural geraria a pequena propriedade e o incentivo à diversificação econômica e à imigração de famílias empreendedoras, numa espécie de recolonização do país. Os federalistas positivistas gaúchos viam também o imposto territorial como caminho para a pequena propriedade e a atração da imigração europeia, mas tinham também urgência da federação e da república. Assim, novos liberais e positivistas abolicionistas davam prevalência à *reforma social*, e a abolição da escravatura era sua prioridade. Os demais grupos queriam antes de tudo uma *reforma política* que instaurasse a república federativa.

Os grupos contestadores estavam acordes quanto ao sentido geral de suas demandas: a modernização econômica, a liberalização política, a laicização do Estado. A contestação do *status quo* e a proposição desse pacote de reformas mostra que não estamos diante de grupos autônomos, mas de um movimento político. Então, em vez de defini-lo por preferências intelectuais, como positivismo, novo liberalismo etc., creio ser melhor renomeá-lo recorrendo a uma categoria abrangente que dá conta de seu traço essencial: o *reformismo*.

Os caminhos de efetivação das reformas variavam conforme duas vertentes ofertadas pela política científica: o *republicanismo* e o *cesarismo*. Liberais republicanos e federalistas científicos queriam novo regime político basicamente pelo voto. Organizaram associações e partidos republicanos, fizeram campanhas de persuasão e lançaram candidaturas eleitorais. Positivistas abolicionistas e novos liberais fizeram igualmente propaganda, mas achavam mais eficaz ir pelo alto, transformando o imperador em déspota reformador.

Nenhum dos grupos se lançou à revolução, o que evidencia mais uma vez o traço do reformismo sempre negligenciado pela bibliografia: sua apropriação da tradição imperial. Formas de pensar e agir não são simplesmente imitadas num vácuo cultural; o repertório da tradição dá os parâmetros da própria inovação.[60] Os reformistas, em parte, incorporaram signos e esquemas de pensamento típicos da tradição imperial. Recuperaram episódios e líderes reformadores silenciados pelo Segundo Reinado — como Caneca e Tiradentes — para erigir, com efemérides e eventos, uma linhagem de reformadores nacionais. E deram novo teor ao americanismo. A política científica deu-lhes o estilo e a substância para dialogar com o indianismo, recusando a singularidade nativista por meio do recurso a um antídoto presente na própria tradição luso-brasileira — a exaltação à cultura ibérica, encarnada em Camões —, ao mesmo tempo que o americanismo passou a sinalizar o ideal de desenvolvimento dos Estados Unidos. A dissolução da geração 1870 em linhagens de americanistas e iberistas, como Morse[61] e Werneck Viana,[62] perde esse contexo de vista.

A principal apropriação da tradição, contudo, foi a prevenção contra a entrada massiva do povo na política. À diferença da tradição imperial, atestaram a existência de um povo brasileiro e propuseram sua inclusão disciplinada na ordem sociopolítica. Aí estava um desdobramento democrático, que explodia a circunferência estamental da cidadania imperial. O reformismo, porém, não dava ao povo as rédeas da política: temia a revolução, buscava, tal como os políticos imperiais, transformações controladas.

Os reformistas optaram pela política científica porque ela, e não as teorias da revolução, apontava o caminho das renovações ordeiras. Na universalização da cidadania pós-abolição ideavam restrições das decisões políticas a uma elite afinada com os novos tempos, que identificavam consigo mesmos. Esse tipo de raciocínio não era nenhuma aberração, corria solto pelo mundo oitocentista, na França e na Espanha, na Prússia e no México. Sua adoção, entretanto, ajuda a entender a triagem de teorias estrangeiras. O reformismo prolongou a tradição imperial preservando a distinção entre povo e elite, instituindo um novo tipo de elitismo que, deu-lhe em vez de alijar o povo, lugar, consagrando-lhe novos direitos. Os reformistas viam-se como civilizadores, comandando as reformas e delegando a cidadania. Elitismo sim, mas benevolente.

A contestação materializou-se em atos, dimensão para a qual a bibliografia pouco atentou. O reformismo foi um movimento social no sentido de ter orquestrado mobilizações coletivas de protesto — o conceito de "repertórios de ação coletiva"[63] ganha então seu sentido pleno —, buscando no repertório europeu não só ideias como formas de ação. Simultaneamente, sobretudo na Inglaterra e na França, estavam sendo criadas as maneiras agora corriqueiras de ativismo político: conferências, comícios, passeatas, eventos político-culturais, que os reformistas replicaram no Brasil. É o caso, por exemplo, da série de eventos culturais que o Teatro Politeama, no Rio de Janeiro, sediou em 1883: execuções de óperas, representações dramáticas, leituras de versos, rifas e até um espetáculo de tango. Com esses recursos ampliaram o sentido de opinião pública para além dos senhores proprietários e falaram a outros marginalizados pelas instituições políticas, como eles próprios. Nos eventos repetiram o sentido de contestação de seus escritos, falando em prol, sobretudo, da abolição da escravidão, da república e contra o indianismo romântico. Além dessa ação fluida, constituíram também associações e partidos, lançaram manifestos e candidaturas parlamentares coligados entre si. Longe, portanto, do "alheamento" em relação à realidade nacional,[64] o reformismo adentrou efetivamente a arena política e deu corpo às duas grandes campanhas políticas de contestação à ordem imperial: a abolicionista e a republicana.

HERANÇAS

A geração 1870 passa longe do quadro de importação aleatória de ideias, maneira como a bibliografia usualmente a descreveu, tendo recorrido ao repertório estrangeiro em busca de recursos para a crítica ao *status quo* imperial e para a proposição de reformas. Seu critério de seleção não incluiu linhagens teóricas, mas a capacidade dos esquemas apropriados de explicar a conjuntura brasileira e de apontar linhas alternativas de ação política, donde sua preferência pela política científica, que deu legitimidade e inteligibilidade a suas demandas, simultaneamente criticando e dialogando com a tradição imperial. Nesse sentido, a seleção de teorias estrangeiras obedeceu a uma regra nacional.

O reformismo fez incorporação seletiva de esquemas explicativos da política científica bem como da tradição nacional. Privilegiou elementos capazes de responder à experiência concreta que vivenciavam, explicando, então, sua busca de esquemas que ajudassem a interpretar a estrutura de oportunidades políticas aberta com a cisão da elite imperial, permitindo opinar sobre os dilemas estruturais do trabalho e da representação política que se tornaram o centro do debate público. Tais esquemas precisavam igualmente expressar as insatisfações com a marginalização política que viviam, bem como apontar reformas que as eliminassem. Finalmente, era preciso achar noções e ideias que combatessem as justificações que a sociedade estamental usava para legitimar o *status quo* e, em decorrência, manter a situação de marginalização. Foi tudo isso que o repertório da política científica ofereceu. Não foi apropriado, pois, com intuito de construir teorias nativas, mas como ferramenta para formular interpretações do Brasil que apontassem linhas de ação política para os descontentes.

O quadro fica obscurecido nas análises que segregam a vida intelectual da estrutura de oportunidades políticas. A identidade do movimento intelectual reside em sua postura comum de crítica política, e o pensamento em termos de positivismo, spencerianismo, darwinismo social, novo liberalismo cega essa dimensão crucial — do ataque coletivo à lógica excludente do liberalismo estamental, ao tradicionalismo católico, à definição indianista da identidade nacional, à organização escravista da produção — isto é, não permite ver que o movimento "intelectual" da geração 1870 foi, sobretudo, político e de contestação.

Dois legados ele nos deixou: sua interpretação do Brasil e de si mesmo. Muitas de suas propostas transformaram-se em instituições: a república federativa, a laicização do Estado, a abolição da escravidão, o fim dos cargos públicos vitalícios, a descentralização, a independência do Judiciário, a expansão dos direitos civis e políticos, a política externa americanista. Outras ideias ficaram na longa duração — o iberismo e o americanismo, as reformas pelo alto, o sobrepeso aos intelectuais como agentes da mudança. Muitas teses retornaram na boca de discípulos na Primeira República. O que Lamounier[65] acreditou ser uma cepa nova de "pensadores autoritários" foi, na verdade, desdobramento do reformismo. O mesmo vale para os anos 1930, quando Gilberto Freyre, Sérgio Buarque e Oliveira Vianna, para citar os graúdos, retomaram argumentos da geração 1870 sobre mestiçagem, herança colonial e peso da escravidão e do patrimonialismo na formação da sociedade e do Estado nacionais e mesmo algumas de suas aspirações. É paradoxal que autores que tanto aproveitaram ideias dos reformistas tenham contribuído para a lenda de seu destacamento da realidade nacional — cristalizada na designação de seus escritos como formas de "bovarismo" por Sérgio Buarque.[66]

Esse juízo reverbera a outra herança da geração 1870. Finda a era de reformas, definidos os parâmetros da nova sociedade que tanto propagandearam, muitos reformistas viram-se uma vez mais expelidos pela política institucional. Foram sobretudo esses os que se dedicaram no começo da República a escrever histórias do império e interpretações da trajetória geracional,[67] que subjetivamente criavam justificativas *ex-post* para o afastamento da lida política, em larga medida explicada na base do chamamento para ocupações puramente intelectuais — donde a autoapresentação como letrados, a ponto de montarem uma Academia Brasileira de Letras. Politicamente, a maioria dos alijados foi gente que não encontrou — ou não quis encontrar — seu lugar junto ao reformismo militarista de Floriano. À guisa de diferenciação, narraram suas trajetórias como apartadas, ou apenas circunstancialmente aproximadas da política, como na célebre autodescrição de Nabuco como político acidental, em *Minha formação*. Tal auto imagem cristalizou-se em biografias, autobiografias e ensaios que a geração 1870 escreveu sobre si mesma, formando legado que acentuou sua dimensão intelectual e encobriu, para a posteridade, sua ação empenhada. É para essa outra feição que espero ter chamado a atenção do leitor.

Notas

1. Este artigo resume o argumento de meu livro *Idéias em movimento: a geração 1870 na crise do Brasil-Império*, Anpocs/Paz e Terra, 2002.
2. João Cruz Costa, *Contribuição à história das ideias no Brasil*, Rio de Janeiro, José Olympio, 1956.
3. Antonio Paim, *A filosofia da Escola de Recife*, Rio de Janeiro, Saga, 1966.
4. Celso Castro, *Os militares e a República — Um estudo sobre cultura e ação política*, Rio de Janeiro, Jorge Zahar, 1995; Lilia M. Schwarcz, *O espetáculo das raças*, São Paulo, Cia. das Letras, 1993.

5. Marco Aurélio Nogueira, *As desventuras do liberalismo — Joaquim Nabuco, a monarquia e a república*, Rio de Janeiro, Paz e Terra, 1984; e Joaquim Nabuco, "O abolicionismo" *in* Lourenço Dantas Mota (org.), *Introdução ao Brasil — Um banquete no trópico 2*, São Paulo, Ed. Senac, 2000; Flora Süssekind e Roberto Ventura, "Uma teoria biológica da mais-valia? — Análise da obra de Manuel Bonfim" *in História e dependência — cultura e sociedade em Manuel Bonfim*, São Paulo, Moderna, 1984; Maria Alice Rezende de Carvalho, *O quinto século — André Rebouças e a construção do Brasil*, Rio de Janeiro, Iuperj/Revan, 1998.
6. Michael Hall, "Reformadores de classe média no Império brasileiro: a Sociedade Central de Imigração", *Revista de História*, nº 105, 1976.
7. José Murilo de Carvalho, "A ortodoxia positivista no Brasil — um bolchevismo de classe média", *Revista Brasileira*, ano 4, nº 8, 1989.
8. Maria Stella Bresciani, "O cidadão da república. liberalismo *versus* positivismo no Brasil: 1870-1900", *Revista USP*, nº 17, março-abril-maio de 1993.
9. Richard Graham, *Grã-Bretanha e o início da modernização no Brasil*, São Paulo, Brasiliense, 1973.
10. Raymundo Faoro, *Os donos do poder — formação do patronato político brasileiro*, Porto Alegre, Globo, 1976.
11. Richard M. Morse, *O espelho de Próspero — cultura e ideias nas Américas*, São Paulo, Cia. das Letras, 1988.
12. Sérgio Buarque de Holanda, *O Brasil monárquico — do Império à República — história geral da civilização brasileira*, São Paulo, Difel, 1972.
13. Roberto Schwarz, "Nacional por subtração", R. Schwarz, *Que horas são?*, São Paulo, Cia. das Letras, 1989.
14. Ann Swindler, "Culture in action: symbols and strategies" *American Sociological Review*, v. 51, abril de 1986.
15. Charles Tilly, "Contentious Repertoires in Great Britain, 1758-1834", *Social Science History*, 17:2, 1993.
16. Charles Tilly, *From Mobilization to Revolution*, Reading, MA, Addison-Wesley, 1978.
17. Sidney Tarrow, *Power in Movement — Social Movements, Collective Action and Politics*, Cambridge, Cambridge University Press, 1994.
18. Karl Mannheim, *Essays on the Sociology of Culture. Collected Works*, Londres/Nova York, Routledge, 1997.
19. Para análise das dinâmicas parlamentar e partidária no império, ver José Murilo de Carvalho, *A construção da ordem. A elite política imperial*, Rio de Janeiro, Campus, 1980, e José Murilo de Carvalho, *Teatro de Sombras. A política imperial*, Rio de Janeiro, Iuperj/Vértice, 1988.
20. Faoro, *op. cit.*
21. Alfredo Bosi, "A escravidão entre dois liberalismos", *Estudos Avançados*, v. 2, nº 3, setembro-dezembro de 1988.
22. Manuel Luiz Lima Salgado Guimarães, "Nação e civilização nos trópicos. O Instituto Histórico e Geográfico e o projeto de uma História nacional", *Estudos Históricos*, nº 1, 1988.

23. Ilmar Rohloff de Mattos, *O tempo saquarema*, São Paulo, Hucitec/INL, 1987.
24. Florestan Fernandes, *A revolução burguesa no Brasil — ensaio de interpretação sociológica*, Rio de Janeiro, Jorge Zahar, 1975.
25. Zacarias Góes e Vasconcelos, *Reforma eleitoral. Discursos pronunciados no Senado*, Rio de Janeiro, Typographia Diário do Rio de Janeiro, 1876, p. 38-39.
26. Para essa discussão das conexões do romantismo com a política imperial, cf. Antonio Cândido, *Formação da literatura brasileira — momentos decisivos*, São Paulo, Edusp/Itatiaia, 1993; e Angela Alonso, "Epílogo do Romantismo", *Dados*, Rio de Janeiro, v. 39, nº 1, 1996.
27. Eric Hobsbawm, "A invenção das tradições" *in* Eric Hobsbawn e Terence Ranger (orgs.), *A invenção das tradições*, Rio de Janeiro, Paz e Terra, 1984.
28. Charles A. Hale, *The Transformation of Liberalism in Late Nineteenth-Century Mexico*, Princeton, Princeton University Press, 1989.
29. Quintino Bocaiúva e Salvador de Mendonça [1870], "Manifesto Republicano", *in* R. C. Pessoa, *A ideia republicana no Brasil através dos documentos*, São Paulo, Alfa-Omega, 1973.
30. Quintino Bocaiúva [1879], "A questão social", *in* E. Silva (org.), *Idéias políticas de Quintino Bacaiúva*, Brasília/Rio de Janeiro, Senado Federal/Casa de Rui Barbosa, 1986.
31. *Idem, ibidem*, p. 497.
32. Joaquim Nabuco [1883], *O abolicionismo*, Petrópolis, Vozes, 1988.
33. *Idem, ibidem*, p. 76ss.
34. *Idem, ibidem*, p. 106ss.
35. *Idem, ibidem*, p. 119.
36. *Idem, ibidem*, p. 167.
37. Luís Aníbal Falcão [1883], *Fórmula da civilização brasileira — deduzida da apreciação dos seus elementos essenciais definitivamente reunidos pela luta holandesa*, Rio de Janeiro, Guanabara, 1933.
38. Miguel Lemos (org.), *O positivismo e a escravidão moderna*, Rio de Janeiro, Igreja Positivista do Brasil, 1884.
39. Philip Nord, *The Republican Moment. Struggles for Democracy in Nineteeth-Century France*, Harvard, Harvard University Press, 1998.
40. Lemos, *op. cit.*, p. 31.
41. *Idem, ibidem*, p. 29.
42. Falcão, *op. cit.*, p. 85.
43. *Idem, ibidem*, p. 88.
44. *Idem, ibidem*, p. 96.
45. Lemos, *op. cit.*, p. 34.
46. A. Sales, *Política republicana*, Rio de Janeiro, Typographia Leuzinger, 1882.
47. *Idem, ibidem*, p. 55ss.
48. *Idem, ibidem*, p. 63-64.

49. *Idem, ibidem*, p. 104ss.
50. *Idem, ibidem*, p. 183-185.
51. *Idem, ibidem*, p. 253.
52. *Idem, ibidem*, p. 408.
53. *Idem, ibidem*, p. 416.
54. *Idem, ibidem*, p. 419ss.
55. *Idem, ibidem*, p. 424.
56. *Idem, ibidem*, p. 387.
57. *Idem, ibidem*, p. 437.
58. *Idem, ibidem*, p. 567ss.
59. As reformas listadas nesse item baseiam-se nos livros já citados, bem como em: "Manifesto Republicano"; "Circular aos Srs. eleitores do 1º distrito do município neutro (10 de dezembro de 1885)"; "Ao Partido Republicano (22 de maio de 1889)"; "Assembleia do Partido Republicano (3 de julho de 1873)", dos liberais republicanos; "Partido Republicano. Programa dos Candidatos — Eleição na Província de São Paulo (1881)"; "Política Republicana"; "Bases para a Constituição do Estado de São Paulo (1873)" e o "Manifesto Republicano (1880)", dos federalistas científicos paulistas; "Bases do Programa dos Candidatos Republicanos (1884)"; "Liberdade Vitoriosa (16 de agosto de 1884)", para os federalistas positivistas gaúchos. Para os positivistas abolicionistas: "A Liberdade Espiritual e a Organização do Trabalho. Considerações histórico-filosóficas sobre o movimento abolicionista. Exame das ideias relativas a leis de organização do trabalho e locação de serviços. Programa das reformas mais urgentes (21/04/1888)"; "Positivismo e escravidão moderna" (1884) e "Normas Republicanas. Manifesto do Partido Republicano de Pernambuco (11 de dezembro de 1888)". Para os novos liberais: "Manifesto da Sociedade Brasileira Contra a Escravidão" (1880); "O Abolicionista" (1880); "Garantia de Juros" (1874); "Agricultura Nacional — Estudos Econômicos" (1883); e "Nacionalização do Solo" (1884).
60. Tilly, *op. cit.*, p. 265-266.
61. Morse, *op. cit.*
62. Luiz Werneck Vianna, *A revolução passiva — iberismo e americanismo no Brasil*, Rio de Janeiro, Revan, 1997.
63. Tilly, *op. cit.*
64. Holanda, *op. cit.*
65. Bolívar Lamounier [1977], "Formação de um pensamento político autoritário na Primeira República: uma interpretação", *in* Boris Fausto (org.), *O Brasil republicano III*, v. 2, São Paulo, Difel, 1985.
66. Holanda, *op. cit.*, p. 113ss.
67. Foi quando saíram, por exemplo, biografias de Nabuco de Araújo, por Joaquim Nabuco, e de Benjamin Constant, por Teixeira Mendes, bem como histórias da república, como as de Lauro Sodré e Felisberto Freire, e memórias, como as de Silva Jardim.

CAPÍTULO IV

Uma cidade entre dois mundos — o Rio de Janeiro no final do século XIX

Margarida de Souza Neves

O EMBATE ENTRE AS TREVAS E A LUZ

> *Ontem à noite assistimos à representação do* Excelsior*, este colossal bailado que fez furor em todas as grandes cidades do mundo.*
>
> CARL VON KOSERITZ, 19/7/1883

Em julho de 1883 a rotina da cidade do Rio de Janeiro foi rompida por um acontecimento cultural de grande envergadura. A Companhia da Ópera Italiana, sob a direção do empresário Ferrari, encenou no Imperial Teatro D. Pedro II o monumental bailado *Excelsior*, com música de Romualdo Marenco e coreografia de Luigi Manzotti.

Tratava-se, efetivamente, de um extraordinário evento teatral, que trazia para a corte do império do Brasil o espetáculo que havia estreado no Scala de Milão em 11 de janeiro de 1881 e tivera uma temporada triunfal, com 103 récitas consecutivas naquela cidade, às quais se seguiram *tournées* nacionais e internacionais de assombroso sucesso.

Faraônico em sua montagem, seus realizadores definiam o espetáculo como "uma ação coreográfica, histórica e alegórica em seis partes e onze quadros".[1] A Companhia era formada por nada menos que 400 pessoas. Em cena, uma multidão de bailarinos evoluía com precisão milimétrica, os cenários grandiosos sucediam-se com efeitos cênicos surpreendentes graças a maquinismos nunca antes vistos no Brasil, e, para completar, cavalos, e até camelos verdadeiros, cruzavam a cena nos momentos de maior intensidade dramática.

O sucesso de *Excelsior* no Imperial Teatro D. Pedro II, como nos palcos europeus, não se devia apenas aos camelos e cavalos, aos surpreendentes efeitos cenográficos, aos acordes altissonantes da partitura de Marenco, às inovações coreográficas de seu parceiro Manzotti, à precisão da movimentação de seu multitudinário corpo de baile, à leveza e graça de suas *primas ballerinas*, aos figurinos luxuosos e coloridos, mas, também, ao tema escolhido pela dupla Marenco e Manzotti, que musicaram e encenaram, nesse balé-espetáculo, o sonho do triunfo do progresso, da civilização e da ciência sobre o atraso, a barbárie e a ignorância, dogma da nova religião leiga que dominava os corações e as mentes do Ocidente na segunda metade do século XIX.[2]

É o próprio autor quem explica a origem e o teor de sua obra, ao escrever no *libretto* distribuído na noite de estreia em Milão:

> Vi o monumento erguido em Turim para a glória do portentoso túnel do Monte Cenis e imaginei a presente composição coreográfica. É a luta titânica sustentada pelo Progresso contra o Atraso que apresento a este inteligente público: é a grandeza da civilização que vence, abate e destrói, pelo bem dos povos, o antigo poder do obscurantismo que os aprisionava nas trevas da servidão e da ignomínia. Partindo da época da inquisição na Espanha, chego à abertura do túnel do Cenis, mostrando as descobertas portentosas, as obras gigantescas do nosso século. Eis o meu "Excelsior", que submeto ao julgamento deste culto público.[3]

A julgar pelo sucesso estrondoso da encenação, o "julgamento do culto público" foi entusiástico, e a reação do principal jornal de Milão, o *Corriere della Sera*, mostra que a recepção da crítica foi consagradora: "É o paraíso, o triunfo da humanidade na civilização, uma festa do pensamento, rico e esplêndido."[4]

A "festa do pensamento," encenada no Imperial Teatro D. Pedro II segundo os cânones do *ballo grande* italiano e com a mesma riqueza e esplendor das récitas milanesas, permitiu que a plateia numerosa assistisse, maravilhada, às figuras alegóricas da Luz e da Civilização, encarnadas pelas bailarinas, vencerem inexoravelmente o Gênio das Trevas, também personificado, e libertarem, ao término do longo bailado, o Escravo, que representava a humanidade presa do obscurantismo, antes que a apoteose final mostrasse a inequívoca vitória do Progresso e da Civilização, saudados por todas as nações da terra, que reconheciam, embandeiradas, o primado da concórdia e da ciência.

Didático, ao longo da representação o bailado ilustrava a alegoria que encenava com exemplos muito concretos do triunfo da razão e do engenho humano e com a presença em cena de dançarinos que representavam não poucos gênios da humanidade, de Denis Papin ao físico italiano Alessandro Volta. Grandiloquente e maniqueísta, opunha a Luz às Trevas e contrastava a barbárie de um grupo de beduínos que saqueavam caravanas com a glória da civilização representada por Ferdinand de Lesseps, que vencia o isolamento do deserto com a construção do Canal de Suez. Conciliador, levava ao proscênio um episódio de congraçamento em que operários e engenheiros franceses e italianos se abraçavam quando as escavações do túnel de 12 quilômetros finalmente perfuravam os Alpes e venciam o Monte Cenis.

No Rio de Janeiro, a nata da sociedade da corte disputou os ingressos para o espetáculo no Imperial Teatro da rua da Guarda Velha e lotou os 6.000 lugares das duas ordens de camarotes, vendidos a 60$000; das *varandas* e cadeiras da plateia, a 10$000; e mesmo das gerais e galerias, cujo ingresso custou, para a noitada em questão, 5$000.[5] Nos intervalos, os decotes das damas e os fraques dos cavalheiros trocariam gentilezas e comentários, enquanto os criados do salão anexo ao teatro serviam, solícitos, refrescos, vinhos e acepipes.

O imperador em pessoa compareceu às seis primeiras récitas,[6] prestigiando extraordinariamente o evento e dando prova de grande resistência física, já que o espetáculo se estendia por mais de duas horas. A imprensa multiplicou comentários ao bailado; e os homens de província que se encontravam na corte não pouparam esforços para comparecer ao Imperial Teatro. Foi esse o caso do alemão naturalizado brasileiro Carl von Koseritz e sua família, que, recém-chegados do Sul do país em cansativa viagem de navio, fizeram questão de comparecer à sétima récita do balé, no dia 18 de julho de 1883.

É de Koseritz a mais rica das descrições do espetáculo, escrita provavelmente com o *libretto* em mãos, e que compõe uma das 94 cartas que escreveu durante a viagem à corte e a São Paulo para que fossem publicadas em seu jornal gaúcho, o *Koseritz Deutsche Zeitung*. Ainda que longa, merece ser transcrita, uma vez que nada substituiria a colorida narrativa da íntegra do surpreendente bailado, feita por um embasbacado espectador:

> A impressão geral do *Excelsior* foi brilhante. O gigantesco bailado enche toda uma noite, e a pesar de não ser pronunciada uma só palavra sobre a cena, o espectador não fica cansado. Cerca de 200 mulheres, (a maior parte bonitas), entre as quais dançarinas da primeira ordem, lindos costumes, magníficas decorações, esplêndidos efeitos de luz, artísticos movimentos, não deixam a gente se cansar. O motivo do bailado é a luta da treva contra a luz. A treva (o obscurantismo), é representada por um cavaleiro da Idade Média, e a luz pelo Gênio do Progresso. No começo do bailado o Gênio do Progresso está acorrentado aos pés do Obscurantismo; a Inquisição floresce e a miséria e a decadência reinam sobre o mundo. Então começa a luta; o Gênio se liberta das cadeias e se levanta em toda a beleza, coroado pelas luzes elétricas. A um gesto seu abre-se o fundo da cena e aparece o Templo das Ciências; a Luz e a Civilização se dão as mãos e numerosos gênios as cercam bailando. A segunda parte nos mostra uma povoação camponesa nas proximidades de Bremen, à margem do Weser; Papin[7] aparece então com o primeiro bote a vapor, construído por ele; querem afogar Papin, mas o Gênio do Progresso aparece e o salva; a um gesto seu abre-se novamente o fundo e então se vê o porto de Nova Iorque, locomotivas trafegam por trilhos que ligam dois rochedos e um moderno vapor passa de fronte. O Obscurantismo foge e o Gênio triunfa. A parte seguinte nos mostra o laboratório de Volta,[8] em Como; ele trabalha na construção de sua pilha, e finalmente consegue fazer saltar a centelha elétrica; o Obscurantismo aparece, quer destruir a pilha, mas recebe um choque elétrico que o perturba; o Gênio aparece, o fundo se abre e vê-se um posto telegráfico, aonde centenas de gênios rece-

> bem e expedem telegramas num bailado realmente encantador. O Obscurantismo foge e a Luz triunfa uma vez mais. A parte seguinte nos mostra o deserto de Saara em brilhante montagem, uma caravana com camelos vivos, atravessa a cena; chega o simun[9] e os beduínos aproveitam a desordem momentânea da caravana para atacá-la e saqueá-la, depois do que fogem a cavalo. O vento do deserto fica cada vez mais forte, a poeira fina cobre a caravana, todo o palco é um turbilhão de poeira. Somente o Obscurantismo permanece e se alegra com a coisa. Agora o Progresso deve melhorar o caminho do deserto... Então aparece o Gênio da Luz, o horizonte se abre e vê-se o canal de Suez, atravessado por orgulhosos navios. Novamente muda-se a cena; estamos em Ismaila,[10] onde se reúnem centenas de viajantes de todas as cores e nações, metidos nos seus trajes originais. Aqui a libertação dos escravos é representada mimicamente, uma baiadeira[11] executa uma linda dança e outros bailados encantam o espectador. A parte seguinte mostra o túnel Mont-Cenis; os franceses trabalham de seu lado, e o Obscurantismo se ri, mas o Gênio da Luz aparece, as últimas camadas são perfuradas, franceses e italianos se encontram e se abraçam fraternalmente. A parte seguinte nos mostra o Gênio da Glória, que traz o busto de Lesseps.[12] O Obscurantismo está vencido, quer fugir, mas o Gênio da Luz o retém, a um sinal seu abre-se o fundo, vê-se a representação alegórica da confraternização de todas as nações e a terra se abre e engole o Obscurantismo. Agora desaparecem as nuvens; a cena nos mostra um grande templo, no qual todas as nações se abraçam, os Gênios do Progresso, da Civilização e da Concórdia as abençoam. O quadro final mostra a apoteose da paz e da ciência em maravilhoso arranjo. Toda a ação é levada com bailados e centenas de dançarinos e dançarinas aparecem juntamente no palco. Os costumes são maravilhosos, os cenários de surpreendente beleza; em suma, nada deixa a desejar e no gênero não se pode ver melhor no mundo.[13]

Não sabemos quantos dos presentes ao Imperial Teatro D. Pedro II naquelas noites de julho de 1883 terão percebido nos Templos da Ciência e da Concórdia entre as nações, que pontuam o início e o final da encenação, os ecos das doutrinas positivistas de Augusto Comte. Tampouco saberemos quantos terão reconhecido, no espetáculo, uma síntese do que as Exposições Internacionais, também elas uma liturgia da religião leiga do progresso, divulgavam desde 1851, quando o Palácio de Cristal idealizado por John Paxton inaugurou, em Londres, uma prática que ciclicamente se repetiria nas grandes cidades do Velho e do Novo Mundo.[14]

Tanto o culto à ciência dos positivistas quanto a religião do progresso das Exposições Internacionais eram, na verdade, os protagonistas do balé de Marenco, que, por certo, viria a ser, em 1884, o compositor da *Marcia inaugurale per l'Esposizione di Torino*, composta para a abertura dessa mostra italiana. O próprio *Excelsior*, visto pelos fluminenses da boa sociedade em 1883, seria encenado, apropriadamente, na Exposição Universal de Paris de 1895[15]. Não era difícil entreouvir, em meio aos acordes de sua música, as palavras com as quais Dubois e Vervynck resumiram as lições indeléveis das Exposições: "*Notre époque s'est donnée pour mission la civilization du monde entier.*"[16]

O que parece certo é que a cena da libertação de todos os escravos do mundo à beira do Suez, assim como o *grand finale* em que um escravo acorrentado, representando a humanidade presa do Obscurantismo, era libertado pelos Gênios da Civilização e do Progresso, não causou outra emoção senão a puramente estética, uma vez que não consta na imprensa da época que a distinta plateia tenha experimentado nenhum desconforto quando, terminado o espetáculo, voltou a conviver com os escravos nada alegóricos que havia deixado em casa.

O espetáculo, sua encenação e recepção na corte podem fornecer, ao leitor atento, uma metáfora sugestiva do que era vivido, na cidade do Rio de Janeiro, nas últimas décadas do império do Brasil; uma cidade que se via e era vista por todo o território como titular das melhores condições para a mediação entre dois mundos: o da *cultura europeia* e o da natureza pujante das Américas. E assim se via e era vista porque o lastro da *tradição* representado pelo império e pelo sangue europeu que corria nas veias do monarca poderia contrabalançar aquilo que era percebido como "os perigos das novidades do tempo" e garantir a ordem, princípio e fundamento dos projetos políticos das velhas e novas elites do Brasil do século XIX. Artífice da construção da unidade da ordem na primeira metade daquele século, o Estado imperial, poderia, para alguns, construir o progresso sem ameaçar a ordem. Para outros, que desde 1870 engrossavam as fileiras republicanas, o império tornara-se obsoleto, e a ordem identificada com o progresso era o cerne de um projeto para a república. Para uns e para outros, no entanto, o Rio de Janeiro, no papel de corte imperial ou na função prevista para a cidade como capital federal, era e continuaria a ser a cidade-capital[17] de onde se governava o país e que o representava diante das províncias e no concerto das nações.

Enquanto o bailado europeu evoluía grandiosamente no palco, na plateia do Imperial Teatro D. Pedro II a fina flor da sociedade imperial e fluminense, engalanada, assistira a um espetáculo e retomara uma lição havia muito aprendida.

Tal como propunham as lições do *Excelsior* e das Exposições Internacionais, os homens que imprimiam direção ao Estado imperial não deixavam de ver o Brasil e a cidade-capital — que pretendiam que o sintetizasse e monumentalizasse — como realidades inscritas em uma temporalidade presidida por uma noção de história contínua e linear, que pressupunha que os povos "do mundo inteiro" deveriam seguir os passos das "nações civilizadas e progressistas" e transitar, céleres para saldar "o atraso", de um polo de negatividade representado pelas "trevas" da "ignorância" e da "barbárie" em direção a um *télos* de positividade, identificado com as luzes da "ciência" e da "civilização". Essas lições eram hábeis o suficiente para não deixar perceber que a condição de possibilidade para a "vanguarda" que as "nações progressistas" ocupavam no concerto internacional era, precisamente, o lugar periférico, dependente e subordinado dos povos tidos como "atrasados".

É expressiva, neste sentido, a afirmação feita, anos antes, por Fernandes da Cunha, autor do Prólogo dos documentos oficiais relativos à primeira Exposição Nacional, preparatória à participação do Brasil na Exposição Internacional de Londres em 1862: "O Brasil, jovem e rico (...) mede por horas a distância que o separa do areópago da civilização."[18]

A Fernandes da Cunha, como à maioria dos que, sendo seus contemporâneos, ocupavam lugar social análogo ao seu, duas premissas pareciam certas: o Brasil ainda não pertencia ao que então se denominava "o rol das nações civilizadas e progressistas", mas muito em breve saldaria "a distância" que delas o "separava" e ocuparia o lugar a ele destinado no "areópago da civilização". Sua condição de nação "jovem" parecia justificar que a esse lugar ainda não tivesse acedido e, ao mesmo tempo, garantia a energia e a disposição necessárias para que viesse a fazê-lo, e suas inesgotáveis e imensas "riquezas" eram a maior garantia de que tal destino glorioso se cumpriria.

O público numeroso, presente ao Imperial Teatro D. Pedro II naquele mês de julho de 1883, acompanhava os compassos do bailado; identificava-se, portanto, plenamente com os Gênios benfazejos da Civilização, do Progresso e da Ciência e se percebia como quem aguardava apenas o toque de mágica de suas mãos para sair da condição obscura de plateia para entrar na dança proposta naquele palco iluminado. E a corte imperial, que a historiografia contemporânea nos ensina a ver como um "laboratório"[19] em que se gesta e se gere a ordem no império, não poderia ser vista como um mero objeto cenográfico, mas como o "maquinismo oculto" que permitiria (ou impediria) a mudança de cenário.

UM SOBERBO PANORAMA

> *Sim, o Rio é bonito, porém ainda é mais belo do alto dos morros, de onde se vê a cidade ao longe...*
>
> Carl von Koseritz, 17/6/1883

Os cronistas parecem ter sido, desde sempre, grandes leitores da cidade. E não faltam, entre eles, críticos literários e historiadores, aqueles que percebem um pacto secreto entre a crônica e a cidade do Rio de Janeiro.[20]

Carl von Koseritz, o autor da saborosa descrição da encenação do *Excelsior* no Rio, fez das cartas que escreveu quando de sua estada no Rio de Janeiro em 1883, que significativamente denominou em uma ocasião "minhas cartas da Corte,[21]" crônicas excepcionais sobre a vida na cidade.

Três argumentos permitem que tomemos tais cartas-crônicas como um guia para melhor conhecer a vida na corte dos anos finais do império. O primeiro deles é, sem dúvida, a qualidade desses escritos, pela descrição detalhada que os transforma em uma etnografia do cotidiano da corte tanto quanto pela interpretação que o autor não se furta a fazer do que vê, ouve e faz na cidade. O segundo argumento é a peculiaridade de seu autor, que, de forma análoga à cidade, também se situa entre dois mundos. O terceiro, de natureza teórica, vem da formulação de Jacques Revel a respeito do conceito de *escala* em estudos históricos.

Revel sustenta que a escolha de algo muito particular — no caso, o relato de Koseritz para compreender o Rio de Janeiro entre 1870 e 1889 — não deve ser considerado contraditório em relação à busca de uma visão que permita a observação mais ampla do processo social, mas sim como uma estratégia que possibilita

> uma abordagem diferente deste, ao acompanhar o fio de um destino particular — de um homem, de um grupo de homens — e, com ele a multiplicidade dos espaços e dos tempos, a meada das relações nas quais ele se inscreve.[22]

Nessa perspectiva, particularmente, são considerados reveladores os passos de Koseritz, um dos *brumers,* soldados mercenários alemães chegados ao Brasil em 1851, recrutados em sua terra de origem por Sebastião Rego Barros, para lutar nas guerras platinas e que permaneceram no Brasil, em Porto Alegre ou nas colônias germânicas do sul. Koseritz naturalizou-se brasileiro, e, ao contrário do que sucedia com muitos de seus conterrâneos, na maioria endogâmicos, casou-se em 1855 com a brasileira Zeferina Barbosa, com quem teve quatro filhas.

Giralda Seyferth, estudiosa das questões de identidade étnica, assimilação e cultura dos alemães do sul do Brasil, atribui a Koseritz lugar de destaque:

> O mais importante dos *Brumers* foi Karl von Koseritz, (...) que assumiu a liderança política dos teuto-brasileiros no Rio Grande do Sul elegendo-se para a Assembléia Provincial na década de 1880, a partir da sua atuação como jornalista. No entanto, teuto-brasileiros como Koseritz ingressaram na vida política com um discurso que enfatizava a etnicidade, defendia uma intensificação da imigração alemã e afirmava que o colono não podia ser apenas um substituto do escravo, tendo direito à representação política como naturalizado ou nascido no país, sem abrir mão da sua germanidade. Essas idéias eram veiculadas por Koseritz através de jornais e almanaques, quer sob seu controle (caso do Koseritz Deutsche Zeitung e do Koseritz Deutschen Volkskalender für Brasilien) ou reproduzidos em outros órgãos da imprensa teuto-brasileira.[23]

Afonso Arinos de Melo Franco, autor da tradução, do prefácio e das notas da edição brasileira do livro que reúne as cartas-crônicas de 1883, já em 1941, por ocasião do lançamento da edição brasileira de *Imagens do Brasil*, havia sublinhado a importância de seu autor, fazendo eco às observações de Oberacher: "Foi a mais importante personalidade dentre os alemães do seu tempo, residentes no Brasil."[24]

É, no entanto, a peculiaridade de Koseritz que confere o aspecto mais interessante às cartas-crônicas escritas em 1883, o que também foi observado por Afonso Arinos: "(...) pois provêm de um narrador que, vendo a Corte com olhos de estrangeiro, não era, contudo, estranho às coisas do país, como a grande maioria dos outros viajantes."[25]

Alemão de nascimento e brasileiro por naturalização, Koseritz era um homem entre dois mundos, o que exponencia o significado de suas observações sobre o Rio de Janeiro se tomarmos como hipótese que, para compreender a corte imperial entre 1870 e 1889, é preciso situá-la entre dois mundos, o da construção da unidade como tradução da ordem própria do império do Brasil e o da ordem entendida como progresso, tal como, emblematicamente, sintetizará o fragmento da divisa positivista bordado a ouro na bandeira republicana.

É, portanto, de um lugar de tensões e contradições que Koseritz observará e interpretará o Rio de Janeiro, o que faz de suas anotações, entre tantas outras de viajantes e de brasileiros natos, um guia particularmente útil para empreendermos uma aventura interpretativa que tenha como referência a corte do último quarto do século XIX, equipados dos cuidados metodológicos necessários para vermos, em sua descrição, não apenas alguns aspectos da cidade, mas, sobretudo, seu particular ponto de vista — cuidado esse, aliás, necessário para a análise de qualquer tipo de documentação.

No caso de Koseritz, esse procedimento é facilitado pela própria escrita do *brumer* de 1850, elevado à categoria de deputado provincial por ocasião da estada no Rio e em São Paulo em 1883. Com efeito, as cartas de Koseritz deixam transparecer com muita clareza as ambiguidades, incoerências e duplicidades próprias de seu autor, que se revela ao leitor não apenas como um alemão que é também, um brasileiro, mas sobretudo como um provinciano maravilhado com as pompas da corte;[26] como um liberal aberto às novas ideias de seu tempo, embora, por outro lado, seja é preconceituoso em relação aos judeus,[27] aos negros,[28] aos índios[29] e aos orientais;[30] como um homem de imprensa que é um ferino opositor do tipo de jornalismo que encontra no Rio de Janeiro;[31] como o moderno baluarte das ideias da imigração que é também o áulico que faz questão de comparecer seguidamente às audiências do palácio de São Cristóvão para render homenagem ao imperador;[32] como um defensor da descentralização que se curva às imposições do centralismo do império;[33] e, finalmente, como um crítico mordaz e um adorador da cidade que visita.[34]

Suas muitas descrições e observações sobre a cidade parecem seguir uma tríplice clave interpretativa. Em primeiro lugar, a corte imperial resume-se, para ele, à cidade do Rio de Janeiro e sua extensão petropolitana, já que nem visita ou comenta as freguesias rurais da corte. Em segundo lugar, a cidade aparece para ele como o centro inconteste do poder e das decisões do Império. Em terceiro, o Rio de Janeiro é a inigualável cidade-panorama, de beleza ímpar, mas que só é bela e grata quando vista de longe...

Koseritz circula com desenvoltura pelo coração do Rio, registra os pontos de interesse que visita, descreve as festas populares e os rituais da aristocracia com pena de etnógrafo; não se furta a ensaiar uma sociologia da cidade e mapeia simbolicamente a corte imperial.

No Rio identifica "a grande capital do império",[35] "a cidade que concentra a vida oficial do país",[36] "uma praça comercial internacional"[37] e o lugar onde é possível encontrar "as molas que dão movimento à máquina governativa".[38] E, como bom intérprete, resume sua leitura da cidade, ao operar dois deslizamentos discursivos expressivos que terminam por sugerir que, na ótica da corte, o Brasil é a rua do Ouvidor, a acanhada rua em que se concentra o comércio de luxo, as redações dos grandes jornais e a sociabilidade informal da capital do império:

> é certo que sentimos aqui pulsar a vida do Império — aqui nos encontramos no ponto central e mais importante dele e vê-se diariamente na rua do Ouvidor os homens que governam o país e conduzem a opinião pública —, mas o caráter geral da sociedade local é muito especial e quase que eu diria frívolo. O Rio de Janeiro é o Brasil, e a rua do Ouvidor é o Rio de Janeiro.[39]

Do rés do chão, a cidade parece-lhe sempre estreita, velha e suja, um panorama que entorpece a vista pela presença de uma multidão de bondes, carroças e carrinhos de mão; atordoa os ouvidos com os gritos dos vendedores ambulantes e o ruído ensurdecedor das rodas sobre o calçamento de pedra, e agride os narizes mais delicados, porque o Rio recebia seus visitantes "com mau cheiro".[40] Com consciência do significado do que se passa nas velhas ruas do centro do Rio e orgulho pelo traçado urbanístico das ruas das cidades progressistas da província do Rio Grande do Sul, não duvida em avaliar e comparar o centro urbano da corte e as ruas de Porto Alegre e de Pelotas.

> Quem quiser aprender a maneira por que o Brasil é governado e os negócios públicos conduzidos, não tem mais que passear algumas horas por dia na rua do Ouvidor. É ela uma das mais velhas da cidade; vem da rua Direita (onde está a Bolsa), é paralela à rua do Sabão, (onde se encontram os comércios alemão e inglês) à rua da Alfânde-

> ga e outras, e corta a rua dos Ourives e mais algumas, que pertencem à parte velha da cidade, e que são estreitas, sujas e tortuosas como há duzentos anos. Ruas largas e regulares como a da nova Porto Alegre ou principalmente da bonita Pelotas, não há muitas no Rio.[41]

É do mar e do alto, no entanto, que, segundo o autor, a cidade se deixa perceber, e, por esse motivo, as descrições mais entusiasmadas da corte são aquelas feitas a bordo de algum dos muitos barcos em que chega, parte ou cruza a Guanabara, e é o bairro de Santa Teresa que o autor de *Imagens do Brasil,* coerente com a perspectiva do panorama que elege para si, considera "o mais lindo bairro da cidade, de onde se domina com a vista todo o Rio".[42]

Do mar, a cidade é um cenário de maravilhas, que seu olhar descortina ao cruzar a barra, em 1883, a bordo de um navio homônimo da cidade, o *Rio de Janeiro*, e entrecruzar a experiência do deputado provincial e do brasileiro que era então com as lembranças do jovem *brumer* que fora havia 32 anos.

> Lembrava-me, ainda, vivamente, aquele dia em que a beleza desta região paradisíaca fez, sobre a minha jovem e fresca sensibilidade, uma impressão inapagável. (...) Batia-me o coração, enquanto abarcava, com a vista, do alto do mastro vacilante, o admirável panorama com o Pão de Açúcar, o Corcovado, a Tijuca.[43]

É também de pura beleza a visão do Rio que tem quando atravessa a baía em direção a Niterói. Do mar, tudo o que vê é "imponente, fantástico, colossal, interessante":

> durante a travessia deleitei-me com a vista da imponente cidade e dos seus românticos arredores. Lá está o Pão de Açúcar, aqui o Corcovado, mais longe o Bico do Papagaio adiante, enfim, a Tijuca, e, aos pés das montanhas de fantásticas formas, se estende a colossal cidade, com seu oceano de casas. O porto com suas ilhas e fortalezas, com os navios que entram e saem, com as lanchas a vapor, que passam ligeiras como setas, oferece uma visão interessante e animada.[44]

Depois de ausentar-se brevemente, entre junho e julho, da cidade-capital para tratar de assuntos urgentes em sua província, Koseritz retorna ao Rio em companhia de toda sua família e novamente descreve a estupenda vista que, do mar, o Rio de Janeiro oferece, mas, dessa vez, já conhecedor das entranhas da cidade, introduz um senão curioso à guisa de conclusão de sua descrição panorâmica: "O soberbo panorama se desenrolou mais uma vez aos meus olhos, e mais uma vez o vi com verdadeiro encantamento. É realmente um estupendo pedaço de terra. Se somente os homens fossem melhores..."[45]

No entanto, é sem dúvida do alto de algum morro que esse visitante consegue decifrar o enigma da cidade e interpretar sua lógica, exercício que pressupõe, em sua perspectiva, uma cuidadosa arqueologia do olhar, capaz de destrinchar o emaranhado de tempos e de espaços que a corte entrelaça. Koseritz não se furta ao exercício e, por duas vezes, o compartilha com seus leitores do Sul.

A primeira dessas ocasiões é a descrição da cidade que faz quando visita o Convento de Santa Teresa, que considera "uma das partes mais românticas do Rio".[46] Com ele, o leitor faz, no bondinho puxado por um burro, o caminho que leva do alto do Plano Inclinado até o Convento das Carmelitas, e, com ele, admira a "obra gigantesca" do velho Aqueduto da Carioca e a "mais estupenda vista do mundo", conjugação da natureza generosa e do engenho da mão humana. Com ele, o leitor divisa, dali, "os novos bairros da cidade: Glória, Catete, Botafogo e Praia Vermelha" e a cidade colonial demarcada pelo Morro do Castelo, com "a velha catedral e a igreja jesuítica", pelo Morro de Santo Antonio, no alto do qual está o convento dos franciscanos e o morro de São Bento, onde fica "o rico convento beneditino". Com ele, "viramos as costas a este quadro soberbo, repleto de luz e vida" e adentramos "o pátio externo, sombreado por grandes árvores e enfeitado de roseiras floridas" do convento "hermeticamente fechado", com suas "pesadas portas de ferro [que] não se abrem desde muitos anos, as janelas providas de fortes grades de ferro" onde "uma calma mortal reina em todo o edifício".

Essa experiência e visão permitirão ao moderno e anticlerical teuto-brasileiro ler a cidade esquartejada entre o velho e o novo, entre o peso do atraso e o desejo do progresso, entre a beleza da paisagem e a feiura das ruelas tortas e sujas, entre as sobrevivências coloniais e os projetos modernos, entre a superstição e a razão ao contemplar o Convento de Santa Teresa e proferir, dali, seu oráculo sobre a cidade em que convivem, no presente, o passado e o futuro: se ainda é possível viver no passado, como o prova o velho convento, será preciso, em breve, escolher a que mundo a cidade — e, com ela, o país como um todo — pretende pertencer.

> O Rio é agora um colosso com quase 500.000 habitantes; as locomotivas fumegam nos trilhos; fios telegráficos e telefônicos atravessam o ar; a iluminação elétrica clareia à noite as praças da cidade; um mundo elegante transita pelas ruas: o Rio transformou-se em grande metrópole enquanto as jovens noviças se transformavam em freiras macróbias sem terem visto absolutamente nada de tudo isto.[47]

A segunda descrição interpretativa é feita do alto do morro do Castelo, "a montanha situada no meio da cidade velha e que a domina", que se transformara em "um local abandonado e triste, quando já concentrou toda a vida do Rio [e que] breve deve desaparecer."[48]

No Castelo, Koseritz enxerga, novamente, a luta entre o velho, representado pela memória colonial e pela presença dos jesuítas no antigo colégio — de onde, segundo suas palavras, antes de serem expulsos em 1760 dos domínios portugueses, os padres da Companhia de Jesus por "perto de 200 anos pregaram desta igreja e assim dominaram a cidade" — e o novo, materializado pela ciência moderna praticada "na elegante casa do Observatório Astronômico, bonito edifício com uma alta cúpula", construída sobre os fundamentos da igreja que os jesuítas não tiveram tempo de terminar no século XVIII.

Também do alto do morro do Castelo a exegese da corte imperial feita pelo autor de *Imagens do Brasil* obedece à mesma pauta interpretativa proposta quando contempla a cidade do alto do morro de Santa Teresa, mas dessa vez ele fornece a pista para uma solução do impasse dessa cidade, cindida entre o progresso e o atraso, ao anunciar "a próxima demolição do morro do Castelo, (que já está contratada)". Símbolo da cidade colonial velha, suja, feia e beata, o Castelo deveria ser arrasado — como de fato o seria, na segunda década do século XX — como um exorcismo de um passado que deveria ser superado. Fornece, também, uma pista interessante sobre o que observa no Castelo ao comentar o que considera uma "ironia do destino... Um Observatório Astronômico sobre os alicerces da igreja jesuítica — a ciência moderna entronizada sobre os restos do obscurantismo jesuítico..."[49]

Não há como não recordar os acordes do *Excelsior* de Marenco e Manzotti ao considerar a lógica dos panoramas de Koseritz, sintetizada na vitória das luzes da ciência sobre o obscurantismo que o autor propõe como moral da história do morro do Castelo.

AS MAZELAS DA CIDADE

> *O Rio é realmente uma cobra de lindas cores, cheia de veneno.*
>
> CARL VON KOSERITZ, 19/10/1883

A "cobra de lindas cores", imagem forte utilizada por Koseritz para metaforizar a cidade, pode inocular seu "veneno" quando observada de perto e vivida no cotidiano. E o próprio autor teoriza sobre seu desgosto da capital e sua opção pela ótica da distância que preside o panorama quando observa que

> Afinal de contas o Rio me impressiona pouco e eu acho que a lei natural, que faz com que as coisas nos pareçam menores à distância, aqui age ao contrário, pois tudo, na proximidade, tem me parecido menor do que eu divisava, antes, de longe.[50]

Durante sua estada no Rio, circula intensamente pelas ruas da capital, frequenta os salões da alta roda e os círculos letrados da cidade, visita os pontos de interesse e as instituições em que a vida política e intelectual se desenvolve, observa com olhar arguto as festas populares e os rituais da corte, e não se esquiva de inventar as mazelas da cidade.

Dois dias depois de sua chegada, assim sintetiza o lado noturno da corte, cuja beleza lhe parecera tão ofuscante a distância, do alto do mastro do *Rio de Janeiro* que o trouxera do Sul:

> A primeira impressão do Rio de Janeiro não me foi nada favorável. A prevenção contra a febre reinante, o calor insuportável (...), as ondas de carros e "bondes" (...) que se cruzam em todas as direções aos 5 e aos 6 de uma vez; o trânsito de multidões de pedestres, o grito insuportável dos pequenos vendedores de jornais, tudo contribui para confirmar as vantagens das pequenas cidades (...) o Rio pode ser interessante, mas não é agradável.[51]

No elenco do que considera desagradável na metrópole, parece evidente a agressão da grande cidade aos corpos e à sensibilidade de seus moradores e visitantes, agressão hipertrofiada pelas condições sanitárias que permitem o triunfo da doença sobre a saúde; pelo clima quente e abafado; pelo caos urbano; pelas multidões nas ruas; pelo barulho ensurdecedor. Na perspectiva de Koseritz, as grandes cidades são inóspitas, ao chegar, afirma preferir as pequenas cidades, mais conformes à escala humana.

O rol dos males da cidade-capital feito ao chegar é presidido pela alusão à "febre reinante". Com efeito, a febre amarela grassava na capital do império, e, para terror dos fluminenses da "boa sociedade" e dos estrangeiros, não distinguia entre ricos e pobres ao eleger suas vítimas. Não sem razão o Rio de Janeiro daquele período já foi denominado, pela produção historiográfica, de "cidade febril".[52]

É com o medo da febre ceifadora de vidas, portanto, que Koseritz desembarca na corte. E não é apenas a busca de uma bela paisagem — que o nome de seu hotel já anunciava —, mas também esse medo que o conduz ao hotel de Santa Teresa, como observa, ao apontar como trincheiras salubres esse bairro elevado e bucólico e, sobretudo, a cidade serrana para onde a família imperial, a aristocracia e o corpo diplomático se transferiam nos meses de verão, quando as condições sanitárias da cidade se deterioravam ainda mais: "Aqui chegam e partem hóspedes diariamente, porque muita gente do Rio, que foge da febre reinante, corre para o 'Vista Alegre' quando não é possível fugir para Petrópolis."[53]

Assim que se aloja no hotel Vista Alegre, mostra-se informado sobre os estragos causados pela febre e sobre as medidas paliativas tomadas pelo governo:

> Estava eu, assim, depois de 32 anos, no belo Rio, sobre o qual, porém, a febre lançava a sua exalação, segundo a opinião de muitos. Na verdade a febre amarela está em pleno desenvolvimento, morrem de 60 a 70 pessoas por dia, e, justamente na véspera da minha chegada, o Ministro do Interior tinha ordenado a construção de um crematório para incineração dos cadáveres em Jurujuba, onde está o Lazareto da febre amarela e onde não se pode mais proceder ao enterramento dos corpos, na forma antiga, sem piorar ainda mais a situação sanitária.[54]

Não eram sem motivo seus temores. Por duas vezes a febre amarela golpeia pessoas próximas a ele. Primeiramente, a jovem esposa de Koser, o cônsul alemão, que a despeito de precaver-se buscando residência em Santa Teresa e de ter-se refugiado em Petrópolis por uma temporada, morre quatro dias depois de seu regresso ao Rio.[55] Mais tarde, esse é também o trágico destino do engenheiro e talentoso pianista italiano Alessandro Salvatti, que, 48 horas antes de morrer, animava os saraus do hotel em companhia do irmão cantor, Federigo, que o havia convencido a deixar Buenos Aires, onde se estabelecera com a família, para conhecer o Rio.[56]

Nos primeiros meses passados na cidade, Koseritz escapa aos perigos da febre, e chega a utilizar como índice de sua assimilação à corte o fato de despreocupar-se com as ameaças da febre, ao observar, menos de um mês depois de sua chegada, que "a febre amarela, na qual eu pensava bastante a princípio, tornou-se, para mim, indiferente, tão indiferente quanto aos naturais do Rio".[57]

No entanto, quando, no mês de julho, regressa de breve estada no Sul, acompanhado da mulher e das filhas, é obrigado a enfrentar na própria carne os efeitos das péssimas condições sanitárias da cidade, o que percebe como um tributo cobrado pela cidade, e faz o inventário das doenças que grassam na corte, mesmo nos meses de inverno, quando o clima mais ameno fazia pensar em melhores perspectivas para a saúde da população:

> Desta vez eu paguei ao Rio de Janeiro um tributo, e a bom preço, um tributo que eu fiquei devendo na minha estada anterior. Desde 8 dias minha casa é um pequeno hospital: todo mundo está doente, febre, (não da amarela), resfriados, perturbações digestivas, nevralgias, e, como acontece, todos foram atacados ao mesmo tempo. (...) A febre amarela continua a fazer regularmente as suas vítimas, 6 a 8 por dia, a pesar dos jornais anunciarem somente 2 ou 3. A varíola grassa na sua pior forma, varíola hemorrágica, e não faltam outras doenças nesta época "mais salubre" do Rio.[58]

É a experiência, a sua e a dos próximos, que faz com que Koseritz destaque, como a primeira das mazelas da cidade sua condição insalubre e observe que "no Rio, no meio de toda a beleza, tem-se sempre o sentimento do perigo da febre."[59]

Também as condições de segurança pública na capital são precárias e, antes mesmo de desembarcar no Cais Pharoux, Koseritz observa que "o Rio de Janeiro é uma grande cidade, e a indústria dos amigos do alheio aqui se desenvolveu enormemente."[60] Talvez por isso, o colono que trazia a experiência de enfrentamentos com grupos de saqueadores nas estradas do Sul, ande armado pelas ruas no início de sua temporada fluminense, até seus amigos lhe sugerirem ser a conduta inadequada. Tal como fizera em relação à febre, Koseritz baixa a guarda e, como para tranquilizar-se por ter deixado a garrucha no hotel, escreve, no início de maio:

> Não ando mais armado, pois isto é aqui considerado de mau gosto; a pesar dos 4.000.000 de habitantes há aqui poucos crimes e os famosos capoeiras só vêm à cena quando a música militar desfila pelas ruas. Então eles evoluem à frente dos batalhões e se tornam mesmo freqüentemente incômodos. Vigaristas devem com certeza existir.[61]

Meses mais tarde, ao voltar de uma pacífica jornada de pesquisas na Biblioteca Nacional, por acaso, testemunhará a insegurança e a violência das ruas por ocasião do cruento assassinato do jornalista Apulcro de Castro, dono do jornal sensacionalista *O Corsário*, arrancado de um carro, em que seguia acompanhado por um oficial da Polícia, e morto, em plena luz do dia e nas barbas dos agentes da ordem, com sete facadas e dois tiros de revólver. A partir de então, seu otimismo em relação às condições de segurança da cidade diminuiu consideravelmente:

> Ontem houve alguns distúrbios, como sempre provocados por moleques (rapazes negros de rua), engraxates, vendedores de jornal, etc... Um grupo desses meninotes tendo encontrado no Largo de São Francisco duas pipas vazias, rolou-as no meio de enorme gritaria pela rua do Ouvidor, onde se estabeleceu pânico e surgiram gritos de "Fecha! Fecha!" Ao moleque se juntaram vagabundos e capoeiras e quando apareceram os urbanos (polícia) foram recebidos a pedra. Estabeleceu-se um conflito, no qual, como sempre ocorre, pessoas a ele estranhas foram feridas a pedradas, golpes de sabre e tiros de revólver. A polícia a cavalo compareceu e limpou as ruas a galope e sabre descoberto.[62]

Esse comentário, em carta de 27 de outubro, é logo seguido pela que escreve em 3 de novembro, que modifica sua primeira e quase idílica descrição da tranquilidade da cidade e dos capoeiras ao registrar que

> Ao cair do crepúsculo grandes quantidades de capoeiras (negros escravos amotinados) e semelhantes "indivíduos catilinários" se reuniram na praça de São Francisco e começaram, ali e na rua do Ouvidor, a apagar os bicos de gás e, logicamente, a destruir os lampiões enquanto gritavam alto e bom som "Viva a Revolução!" Somente pelas 11 horas foi restabelecida a ordem, com a chegada de fortes destacamentos de urbanos (polícia da cidade), armados pouco urbanamente com rifles, enquanto a polícia a cavalo desembainhava os sabres e a polícia secreta descia os seus porretes.[63]

O perigo da violência e da turba descontrolada ameaçava, portanto, as ruas da cidade, e a presença de grande variedade de forças de segurança e ordem o atestava. À desordem dos motins e movimentos urbanos somava-se o que, para ele, era o caos cotidiano da cidade, a multidão de homens e mulheres de todas as idades e condições sociais, a infinidade de ruídos e de odores, a variedade de veículos e de animais, a profusão de sensações e de emoções, o tropel de interesses e de paixões que nosso missivista registra com apuro em suas cartas e assim sintetiza

> A vida de rua no Rio faz sobre o estrangeiro, principalmente sobre o provinciano, uma impressão de aturdir. Os nervos da vista, do ouvido e do olfato do habitante do Rio são, naturalmente, longamente preparados contra essas impressões, mas o alienígena deve empregar meses para se habituar.[64]

Junto a esses perigos, as chuvas tropicais e a incapacidade da administração pública em prevenir os efeitos das forças da natureza, então como agora, preparavam para visitantes e naturais da terra um novo perigo: as inundações que transformavam a cidade em um mar de águas enlameadas e caudalosas:

> Um verdadeiro temporal desabou sobre o Rio. Em pouco tempo as águas irrompiam em todas as ruas (...) Cedo me achei em meio a uma torrente turva, que me chegava até os joelhos. (...) É incrível como, na capital do Império, por uma chuva forte, as ruas e praças se vejam literalmente transformadas em rios e lagos. Porto Alegre não é tão ruim assim...[65]

Não são as condições sanitárias, a violência das ruas, o bulício da grande metrópole e as enchentes, no entanto, os únicos "venenos" da "cobra de lindas cores" que, para Koseritz, representava a cidade. Vícios antigos, herdados dos séculos coloniais, também a acossavam, mais insidiosos do que os males que a corte imperial compartilhava com as grandes cidades de seu tempo.

Para a sensibilidade racionalista e francamente anticlerical de Koseritz, o primeiro deles era o predomínio de uma mentalidade ultramontana e beata que o alemão associava à presença massiva de agentes eclesiásticos na cidade. O missivista faz, por duas vezes, um inventário cuidadoso dos numerosos conventos, mosteiros e igrejas, para ele cidadelas do obscurantismo na cidade,[66] para comentar que

> reina na cidade uma atmosfera pronunciadamente clerical (...) existe aqui um verdadeiro exército de padres de toda sorte (inclusive muitos jesuítas), monges, freiras, irmãs de caridade, irmãos e não sei que mais. Todas as ruas estão cheias dessa gente, para a qual o Rio é certamente um paraíso.[67]

Essa era, para ele, a primeira das heranças nefastas recebidas dos tempos coloniais, e que revestiam a corte imperial do último quartodo século XIX, tão apaixonadamente racionalista e cientificista, de um manto de anacronismo. Não era, no entanto, a única. Os gastos suntuários, o centralismo exacerbado e a ignorância em relação à real situação das províncias eram outros.

Crítico, ao visitar o Campo de Santana, cujo paisagismo havia sido modernizado por Glaziou, assinala que "ali, para contentamento dos fluminenses, foram arrojados muitos milhões que poderiam ter construído centenas de léguas de boas estradas nas nossas colônias".[68]

E, quanto a esse aspecto, seu *veredictum* entristecido é o de que, na corte imperial, "se consideram as arcas do Estado como um monopólio da feliz capital".[69]

É, porém, na incapacidade de a aristocracia do império seguir os princípios dos novos tempos do progresso e da civilização que reside a principal mazela deste e da corte que o sintetiza e representa.

Koseritz assinala essa sensação de perda de vitalidade do império em observações pontuais e em juízos críticos virulentos contra a aristocracia imperial. Assim, quando morre o visconde de Abaeté, comenta que Antonio Paulino Limpo de Abreu era "uma lembrança viva do tempo extinto, no qual o Império contava com forças ativas",[70] deixando perceber, no adjetivo "extinto", seu juízo sobre o tônus do império. A base desse juízo estava em sua opinião a respeito da aristocracia brasileira.

É verdade que o deputado provinciano frequentava os saraus elegantes do Rio, admirava o luxo e o aparato do *grand monde*, tendo, aliás, ensaiado uma taxionomia dos salões da corte, ao distinguir a "elegância *tory*" das festas do Palácio Isabel — onde a herdeira do trono e o conde d'Eu recebiam com grande amabilidade seus convidados — do "salão francês", mais luxuoso ainda que o da princesa, no qual todas as terças-feiras o casal Haritoff, formado por uma brasileira e um russo enriquecido no comércio de armas, dava festas que conquistaram "grande fama", diferentes ambos do "salão brasileiro"[71] do visconde de São Clemente, filho dos barões de Nova Friburgo, que encantava a todos com as festas oferecidas em seu palácio da rua do Catete, onde a nobreza imperial dançava valsas e minuetos, sem saber que esse mesmo palácio viria a tornar-se — em futuro não muito distante — a residência oficial dos presidentes da República do Brasil.

Mesmo sendo frequentador assíduo de festas privadas e públicas da corte, Koseritz não se furtou ao comentário tão breve quanto ferino em relação à aristocracia do império: "Os barões do café vivem com um luxo que não é respeitável, pois tem origem na senzala do negro e no chicote do feitor."[72]

Ao chegar à corte, o cronista-missivista que elegemos por guia comparecera, em companhia de Silvio Romero, à abertura das câmaras, segundo ele, o "dia em que, todos os anos o Império brasileiro exibe o seu grande luxo". Não tendo conseguido ingresso, assiste, do lado de fora, à passagem da corte e diz ter assistido a um "estranho espetáculo".

Sua pena narra a passagem de "carruagens (...) do século passado [cuja] douração ficou preta, os estofamentos se foram, tudo está no mais triste estado. Igualmente tristes são as velhas librés dos cocheiros (...)"; o ingresso de "uma dama de honra (a Baronesa de Suruí), velha e horrenda"; a chegada do conde d'Eu e da herdeira do trono em "um carro não menos velho e escangalhado" e observa que "a princesa envelheceu rapidamente". Assiste também ao ingresso da imperatriz, que desce de "um carro um pouco melhor, mas sempre bastante gasto e estragado (...), com seus cabelos completamente brancos [... e trazendo no rosto] uma sombra de cansaço". Por fim vê chegar d. Pedro II, e assinala que "o Imperador caminha um pouco curvado e envelheceu muito ultimamente".[73]

Aos olhos de Koseritz, o império do Brasil envelhecera, juntamente com o monarca, a herdeira do trono, seus palácios, suas carruagens e as librés de seus criados.

No Rio de Janeiro, a "cobra venenosa de lindas cores" parecia pronta a mudar de pele...

A CORTE, EXPRESSÃO DA *SENIL JUVENTUDE* DO IMPÉRIO DO BRASIL

> *Freqüentemente duvido do futuro desta nação que esconde, em um organismo mal saído da infância, todos os pecados e as más paixões de um velho libertino e que, na verdade, é como uma "senil juventude" entre as demais nações.*
>
> CARL VON KOSERITZ, 21/5/1883

Ao encerrar sua temporada no Rio de Janeiro, Koseritz, escreve em sua última carta da corte, datada de 4 de novembro, algo próximo a um balanço do que ali viveu, observou e aprendeu:

> A estada no Rio não foi sem vantagens para mim; vi muita coisa de novo, entabulei numerosas relações, vivi momentos interessantes, minhas vistas se alargaram e pude aprender as coisas como elas são, identificando as molas que dão movimento à máquina governativa. (...) Aqui se respira um ar corrompido, não somente infectado pelo vírus da febre amarela, como, também, pelo micróbio de uma espécie de peste moral. A corrupção é grande e quase geral; e se o Rio oferece tanta coisa bonita e boa (mas que custa infelizmente dinheiro e muito), é natural que todo mundo corra atrás do dinheiro. Por isto pulula a chamada "advocacia administrativa", por isto a imprensa explora o escândalo, por isto o povo dissipa as suas

> economias no jogo de loterias, por isto os desfalques são diários e todos se esforçam para atingir o gozo e os meios que o podem proporcionar. Um outro mal é a falta de seriedade e de interesse no trato da coisa pública. Aqui se ri a propósito de tudo e as mais sérias coisas são abordadas com ditos espirituosos. Aqui nenhum interesse é duradouro, tudo é fogo de palha, e o traço principal do caráter popular é uma manifesta indiferença a respeito de tudo .(...) Realmente sério, só o Imperador. (...) Um bom traço do povo é o seu caráter pacífico. Com exceção dos capoeiras todo mundo é pacato. Mas basta de Rio de Janeiro. Não perdi aqui meu tempo e pude transmitir aos leitores a maior parte das minhas impressões.[74]

"Ver as coisas como elas são", naquele ano de 1883, era, para ele, por um lado, alargar a vista — como nos panoramas — e, por outro, fazer o inventário dos venenos da cidade-capital. E, se o primeiro desses movimentos permitia "identificar as molas que dão movimento à máquina governativa", o segundo construía um mosaico em que o "vírus da febre amarela" era simétrico ao "micróbio da corrupção"; o "jogo de loterias" em que o povo malgastava suas economias reproduzia as grandes jogadas financeiras dos "desfalques quase diários"; a "falta de seriedade no trato da coisa pública" espelhava a "indiferença a respeito de tudo" da população; a "advocacia administrativa" que privatizava o que era público fazia piruetas tão assombrosas e mortíferas quanto as "dos capoeiras"; as "coisas mais sérias" eram tratadas como pilhérias enquanto os "interesses fugazes" eram "fogo de palha"; e os jornais se ocupavam "de escândalos" enquanto a cidade "ria de tudo." O balanço final não era otimista, mesmo reconhecendo que a cidade "oferece tanta coisa bonita e boa", que o povo "é pacato" e que o velho "imperador era (o único) realmente sério". Essas eram as Imagens do Brasil, projetadas na corte imperial, que o colono teuto-brasileiro via desfilar da janela do trem que o afastava do Rio de Janeiro em direção a São Paulo ao final daquele ano de 1883.

Carl von Koseritz não era republicano, mas a senilidade do império do Brasil não escapava a seus olhos. Seus leitores mais atentos perceberão o contraste, patente nas cartas, entre a descrição entusiasta que faz do jovem príncipe alemão Henrique da Prússia, neto do kaiser Guilherme I da Alemanha e filho do *kromprinz* Frederico Guilherme, que visitara o Rio a bordo da corveta *Olga* durante sua estada na capital,[75] e a figura provecta do imperador do Brasil, a quem alude com reverência, mas sem deixar de assinalar o espetáculo da monarquia brasileira como algo "quase carnavalesco" e que inspirava um "sentimento mais de cômico que de respeito".[76]

Durante sua visita a Petrópolis, a cidade serrana de ares europeus para onde a boa sociedade fugia das mazelas da cidade-capital, nosso cronista-informante pinta um curioso retrato metafórico do futuro do império do Brasil.

Entusiasta da cidade serrana, onde vai para fugir do "forno do Rio de Janeiro",[77] alegra-se por lá encontrar "o bonito vale do Palatinado, com as suas casas de colonos" e "louras crianças brincando diante delas",[78] "uma fábrica de tecidos que emprega centenas de operários",[79] "carros muito elegantes, cavalos de raça, bonitas librés, cocheiros estilados e criados de primeira ordem, aos quais não estamos acostumados no Brasil".[80] Alegra-se ainda mais cada vez que cruza com o imperador em sua carruagem puxada por seis cavalos, o que não era difícil, já que a rotina de sua majestade na serra era rígida e conhecida por todos. D. Pedro II comparecia, pontualmente, todos os dias, às 5h30, à estação ferroviária, para receber os súditos que subiam a serra e buscar os jornais da corte. Testemunha de uma dessas idas reais à estação, Koseritz descreve a chegada do carro do imperador, seguida da chegada do conde d'Eu, acompanhado dos dois princepezinhos, esses em um carro pequeno, "puxado por um cavalo branco, de crina bem aparada."[81] Uma cena rotineira da corte na cidade de veraneio, não fosse um pequeno detalhe...

> o Príncipe estava, como o Imperador, de casaca e com a grande ordem do Cruzeiro, mas... trazia as calças pretas arregaçadas até os tornozelos. (...) Afora isso, tinha-se uma favorável impressão da maneira muito natural com que o príncipe se ocupava com os seus dois bonitos meninos.[82]

Ao ver o futuro do império, literalmente, de calças curtas, Koseritz não pôde impedir-se de formular a questão que tantos, por outras razões, então se formulavam: "Algum dia o Príncipe do Grão-Pará se chamará Pedro III e reinará sobre o Brasil? Eis uma pergunta que deixamos aberta para o futuro."[83]

Em 1870, ano do final da Guerra do Paraguai, Koseritz publicara, no Sul, um livro intitulado *Economia nacional,* otimista em relação ao futuro do império do Brasil. Naquele mesmo ano, o monarquista Aureliano Candido Tavares Bastos lançara em seu livro *A província*,[84] um grito de alerta em que propunha a salvação do império pelo federalismo, pela abolição gradual da escravidão e pela instrução da população, e o Partido Republicano estampara nas páginas do primeiro número do jornal *A República* seu longo "Manifesto",[85] na verdade uma diatribe contra o império, cujo único conteúdo substantivo era a identificação entre a proposta republicana, o federalismo e o progresso, mas que, significativamente, silenciava sobre o problema da escravidão.

Em 1883, ano em que a punição do coronel Sena Madureira demarcou o início das questões militares que afastariam do trono o Exército e que a fundação da Confederação Abolicionista e a abolição da escravidão nas províncias do Ceará e do Amazonas indicavam as fraturas da ordem escravista, Koseritz e tantos outros contemporâneos perguntavam-se sobre o futuro da monarquia no Brasil.

Em 15 de novembro de 1889 os militares descontentes derrubarão a monarquia brasileira, e o Rio de Janeiro poderá contemplar — segundo o testemunho daquele que seria, no dia seguinte, nomeado ministro do Interior do primeiro governo republicano, como o "esboço rude" dos novos tempos se completava, enquanto "o povo assistia àquilo, bestializado, atônito, surpreso".[86]

Ainda que saibamos que Koseritz não combateu a república, era, em 1889, redator de um jornal ligado ao Partido Liberal do Rio Grande do Sul e chegou a estar em prisão domiciliar por uma semana, tendo que conviver com guardas armados dentro de sua própria casa, em razão das polêmicas que mantinha com Assis Brasil e Júlio de Castilhos, republicanos de sua província. Desgostoso, decidiu afastar-se por um período do Rio Grande do Sul, mas não teve tempo. Após escrever uma carta de despedida em que contava as circunstâncias de sua prisão, morreu no dia 30 de maio de 1890.

Pouco mais tarde, no Rio de Janeiro, um dos mais sofisticados literatos brasileiros e que foi também um exímio cronista do Rio de Janeiro publicaria, em seu penúltimo romance, uma genial ficcionalização dos acontecimentos do país e de sua cidade-capital na virada do século XIX para o XX.

Se vivo fosse, Koseritz teria encontrado, nessa narrativa, uma bela resposta à pergunta que formulara na estação ferroviária de Petrópolis e o melhor *post-scriptum* às cartas-crônicas que, do Rio de Janeiro, escrevera em 1883: "Também se muda de roupa sem mudar de pele..."[87]

Notas

1. O trabalho de Flavia Pappacena, que identificou e publicou os manuscritos do Museu do Scala de Milão sobre o *Excelsior*, permite conhecer detalhes da montagem de estreia desse balé. Cf. Flavia Pappacena, "La trancrizione del ballo *Excelsior* e i manoscritti del Museo Teatrale alla Scala" *in* Flavia Pappacena (org.), *Excelsior. Documenti e saggi*, Roma, Di Giacomo, 1998, p. 55-74.
2. Ver, a respeito da ideologia do progresso e das mentalidades que dela se alimentam, Nicolau Sevcenko, "O prelúdio republicano. As astúcias da ordem e as ilusões do progresso" *in* Nicolau Sevcenko (org.), *História da vida privada no Brasil*, v. 3, *República: da Belle Époque à era do rádio*, São Paulo, Cia. das Letras, 1998, p. 7-48.
3. "*Vidi il monumento innalzato a Torino in gloria del portentoso traforo del Cenisio ed immaginai la presente composizione coreografica. È la titanica lotta sostenuta dal Progresso contro il Regresso ch'io presento a questo intelligente pubblico: è la grandezza della Civiltà che vince, abbatte, distrugge, per il bene dei popoli, l'antico potere dell'oscurantismo che li teneva nelle tenebre del servaggio e dell'ignominia. Partendo dall'epoca dell'Inquisizione di Spagna arrivò al traforo del Cenisio, mostrando le scoperte portentose, le opere gigantesche del nostro secolo. Ecco il mio Excelsior che sottopongo al giudizio di questo colto pubblico.*" *Apud* Gennaro Fusco, *Romualdo Marenco. L'idealista che segnò un'epoca*, Milão, Editricce Excelsior 1881, 2007, p. 75.

4. "*È il paradiso, il trionfo dell'umanità in civilita, una festa del pensiero, ricco e splendido.*" *Corriere della Sera*, Milão, 15 de janeiro de 1881, *apud* Flavia Pappacena, *op. cit.*, p. 62.
5. Cf. Carl von Koseritz, *Imagens do Brasil*, Belo Horizonte/São Paulo, Itatiaia/Eduso, 1980, p. 130.
6. *Idem, ibidem*, p. 131.
7. Denis Papin (1647-1714), físico francês supostamente pioneiro na experiência do vapor como força motriz. Protestante, foi expulso da França e, em 1707, na Alemanha, onde se refugiara depois da revogação do Edito de Nantes, construiu um barco a vapor que os barqueiros, apavorados e crendo ser uma invenção demoníaca, destruíram.
8. Alessandro Volta (1745-1827), físico italiano, inventor da pilha eletroquímica, à qual deu seu nome.
9. Simum é o vento muito quente que sopra do Centro da África para o Norte.
10. Ismailia, cidade do Egito à beira do lago Timsah e do canal de Suez.
11. Termo de época para dançarina.
12. Ferdinand de Lesseps (1805-1894), diplomata e empresário francês, negociador do Canal de Suez quando cônsul no Egito.
13. Carl von Koseritz, *op. cit.*, p. 131 e 132.
14. Sobre as Exposições Internacionais e sobre a participação do Brasil nesses certames há hoje vasta bibliografia de autores brasileiros, cf., por exemplo, Margarida de Souza Neves, *As vitrines do progresso. O Brasil nas Exposições Internacionais*, Rio de Janeiro, PUC-Rio/Finep/CNPq, 1986; Almir Pita Freitas Filho, "As 'Officinas e Armazém d'Óptica e Instrumentos Scientíficos' de José Almeida dos Reis e José Hermida Pazos: negociantes ilustrados e utilitários em prol do desenvolvimento da ciência no Brasil", relatório final de pesquisa, Rio de Janeiro, Museu de Astronomia/CNPq, 1986; Francisco Foot Hardmann, *O trem fantasma. A modernidade na selva*, São Paulo, Cia. das Letras, 1988; Margareth Aparecida Pereira, *L'éphémère et la perénité. Histoire de la ville au XIXème siècle*, tese de doutorado, Paris, École des Hautes Études em Sciences Sociales, 1988; Marcos Olender, *No livro do futuro*, dissertação de mestrado em História, Rio de Janeiro, Universidade Federal do Rio de Janeiro, 1992; Maria Inez Turazzi, *Poses e trejeitos (1839-1889): a fotografia e as Exposições na era do espetáculo*, Rio de Janeiro, Funarte/Rocco/MinC, 1995; Sandra Jatahy Pesavento, *Exposições Internacionais. Espetáculos da modernidade do século XIX*, São Paulo, Hucitec, 1997; José Luis Werneck da Silva, *As arenas pacíficas do progresso*, tese de doutorado em História, Niterói, Universidade Federal Fluminense, 1998; Lilia Moritz Scwarcz, "Exposições Universais. Festas do trabalho, festas do progresso" *in As barbas do Imperador. D. Pedro II, um monarca nos trópicos*, São Paulo, Cia. das Letras, 1998; Heloisa Barbuy, *A Exposição Internacional de 1889 em Paris. Visão e representação na sociedade industrial*, São Paulo, Loyola/Edusp, 1999; Alda Heizer, *Ciência, progresso e civilização. O Império regenerado na Exposição de Paris de 1889*, tese de

doutorado, Campinas, Unicamp, 2000; Noé Freire Sandes, *A invenção da nação. Entre a monarquia e a república*, Goiânia, Universidade Federal de Goiânia/Agência Goiana de Cultura Pedro Ludovico Teixeira, 2000; Moysés Kuhlmann, *As grandes festas didáticas: a educação brasileira e as Exposições Internacionais (1862-1922)*, Bragança Paulista, Editora da Universidade São Francisco, 2001; e Alda Heizer e Antonio Augusto Passos Videira (orgs.), *Ciência, civilização e império nos trópicos*, Rio de Janeiro, Access Editora, 2001.

15. *Apud* Gennaro Fusco, *op. cit.*, p. 98.
16. "Nossa época se atribuiu como missão a civilização do mundo inteiro." D. Vervynck e E. Dubois, *Histoire des Expositions Industrielles*, Paris, L. Grollier Editeur, 1867, p. 3 e 4.
17. Para o conceito de cidade-capital e sua aplicação ao Rio de Janeiro, cf. Margarida de Souza Neves, *Brasil, acertai os vossos ponteiros*, Rio de Janeiro, Mast, 1991.
18. Antonio Luiz Fernandes da Cunha, "Prólogo" *in Documentos Oficiais Relativos à Exposição Nacional de 1861*, Rio de Janeiro, Typografia do Diário do Rio de Janeiro, 1862, p. XXI.
19. Ver, a esse respeito, Ilmar Rohloff de Mattos, *O tempo saquarema*, São Paulo/Brasília, Hucitec/INL, 1987.
20. Entre os cronistas da segunda metade do século XIX, Machado de Assis foi o grande intérprete da cidade. Mais recentemente, Beatriz Resende assinala, da perspectiva da crítica literária, o nexo entre o Rio de Janeiro e a crônica; cf. Beatriz Resende (org.), *Cronistas do Rio*, Rio de Janeiro, José Olympio/CCBB, 1995. Do ponto de vista da história: Sidney Chalhoub, Margarida de Souza Neves e Leonardo Affonso de Miranda Pereira (orgs.), *História em cousas miúdas: capítulos de história social da crônica no Brasil*, Campinas, Unicamp, 2005. Esse livro pode ajudar a afirmar e a relativizar o que fica afirmado nesse trecho, bem como a ampliar o conceito de crônica para o historiador.
21. Cf. Carl von Koseritz, *op. cit.*, p. 105.
22. Jacques Revel (org.), *Jogos de escalas*, Rio de Janeiro, Fundação Getulio Vargas, 1998, p. 21.
23. Giralda Seyferth, "Identidade étnica, assimilação e cidadania. A imigração alemã e o Estado brasileiro", trabalho apresentado no XVII Encontro Anual da Anpocs, Caxambu, Minas Gerais, entre 22 e 25 de outubro de 1993, *in* www.anpocs.org, visitado em 29 de outubro de 2007.
24. Afonso Arinos de Melo Franco, "Prefácio" *in* Carl von Koseritz, *Imagens do Brasil*, *op. cit.*, p. 11.
25. *Idem, ibidem*, p. 12.
26. O provinciano que declara "eu não dou a nossa rua da Praia por 10 ruas do Ouvidor" (p. 39) rende-se à intensa movimentação política, às vitrinas luminosas e às lojas de luxo que visita com frequência, a ponto de se gabar de sua assimilação à corte, tomando como índice a naturalidade com a qual circula pela rua que é o termômetro da vida da cidade: "quando vou flanar pela rua do Ouvidor não me apareço a mim mesmo como um provinciano, e muito menos aos outros" (p. 55).

27. Defensor de bandeiras liberais tais como o trabalho livre, a imigração e a substituição do latifúndio pela pequena propriedade, Koseritz é racista, sustenta que o Brasil "somente com uma forte imigração de origem germânica (entre a qual ponho também os tiroleses e os lombardos) pode esperar salvação" (p. 227) e é violentamente antissemita, como pode ser observado pela associação direta que faz entre judeus e prostituição (p. 228) e por propor a proibição da naturalização "de marroquinos e judeus galegos, pois não se encontra praticamente um deles que não seja caften" (p. 229).
28. Ainda que em algumas ocasiões faça dura crítica à escravidão, como no comentário sobre "o champagne pago com o suor dos negros" (p. 222) servido nos salões dos barões do café, que "espremem o negro como um limão, para deixá-lo faminto e mendigando pelas ruas, quando ele fica velho" (p. 223), o alemão deixa transparecer mais de uma vez seu preconceito em relação aos negros, como, por exemplo, quando compara os cocheiros negros das carruagens da família imperial, em suas librés, a "macacos num circo de cavalinhos" (p. 46) ou quando manifesta seu desconforto por assinar o livro dos visitantes presentes à audiência pública do imperador do dia 13 de outubro logo abaixo da "caligrafia grosseira de Oba II, 'príncipe d'África', que sempre inscreve este título, ainda que nas listas enviadas à imprensa figure somente como alferes Galvão" (p. 221) e quando manifesta repulsa ao encontrar prostitutas e ver "infelizes moças alemãs, com seus olhos azuis e cabelos louros, obrigadas a conseguir o seu ganho com mulatos e negros" (p. 229).
29. Em relação aos indígenas brasileiros, a posição de Koseritz é ambígua: se, por um lado, manifesta grande interesse em relação aos vestígios da cultura indígena conservados no Museu Nacional, dirigido por Ladislau Netto, que visita várias vezes (cf., por exemplo, p. 166-169), por outro, não se furta a comentar as lutas dos primeiros colonos alemães do sul, aludindo aos "homens selvagens e animais ferozes [que] os ameaçavam todos os dias" (p. 109).
30. É do autor de *Imagens do Brasil* uma das narrativas mais ricas sobre a embaixada do mandarim chinês Tong King-sing ao império do Brasil para negociar a vinda de trabalhadores orientais — os *coolies* — em regime de servidão; cf. p. 222-224 e p. 232-233.
31. Koseritz identifica-se como repórter (p. 237) e é reconhecido socialmente como homem de imprensa, mas critica fortemente os jornais da corte, como na passagem em que afirma que "No Rio não existe um só jornal que possa, com fundamento, exercer influência política. Toda a imprensa daqui é de especulação (...) Faltam-lhe doutrina, caráter, programa firme" (p. 59).
32. É como velho lutador pela imigração alemã (p. 208), como baluarte moderno da substituição da grande propriedade pela pequena agricultura familiar (p. 211) e como "um homem de razão" (p. 235) que Koseritz se define, mas não deixa de juntar-se aos áulicos que, aos sábados, comparecem ao Palácio de São Cristóvão para beijar a mão do imperador e, com sorte, gozar do benefício de uma palavra

sua. Durante sua estada de pouco mais de seis meses na corte, Koseritz comparece seis vezes às audiências públicas dos sábados em São Cristóvão (cf. p. 48, 103, 162, 206, 221 e 244).

33. Em carta datada de 1º de maio de 1883, Koseritz afirma que "nunca me pareceu mais claro quanto o Brasil sofre com a vigente centralização, como agora, no Rio" (p. 43) e queixa-se de que "aqui se tem o hábito de fazer as províncias pagarem impostos para a comodidade da vida na capital, e se acredita que a coisa deve ser assim mesmo" (p. 44); no entanto, curva-se à lógica dessa centralização, e sua longa permanência no Rio, ausentando-se de Porto Alegre, onde deveria exercer seu mandato de deputado provincial, para negociar seus interesses políticos é a melhor prova disso.
34. Ao se retirar da capital em breve viagem ao Sul, em 23 de junho de 1883, Koseritz resume sua opinião sobre o Rio de Janeiro com um seco "o Rio não me agradou", mas reconhece, em seguida, que "no entanto era com tristeza que eu via desaparecer a grande capital do Império e olhava de novo, ao longe, todos esses pontos onde passara tão agradáveis momentos" (p. 119).
35. Carl von Koseritz, *op. cit.*, p. 119.
36. *Idem, ibidem*, p. 219.
37. *Idem, ibidem*, p. 95.
38. *Idem, ibidem*, p. 247.
39. *Idem, ibidem*, p. 31.
40. *Idem, ibidem*, p. 70.
41. *Idem, ibidem*, p. 31.
42. *Idem, ibidem*, p. 31.
43. *Idem, ibidem*, p. 28-29.
44. *Idem, ibidem*, p. 37.
45. *Idem, ibidem*, p. 129.
46. *Idem, ibidem*, p. 200. Todas as citações a seguir foram extraídas da carta escrita em 21 de setembro de 1883, que se encontra entre as páginas 200 e 203.
47. *Idem, ibidem*, p. 202.
48. *Idem, ibidem*, p. 241.
49. *Idem, ibidem*, p. 240. Todas as citações relativas ao Morro do Castelo foram retiradas da carta escrita em 27 de outubro, que se encontra entre as páginas 239 e 242.
50. *Idem, ibidem*, p. 41.
51. *Idem, ibidem*, p. 31.
52. Esse é o título de consistente estudo sobre o Rio de Janeiro imperial: Sidney Chalhoub, *Cidade febril: cortiços e epidemias na corte Imperial*, São Paulo, Cia. das Letras, 1996.
53. Carl von Koseritz, *op. cit.*, p. 35.
54. *Idem, ibidem*, p. 30.
55. *Idem, ibidem*, p. 32.

56. *Idem, ibidem*, p. 231.
57. *Idem, ibidem*, p. 55.
58. *Idem, ibidem*, p. 133.
59. *Idem, ibidem*, p. 39.
60. *Idem, ibidem*, p. 30.
61. *Idem, ibidem*, p. 56.
62. *Idem, ibidem*, p. 239.
63. *Idem, ibidem*, p. 243.
64. *Idem, ibidem*, p.73.
65. *Idem, ibidem*, p. 33.
66. *Idem, ibidem*, p. 117-118 e 241-242.
67. *Idem, ibidem*, p. 71.
68. *Idem, ibidem*, p. 139.
69. *Idem, ibidem*, p. 44.
70. *Idem, ibidem*, p. 197.
71. As referências foram retiradas das páginas 175-177 da obra de Koseritz.
72. Carl von Koseritz, *op. cit.*, p. 75.
73. *Idem, ibidem*, p. 45-48. Todas as citações desse trecho foram retiradas da carta escrita em 4 de maio de 1883, transcrita nas páginas assinaladas.
74. *Idem, ibidem*, p. 247 e 248.
75. *Idem, ibidem*, p. 143-159.
76. *Idem, ibidem*, p. 47 e 48.
77. *Idem, ibidem*, p. 64.
78. *Idem, ibidem*, p. 63.
79. *Idem, ibidem*, p. 66.
80. *Idem, ibidem*, p. 65.
81. *Idem, ibidem*, p. 68.
82. *Idem, ibidem*, p. 68.
83. *Idem, ibidem*, p. 68.
84. Aureliano Cândido Tavares Bastos, *A Província. Estudo sobre a descentralização no Brasil*, 3ª edição, São Paulo/Brasília, Editora Nacional/INL, 1975.
85. Manifesto Republicano, *A República*, nº 1, Rio de Janeiro, 3 de dezembro de 1870.
86. Aristides Lobo, carta de 15 de novembro de 1889, *in* Edgard Carone, *A República Velha. Instituições e classes sociais*, 2ª ed., São Paulo, Difel, 1972, anexo 1.
87. Machado de Assis, *Esaú e Jacó*, *in Obra Completa*, v. I, Rio de Janeiro, Aguilar Editora, 1971, p. 1031.

CAPÍTULO V

Uma senhora na rua do Imperador: população e transformações urbanas na cidade de São Paulo, 1870-1890

Maria Luiza Ferreira de Oliveira

No ano de 1877, a procissão dos Passos da Quaresma foi comemorada como uma despedida; seria a última vez que o cortejo rezaria aos pés dos oratórios montados nas casas de moradores da cidade. A partir de 1878, as paradas seriam feitas nas igrejas. Tradição antiga, tudo foi meticulosamente organizado. D. Lino Deodato de Carvalho, oitavo bispo de São Paulo, acompanhou a procissão atrás do pálio, junto do presidente da província, dr. Sebastião José Pereira, e seguidos pela oficialidade dos diversos corpos militares e da guarda de honra, com bandeira e banda de música.[1]

Pela última vez d. Carolina Amália da Silva Rangel enfeitaria seu oratório com flores, caprichando no manjericão, na murta e nos arbustos, e iluminando-o com velas de cera. Sua casa na rua do Imperador era o local da quinta parada.[2]

D. Carolina também não ficou muito mais tempo na casa da parada da procissão.[3] Ao morrer, em 1881, estava morando com a irmã, d. Clementina, na rua Nova do Hospício, na beira do rio Tamanduateí, esquina da rua dos Carmelitas, dando fundos para o convento. Irmã da Venerável Ordem Terceira do Carmo, d. Carolina era viúva do major João Vicente Pereira Rangel, que fora funcionário público do Estado. A única filha do casal também já havia falecido. A casa em que moravam as irmãs era térrea, de taipa, tinha quatro portas de frente, quintal e dividida pelo lado direito com quartos de aluguel. Precisava de reparos, pois algumas paredes estavam "descidas".

D. Carolina Rangel mantinha também uma escrava de 64 anos, Delfina, cozinheira, solteira, que alforriou em testamento. Seu patrimônio era composto pela casa, avaliada em cinco contos (mas a parte dela era apenas de 400$000), os móveis e o principal investimento, uma dívida ativa de mais de 21 contos, garantida por hipoteca.[4]

Os móveis da casa eram tradicionais, com alguns itens diferenciados (como uma mesa de jogos), mas diversos objetos foram qualificados pelo avaliador como "ordinários". A mobília da sala era composta de mesa redonda, sofá, três consolos e 12 cadeiras, e foi avaliada por baixo preço. Tinha espelho com moldura dourada, relógio de parede, um par de escarradeiras e um tapete pequeno.[5] Tinha também três bacias de banho de cobre, louças (pratos pintados, xícaras, pratos cobertos, travessas, sopeira, molheira), latas para biscoitos, caixão para mantimentos e cálices de cristal. Como morava nos limites da cidade, em frente ao rio, sua casa talvez enfrentasse inundações. Convivia cotidianamente com as lavadeiras — que vinham às baixadas do Carmo lavar roupas de seus clientes —, com as crianças que vinham brincar, os pescadores e os caipiras que chegavam do Brás e se encaminhavam para o mercado. Morava também praticamente em frente ao hospício, área que sofrera intervenção nas décadas de 1870-1880.[6] E tinha por vizinhos inquilinos de quartos, famílias e pessoas pobres, que podiam dispor de 10$000 ou 15$000 por mês para o aluguel.[7]

Antes de se mudar para a vizinhança do rio, d. Carolina morava no Centro, na rua do Imperador, que desembocava na Sé, ligando-a com a Igreja dos Remédios e com o largo Sete de Setembro. Em alguns anos seus netos não veriam mais a casa da parada da procissão, pois, em 1911, a rua desapareceria para o remodelamento da praça da Sé.

D. Carolina testemunhou transformações nas formas da sociabilidade urbana, ao mesmo tempo que conviveu com uma cidade ainda muito misturada, das lavadeiras, dos vizinhos inquilinos de quarto, das escarradeiras ao lado do sofá de palhinha. Mantinha hábitos muito pouco "aburguesados", na cidade que centralizava o sistema ferroviário e crescia com o café. Nesse período, São Paulo recebia muitos habitantes novos; sua população mais do que dobrou em 15 anos (o crescimento maior se deu entre 1890 e 1900, quando passou de 64.934 habitantes para 239.000, taxa geométrica anual de 14%,[8]) e a questão que se sobressai é a de como terá sido a experiência urbana daqueles que vivenciaram esse processo.

Para seguir com tal investigação, vamos primeiramente acompanhar na historiografia as tentativas de explicar as causalidades desse processo de crescimento. Em seguida, faremos um percurso em três tempos: estudaremos os movimentos de ocupação (a expansão da cidade para além da colina é um dos dados mais significativos desse período), de intervenção (a atuação do poder público com os projetos de controle e organização do espaço urbano) e por fim os de inserção (as redes de apoio e as tentativas de enraizamento socioeconômico das camadas médias urbanas).

INTERPRETAÇÕES SOBRE A HISTÓRIA DE SÃO PAULO — O PROGRESSO E A MUDANÇA

A linha de força que conduziu os diversos estudos sobre a história do São Paulo oitocentista foi o desejo de explicar o notável crescimento do seu núcleo urbano. Como se sabe, na segunda metade do século XIX, a capital da província passou de 11ª maior aglomeração urbana do Brasil, em 1872, para a segunda em 1920, perdendo apenas para a capital do país. A grande questão era entender como e por que a cidade atingiu tão rapidamente tal posição.

A questão ficava mais candente ao se levar em conta que São Paulo, no período colonial, teve trajetória bem diferente daquela dos centros agroexportadores do Nordeste. Havia uma difícil equação a ser resolvida. Com o paradigma da economia de exportação em mente, São Paulo não passaria, antes do século XIX, de uma vila pobre, isolada, sem expressão econômica ou política. Forjar a identidade paulista seria tarefa da historiografia "bandeirante", personificada em estudiosos como Afonso de Freitas, Afonso Taunay e Alfredo Ellis Junior. A estratégia era buscar as raízes da importância dos paulistas no período colonial, construindo um passado, traçando uma origem, propondo um encadeamento que mostrava como o destino dos paulistas não poderia ser outro senão o da liderança (a "locomotiva" do Brasil), como sua obra não poderia ser outra senão a da promoção do progresso. Surge assim a ideia da "raça de gigantes".[9] Duas instituições deram suporte à atuação desses estudiosos, o

Museu Paulista e o Instituto Histórico e Geográfico Paulista.[10] Como apontou Raquel Glezer, "o Estado de São Paulo passou a ser considerado o herdeiro dos elementos qualificados do bandeirismo: espírito de iniciativa, valentia e arrojo".[11]

O centenário da independência, em 1922, foi ocasião privilegiada para a procura desse elo perdido, e Washington Luís foi certamente a personalidade principal na promoção de pesquisas e de marcos desse processo; afinal, nessa perspectiva, São Paulo teria sido o berço da nova nação, o promotor da integração nacional, por intermédio dos bandeirantes. Um dos símbolos escolhidos seria o monumento do Ipiranga, inaugurado no dia 22 de setembro com bandas de música, cavalaria, batalhões e a presença de autoridades.[12]

A visão renovadora da geração 1930 trouxe fundamental contribuição para os estudos da cidade. Caio Prado Jr. propõe um novo olhar, estabelece nova equação para a compreensão da "especificidade" paulistana. Em 1935, publicou o "Fator geográfico no desenvolvimento da cidade de São Paulo", afirmando logo no início do texto: "as causas que determinaram a grandeza de São Paulo vêm atuando desde o início da colonização; e numa persistência digna de nota, se mantiveram até hoje". São Paulo ocupava posição geográfica privilegiada, determinante tanto para a escolha do sítio de colonização quanto para seu desenvolvimento: era o centro natural do sistema hidrográfico da região, de onde irradiavam para quase todas as direções "estas vias naturais de comunicação", além de ser também nó do sistema topográfico — "combinam-se de tal forma rede hidrográfica e relevo, ambos determinantes da expansão demográfica paulista, para darem a São Paulo a primazia do centro de povoamento do planalto", ou seja, o que a cidade tinha de peculiar era justamente o fato de estar interligada, de ser ponto de conexão — nada daquele isolamento tão decantado. Em seu ensaio vemos como as redes de conexão comercial foram fundamentais para o desenvolvimento da cidade, seja o Caminho do Mar, levando, além do açúcar para exportação, alimentos produzidos do planalto e criando conexão íntima de interdependência entre Santos e São Paulo, seja o conjunto de rotas para o interior, como a dos campos de Sorocaba, abrindo o caminho dos muares, ou os caminhos de Minas Gerais, importantes para a descoberta do ouro e, antes, para o apresamento de indígenas, ao longo do século XVII. Os paulistas estavam envolvidos na produção de alimentos para o mercado colonial (mandando, aliás, trigo para o Rio da Prata), no rendoso mercado de muares e no comércio da mão de obra indígena, não principalmente para os grandes engenhos do Nordeste, como foi dito, mas sobretudo para a própria capitania;[13] ou seja, havia atividade econômica para absorver mão de obra escrava. O escoamento do café — que inicialmente escapava da hegemonia paulistana — quando passa para o oeste faz com que São Paulo seja novamente entroncamento, posição confirmada pela malha ferroviária, articulando até mesmo o Vale do Paraíba à capital através da Central do Brasil: "aos poucos as estradas de ferro vão abrindo novas zonas, estendendo seus tentáculos para longe, a fim de englobar no sistema econômico paulista um território cada vez maior".[14]

Mas, como atenta Ilana Blaj, essa nova trilha não foi seguida, ao contrário, permaneceu a ideia da São Paulo isolada no período colonial, pobre, mas autárquica, orgulhosa, cujas elites se formaram vencendo as adversidades.[15]

Sérgio Buarque de Holanda, assim como Caio Prado Jr., tinha outra visão da história paulista. Em vez dos aventureiros e orgulhosos paulistas, o historiador descreve homens incorporando costumes indígenas para sobreviver, respondendo a necessidades vitais no deslocamento temporário, agindo não com heroísmo, mas com instinto de sobrevivência.[16]

Ainda na década de 1930, o historiador da nova Faculdade de Filosofia, Ciências e Letras da USP, Eurípedes Simões de Paula, publicava na *Folha da Manhã* artigo que seria referência nos estudos do processo da urbanização paulistana. O sugestivo nome, "A segunda fundação de São Paulo, da pequena cidade à grande metrópole de hoje", já dá pistas sobre o caminho do autor. Embora pondere, logo no início do texto, que "sem certos fatos anteriores, absolutamente não se teria dado esse progresso, e que essa mudança não pode ser marcada em um dia certo", elege 1872 como o ano da segunda fundação da cidade, ou seja, o momento do renascimento, do recomeço. Desenvolve seu argumento baseado em Afonso de Freitas, para quem São Paulo não mudara de 1820 até 1870, "e ainda em 1820 pouco diferia da cidade colonial". E justifica por que o marco seria 1872: foi o ano em que assumiu a presidência da província o dr. João Teodoro Xavier, "que imprimiu notável impulso ao progresso da cidade", em que se inaugurou a Estrada de Ferro de Jundiaí a Campinas, em que se iniciou a iluminação a gás e tráfico de bondes a burros. Os fatores responsáveis por essa mudança seriam a imigração, o café e o trabalho livre. Eurípedes não abandonava a ideia de "não desenvolvimento" no período colonial, da pobreza e do isolamento contrastantes com o ritmo das décadas finais do século XIX. Para ele, interessava marcar o contraste — o momento do ressurgir das cinzas. Aparece a questão da ruptura,[17] a noção de um antes e um depois bem demarcados, facilmente apontáveis. Fica a ideia de que a cidade vivenciou em algumas décadas uma aceleração do tempo.

Essa periodização da história paulistana permaneceu nos principais estudos como chave para entender o "progresso", como queriam uns, ou as vertiginosas mudanças pelas quais passava a cidade, como preferiram outros.

Richard Morse é um dos estudiosos que não trabalham com a noção de progresso, e sim de transformação, primeiramente em artigo publicado em 1950, "São Paulo: raízes oitocentistas da metrópole",[18] embrião do livro que logo se tornaria o grande clássico sobre a história paulistana, *Formação histórica de São Paulo, de comunidade à metrópole*, editado em 1954, por ocasião das comemorações do quarto centenário da cidade.[19]

Richard Morse traz para o debate um aspecto até então pouco considerado pelos estudiosos: a transformação das "formas de vida" dos paulistanos na segunda metade do Oitocentos. Para explicar o surgimento da metrópole, não bastava entender os fatores geográficos, econômicos, ou sociais — como a expansão cafeeira, a imigração, as estradas de ferro —, era preciso também dimensionar uma "completa transformação nas formas de vida e na escala dos valores dos paulistanos".[20] Essa mudança teria ocorrido por influência de "aspectos até então pouco considerados pela historiografia: a fundação da Academia de Direito do largo de São Francisco em 1828; a chegada de estrangeiros no bojo das primeiras experiências com núcleos coloniais nos arredores da cidade; o surgimento da imprensa, também em 1820, as mudanças a que os legisladores teriam submetido o conceito de urbano".[21]

Seu livro, resultado final de ampla investigação, aponta que "com as novas ferrovias atuando como importante precipitante, os muitos agentes catalisadores que se tinham infiltrado na pequena cidade provinciana e pós-colonial estavam, em 1870, a ponto de dar vazão a suas forças de crescimento. A incipiente expansão da metrópole, com tudo o que representava para os costumes, mentalidades e almas dos paulistanos, estava a ponto de começar".[22]

O ano de 1870 permanece um marco, e o autor salienta nas décadas anteriores fatores cruciais para essa transformação. Sua preocupação em historiar "os costumes, mentalidades e almas dos paulistanos" explicita-se quando procura resgatar, desde a colônia até o século XX, a formação do que seria um "espírito" urbano, o que se evidencia, por exemplo, em alguns títulos de partes de seu livro, como o "Surge a cidade-mente", ou o primeiro capítulo da quarta parte: "O temperamento da metrópole." Não se trata, porém, de processo linear, mas de idas e vindas. Um capítulo crucial é o dedicado a Álvares de Azevedo, pois é o momento no qual o historiador vê uma inflexão, uma mudança no curso que a cidade tomava. Para Morse, o poeta viveu em um período de transição e conseguiu articular as tensões do velho e do novo, quando a cidade passou a experimentar "vida mais livre e menos moldada por um padrão unitário do que em 1820. As exigências do sobrado e da igreja eram menos extensas". Transição porque pouco antes, o período de 1830 a 1845, seria marcado por um mal-estar pós-colonial, época de indecisão, de irrealização. Álvares de Azevedo matriculou-se na Academia em 1848, e seria justamente do Romantismo que a cidade "parecia ter adquirido uma tensão, uma consciência de si própria, um senso de urgência" e, em sentido amplo, uma "personalidade".[23] Para Morse, ao lado do aceleramento cultural, expresso em fatos como a inauguração dos dois primeiros hotéis em 1855, a maior frequência de bailes, teatros, salões de bilhar e o fortalecimento e crescimento da imprensa, inaugurava-se um período de realizações materiais, visíveis, por exemplo, na abertura de um novo matadouro, em 1852 — mesmo ano em que foi entregue a Casa de Correção, "há tanto tempo prometida" — na melhoria da estrada para Santos, bem como no constante apelo da Câmara para o governo provincial atender a pedidos visando à melhoria de equipamentos e serviços na capital. A fundação, em 1853, da Sociedade Auxiliadora de Agricultura, Comércio e Artes é entendida pelo autor como fruto da mudança de mentalidade das elites econômicas locais. Para alcançar o sentido mais amplo das mutações que ocorreram nesse período na vida econômica e administrativa da cidade, o autor dedica o capítulo seguinte ao café.

E, se a Academia de Direito e alguns de seus estudantes/artistas, como Álvares de Azevedo, tiveram papel crucial para a cidade viver um período carregado de aspectos positivos, ela seria também agente e alvo da decadência que estava por vir. Se nas décadas de 1850 e 1860 agregava vida intelectual aos hábitos paulistanos, com os jornais, escritos literários, os encontros e discursos em prol da causa pública, aos poucos vai sendo corrompida, "tão logo São Paulo adquiriu os traços de uma metrópole em expansão, rápida, poliglota, comercial, industrial, a Academia perdeu suas energias e sua liderança no interior do próprio *éthos* que havia ajudado a cristalizar (...) veio a ser em 1890 quase que a sombra de uma instituição"; se esse processo está consolidado no final do império, localiza-se 1878 como o ano do "eclipse", "a alma coletiva da mocidade se fracionara, os interesses literários foram abandonados, assim como o devotamento à política".[24]

Com os trabalhos de Morse e Caio Prado Jr., uma rede de causalidade para explicar o crescimento de São Paulo vai-se consolidando, com especial ênfase na tríade café-ferrovia-imigração, e ainda com as questões culturais e de localização geográfica. A esse quadro, outros estudiosos vão agregando novos fatores, e merece destaque o estudo de Pierre Monbeig,[25] que, em 1953, ressalta a importância da vinda dos fazendeiros para a área urbana como uma mudança de núcleo de força que se opera a partir de 1870, com "a urbanização da classe dominante" trazendo maior poder político e variedade de investimentos concentrados na cidade.

Retomando a perspectiva do progresso, cara à historiografia "bandeirante", Ernani Silva Bruno compõe ainda em 1953 extensa obra em três volumes, que logo se torna também clássico obrigatório nos estudos da cidade, *História e tradições da cidade de São Paulo*,[26] em que elabora uma reconstituição dos diversos detalhes da vida urbana, costumes, personagens, dividindo os capítulos por temas, como por exemplo "palacetes e chalés", "dança, jogo e esporte", "o mercado e a oficina", do volume três, *Metrópole do café*, que cobre o período de 1872 a 1918. A fonte principal do trabalho concentrou-se nos viajantes e memorialistas, mas também foram utilizadas as atas da Câmara e os almanaques do século XIX. Conhecemos práticas antigas que estão desaparecendo nesse período, como as procissões e romarias, ou foram se transformando, como o costume do carnaval que passava do entrudo para os desfiles nos "corsos", assim como as inovações e modernidades que chegavam. A partir da periodização que estabelece, de cidades que se teriam sucedido no tempo, o arraial de sertanistas, o burgo de estudantes[27] e a metrópole do café, visualizamos irredutível movimento do progresso.

Interessante notar que, assim como Morse, Ernani S. Bruno menciona a decadência que a década de 1870 trouxe para a Academia e para o "espírito acadêmico"; se, para Morse, entretanto, as consequências desse processo estariam numa acentuada dispersão do espírito crítico, E. S. Bruno observa que em compensação "o ensino se alargava em outras direções, fazendo de São Paulo cada vez mais um centro educativo dotado de recursos mais variados e completos".[28] Eram os tempos de soberania da Academia dando lugar a novas práticas, advindas da "intensificação dos negócios comerciais e industriais", que requeriam, por exemplo, a fundação do Liceu de Artes e Ofícios, ocorrida em 1879.

Recentemente a antropóloga Fraya Frehse, em um estudo sobre as interpretações da urbanização paulistana de finais do século XIX, chamou a atenção para outra forma de pensar a história de São Paulo, tendo como chave a noção da continuidade e não da ruptura. Esse enquadramento vincula-se às ideias sobre o processo de urbanização brasileiro herdeiras de Sérgio Buarque de Holanda e Gilberto Freyre. Apesar das inúmeras diferenças entre os autores, para ambos o processo de urbanização não teria acabado com a mentalidade patriarcal escravista das elites, o universo rural passava para o novo mundo urbano, em continuidade, transformando-se aos poucos.[29] Segundo Frehse, o sociólogo Florestan Fernandes segue essa perspectiva já em seus primeiros estudos sobre o folclore paulistano, da década de 1940, nos quais tematiza a permanência de práticas culturais do universo rural na cidade. Em estudo posterior, a cidade do século XIX vira objeto de análise, e o sociólogo pondera que São Paulo permanecia "até o fim do século, uma sociedade rural que desempenhava, por circunstâncias peculiares, a função de centro comercial, bancário, intelectual e burocrático de uma Província estritamente agrícola";[30] e, em outro momento, ele observa que "graças à escravidão e à mentalidade por ela produzida a cidade ainda é semiurbana".[31] Ficava relativizada a ideia de crescimento sem passado; pelo contrário, era uma perspectiva com olhar crítico para a "modernização" brasileira.[32]

A crítica da noção de marcha acelerada no progresso na cidade e de seu rápido aburguesamento no século XIX veio com o trabalho da historiadora Maria Odila Leite da Silva Dias. Ao olhar para as dinâmicas de sobrevivência de grupos sociais desfavorecidos, a historiadora mostrou outra cidade, regida por diferentes ritmos e códigos. Vemos não só a larga permanência do universo rural, como a fragilidade dos novos padrões "burgueses". As mudanças ocorriam causando diversos impactos, e não nivelando experiências de um momento para o outro. Não era na ruptura nem nas vertiginosas mudanças que a historiadora acreditava, mas na convivência — tensa — de temporalidades.

Com o estudo do cotidiano, Maria Odila buscou "reavaliar o político no campo da história social do dia-a-dia".[33] No livro, procurou entender a experiência urbana de outros grupos sociais, não apenas os "promotores da mudança", como eram vistos os fazendeiros de café (e por isso privilegiados pela historiografia), mas as mulheres pobres que viveram em São Paulo no século XIX. Segundo a autora,

> incorporar à história tensões sociais de cada dia implica a reconstrução da organização de sobrevivência de grupos marginalizados do poder e, às vezes, do próprio processo produtivo. Mormente na conjuntura de urbanização incipiente da cidade de São Paulo, vincada pelo escravismo e pela economia de exportação — do açúcar

> e em seguida do café — que não derramava senão incidentalmente na cidade seus lucros, nem favorecia a expansão do abastecimento interno ou a formação de um mercado de trabalho livre. Nas circunstâncias, a cidade mais inchava do que crescia, multiplicando a pobreza, uma disponibilidade estrutural de mão-de-obra; mulheres pobres, sós, chefes de família, viviam precariamente do trabalho temporário, antes como autônomas do que como assalariadas.[34]

O problema não era mais explicar o crescimento, pensar no progresso de São Paulo ou determinar um esquema interpretativo, tratava-se de pensar a cidade olhando para as tensões sociais engendradas nas ruas, nas praças, na Câmara, recuperando a experiência urbana de setores sociais marginalizados tanto pelo processo produtivo quanto pela historiografia.[35]

Essa mudança no olhar transformou os temas de investigação, desenvolvidos também por seus alunos. Maria Cristina C. Wissembach estudou os forros e negros livres na cidade.[36] Nas diferentes freguesias de São Paulo, a autora vai revelando uma mistura de modos de vida, formas de ocupação rural, semiurbana e urbana, e principalmente, a maneira como esses universos se interpenetravam. Paulo C. Garcez Marins[37] opta por analisar a relação entre a arquitetura doméstica e os padrões de sociabilidade em algumas cidades brasileiras, entre os séculos XVII e XX. Na São Paulo oitocentista, a permanência das rótulas por mais tempo, em relação à corte ou a Salvador, à revelia da lei, traduz sociabilidades próprias, arranjos de mulheres viúvas vivendo no Centro, preferindo manter resguardados seus costumes, ou mesmo famílias arraigadas à tradição, em convivência de temporalidades, "a paisagem da cidade custava a transformar-se, malgrado o esforço promovido pelas autoridades".[38]

São diversos os trabalhos que nos últimos anos vêm iluminando aspectos particulares da vida dos paulistanos no império, enriquecendo cada vez mais a história da cidade. Silvia Lins, ao estudar a periferia de São Paulo, bairros considerados desde sempre pobres, neles sinaliza grande vitalidade econômica, quando ricas famílias se dedicavam ao comércio com as tropas e quando se rearranjariam devido à chegada da ferrovia;[39]

Denise B. Santana radiografa as águas na cidade, acompanhando a história da relação dos habitantes com seus rios;[40] Heloisa Barbuy estudou o território do triângulo, acompanhando as transformações nas casas comerciais ali instaladas;[41] Silvia Siriani analisa a presença de alemães na cidade e arredores através de inventários, reconstituindo trajetórias de vida e estratégias de sobrevivência;[42] Marisa Midori Deaecto, por sua vez, investiga a relação dos paulistanos do Oitocentos com os livros, observando a formação das bibliotecas, o aparecimento das livrarias e as formas de edição e de circulação;[43] Fraya Frehse, principalmente através das colunas dos leitores nos jornais, faria um inventário de como os transeuntes, aqueles que andavam pelas ruas da cidade na segunda metade do século XIX, percebiam as mudanças de sociabilidade que estavam ocorrendo.[44] Ainda que com perspectivas próprias, os trabalhos dos arquitetos Raquel Rolnik, Candido Malta Campos e Eudes Campos, do final da década de 1990 e início da seguinte, mostram-se atentos a esse novo olhar.[45]

Há, em pauta, uma diversidade de perspectivas descortinando uma realidade múltipla. É esse universo que passaremos a esmiuçar.

MOVIMENTOS DE OCUPAÇÃO

Aqueles que moraram em São Paulo nas décadas de 1870 e 1880, como d. Carolina Rangel, lidaram com uma cidade em que a simplicidade de soluções arquitetônicas era a regra; as casas eram de taipa, construídas no alinhamento, e a casa térrea dominava a paisagem. Viveram também em uma cidade com mercado imobiliário muito aquecido, o que de certa forma provocava nova distribuição espacial, principalmente da população que habitava a região central, em volta do triângulo. Se, no início do século, viam-se mulheres remediadas ocupando sobrados nas ruas nobres do Centro, essa situação passou a ser cada vez mais rara. D. Carolina, quando viúva, não pôde mais manter-se no sobrado e mudou-se para junto da irmã.

Trata-se de um período em certos aspectos limítrofe: há ainda vazios enormes na cidade — pode-se ver tanto a ocupação de bairros com a urbanização das chácaras quanto, ao mesmo tempo, acompanhar o movimento dos proprietários da área central, com o início da pressão mais forte exercida pelo encarecimento do solo urbano, resultando em estratificação social mais evidente. As novidades arquitetônicas acompanhavam o ritmo e a escala de transformações da cidade, as casas recuadas já apareciam nesse período, mas apenas nas áreas recém-urbanizadas. O movimento é conjunto, englobano a reorganização social com os novos moradores, o aumento da malha urbana e os novos usos da construção civil.

A área valorizada da cidade concentrava-se na colina entre o Anhangabaú e o Tamanduateí. A ocupação da região além do ribeirão Anhangabaú era, em inícios e meados do século, caracterizada por casebres, de população em sua maioria empobrecida, mas ao lado de chácaras de famílias importantes, sendo a principal os Souza Barros, na ladeira São João. Na documentação da Câmara, nas atas e registros, eram frequentes as reclamações sobre a dificuldade de transitar nas principais ruas da região devido à falta de calçamento, ao excesso de formigueiros e de mato crescido nas ruas, aos cisqueiros, à apropriação indevida de espaço de passagem por particulares e, sobretudo, aos desconcertos na ponte do Açu, principal via de ligação entre o núcleo da capital e a freguesia, que enfrentava constantes estragos.[46]

É nesse período, a partir da década de 1860, que se vai adensando a ocupação de Santa Ifigênia. Era a "cidade nova", região que foi arruada pelo marechal Toledo Rendon entre 1807 e 1808, por ordem da Câmara. O marechal demarcou a praça da Legião (largo do Arouche) — na saída da cidade em direção a Jundiaí — para servir aos exercícios militares; e a praça da Alegria (chamado depois Campo dos Curros, largo Sete de Abil e praça da República).[47]

A ponte do Açu, que foi belamente retratada por Debret em gravura de 1827, na qual se vê ao fundo o sobrado do comendador Barros, chegou a ter porteira destinada à cobrança de pedágio para entrada na vila. Na gravura do pintor francês, divisa-se área com forte caráter rural, que permanece mais ou menos semelhante no século XIX adentro. Ao lado da ponte havia o beco dos sapos, e o memorialista Vieira Bueno relatou:

> Quanto a esterquilíneos, lembro-me de dois existentes bem dentro do povoado, nos quais se punha todo o lixo que não ficava nos quintais, e até se despejavam os tigres[48] da cadeia e dos quartéis. Um era numa grande depressão, rente com o princípio da ladeira do Carmo. Outro no fim da rua de São José, rente com a ponte do Açu (...) As noites eram trevosas, quando não havia lua, acontecendo algumas vezes pisar-se em sapos (...) e quem nas noites de calor estacionasse nas pontes de Lorena, do Açu e do Carmo, ouvia sua tristonha e variegada orquestra, não sem encanto para quem é propenso à melancolia.[49]

O mineiro Francisco de Paula Ferreira de Rezende chegou a São Paulo em 1849 para cursar a faculdade de Direito. Instalou-se de início em uma pensão, e em meados de 1850 foi morar com outros estudantes conterrâneos em uma casa no começo da rua da Palha, em Santa Ifigênia, logo adiante da ladeira do Piques.

> Naquele tempo a rua da Palha não só ainda não se achava nem sequer a metade, bem cheia de casas, mas destas uma só talvez não se encontrasse que não passasse de uma casa mais ou menos ordinária ou até mesmo de algum simples casebre (...) Muitos eram, com efeito, os estudantes que então ali moravam. E um dos que entravam nesse número era José de Alencar"[50]

A rua ligava o largo do Piques, a ponte do Lorena, com o Campo dos Curros. Outro memorialista, Miguel Milano, conta como era o Campo, em meados dos anos 1880:

> Vasto campo (...) a sua escuridão, à noite, era tal, que nós, garotos, o apelidamos Campo Escuro. Nele armavam suas tendas os Circos de cavalinhos que nos visitavam, erguiam-se enormes montanhas russas e algumas vezes apareciam Redondéis para corridas de touros ou touradas, que faziam a delícia da população. O largo em si poucas casas tinha, o mesmo acontecendo com as ruas abertas em direção à Vila Buarque e Santa Cecília. O seu panorama continuou o mesmo até a

> chegada da República, só se modificando radicalmente quando o governo do Estado resolveu construir o monumental edifício da Escola Normal, que foi inaugurado a 2 de agosto de 1894.[51]

A escuridão, os sapos, a ocupação esparsa, era uma região de passagem, do gado e de viajantes, que saíam pela São João para Água Branca, Jundiaí e Campinas, ou pela Consolação para Cotia, Pinheiros, Sorocaba, Curitiba. A rua de Santa Ifigênia era outra opção, na década de 1840, para se tomar o caminho do Ó,[52] e seguir na direção do vale do Tietê. Foi depois da abertura da rua Formosa, em 1855, que a área da cidade nova, para lá do rio, foi surgindo valorizada — a rua foi aberta nos terrenos da chácara do barão de Itapetininga.[53] Com o arruamento da Chácara do Chá, no final a década de 1870, e depois com o viaduto, inaugurado em 1892,[54] o ciclo se completaria.

A ocupação da região foi mudando com a ferrovia, inaugurada em 1867, mas trabalhadores e engenheiros já habitavam a região desde 1850. Após 1867, o movimento de pessoas nas ruas e a vinda de novos moradores ilustres foram mudando o bairro. Muitas famílias de fazendeiros se instalaram na rua Alegre, onde poderiam construir em terrenos maiores e em novos partidos arquitetônicos, ficar na proximidade da estação e ainda ter a vizinhança ilustre da família Gavião.

A monumental estação da Luz só seria inaugurada em 1901. Nesse momento, a primitiva estação era pequena e não mudou a perspectiva urbana, além de o aspecto das construções em volta do prédio não ter sido alterado. Não foi, por exemplo, aberta nenhuma rua que desembocasse na estação — que em si não foi valorizada enquanto "fato urbano". E se sua proximidade começou a transformar o bairro, foi de forma lenta. Mudariam sim o aspecto rural e derrubariam muitos dos casebres as reformas empreendidas pelos governos republicanos.[55]

D. Anna Maria de Jesus morava, em 1883, em um pequeno quarto ou telheiro, no Campo Grande, depois largo e rua dos Guaianases, em Santa Ifigênia. Eram nove pessoas dividindo apenas um cômodo, situação comum em São Paulo. Estava ali porque seu ex-marido era servente da faculdade de Direito e recebera o terreno como doação dos estudantes que se formaram em 1860; era onde d. Anna Maria de Jesus tinha passado os últimos 20 anos de sua vida e onde teve seus três filhos do segundo casamento.

Enquanto na década de 1860 aquela região era pouco ocupada, com terrenos baratos, que podiam ser fruto de doação de estudantes (a maioria vivia de mesada), 18 anos depois eram avaliados por 600$000, quantia já não tão baixa, mas que não deixava margem de manobra para uma viúva com tantos filhos. Em 1883 a situação já era completamente diferente: em cinco anos, o terreno valorizou-se dez vezes e foi vendido por seis contos. De um cômodo, ela passou para uma casa de três cômodos, ainda bastante simples, de porta e janela, no valor de um conto e meio, preço baixo, como aconselharam os "especialistas" que consultou. D. Anna era analfabeta, e a possibilidade de mudar tão rapidamente de condição, depois de tantos anos ali, a deixara perplexa. Após conselho do curador, foi à procura de ajuda, recorreu a especialistas e acabou se servindo de uma espécie de corretor, para quem pagou gratificação, pois "arranjou e teve todo o trabalho com a compra de taes propriedades".

Foi morar em casa de porta e janela, na Duque de Caxias, e garantiu para si rendimento de 40$000 mensais com o aluguel de duas casinhas no recém-aberto Campos Elíseos (menos do que ganhava um coveiro em 1875, o equivalente ao salário de uma cozinheira). Suas duas casinhas térreas de porta e duas janelas eram unidas, não tinham ainda número e confinavam com as propriedade de Martinho Prado Jr. por um lado, e as de vendedores por outro. O novo bairro mal acabara de surgir e já abrigava diversas negociações, investiam lado a lado d. Anna de Jesus e Martinho Prado.

Joaquim Amaro dos Santos era ferreiro e morava com sua mulher e seis filhos em telheiro ou quarto na rua do Jogo da Bola, ou Princesa, na Freguesia da Sé,[56] que ligava o largo de São Francisco à Sé, desembocando na rua do Imperador. No mesmo cômodo, ficava ainda sua tenda de ferreiro, "muito velha e estragada". O telheiro estava situado entre dois sobrados, sendo um deles do médico da Câmara dr. Francisco Honorato de Moura (falecido em 1880, morando em casa alugada na rua do Ouvidor, com 89 contos de fortuna), e o outro de propriedade da Santa Casa de Misericórdia.

> Diz D. Maria da Glória, viúva, que ella e seus filhos menores possuem um telheiro à rua da Princeza entre os n°s 18 e 20. Nesse telheiro habita a suppe e seus filhos com o maior constrangimento, como é fácil de verificar-se. Deseja a suppe permutar esta desolada e estreita habitação, com o Dr. Francisco Honorato de Moura por uma casa que o mesmo Dr. prontifica-se a comprar, sita no largo denominado Lavapés, continuação da rua da Glória pela suppe examinada e muito a seu contento, pois ahi vão encontrar agazalho e facilidade de ganhar algum pão, occupando-se em lavar roupa. Não pode, porém, a suppe realizar o seu desejo sem autorização (...) 3 fevereiro 1879.

O negócio não foi efetivado. Fato é que mais tarde, em 1888, d. Maria da Glória vendeu sua parte no terreno para o dr. Peixoto Gomide.

Nesses dois inventários, revelou-se uma cidade ainda muito misturada. Um ferreiro pobre morando ao lado de um médico que era proprietário de várias casas na cidade. Um telheiro no coração da cidade sendo habitado por seus proprietários. Não estavam ali de favor, os mais ricos tinham que negociar com eles, de igual para igual; ou seja, de fato a propriedade era ainda mais acessível. E a importância do local de moradia para o exercício de uma profissão apareceu explicitamente nas declarações da viúva, que sonhava em viver dignamente, perto de onde pudesse lavar roupas — no córrego, bem entendido!

Outra influência da estação seriam os hotéis, que aos poucos foram fundados nas redondezas,[57] e os quiosques e, sem dúvida, os bondes. Para facilitar o acesso à nova estação, foi inaugurada a linha do Carmo à Luz em 1872, ainda uma única linha, com um bonde pequeno, de apenas nove lugares, que certamente não atendia às vastas parcelas da população que continuavam andando a pé e atravessando as pontes. Mas, como explicitam anúncios de jornal, a ideia da valorização dos terrenos pela passagem do bonde já estava incorporada ao nascente mercado imobiliário.

A rua Barão de Itapetininga e várias adjacentes foram abertas na chácara do barão, entre 1877 e 1882.[58] Até então, a área estava coberta por capoeiras, em que, por exemplo, Vieira Bueno ia passarinhar. José Maria Lisboa, dono do jornal *Diário Popular*, era proprietário, nessa rua, de três casas térreas simples — sendo uma como chalé recuada, fechada por gradil de ferro, em terreno de 1.328m² — e um sobrado com armazém embaixo. Eram todas casas de aluguel.[59]

Diversos loteamentos foram feitos por particulares, e novos bairros foram surgindo.[60] Em 1879, os alemães Frederico Glette e Victor Nothmann compraram a Chácara Mauá e nela abriram as ruas dos Protestantes, Triunfo, Andradas, Gusmões, Duque de Caxias, alameda do Triunfo, Piracicaba, Helvetia, Glette e Nothmann, tendo criado o bairro dos Campos Elíseos. Segundo Antonio Egídio, compraram a área por cerca de 100 contos, e com a venda dos terrenos apuraram perto de 800.[61] O lucro era certo! Outros empreendimentos semelhantes foram efetivados nas décadas seguintes. No mapa de 1881, Campos Elíseos já aparece arruado, porém sem qualquer ocupação. Ao sucesso do crescimento da cidade para o oeste, Pierre Monbeig atribuiu o início de uma "mutação urbana".[62]

Um dos campos de atuação e trabalho, senão o principal, dos setores médios era a cidade, a própria malha urbana. É nela que irão interferir, é dela que se apropriarão, é a ela que darão feição. A relação com a cidade foi íntima, de cumplicidade, de sociedade. Não era uma relação passiva, mas de ação, exploração, mesmo dependência. Além dos grandes especuladores e das sociedades de capitalistas que surgiriam um pouco mais tarde, e que dominariam quarteirões, formando bairros, investindo, por exemplo, na moradia de operários, havia as famílias dos setores médios, que já estavam há mais tempo construindo quartinhos, casas de porta e janela, uma ao lado da outra...

Nessa época, a rua dos Bambus ainda abrigava famílias de cocheiros e carroceiros, mas pouco depois não só mudaria de nome, para alameda Rio Branco, como seria valorizada, dificultando, para as famílias mais pobres, o acesso à propriedade.

Em 1874, segundo documentação da Câmara Municipal, o administrador da praça do Mercado, o baiano Antonio Pinto Praxedes Guimarães, ganhava por mês 66$680, pouco mais do que o coveiro do cemitério municipal, que recebia 60$000 mensais, e menos do que o médico da Câmara, dr. Francisco Honorato de Moura, com 100$000.[63] Com o valor do salário mensal do médico, podia-se comprar um terreno na estrada das Palmeiras, na Consolação, em 1878, e com dois meses de salário do coveiro do cemitério, um terreno em área mais próxima do Centro, na rua João Theodoro, na Luz, com 216m^2.

O administrador do mercado era casado com d. Anna Maria Jonas Guimarães, que fazia "trabalhos de costuras". Moravam em uma chácara no Brás, em casa de uma porta e duas janelas de frente, com poço, quintal todo plantado de árvores frutíferas, capinzal, cocheira. Além dessa casa, Antonio Praxedes deixou, ao morrer, mais uma casa, na rua da Glória, de porta e três janelas, com quintal, de um lanço.[64] Suas duas propriedades imobiliárias valiam dez contos. Alugavam a casa na rua da Glória para complementar a renda da família. De qualquer forma, um pequeno funcionário público, que contava com a ajuda dos trabalhos de costura de sua mulher, conseguiu ser proprietário de dois imóveis. Mas não apenas com seus salários. Ao morrer, devia para o negociante Antonio José Duarte nove contos de réis, com garantia hipotecária das duas propriedades. Provavelmente, os salários de Praxedes foram suficientes para comprar os terrenos e, depois de contraída a dívida, para pagar os juros da hipoteca.

Aplicar o dinheiro em um imóvel foi estratégia escolhida pela maioria das famílias, mesmo se isso implicasse a necessidade de pedir dinheiro emprestado. Aqueles que não optaram por esse caminho por vezes até tiveram melhor padrão de vida. Ou seja, possuir um imóvel não necessariamente significava estabilidade; era apenas um passo, uma etapa, que ajudava no caminho da consolidação e da inserção social, mas nada garantia.

Uma vez sem o marido, sem o salário mensal, a viúva de Praxedes Guimarães viu-se forçada a vender as duas propriedades para pagar a hipoteca. A única herança dos filhos foi a doação feita pelo credor dos juros que estavam atrasados, "em benefício dos órfãos". Ela passou a criar seus filhos com as costuras e agências, mas em uma ocasião adoeceu, e foi obrigada a retirar 200$000 dos 500$000 que seus filhos tinham em depósitos no Cofre dos Órfãos. Enfrentou ainda oposição do curador, quando, tempos depois, por doença da filha, quis retirar mais dinheiro.

Morar na chácara, ter uma casa alugada e ainda um salário mensal configuravam uma realidade que se tinha "desmanchado no ar". Perder o imóvel (por vezes obtido apenas por dívidas) era bastante comum. Diversas famílias enfrentaram essa realidade no momento da feitura do inventário, sobretudo, como era de esperar, nos setores mais pobres da população. Tentativas de inserção social, que não se efetivavam, rodavam em falso, derrapavam ao encontro de uma dificuldade, um imprevisto — uma doença, morte na família, impaciência do credor.

O mercado, porém, parecia ser apelativo o bastante para todos desejarem, de alguma forma, participar. A propriedade imobiliária para o aluguel apareceu disseminada como forma de investimento. Dos quartos de uma só porta, passando pelas casinhas térreas, os sobrados, chalés, armazéns — a construção para o aluguel estava presente em grande parte dos inventários que tinham um mínimo de renda disponível para investimento. Muitas vezes os quartinhos e as casas eram construídos pelo próprio proprietário, com material de construção que podia ter sido comprado a crédito.

Note-se que, segundo os dados levantados por Raquel Rolnik, entre 1840 e 1872 eram edificados em média 25 novos prédios por ano; entre 1872 e 1886, essa média chegou a 310; entre 1886 e 1893, atingiu a marca de 1.613 novos prédios por ano.[65] Vê-se que em cerca de 15 anos — 1871-1886 — subiu de 25 para 1.613 o número de prédios construídos por ano, ou seja, 64 vezes mais.

A necessidade de moradia em São Paulo no final do século só fazia aumentar devido ao crescimento contínuo da população. Diversos fatores, entre os quais o colapso da casa bancária Mauá, em 1875,[66] fizeram com que os investimentos se direcionassem para a malha urbana, intensificando a especulação imobiliária.

A Consolação (a freguesia foi criada em 1870), ainda parcialmente ocupada, abrigava a maioria dos quartos e da oferta de habitação popular. Uma área que apareceu reiteradamente tinha por limites o ribeirão Anhangabaú e o largo Sete de Abril (praça da República) a oeste, e a São João como limite a leste. A primeira ocupação que essa região teve foi de quartos de aluguel, em pequenas casas, para a população de baixa renda.

O principal proprietário de quartos de aluguel no largo era Damazo Nogueira de Sá, que também ali morava e tinha uma venda. Era mineiro de Baependi e morreu solteiro em 1880,[67] tendo construído nada menos do que 17 quartos nas imediações do largo, alguns com uma porta e uma janela cada; um com duas janelas, classificado como "grande".

Outro proprietário de quartos nas imediações era o dr. Francisco Leandro de Toledo, embora de outro tipo: enquanto Damazo Nogueira de Sá tinha convivência diária com seus inquilinos, na venda e na vizinhança, o dr. Francisco Toledo morava na rua Direita e era funcionário público. Provavelmente tinha muito pouco a ver com a população para quem alugava seus quartos — eram cinco, um seguido do outro, nos números 4, 6, 8, 10, 12, no largo do Arouche, de uma porta cada.

Salvador Dias da Silva tinha um armazém de secos e molhados no largo do Riachuelo, que era a passagem para a vila de Santo Amaro, e de quem vinha da Liberdade para a Consolação. Ponto onde desembocava a rua de Santo Amaro, o largo era local movimentado pelas feiras semanais daquela vila, às sextas-feiras, para onde iam "cerca de 300 carros de eixo móvel por semana".[68] Era movimentado também pela proximidade com o largo do Piques, onde paravam os caipiras com mercadorias, e local cheio de pousos de tropeiros, ferradores, com constante vaivém de pessoas — tropas, negociantes, viajantes.

Situado em ponto estratégico, era emprestador de dinheiro, principalmente de pequenas quantias, e também investiu, como Damazo, no aluguel de quartos. A forma de atuação foi peculiar: seu expediente foi arrendar alguns terrenos, por cinco anos, da baronesa de Limeira e aí edificar 29 quartos para alugar. Não foram dois ou três quartos, mas 29! Era preciso ter certeza da demanda para se arriscar num empreendimento desses, uma vez que o terreno não era dele, e o construído só o seria por cinco anos. Despendeu uma larga soma, contraindo vários empréstimos, e escolheu investir no público de baixa renda, nos solitários, nos recém-chegados à capital que crescia e inchava; seriam esses seus inquilinos, instalados na via que ligava a Vila de Santo Amaro ao Centro da cidade — futura Brigadeiro Luís Antônio, na freguesia da Consolação. O empreendimento valia dez contos, um terço de sua fortuna total. Salvador das Almas (como era conhecido) investia no aluguel e em terrenos, e morava de aluguel — foi mais vantajoso investir nos quartos do que numa casa própria para moradia da família.

Era também na Consolação, nessa mesma estrada de Santo Amaro, só que subindo o morro, que se concentravam ex-escravos, africanos, crioulos; região conhecida como do Caguassu, espigão da atual avenida Paulista. Tanto Carolina Monteiro, liberta falecida em 1877, como o africano Procópio Fernandes da Costa, falecido em 1878, tinham bens nessa área, que se mostrava acessível. Na avaliação dos bens de Procópio, vemos que suas terras se limitavam por um lado com as de José Sebastião Pereira, e, por outro, com Augusto Africano. José Sebastião era um crioulo forro sapateiro,[69] como se vê no processo criminal em que foi testemunha. Maria Cristina Wissembach encontrou diversos africanos morando nessa região: Margarida Azevedo Marques, mina, casada com Sabino José da Graça, liberto do Maranhão, lavrador; Antonio Mina, viúvo vivendo de seu ofício de roça; Elias Palhares, pedreiro, também de Mina; Narciso, africano livre, e sua manceba Maria Guilhermina, crioula natural de São Paulo.[70] Mas sabemos que não foram eles que ali ficaram, e sim algumas das famílias mais ricas da cidade — em 1891 seria aberta a avenida Paulista, com programa de acolher apenas residências de famílias abastadas.

O africano Procópio Fernandes da Costa tinha também uma sorte de terras no Lavapés, na saída para Santos,[71] onde sua propriedade dividia "com Mariano de Tal, conhecido como Mariano do Furtado", indicando provavelmente tratar-se de ex-escravo. O Lavapés era também região em que forros, libertos e negros livres conseguiam adquirir pequenas propriedades.

MOVIMENTOS DE INTERVENÇÃO

Muitas vezes eram necessários acontecimentos extraordinários para desencadear mudanças. Foi o que ocorreu em 1850, permitindo que o tijolo, um dos artefatos símbolo da nova arquitetura que permitiria novas composições e programas, fosse aos poucos incorporado. O acontecimento inesperado foi a grande enchente de 1850. O tijolo começou a ser aplicado nas obras da cidade — a reconstrução da Ponte do Açu, antes de pedra, é um marco nesse sentido. Casas danificadas também foram reconstruídas em novas bases, embora o estilo antigo ainda predominasse. Foi também a partir de 1850 que a "Câmara Municipal começou a impor um conjunto de posturas com exigências de medidas mínimas para a arquitetura privada paulistana, conhecido pelo nome de 'padrão municipal'".[72] Começam a aparecer as residências de inspiração neoclássica, representando uma ruptura com o padrão arquitetônico local, dos largos beirais de taipa com janelas guarnecidas por rótulas.[73]

A formação da mão de obra para o trato com as novas técnicas construtivas também é dado fundamental, apesar de escravos terem atuado largamente como pedreiros. No decorrer dos anos 1870 e 1880, seriam criados vários cursos voltados para a formação de mão de obra qualificada — Sociedade Propagadora de Instrução Popular (1874), Instituto dos Educandos e Artífices (1874), Instituto Dona Ana Rosa (1874), Liceu de Artes e Ofícios (1882) e Liceu do Sagrado Coração de Jesus (1885).

Novos símbolos chegavam, e velhos iam embora. No primeiro ciclo de intervenções mais efetivas do poder público na capital, era demolida a casa em que morava e trabalhava nhá Maria Café, para a construção da nova sede da Câmara Municipal. Na casa posteriormente demolida de Maria Punga,[74] Paulo Eiró, quando estudante em São Paulo, em 1860, junto a seu amigo Ernesto Pinheiro e Prado, ia procurar o café que

> Ella mesma torrava, socava no pilão e coava, sempre que havia três ou mais fregueses à espera. A casa abria duas largas portas para a rua da Imperatriz. Ao redor da sala corriam bancos e no fundo estava o balcão onde Maria Punga expunha as quitandas. Na parte de cima do prédio moravam estudantes. A casa era muito freqüentada por lojistas, estudantes e meirinhos que ali iam tomar café fresco e dar dois dedos de prosa. Maria Punga conhecia a história de toda a gente e gostava de treler com os freguezes.[75]

Foram também destruídas as casinhas em volta da Igreja do Rosário para a abertura do largo que leva o mesmo nome, expulsando "casais de pretos africanos, os quais depois que conseguiam libertar-se do cativeiro se estabeleciam, no mesmo prédio em que residiam, com quitanda, na qual vendiam doces, geleias, frutas, legumes, hortaliças, pinhão e milho verde cozido, amendoim, moqueca de piquira",[76] tendo sido o chafariz do novo largo inaugurado no dia 7 de setembro de 1874, na presença de todos os importantes da província.

Em 1873, a Assembleia Provincial aprovou o primeiro Código de Posturas sistematizado da cidade, que reunia as "inúmeras prescrições municipais que vinham sendo aprovadas desde 1830 e se encontravam dispersas e não eram conhecidas em sua totalidade por ninguém, muito menos pelos fiscais".[77] O Código foi considerado muito rigoroso e sofreu oposição por parte de vereadores, que em março de 1875 aprovaram uma nova versão; onze anos depois, foi novamente revisto, na verdade recodificado,[78] pois não houve necessidade da solicitação de aprovação pela Assembleia — foi aceito pela Câmara em outubro de 1886, entrando logo em vigor. O texto de 1886 deixava mais claras as preocupações "urbanísticas", por assim dizer, ou seja, definições sobre a qualidade das construções, arruamento, prevendo medidas, tentando impor hierarquias espaciais na cidade, cuidando dos fluxos, dos locais de trânsito e tratando da higiene. Também padronizava os cortiços.

As epidemias vinham arrasando o Rio de Janeiro sobretudo a partir de 1850, e também surgiam em cidades do interior.[79] No entanto, São Paulo, com clima favorável, escapara de grandes epidemias e seguia sem maior normalização; o Código Sanitário propriamente dito foi feito em âmbito estadual, e apenas em 1894.

Ao mesmo tempo, nas décadas de 1870 e 1880, São Paulo ainda era uma cidade com poucas construções suntuosas e demarcadoras de poder. Os edifícios religiosos e seus seminários pontuavam a paisagem da colina. Em 1872, o sr. José Fernandes da Costa Pereira Júnior assim resumiu o quadro:

> A capital é paupérrima de melhoramentos e muito mais de melhoramentos condignos de sua categoria e importância. Faltão-lhe até edifícios para o regular serviço da administração. Funciona a As-

> sembléia Legislativa Provincial em mesquinho recinto, fora das próprias condições que a decência exige a representação dos que nella desempenham o honroso mandato popular. Não existe edifício que sirva de quartel de polícia. Não ha sequer uma bibliotheca publica, nem casas apropriadas para o ensino primário. A Cadea está situada em um prédio, de proporções menos vastas do que se faz mister, velho, mal dividido e pessimamente situado.[80]

O presidente da província não se intimidava em reclamar da falta de prédios oficiais, que considerava próprios para a "representação" e que fossem "condignos" da crescente importância da capital, uma cidade ainda com ares de improvisada que, como se vê na enfática fala do presidente, incomodava os setores sociais, os quais iriam, em embates e composições, propor projetos e buscar modificações na sua feição, que, aliás, já vinham ocorrendo desde a década de 1850. Esse processo não foi linear, nem unívoco, nem transformou a cidade de uma vez.

A ideia era reformar, sanear, ilustrar. Nos relatórios dos presidentes da província de fevereiro, junho e dezembro de 1872, nas vésperas da administração João Theodoro, já podem ser lidas uma urgência, uma impaciência e uma vontade de transformar estruturas enraizadas na vida da cidade e da província.

E algumas mudanças de infraestrutura estavam ocorrendo. "Em 1882 chafarizes há muito secos estavam jorrando, as ruas podiam ser diariamente lavadas e 133 edifícios tinham ligação de água. Em 1888, um total de 5.008 edifícios eram servidos de água. São Paulo contava, nessa época, com o melhor sistema de água e esgotos do Brasil."[81]

Alguns presidentes da província se notabilizaram por direcionar projetos para a capital. O que ficou mais famoso foi João Theodoro Xavier, do Partido Conservador, presidente de 1872 a 1875, tomado como propulsor da nova fase da história paulistana. Seu relatório expressa a necessidade de atrair os "grandes proprietários e capitalistas da Província", para fortalecer o comércio e estimular a abertura de novas empresas. Para atraí-los era necessário cuidar da cidade. Sua obra mais famosa foi a ilha dos Amores, jardim no meio da várzea do Carmo,[82] que foi drenada e aterrada. Mandou ainda abrir novas ruas, ampliou largos, reformou o jardim da Luz, buscando orientar a expansão da cidade no sentido norte-leste.[83] O arquiteto Eudes Campos acredita que mais importante do que João Theodoro foi Sebastião Pereira (1875-1878), que contratou engenheiros e técnicos qualificados para implementar reformas urbanas.[84]

A expansão para oeste, que acabou predominante nesse período, foi levada a cabo por particulares, e o papel da Câmara ia deixando de ser propositivo para ser sancionador.[85] A expansão para leste, antes buscada por João Theodoro, por exemplo, acabou ficando destinada às moradias populares; as datas pantanosas da Mooca já eram distribuídas a imigrantes pobres em 1876;[86] a estrada de ferro instalou-se nas baixadas, onde se estabeleceram as indústrias e se formariam os bairros operários — o desenho da estratificação social começava a interligar-se com o da cidade.[87] Caio Prado Jr. chama a atenção para o desenvolvimento tentacular de núcleos de povoamento: surgiam bairros isolados, de ligação direta com o Centro, sem interligação uns com os outros, deixando espaços vazios pela cidade.[88]

O dr. Alfonso Lomonaco, médico que esteve no Brasil como inspetor do governo italiano, deixou interessantes observações sobre a cidade em 1886:

> São Paulo não apresenta ainda os aspectos de grande cidade, no sentido exato da palavra. Está sujeita, presentemente, a um regimen, a uma obra de continuas demolições e transformações, que a melhoram e embelezam de dia para dia e não pode concluir-se em breve lapso. Uma cidade nova tende a tomar o lugar de outra antiga, e ao mesmo tempo, novos bairros se constroem, obedecendo a melhor planta e melhores cânones de que os antigos (...) Ao lado dos belos palacetes, em condições de figurar em qualquer grande cidade, ainda se notam os casebres baixos e humildes, as casas de taipa construídas pelos primeiros colonos portugueses. Em confronto com algumas ruas, bem pavimentadas, com numerosos edifícios, outras já se apresentam, apenas delineadas e de edificação esparsa, cobertas de hervas rasteiras, ou de chão de terra, impraticáveis nos dias de chuva. Tal desequilíbrio de construção e de diferentes aspectos

> materiais observa-se tanto na parte velha como na nova. Não há bairro, pode-se dizer, do qual se afirme que tem definitivo aspecto. Assim só dentro de dez ou quinze anos terá São Paulo *definitivo fácies*, conquistando o feitio de grande e bela cidade.[89]

Apesar das intensas mudanças que estavam ocorrendo no período, aquela cidade do telheiro entre dois sobrados e das ruas mal iluminadas era ainda realidade.

O ano de 1886 foi de alguma forma paradigmático, pois concentrou acontecimentos que marcavam a direção que a cidade tomava. Foi formada a Comissão Central de Estatística, nomeada a 9 de janeiro de 1886; foi contratada a construção do palácio comemorativo da independência na colina do Ipiranga, projetado por Luigi Pucci, e foram encomendados aos engenheiros Revy e B. Bertoldi projetos de regularização para o rio Tamanduateí e o córrego do Anhangabaú, que começou a ser retificado.[90]

Foi também em 1886 que Ramos de Azevedo estabeleceu residência na cidade. Iniciava-se uma década de inaugurações de imponentes edifícios públicos, palacetes e prédios com poder de ressimbolização do espaço circundante.

Em 1887, era inaugurado novo matadouro, na Vila Mariana, pondo fim a anos de reclamações sobre a localização do antigo, muito central e próxima ao córrego. Embora o último tivesse sido aberto em 1852, com projeto de C. A. Bresser, continuava despejando sangue e restos no Anhangabaú, assim como fazia o primeiro de São Paulo, localizado na ladeira de Santo Amaro.

Em 1888, a diretoria da Irmandade da Santa Casa de Misericórdia achou por bem aproveitar a crescente valorização dos terrenos na área central da cidade e decidiu demolir a sua igreja, situada na rua Direita, para vender o terreno a dois capitalistas interessados em construir prédios. A igreja existia pelo menos desde 1703, e pelas escadarias "estacionavam, à noite, para vender a sua quitanda, as vendedeiras de doces, biscoitos de polvilho, bolos de milho socado ou de mandioca puva, pastéis de farinha de milho ou de trigo, peixe frito, pinhão quente".[91]

Além das escadarias, era também local de sociabilidade o famoso chafariz de pedra, construído em 1792 por ordem de d. Bernardo José de Lorena, mas que foi transferido em 1886 para o largo Santa Cecília.[92]

Importa assinalar que a paisagem urbana não possuía imagem uniforme, ao contrário do que os projetos urbanísticos da época tentavam produzir. A paisagem oferece centenas de meandros "ressurgindo multifacetada especialmente ao se levar em conta outras estratégias de sobrevivência, outras formas de sociabilidade que não as das classes dominantes".[93] Juntamente com a expansão urbana, havia descampados, matas e beiras de rios que se constituíam como locais importantes para a sobrevivência das populações mais desfavorecidas.[94]

No Código de Posturas de 1886, procurava-se "sanear" também a cidade proibindo a construção de cortiços nas áreas centrais.[95]

A São Paulo de finais do século era ainda muito misturada, o que causava incômodos. O projeto de regulamentar e organizar o espaço estava na imprensa cotidianamente — reclamações contra ruas sujas, buracos e pontes quebradas eram publicadas em cartas de moradores e em matérias de jornalistas. É interessante observar como a gritaria da imprensa causava inquietação nos homens do governo, como mostra a documentação da Câmara. Vejam-se dois exemplos:

> fl6 — (...) Proponho também que se mande apedregulhar a rua do Carmo e travessa do Largo da Sé que se achão em péssimo estado; *necessidade essa ja por vezes reclamada pela imprensa*. S. Paulo, 1° janeiro 1875, Paulo — Foi approvada;
>
> fl98 — Secretaria da Policia da Provincia de S.Paulo, em 14 de janeiro de 1875 — Ilmo. Sr. Presidente da Camara Municipal — *A imprensa da Capital chama já a atenção das autoridades para o abuso* de jogarem entrudo, apesar da postura municipal, que o proíbe. Vou requisitar de V. Sa providencias para que os fiscaes estejam activos e procedão com a devida energia na execução do artigo 48 do Codigo de posturas (...)[96]

Inúmeras vezes apareceu, nas decisões e deliberações, a preocupação com o fato de a imprensa já ter previamente chamado a atenção para aquele problema. Amplificava-se a dimensão pública da administração.

Outro exemplo ilustrativo desse combate e interferência estava no projeto de ampliar o pátio da Misericórdia, que previa a desapropriação de três prédios da rua Direita (sendo um de propriedade da Santa Casa), lançado pela imprensa em 1884. Dois vereadores aprovaram a ideia e a levaram à Câmara, que concordou com o projeto. Mas Francisco Rangel Pestana, redator-chefe do *Província de São Paulo*, combatia a ideia todos os dias em sua coluna, até que a Câmara acabou revogando a indicação.[97]

Os grandes fazendeiros paulistas passaram a investir mais no desenvolvimento dos negócios locais. Associavam-se em bancos, fundavam companhias ferroviárias, de serviços públicos e comerciais. Na década de 1870, importantes companhias e sociedades anônimas tinham-se formado, como a Ituana, Sorocabana, Mogiana, Banco Mercantil de Santos e a primeira empresa de transportes urbanos, Companhia Carris de Ferro de São Paulo.[98] Uma das características importantes desse crescimento econômico é que era promovido pelos mesmos grupos, frequentemente os mesmos nomes estavam em duas ou três companhias. Um grande fazendeiro era acionista de um banco, de uma ferrovia e de uma empresa comercial. Outro comprava ações a uma empresa de serviços urbanos e a duas ferrovias. Depois, o mesmo grupo envolvido nessas sociedades poderia resolver fundar uma empresa de exportação. Esses eram sintomas de um crescente processo de extrema concentração da riqueza.[99]

Com a entrada em cena do palacete, a diferenciação social ficaria muito mais gritante. Nesse quadro, vemos que uma casa recuada de três janelas com portão, apesar de térrea, já era diferente de outra de uma porta e duas janelas de frente; mas, em todo o caso, estão ambas igualmente distantes do palacete. Os primeiros palacetes começariam a surgir na década de 1870, mas a maioria seria construída na última década do século, muitos encomendados ao escritório de Ramos de Azevedo. Os primeiros da cidade foram o do barão de Piracicaba II, de 1876, e o de d. Veridiana Prado, de 1884.[100]

MOVIMENTOS DE INSERÇÃO

Na saída da cidade para Minas Gerais, no antigo Caminho do Guaré, no Campo da Luz e, depois, largo do Jardim, ficava a famosa casa de negócio de Lucas Ferreira do Ó, que ali também morava.[101] No mesmo local estava também o botequim de café de d. Maria da Glória Bastos, a Sinhara.[102] Ambos eram referência para quem morava nas redondezas ou estivesse de passagem, e marcaram a memória do próprio largo, pois o memorialista, ao falar a respeito da região, a eles se refere. Era área considerada ainda distante do Centro nas décadas de 1870 e 1880, e seus moradores criavam animais soltos nas ruas, no mínimo 20 ou 30 galinhas cada um.[103] Até 1876, as corridas de cavalo eram feitas no Campo da Luz, e, nessas ocasiões, os estabelecimentos de Sinhara e de Lucas Ferreira do Ó eram concorridos (e provavelmente abastecidos por muitas histórias...).

Os armazéns, ou as casas de secos e molhados, eram sem dúvida espaço que concentrava em si significações diversas. Marcavam a paisagem paulistana nos mais diversos endereços. No Centro, nas proximidades das pontes, nas beiras de caminhos, nos bairros mais distantes. Eram o local de origem e de final das histórias. Se alguém quisesse saber algo de uma região da cidade, de algum morador ou de algum acontecimento, bastava dirigir-se ao armazém do bairro e ali prosear com os "velhos frequentadores". Sua função, entretanto, ultrapassava a de local de venda, de espaço para comercializar diferentes itens relacionados a gêneros alimentícios ou mesmo de espaço de sociabilidade para diferentes classes sociais. No armazém, conseguia-se também o dinheiro para pagar a escola do filho, o enterro do cônjuge, os remédios, ou ainda o dinheiro de empréstimo, como aquele "que dei para seu filho, como me pediu".[104]

Na cidade que crescia rapidamente, estabelecer um bom relacionamento com o dono do armazém era estratégia de sobrevivência fundamental. Na inconstância do mercado de trabalho, era essa relação que garantiria a continuidade da alimentação da família, nos momentos de desemprego ou de atraso de recebimentos. Quando se mudava para um bairro novo, a família precisava conhecer o dono do armazém para poder manter a conta que iria sendo paga (idealmente) mês a mês.

Os armazéns do século XIX eram espaços em que as esferas do público e do privado se misturavam: locais de trabalho e de residência das famílias ao mesmo tempo que apropriados pelo público. Ali as pessoas passavam, paravam para conversar, bebiam algo, procuravam dinheiro, encomendavam a compra e ficavam sabendo de histórias. Era uma relação permeada pela confiança: o cliente contava com a presença constante do comerciante. Às nove horas, horário de fechamento das lojas, muitos encostavam duas portas, deixando uma aberta noite adentro. Aos fiscais, alegavam que a porta dava acesso à sua residência.[105] A própria feição das lojas lembrava uma residência, sem grandes diferenciações externas.

O dono do armazém em geral conhecia todas as famílias do bairro e, muitas vezes, tinha poder sobre elas, pois a execução da dívida estava em suas mãos, assim como a cobrança de juros. A relação de poder e dependência era mútua e, talvez, ambígua. Não vimos, porém, entre os inventários de negociantes menções a execuções promovidas por dívidas de livro — ou dívidas de balcão.

Se o crédito de balcão e ao mesmo tempo o crédito pessoal eram praticados de maneira geral nos armazéns e entre os comerciantes, Salvador das Almas foi o caso paradigmático dessa junção de papéis. Nas contas de sua loja, havia 43 nomes anotados e ainda a frase "mais diversos, por conta de livro, maioria pequenas quantias...", e como devedores pessoais, tinha 19 compromissos firmados na praça.

Vejamos outro exemplo. O português José Carreira Junior morreu em agosto de 1879,[106] deixando a viúva, d. Felicidade Rosa de Jesus, e dois filhos, um com 16 e outro com 13 anos. Tinha um pequeno armazém na rua Vinte e Cinco de Março, nos baixos, em um pequeno quartinho alugado. Sua herança era formada pelos bens que se encontravam à venda no negócio, junto com os móveis, pois onde trabalhava também residia.

José Carreira morreu muito endividado. Devia para o vizinho, negociante de materiais de construção, não só pelos materiais que ali comprou, mas sobretudo por gêneros de outra ordem: pelo aluguel que o vizinho pagou, pela conta de gás, pela conta do fornecedor dos gêneros de seu armazém. Devia também ao negociante da rua Direita por dinheiro dado a sua esposa, e pela dívida que pagou ao tamanqueiro, assim como devia a um terceiro comerciante de fazendas o dinheiro fornecido para que comprasse uma carroça.

No contexto da urbanização repentina e do enorme aumento da população, alguns espaços da cidade se transformaram em pontos estratégicos de referência e de apoio na vida cotidiana. Em uma sociedade que viveu um processo de transformação como o de São Paulo nessas duas ou três décadas, quais as estruturas que foram sendo criadas, quais as possiblidades de enraizamento que se abriam para as famílias de médias e pequenas posses?

As redes de sociabilidade que se formavam em torno dos armazéns e da padaria do bairro eram importantes e, provavelmente, o principal ponto de esteio da população urbana de média e baixa renda.

Eram ligações que certamente supriam a ausência de outros pontos de apoio, como serviços de assistência social ou de crédito acessível. Tais relações, pelo que foi visto, estavam longe de favorecer, de algum modo, os donos de armazéns. A maioria vivia de forma muito simples, assim como os seus clientes. Na maior parte das vezes, quando faleciam, seus negócios eram encerrados.[107]

Não eram setores sociais que dependiam de favores das elites. Sobreviviam utilizando conexões firmadas no contexto da experiência urbana: podiam ser com comerciantes, vizinhos, conterrâneos, e ainda com os amigos da pinga ou da praça.

Mas e a presença de associações de auxílio mútuo?

Se pesquisarmos nos almanaques, anuários estatísticos, jornais e diários oficiais, encontraremos um grande número de associações de socorro mútuo fundadas nessa época, diferentemente do que ocorria até então. No almanaque relativo a 1857, havia apenas uma sociedade com cunho beneficente, a Sociedade de Beneficência Amor à Pobreza, que era mais uma associação de caridade do que de auxílio mútuo, como as que foram fundadas a seguir. As associações da época eram dedicadas às artes, formadas por homens da elite intelectual e social local, como a Arcádia Paulista, o Atheneu Paulistano e o Ensaio Philosophico Paulistano. Não apareceram registros de associações recreativas.

As irmandades ainda cumpriam papel essencial nesse quadro. No final da década de 1870, eram 19 as agremiações na cidade: Ordem Terceira de São Francisco, Ordem Terceira do Carmo, São Pedro, São Jorge, Rosário dos Homens Pretos, Santa Ifigênia, São Benedito, São Gonçalo, Nossa Senhora dos Remédios, Nossa Senhora da Boa Morte, entre outras. As irmandades foram entendidas como centro catalisador de individualidades atemorizadas pela morte e pela doença, funcionando como agentes de solidariedade grupal, abrindo, sobretudo para os negros e forros pobres, um espaço de preservação cultural e de identidade.[108] Um dos principais papéis que a irmandade cumpria era cuidar do enterro, do funeral e da alma do irmão. Ser enterrado em solo sagrado e ter as missas rezadas em favor das almas eram garantias com as quais um irmão contava.[109]

A partir da década de 1860, começaram a surgir associações de feição inusitada. Em 1863, foi fundada a Sociedade Alemã Beneficente, com o intuito de prestar socorro aos pobres, órfãos, viúvas e doentes alemães, assim como em 1868 foi criada a Sociedade Germânia,[110] sociedade alemã para recreio, canto e propagação de conhecimentos gerais e úteis.

Entre 1859 e 1900 foram fundadas 46 associações em São Paulo. Oito são de categorias profissionais (cocheiros, alfaiates etc.), 32 de grupos de imigrantes e seis abertas ao público geral. Diversas comunidades de imigrantes fundaram associações: franceses, alemães, suecos, suíços, escandinavos, portugueses, sendo o grupo mais expressivo o dos italianos, com 18 associações fundadas entre 1878 e 1900.[111] Eram formas de resistência à pobreza, de manutenção de identidades e de procura do espaço político.[112] Cada comunidade de imigrantes tinha suas próprias redes de apoio tecidas na cidade que se formava.

Certamente, estamos lidando com um período de invenção de novas formas de sociabilidade e de convivência de práticas mais vinculadas à tradição religiosa. As irmandades não foram capazes de absorver a nova demanda e assegurar espaços de representatividade para todos, como, por exemplo, para os imigrantes. Continuaram presentes e atuantes na sociedade, organizando as cada vez mais escassas procissões e cultos aos seus santos e conferindo status. Ser enterrado com as vestes da Ordem Terceira do Carmo ou de São Francisco conferia prestígio — d. Carolina

Rangel, a senhora da procissão, teve o corpo envolto com o hábito do Carmo, em 1881. Também, ainda nesse período da década de 1880, as irmandades teriam papel central na cidade, como, por exemplo, no movimento abolicionista, com os caifazes e a Irmandade de Nossa Senhora dos Remédios, cujo principal líder era Antonio Bento. Vimos no inventário deste como o amparo da irmandade passava também pelas redes de crédito.

Eram espaços de sociabilidade gerados pela população da cidade, preenchendo vazios deixados pela administração e criando vida urbana, possibilidades de enraizamento econômico e laços de identificação entre as populações recém-chegadas.

Notas

1. Antonio Egidio Martins, *São Paulo Antigo (1554 a 1910)*, São Paulo, Conselho Estadual de Cultura/Imesp, 1973, p. 50, Coleção História, nº 18.
2. *Idem, ibidem*, p. 50.
3. As procissões foram descritas pelos memorialistas como momentos áureos da vida e da sociabilidade em São Paulo, entretanto, entraram em decadência no final do século XIX, tendo seu número sensivelmente reduzido. Jorge Americano, porém, ainda relata toda a teatralidade da procissão dos Passos na Semana Santa, nos anos finais do século. Jorge Americano, *São Paulo naquele tempo, 1895-1915*, São Paulo, Saraiva Livreiros Editores, 1957, p. 268-269.
4. Arquivo do Tribunal de Justiça de São Paulo, 2º Ofício de Família, Inventário, Processo 814, 1881.
5. Pode-se dizer que os móveis de d. Carolina eram tradicionais pela presença das escarradeiras, da mobília com cadeiras e sofá (certamente de palhinha), da ausência de porcelanas ou jogos de prata. Para uma interessante análise de móveis em inventários portugueses, ver Nuno Luis Madureira, *Cidade: espaço e quotidiano, Lisboa, 1740-1830*, Lisboa, Livros Horizonte, 1992, p. 151-238. Em Paulo C. Garcez Marins há descrição e análise dos móveis de algumas casas paulistanas de meados do século, sobretudo de famílias em decadência econômica: *Através da rótula, sociedade e arquitetura urbana no Brasil, séculos XVII-XX*, tese de doutorado em História, São Paulo, Universidade de São Paulo, 1999, p. 203, 209, 210, entre outras.
6. O hospício foi inaugurado em maio de 1852, na rua de São João, mas transferido, em março de 1862, para um prédio da Tabatinguera, que sofreu grandes

reformas em 1871. Em 1873, com a demolição de uma casa e obras no rio, o hospício ganhou "vasto e espaçoso largo", ficando muito menos sujeito à umidade. Antonio Egidio Martins, *op. cit.*, p. 58-59.

7. Para se ter uma ideia desses valores, a diária de um pedreiro era em torno de 2$000.
8. Boris Fausto, *Trabalho urbano e conflito social*, Rio de Janeiro, Difel, 1977, p. 18.
9. Foi Saint-Hilaire que construiu a "imagem símbolo (...) que expressava sua admiração pelas façanhas dos homens de Piratininga", como lembra Ilana Blaj, *A trama das tensões, o processo de mercantilização de São Paulo colonial (1681-1721)*, São Paulo, Humanitas/Fapesp, 2002, p. 47. O primeiro capítulo de seu livro é um excelente ensaio de interpretação da construção das imagens da história de São Paulo no período colonial.
10. Para estudo mais verticalizado dessas instituições, para o resgate, por exemplo, da atuação de intelectuais românticos que ainda não glorificavam o bandeirante, mas sim o jesuíta, e preferiam buscar nas primeiras décadas do século XIX a glória paulista, ver Danilo José Zioni Ferretti, *A construção da paulistanidade, identidade, historiografia e política em São Paulo (1856-1930)*, tese de doutorado em História, São Paulo, Universidade de São Paulo, 2004.
11. Raquel Glezer, *Chão de terra e outros ensaios sobre São Paulo*, São Paulo, Alameda, 2007, p. 47.
12. Para descrição detalhada do evento, ver Antonio Celso Ferreira, *A epopeia bandeirante: letrados, instituições, invenção histórica (1870-1940)*, São Paulo, Unesp, 2001. Outro estudo relevante sobre a questão da construção da tradição bandeirante em São Paulo é o de Kátia Maria Abud, *O sangue intimorato e as nobilíssimas tradições (a construção de um símbolo paulista: o bandeirante)*, tese de doutorado em História, Universidade de São Paulo, 1985.
13. John Monteiro, *Negros da terra, índios e bandeirantes nas origens de São Paulo*, São Paulo, Cia. das Letras, 1994, p. 76.
14. Caio Prado Jr., "O fator geográfico na formação e no desenvolvimento da cidade de São Paulo" *in Evolução política do Brasil*, São Paulo, Brasiliense, 1979, p. 109. Ensaio publicado pela primeira vez em *Geografia*, AGB, nº 3, setembro de 1935.
15. Essa ideia foi ainda mais forte na Era Vargas, 1930-1945, quando a elite paulistana prezava a imagem da São Paulo isolada, mas autossuficiente, independente do poder central (se tinha sido assim no período colonial, assim seria novamente...). Ilana Blaj, *op. cit.*, p. 59-60. Alfredo Ellis Jr. foi o principal arauto desse ideário.
16. O autor desenvolve essas ideias em diversos momentos e obras: *Monções*, São Paulo, Editora Alfa-Ômega, 1976 (1ª ed., 1945); *Caminhos e fronteiras*, Rio de Janeiro, José Olympio, 1957; e no artigo "Movimentos da população em São Paulo no século XVII", *Revista do IEB*, nº 1, 1966, p. 54-111.
17. Fraya Frehse analisa o embate entre os paradigmas da continuidade e da ruptura na historiografia sobre a urbanização brasileira, no caso de São Paulo, no primeiro capítulo de seu livro *O tempo das ruas na São Paulo de fins do Império*, São Paulo, Edusp, 2005.

18. Richard Morse, "São Paulo: raízes oitocentistas da metrópole", *Anais do Museu Paulista*, tomo 14, 1950, p. 455-487.
19. Para coordenar os eventos das comemorações, foi criada a Comissão do IV Centenário de São Paulo, cujo presidente era Francisco Matarazzo Sobrinho; os trabalhos englobavam amplo espectro, envolvendo desde a criação de um balé especial, passando pela construção do Parque do Ibirapuera com projeto de Oscar Niemeyer (autor também do símbolo da Comissão), e ainda concertos, exposições, remodelamentos urbanos e, para o que nos interessa mais diretamente, a promoção de diversas edições sobre a história da cidade; documentos, mapas, relatos de memorialistas, estudos historiográficos (como o de Morse) foram editados com o patrocínio da Comissão. A coleção Biblioteca Histórica Paulista, coordenada por Affonso de Taunay, editada pela Livraria Martins Editora, é um dos principais conjuntos bibliográficos vindos a público nessa ocasião — trazia relatos de viajantes como Zaluar, Tschudi, Saint-Hilaire. A propaganda realizada pela Comissão era intensa. Um dos maiores símbolos das comemorações foi a inauguração da estátua *Monumento às Bandeiras*, de Vitor Brecheret, em 1953 no Ibirapuera (obra encomendada por Washington Luís em 1920).
20. Richard Morse, *Formação histórica de São Paulo: de comunidade a Metrópole*, São Paulo, Difel, 1970, p. 456 (1ª ed., 1954).
21. Fraya Frehse, *op. cit.*, p. 55, chama a atenção para esse novo enfoque de Morse.
22. Morse, *op. cit.*, p. 209.
23. Morse, *op. cit.*, p. 146.
24. Morse, *op. cit.*, p. 210. Segundo Morse, foi Silva Jardim que elegeu 1878 como o ano do "eclipse".
25. Pierre Monbeig, *La croissance de la ville de São Paulo*, Grenoble, Institut et Révue de Geographie Alpine, 1953.
26. Ernani da Silva Bruno, *História e tradições da cidade de São Paulo*, v. 1, 2 e 3, Rio de Janeiro, José Olympio, 1953 (3° vol., 1954), Coleção Documentos Brasileiros, n° 80.
27. Convém lembrar que a Academia custou a vingar e a ter turmas expressivas. Nas décadas de 1830 e 1840 os formados anualmente não passavam de uma dezena; foi só a partir de 1860 que esse número começou a aumentar, chegando em 1863 a 111 formados e cerca de 600 alunos inscritos — podendo, então, fazer alguma diferença nas ruas da cidade. Richard Morse, *op. cit.*, p. 131.
28. Ernani da Silva Bruno, *op. cit.*, v. 3, *Metrópole do Café*, p. 1254.
29. Sérgio Buarque de Holanda em *Raízes do Brasil*, Rio de Janeiro, José Olympio, 1936; Gilberto Freyre, *Sobrados e mocambos*, São Paulo, Cia. Editora Nacional, 1936; e *Ordem e progresso*, Rio de Janeiro, José Olympio, 1959.
30. Florestan Fernandes, "Do escravo ao cidadão" *in* Bastide e Fernandes, *Relações raciais entre negros e brancos em São Paulo*, São Paulo, Unesco/Anhembi, 1955, p. 67-122.

31. Florestan Fernandes, *Mudanças sociais no Brasil: aspectos do desenvolvimento da sociedade brasileira*, São Paulo, Difel, 1960, p. 194.
32. Emilia Viotti seguirá essa perspectiva em seu clássico ensaio "Urbanização no Brasil no século XIX", que posteriormente será capítulo do livro *Da monarquia à República: momentos decisivos*, São Paulo, Grijalbo, 1977.
33. Maria Odila Leite da Silva Dias, *Quotidiano e poder em São Paulo no século XIX*, São Paulo, Brasiliense, 1995, p. 15 (1ª ed., 1984); a tese é de 1982.
34. *Idem, ibidem*, p. 15.
35. Claro está que outros estudos continuam sendo publicados nesse período com essa mesma perspectiva, como, por exemplo, o livro do arquiteto Benedito Lima de Toledo, *Três cidades em um século*, São Paulo, Livraria Duas Cidades, 1981.
36. Maria Cristina Cortez Wissembach, *Sonhos africanos, vivências ladinas*, São Paulo, Humanitas, 1998; a tese é de 1989.
37. Paulo Cesar Garcez Marins, 1999, *op. cit.*; e "Habitação e vizinhança: limites da privacidade no surgimento das metrópoles brasileiras" *in* Nicolau Sevcenko (org.), *História da vida privada no Brasil* (República: da Belle Époque à era do rádio), São Paulo, Cia. das Letras, 1998.
38. Paulo C. Garcez Marins, 1999, *op. cit.*, p. 173.
39. Silvia Q. Ferreira Barreto Lins, *De tropas, trilhos e tatus: arredores paulistanos do auge das tropas de muares à instalação das estradas de ferro (1855-85)*, tese de doutorado em História, São Paulo, Universidade de São Paulo, 2003.
40. Denise Bernuzzi de Sant'Anna, *Cidade das águas: usos de rios, córregos, bicas e chafarizes em São Paulo (1822-1901)*, São Paulo, Senac, 2007.
41. Heloisa Barbuy, *A cidade — Exposição, comércio e cosmopolitismo em São Paulo, 1860-1914*, São Paulo, Edusp, 2006.
42. Sílvia Cristina Lambert Siriani, *Uma São Paulo alemã: vida quotidiana dos imigrantes germânicos na região da capital (1827-1889)*, São Paulo, Arquivo do Estado/Imprensa Oficial, 2003.
43. Marisa Midori Deaecto, *No império das letras: circulação e consumo de livros na São Paulo oitocentista*, tese de doutorado em História, São Paulo, Universidade de São Paulo, 2005. Em sua dissertação de mestrado, publicada como *Comércio e vida urbana na cidade de São Paulo, 1889-1930*, São Paulo, Senac, 2002, a autora estudou o comércio na cidade, mas já no período republicano.
44. No campo dos estudos da representação e da cultura material destaca-se o núcleo de pesquisa sediado no Museu Paulista da Universidade de São Paulo, desenvolvido pelo professor Ulpiano T. B. Menezes quando diretor da Instituição, e pelas pesquisadoras Vânia Carneiro de Carvalho e Solange Ferraz de Lima, suas alunas, tendo como importante fruto a publicação do periódico *Anais do Museu Paulista — Nova Série*, centrado na questão dos estudos de cultura material em São Paulo, além dos inúmeros trabalhos pessoais de pesquisa de cada um.
45. Raquel Rolnik, *A cidade e a lei*, São Paulo, Nobel/Fapesp, 1997, estuda a relação entre a legislação urbana e as práticas cotidianas dos proprietários e construtores

de imóveis, investigando as tensões e acomodações entre o poder local e os proprietários, buscando entender como o desenho da cidade se fazia a partir dessas demandas. Em *Os rumos da cidade*, São Paulo, Senac, 2002, Candido M. Campos ressalta os embates em torno dos projetos urbanísticos, mostrando que nada era linear, embora uma "produção ideológica sempre tenha tentado estabelecer uma imagem de coesão e consenso nesse quadro sacudido por descontinuidades", criticando a postura dominante na historiografia, que enfatizou um crescimento etapista para a cidade. Eudes Campos, tanto em sua tese de doutorado, como em artigo que integra coletânea sobre a São Paulo imperial, procura estabelecer periodizações próprias, chama a atenção para mudanças que ocorreram na cidade no início do século XIX e ao longo da década de 1850, embora afirme que foi depois de 1875 que a insistente vontade de implementar o "modelo de cidade eficiente" de setores das elites encontrou respaldo, e assume que o "devir histórico é formado não só de rupturas, mas de permanências e continuidades".

46. Ver Clóvis de Athayde Jorge, *Santa Ifigênia, história dos bairros de São Paulo*, São Paulo, Departamento do Patrimônio Histórico, 1999; Ernani da Silva Bruno, *op. cit.*; entre outros.
47. Eudes Campos, "São Paulo, desenvolvimento urbano e arquitetura sob o Império", *in* Paula Porta (org.), *História da cidade de São Paulo. A cidade no Império, 1823-1889*, São Paulo, Paz e Terra, 2004, p. 189.
48. Trata-se de barris nos quais se transportava matérias fecais.
49. Francisco de Assis Vieira Bueno, *A cidade de São Paulo: recordações evocadas de memória*, São Paulo, Academia Paulista de Letras, 1976, p. 22 (1ª ed., 1903).
50. Francisco de Paula Ferreira de Rezende, *Minhas recordações*, São Paulo/Belo Horizonte, Edusp/Itatiaia, 1988, p. 235.
51. Miguel Milano, *Os fantasma da São Paulo Antiga (estudo histórico literário da cidade de São Paulo)*, São Paulo, Saraiva, 1949, p. 40.
52. Benedito Lima de Toledo, "A imperial cidade de São Paulo vista por Militão" *in Álbum comparativo da cidade de São Paulo 1862-1887*, São Paulo, Prefeitura do Município de São Paulo, 1981.
53. Antonio Egídio Martins, *op. cit.*, p. 117.
54. Embora o projeto do Viaduto do Chá seja de 1877, foi autorizado apenas nove anos depois e inaugurado apenas em 1892. Ficara em discussão na Câmara, enfrentando reveses, críticas e a forte e conhecida oposição do barão de Tatuí à demolição prevista de parte de seu sobrado.
55. Que eram eles próprios os empreendedores das ferrovias e plantadores de café. O café, com a ferrovia, está por trás das mudanças, mas importa historicizar esse processo.
56. Arquivo do Tribunal de Justiça de São Paulo, 2.O.F., Inventário, Processo 727, 1877.
57. Lucilia Siqueira mostra em instigante artigo que também as populações de média e baixa renda tinham acesso a hotéis, cada vez mais diversificados, e utilizavam

esses locais como pontos de encontro para beber e fumar. Espaços importantes para os imigrantes que iam estabelecendo rituais de sociabilidade — não era apenas o mundo das confeitarias que surgia na cidade, também os mais pobres usufruíam de "novidades urbanas". Lucília Siqueira, "Os hotéis na cidade de São Paulo na virada do século XIX para o XX", texto apresentado no Encontro Versão Paulo, na casa de D. Yayá, CPC-USP, entre 4 e 6 de dezembro de 2007.

58. Afonso de Freitas em seu plan-história da cidade de São Paulo afirma que as ruas já estavam abertas na chácara pelo menos em 1865; João B. de Campos Aguirra anotou em Mapa do Morro do Chá a data de 1863. Eudes Campos, apoiado em pesquisa nas atas da Câmara, diz que a rua Barão de Itapetininga foi efetivamente aberta em 1877, em 1881 foram a Vinte Quatro de Maio e a Conselheiro Cipriniano. Desde de 1863 havia a expectativa e o projeto de abertura, por isso aparecem nos mapas.

59. Arquivo do Tribunal de Justiça de São Paulo, 2.O.F., Inventário, Processo 1.648, 1900. Note-se o tamanho do terreno, ainda uma pequena chácara, em rua recém-aberta, em propriedade para o mercado imobiliário. Explicitam-se padrões de ocupação diferentes, com tamanhos de terrenos diversos, denunciando várias formas de aproveitamento (e numa mesma rua).

60. A questão do crescimento da cidade, impulsionado sobretudo pelo mercado imobiliário, bem como o papel da legislação, é tema caro aos estudos da cidade. A visão que de certa forma dominou, e tem sido frisada, é a da quase inexistência da lei, senão inoperância e incapacidade para controlar o crescimento da cidade, que se teria dado de modo quase anárquico, à revelia do poder público. Caio Prado (1936) e Pierre Monbeig (1958) enfatizaram a desarticulação entre os bairros, para citar o principal problema da urbanização comandada pelos loteamentos privados. Em 1975, um estudo coletivo coordenado por Lucio Kowarick e Vinicius Caldeira Brant, tentou, por outro lado, achar lógica na desordem: "A ação governamental restringiu-se quase sempre a seguir os núcleos de ocupação criados pelo setor privado e os investimentos públicos vieram colocar-se a serviço da dinâmica de valorização-especulação do sistema imobiliário-construtor" (*São Paulo 1975, crescimento e pobreza*, São Paulo, Loyola, 1976, p. 26), Raquel Rolnik, *op. cit.*, frisou que a legislação agia justamente quando procurava não controlar, e legalizava situações que num primeiro momento eram absolutamente ilegais, avalizando aquela dinâmica especulativa.

61. Antonio Egídio Martins, *op. cit.*, p. 163. Eles estavam também envolvidos em outros empreendimentos na cidade, como hotéis, choperias, estabelecimento de linhas de bondes, projeto de urbanização da várzea do Carmo etc.

62. Pierre Monbeig, "Aspectos geográficos do crescimento de São Paulo" *in Ensaios Paulistas*, São Paulo, Anhambi, 1958, p. 189.

63. AMWL, Papéis Avulsos, Livro 287, 1874, fl. 19.

64. Arquivo do Tribunal de Justiça de São Paulo, 2.O.F., Inventário, Processo 85, 1880.

65. Raquel Rolnik, *op. cit.*, p. 103.

66. A crise de 1875 é comumente apontada como um dos principais fatores para o maior direcionamento de capitais para o mercado imobiliário. Alguns anos depois, o aquecimento da economia com o Encilhamento seria responsável por grande inversão de capitais na cidade. Entre os autores que adotam a perspectiva de relacionar a crise de 1875 e o investimento na cidade estão Antonio Egidio Martins, Richard Morse, Raquel Rolnik e Eudes Campos, em suas obras já citadas.
67. Arquivo do Tribunal de Justiça de São Paulo, 1.O.F., Inventário, Processo 2.432, 1880.
68. Henrique Raffard, *Alguns dias na pauliceia*, São Paulo, Biblioteca Academia Paulista de Letras, 1977, p. 60 (1ª ed. em 1890).
69. Wissembach, *op. cit.*, p. 137.
70. Idem.
71. Arquivo do Tribunal de Justiça de São Paulo, 1.O.F. Inventário, Processo 2.437, 1876.
72. Eudes Campos, *op. cit.*, p. 209.
73. O marco é o sobrado de José Maria Gavião Peixoto, de 1858, construído significativamente na área da cidade nova, na rua que daria acesso à estação do trem, anos depois, e abrigaria as mais importantes famílias cafeicultoras. Eudes Campos mostra, analisando a primeira série de fotos de Militão, de 1862/1863, que, ao contrário do que se pretende, a feição das casas e ruas ali registradas era recente, traduzindo mudanças ocorridas nas últimas décadas. Para o autor, a São Paulo de 1862 já era uma cidade em mudança. Eudes Campos, "A cidade de São Paulo e a era dos melhoramentos materiais", Anais do Museu Paulista, São Paulo, Nova Série, v. 15, nº 1, p. 11-114, janeiro-junho de 2007.
74. As duas quitandeiras pardas eram vizinhas, famosas e procuradas. "Derramavam pelas vielas (...) iguarias e guloseimas", como lembrou Paulo Cursino de Moura em *São Paulo de outrora*, p. 36. O famoso café de Maria Punga (Maria Emilia Vieira) e as empadas e o cuscuz de Nhá Maria Café, muito procurados, marcaram aquela região da cidade.
75. Affonso Schmidt, *A vida de Paulo Eiró*, São Paulo, Companhia Editora Nacional, 1940, p. 92.
76. Antonio Egídio Martins, *op. cit.*, p. 230.
77. Eudes Campos, *Arquitetura paulistana sob o Império, aspectos da formação da cultura burguesa em São Paulo*, tese de doutorado, São Paulo, Universidade de São Paulo, 1997, p. 596.
78. *Idem, ibidem*, p. 600.
79. Campinas teve crescimento equivalente ao de São Paulo nas décadas de 1870 e 1880, na frente de expansão do café; muitos fazendeiros moravam na cidade, mas graves epidemias de febre amarela (assim como em Santos) espantaram moradores. Esse foi um dos fatores importantes para São Paulo ganhar preponderância como local de residência dos fazendeiros.
80. Relatório apresentado à Assembleia Legislativa Provincial de São Paulo pelo presidente da província, o exmo. sr. dr. José Fernandes da Costa Pereira Junior, em 2 de fevereiro de 1872, São Paulo, Typ. Americana, p. 44.
81. Morse, *op. cit.*, p. 245.

82. A Várzea era a região dos caipiras, das lavadeiras, das pescarias, das enchentes, dos animais mortos, do lixo atirado, dos ameaçadores miasmas. No final do século XIX nenhum governante faria da Várzea o cartão-postal de sua administração; a essa altura, o vale símbolo era o do Anhangabaú, muito mais homogêneo e condizente com a capital do café.
83. Candido Malta Campos, *op. cit.*, p. 46-47.
84. Eudes Campos pondera que a administração de João Theodoro sofreu oposição na Assembleia, e que as obras levadas a cabo foram feitas de modo precipitado e precário, sem preocupação com a nova ciência da engenharia. Ver "São Paulo, desenvolvimento urbano..", *op. cit.*, p. 218.
85. Se antes a Câmara decidia que regiões seriam arruadas, passa cada vez mais a receber projetos de particulares e simplesmente sancioná-los. Eudes Campos, São Paulo, desenvolvimento urbano..., *op. cit.*, Raquel Rolnik, *op. cit.*, e Candido M. Campos, *op. cit.*, também discutem o assunto.
86. Eudes Campos, "São Paulo, desenvolvimento urbano...", *op. cit.*, p. 224.
87. É um processo sobretudo posterior, mas que se inicia nesse período. O historiador Paulo C. Garcez Marins acredita que em São Paulo a estratificação social do espaço urbano, com os bairros jardins, exclusivistas, se deu de maneira muito mais eficiente do que no Rio de Janeiro; "Habitação e vizinhança"; *in* Nicolau Sevcenko (org.), *op. cit.*, p. 178.
88. Caio Prado Jr., *op. cit.*, p. 130.
89. Alfonso Lomonaco, *Al Brasile*, Milão, Dott. Leonardo Vallardi, Edit, 1889, p. 116. Parte do trecho é de tradução de Ernani da Silva Bruno, em *História e tradições...*; o restante é de tradução minha.
90. Candido Malta Campos, *op. cit.*, p. 57.
91. Antonio Egidio Martins, *op. cit.*, p. 202.
92. *Idem, ibidem*, p. 203.
93. Maria Cristina C. Wissembach, *Ritos de magia e sobrevivência*, tese de doutorado em História, São Paulo, Universidade de São Paulo, 1997, p. 80-81.
94. Maria Odila Leite da Silva Dias, Prefácio ao estudo de Maria Inez Borges Pinto, *Cotidiano e sobrevivência*, São Paulo, Edusp/Fapesp, 1994, p. 19.
95. *Código de Posturas do Município de São Paulo*, 6 de outubro de 1886, Art. 20, parágrafos 1-7.
96. AMWL, Papéis Avulsos, 1875, vol. I, 287, fls. 6, 98 e 182.
97. Antonio Egidio Martins, *op. cit.*, p. 22.
98. Ann Hanley, *Capital markets in the coffee economy: financial institutions and economic change in São Paulo, Brazil, 1850-1905*, *Ph.D.* em História, Palo Alto, Califórnia, Stanford University, 1995, p. 182.
99. Flávio A. Marques de Saes, *Crédito e bancos no desenvolvimento da economia paulista*, São Paulo, IPE, 1986, p. 88.
100. Sobre os palacetes e seu simbolismo, ver Maria Cecília Naclério Homem, *O palacete paulistano e outras formas de morar da elite cafeeira, 1867-1918*, São Paulo, Martins Fontes, 1996.

101. Arquivo do Tribunal de Justiça de São Paulo, 2.O.F., Inventário, Processo 1.702, 1901.
102. Antonio Egidio Martins, *op. cit.*, p. 166.
103. *Idem.*
104. Arquivo do Tribunal de Justiça de São Paulo, 2.O.F., Inventário, Processo 1.509, 1898.
105. Em seu estudo, Sênia Bastos nos mostra vários episódios nos quais fica evidente a resistência dos negociantes em cumprir as determinações da municipalidade com relação ao horário de funcionamento de suas casas. Com efeito, o artigo 179 do Código das Posturas Municipais era constantemente burlado pelas práticas e situações vividas no dia a dia. Assim, por exemplo, sabemos que Manuel Ferreira Nunes fora multado "por estar com a porta de sua padaria aberta depois das nove horas da noite". Por essas e por outras, podemos notar como a jornada desses comerciantes era longa. Cf. Sênia Bastos, *A cidade por seus moradores, ação e participação dos moradores na administração da cidade de São Paulo, na segunda metade do século XIX*, tese de doutorado em História, São Paulo, Pontifícia Universidade Católica, 2001, p. 68 e 85.
106. Arquivo do Tribunal de Justiça de São Paulo, 1.O.F., Inventário, Processo 2.428, 1879.
107. Enquanto os donos de armazéns ficavam com, em média, 50,5% do patrimônio, entregando o resto para pagamento das dívidas, os outros negociantes mantinham 66,5%.
108. Entre outros, Marcos Magalhães de Aguiar, *Vila Rica dos Confrades*, dissertação de mestrado em História, FFLCH/USP, 1993.
109. Não ter espaço garantido para o enterro é um dos motes da peça de Jorge Andrade, que ilustra muito bem essa crença; ver *As confrarias*, de 1969, no livro *Marta, a árvore e o relógio*, São Paulo, Perspectiva, 1970.
110. A Sociedade Germânia, a mais influente sociedade alemã, tinha sede em várias cidades. A do Rio de Janeiro foi fundada em 1821, por comerciantes e industriais.
111. Tânia Regina de Luca, *O mutualismo em São Paulo: o sonho de um futuro assegurado*, dissertação de mestrado em História, São Paulo, Universidade de São Paulo, 1988, p. 87.
112. Sobre o surgimento de associações voluntárias, de classe e de crédito, no contexto da urbanização na Inglaterra no final do século XVIII e na primeira metade do XIX, ver estudo de R. J. Morris, *Class, Sect and Party, the Making of the British Middle Class, Leeds, 1820-1850*, Manchester, Manchester University Press, 1990, especificamente, o capítulo 7, "The middle classes and the voluntary societies", p. 161. O autor afirma que a "evidência das associações voluntárias sugere uma relação mais independente com as elites urbanas" (p. 166). Morris também observa o rápido crescimento no número de associações nas cidades sobretudo entre 1800 e 1850 (p. 168). Só que, em Leeds, surgiu uma associação de crédito e empréstimo em 1844, para pequenas quantias, o que não ocorreu em São Paulo.

CAPÍTULO VI

Imigração no Sul do Brasil

João Klug

Enquanto finalizo este texto, a imprensa divulga a chegada ao Brasil de um grupo de palestinos que, depois de quatro anos em diferentes campos de refugiados, são aqui acolhidos. No Brasil deverão reconstruir sua existência. Vivenciaram um processo de desterritorialização, agora iniciam uma nova etapa, de reterritorialização e de reconstrução de suas identidades.[1]

Imigrante, conforme Bóris Fausto, é aquele que vivencia dois polos ou duas sensações contrastantes: de um lado, o rompimento, "o encerramento de uma parte da existência" e, do outro, a chegada que cria expectativas e esperanças, ao lado de incertezas e temores.[2] Uma vez no Brasil, passam a ser o "outro", e nessa relação de alteridade iniciam a construção de uma nova identidade.

Na história do Brasil é notória a participação do contingente imigrante europeu não ibérico na formação do perfil e da identidade dos três estados meridionais do país. A partir dessa constatação percebe-se uma historiografia relativa ao tema, que assume, muitas vezes, tons triunfalistas, exagerando quanto à contribuição, especialmente a alemã e a italiana. O sul só teria conseguido atingir o nível e índices atuais em função do imigrante, especialmente dessas etnias, dadas suas laboriosidade e abnegação. Trata-se de uma leitura unilateral, com base mais no senso comum do que na pesquisa, e o desafio é superá-lo (ou até negá-lo), visto que o senso comum não é critério de confiabilidade em história.

Em torno dessa temática é frequente uma historiografia regional, exaltando o papel dos pioneiros. No entanto, na maior parte das vezes, não há preocupação crítica, analítica, e na ausência dessa perspectiva, elaboram-se verdadeiras apologias, fortalecendo o mito do pioneiro.

Assim, cai-se facilmente num determinismo personalista, no qual o triunfo se deveu à "fibra dos pioneiros", e, em função dessa qualidade, só restava o sucesso e nunca o fracasso. Nesse contexto, viceja uma historiografia laudatória, comemorativa.

Também a exaltação étnica permeia essa temática, reforçada pela crescente indústria turística nas áreas de imigração no sul do Brasil. Estereótipos são reforçados, tradições são inventadas, o produto "típico" (alemão e italiano) é criado em profusão e oferecido como mercadoria turística a um contingente de visitantes que cresce a cada ano. Afinal, lhes é vendida a ideia de que visitando algumas cidades/regiões, estarão percorrendo a Europa sem sair do Brasil. Assim, a temática relativa à imigração nessa região, ao invés de se esgotar, amplia-se cada vez mais, incitando o pesquisador.

Ao longo do século XIX, milhões de europeus deixaram a Europa, o que nos permite falar em fatores de expulsão, como: industrialização e a consequente proletarização de boa parcela da população; a crise agrária e dificuldade de reprodução da família camponesa; os desdobramentos das revoluções liberais; guerras diversas etc.

No mesmo período verificavam-se no Brasil vários fatores de atração, como a política de branqueamento da população; a necessidade de ocupação de espaços na fronteira sul; a ideia de criação de um segmento médio rural com base na pequena propriedade familiar. Estes, entre outros, são fatores que impulsionaram a vinda de milhares de imigrantes.

As primeiras tentativas de fixar imigrantes europeus (não portugueses) foi feita ainda por d. Pedro I, com a Colônia Santo Agostinho no Espírito Santo, em 1812. Poucos anos mais tarde a experiência teve prosseguimento com a criação da colônia suíça de Nova Friburgo, em 1819, na região serrana do Rio de Janeiro. Da mesma forma, foram realizadas tentativas na província da Bahia, com a fundação da Colônia Leopoldina, em 1818, e São Jorge dos Ilhéus, em 1822.

No primeiro momento (1812-1830), a política de colonização não produziu resultados significativos, e foi interrompida em 1830.

De acordo com Giralda Seyferth, com base em J. F. Carneiro, "entre 1818-1850, o Brasil recebeu um número relativamente pequeno de europeus (menos de 20.000 indivíduos) e, entre eles, cerca de seis mil alemães foram encaminhados para projetos de colonização nos Estados do Rio Grande do Sul, Santa Catarina e Paraná".[3]

Verifica-se, em certa medida, consenso entre os autores quanto ao início da imigração alemã, que se dera por influência da imperatriz Leopoldina, filha do imperador Francisco I, da Áustria. Aliado a isso, convém frisar que para Portugal não era interessante trazer imigrantes de estados possuidores de colônias, tais como França, Inglaterra, Holanda e Espanha. Abrir as portas da colônia (e, depois, do recém-criado império) poderia significar um risco, daí, a preferência por imigrantes dos estados alemães, da Suíça e da Itália. Tal imigração fazia parte da estratégia política do imperador d. Pedro I, segundo o qual "é necessário apoiar o desenvolvimento da agricultura, é absolutamente necessário facilitar a travessia e fomentar o aliciamento de bons colonos que aumentem o número de braços dos quais necessitamos..."[4]

Em relação ao período do Primeiro Reinado, sob o comando de d. Pedro I, pode-se dizer que a política de imigração/colonização/povoamento caracterizou-se pela irregularidade, pelo abandono e o desencorajamento.

Dadas as dificuldades em atrair imigrantes, o debate se intensificou na década de 1840, concentrando-se sobre duas questões principais:

a) dificuldade de assentar imigrantes em terras devolutas e escolha das melhores medidas a serem adotadas para o sucesso econômico das colônias, o que levava a uma hierarquização dos imigrantes de acordo com sua suposta capacidade de produzir uma agricultura considerada moderna;

b) a conveniência (ou não) de se abolir a escravidão, com vistas a tornar o Brasil um país civilizado.

Em torno destas questões, em 1846, o visconde de Abrantes publicou um texto em Berlim, no qual sugere um conjunto de medidas necessárias para atrair imigrantes, especialmente dos estados alemães, visto que, em sua concepção, os alemães se revelavam mais aptos para a agricultura. Dentre as medidas sugeridas, destacam-se a abolição da escravidão; a possibilidade de naturalização; venda de terras públicas, com emissão de títulos de propriedade e a liberdade religiosa para protestantes.[5]

Essas ideias foram retrabalhadas duas décadas depois, especialmente pelo deputado Aureliano Cândido Tavares Bastos, que desenvolveu verdadeira apologia da imigração protestante para o Brasil.[6]

O geógrafo alemão Leo Waibel, estudioso da colonização alemã no sul do Brasil, concluiu, em 1949, que o assunto imigração/colonização constituía-se num "magno problema nacional".[7] Conforme Waibel, no início do processo colonizador o Brasil meridional estava sujeito a ataques dos argentinos pelo sul e da população indígena pelo interior que ocupava as florestas, não povoadas pelos homens brancos num primeiro momento, que "apenas as cruzaram rapidamente ao longo de alguns caminhos de boiadeiros e de tropas".[8]

Foi exatamente a região de matas habitadas pelos indígenas que passou a ser vista como estratégica. Sua ocupação faria retroceder ou mesmo eliminar parte dessa população.

Cedendo à pressão dos latifundiários escravistas, o governo imperial baixou, em 1830, uma lei proibindo qualquer despesa, por parte do governo, com a imigração e colonização de estrangeiros em qualquer das províncias do império. Os motivos eram claros: os latifundiários percebiam a pressão inglesa para dar fim ao tráfico escravista, o que lhes era altamente nocivo.

Em 1834, tal atividade foi delegada às províncias, que deveriam também arcar com os custos do processo. Dois anos depois, em 1836, a província de Santa Catarina elabora sua legislação a esse respeito, permitindo a colonização através de companhias colonizadoras ou de empresas particulares, nacionais ou estrangeiras.[9]

A partir do segundo quarto do século XIX, uma questão se impunha ao recém-criado império brasileiro: quem deveria ocupar essa área de densas florestas no Brasil meridional? Luso-brasileiros, colonos açorianos e madeirenses não haviam mostrado interesse em ocupar áreas de mata, preferindo o campo aberto e aí se estabelecendo com estâncias de criação de gado em regime extensivo.

A oligarquia latifundiária mostrava sua força, pressionando a corte, de tal forma que em 1842 o Conselho de Estado (dominado por essa oligarquia) propôs que:

> Um dos benefícios da providência que a Secção tem a honra de propor a Vossa Majestade Imperial é tornar mais custosa a aquisição de terra (...) Como a profusão em datas de terras tem, mais que outras causas, contribuído para a dificuldade que hoje se sente de obter trabalhadores livres, é seu parecer que dora em diante sejam as terras vendidas sem exceção alguma. Aumentando-se, assim, o valor das terras e dificultando-se, consequentemente, a sua aquisição, é de esperar que o imigrado pobre alugue seu trabalho por algum tempo.[10]

O assunto relativo à imigração mostrava-se candente, de tal maneira que em 1848 foi promulgada a Lei Geral n° 514, de 28 de outubro, que afirmava, em um de seus artigos, que cada província tinha o direito de dispor de uma área de 36 léguas quadradas que seria utilizada exclusivamente para colonização. Salientamos que essa lei imperial explicitava que as terras devolutas nas províncias do império, destinadas à colonização, não poderiam ser roteadas por braços escravos.[11] Os títulos de posse seriam concedidos somente aos imigrantes após comprovação de efetivo cultivo do solo num prazo máximo de cinco anos — condições que, aliás, não foram observadas.

Essa lei normatizou a criação de colônias e regeu o sistema fundiário até o advento da república em 1889.

Em certo sentido é razoável afirmar que, com a Lei de Terras (Lei n° 601, de setembro de 1850), a oligarquia latifundiária reorganizou-se pela via imobiliária, com as empresas colonizadoras fundadas a partir de uma nova lógica aplicada às questões relativas à terra, a lógica mercantil, regulamentando a concessão de terras públicas e a expedição de títulos de propriedade a estrangeiros.

A partir da segunda metade do século XIX, verificou-se uma junção de interesses entre o poder público e as empresas privadas. A fundação de novas colônias valorizava a terra e aumentava o controle do Estado sobre novas áreas. Terras devolutas eram transformadas em mercadoria e vendidas em pequenas parcelas, o que, em algumas regiões do sul do Brasil (oeste de Santa Catarina, por exemplo), implicou a expropriação de antigos ocupantes, como posseiros, caboclos e, sobretudo, índios, que gradativamente foram sendo confinados ou exterminados.

A lei proibia o acesso gratuito à terra, mas, por outro lado, segundo Jean Roche, possibilitava as "legitimações de complacência", o que permitia a apropriação de milhares de hectares que viriam a ser comercializados mais tarde por colonizadores privados.[12] Na prática, a lei impedia que, através da apropriação da terra, se estabelecesse no futuro uma eventual concorrência entre pequenos agricultores, que, multiplicando-se, poderiam colocar em perigo a hegemonia dos latifundiários.

Martin Dreher, ao discutir a temática imigratória e especialmente analisando a situação dos imigrantes protestantes no sul do Brasil, destaca que foram vários os contextos em que o imigrante protestante foi útil:

a) Na política de branqueamento, pois que "ao chegar no Brasil, d. João deparara-se com um Brasil negro. Esse fato aliado aos levantes baianos (entre 1807-1810) e à revolução haitiana criaram no seio da classe dirigente brasileira a ideologia racista do branqueamento da raça".[13]

b) Combate ao indígena, o que pode ser percebido ao estudar a geografia da colonização por meio de imigrantes. As colônias foram localizadas em áreas povoadas por indígenas, às margens de caminhos estratégicos, e que precisavam ser defendidas do ataque desses.

c) Segurança nacional, garantindo a posse da terra no Brasil meridional, visto que a população ligada à criação do gado, dado seu baixo contingente, não poderia garantir a posse do território. Ao lado disso, fazia parte da segurança nacional a produção de alimentos para abastecimento dos militares aquartelados na região.

d) Valorização fundiária, transformando a terra em mercadoria rentável. Neste sentido, Valdir Gregory enfatiza que a criação dos diversos núcleos coloniais obedeceu a critérios e interesses do próprio latifúndio, localizando as colônias em áreas consideradas marginais e que, gradativamente, foram inseridas nas relações capitalistas.[14]

e) Construção e manutenção de estradas.

f) Criação de uma classe média brasileira, visto que até então havia somente o latifundiário e o escravo. Os imigrantes em regime de pequena propriedade poderiam situar-se numa posição intermediária entre os escravos e os grandes proprietários de terra, constituindo, a um só tempo, mercado consumidor e produtor de gêneros necessários ao latifúndio, os quais esse não produzia.

A imigração para o sul do Brasil gerou um modelo de colonização bastante diferente daquele do português no antigo sistema colonial, inserindo uma nova ordem na qual as teorias raciais ganhavam espaço e consistência, colocando o regime de escravidão, no mínimo, sob um holofote interrogativo.

No sul, a imigração foi o ponto de partida para a colonização de extensas áreas não ocupadas pelo latifúndio, em um processo onde pôde-se perceber a congruência de interesses do império brasileiro e de particulares, visto que, para o governo, a colonização significaria o povoamento que uma vez bem conduzido, poderia ser altamente lucrativo.[15]

Deve ser igualmente destacado que a imigração nunca foi um fenômeno gerador de unanimidade. Em relação à alemã, por exemplo, verificam-se posições antagônicas: de um lado, autores expondo as vantagens que o sul do Brasil oferecia e que iam desde um exagerado otimismo até o irreal e fantástico; de outro, aqueles que chamavam atenção para a constelação de problemas de toda ordem, desestimulando, portanto, a imigração. De maneira geral pode-se dizer que a contrapropaganda era superada pela propaganda favorável, que encontrava respaldo nos agentes de imigração, companhias colonizadoras e empresas de transporte transatlântico.[16] Casos de imigrantes bem-sucedidos, que se tornaram "colonos fortes", eram amplamente divulgados. Gregory afirma que cartas de colonos chegavam a ser copiadas de 100 a 1.000 vezes.[17]

Em sua obra *Guia de instruções aos imigrantes para a província de Santa Catarina no sul do Brasil*, escrita em 1851, Hermann Blumenau classifica os imigrantes alemães em três categorias:

a) aqueles que não possuem recursos e que, por essa razão, deverão trabalhar como empregados, a fim de ajuntar o dinheiro necessário para poder instalar-se por conta própria;

b) aqueles cujos recursos são suficientes para estabelecer-se, mas contam apenas com a força de seus braços. Esses, além da passagem, precisarão de 250 a 500 mil-réis para o sustento da família;

c) os mais abastados, que desejam investir o capital e aplicar seus conhecimentos, mas devido ao fato de não pretenderem realizar trabalhos braçais, tornam-se dependentes de mão de obra assalariada.[18]

Em relação a esses três grupos, H. Blumenau conclui que para a primeira categoria, formada pelos sem posses, as perspectivas não são boas. No entanto, afirma que, dada a falta de trabalhadores, eles logo conseguirão emprego com salário satisfatório e, em alguns anos, poderão economizar o bastante para ter o seu próprio lar. As novas colônias, bem como o espírito especulativo dos proprietários rurais, que os leva a dividir suas grandes propriedades, permitem aos indivíduos dessa categoria adquirir, por preço muito baixo, pequenas áreas à sua escolha e adequadas às suas condições.

Em seu *Guia*, Blumenau destaca que os salários diferem de acordo com a idade e a destreza do trabalhador: um jovem receberá 6.000 a 8.000 réis mensais. Um adulto, de 12.000 a 24.000 réis, além da alimentação, que consiste em carne três vezes ao dia, sentado à mesa do patrão no café da manhã e à noite. Percebe-se, nessa orientação a imigrantes pobres, que, uma vez no Brasil, seria possível algo inviável para camponeses pobres na Europa: comer carne três vezes ao dia e sentar-se à mesa do patrão.

Aponta, ainda, para as possibilidades das mulheres imigrantes, afirmando que "caso saibam comportar-se e sejam razoavelmente bonitas, casam-se logo, pois de um modo geral os homens preferem estas às nativas (...) As mulheres moças encontram ocupação na cozinha, no serviço leiteiro e no jardim; além disso, aos domingos, podem costurar e obter um ganho extra".[19] Trata-se de faceta reveladora e que lança alguma luz sobre o estudo de gênero no contexto da imigração.

A preocupação com os detalhes pode ser percebida no seu *Guia*, pois orienta que "para famílias sem recursos e com filhos pequenos torna-se mais difícil encontrar um local para ficar, pois as crianças necessitam de cuidados e alimentação, impedindo a mãe de trabalhar. Mas, não deve preocupar-se demais, pois conseguirão trabalho e moradia junto aos colonos mais pobres".

Mais adiante, recomenda que "não é aconselhável que muitas pessoas sem posses venham ao mesmo tempo, pois seria difícil auxiliá-las".

A segunda categoria é preconizada por Blumenau como a ideal para compor o contingente imigratório, constando daqueles que dispunham de alguns recursos, conheciam a dureza do trabalho agrícola e contavam com mão de obra familiar. Enfatiza que esses "zelam pelo que possuem e não deixam levar-se por esperanças vãs, como acontece com as duas outras classes (...) Então, desde que ultrapassam o primeiro ano, o mais difícil, poderão vislumbrar um futuro promissor".

Recomenda que se possível "(...) todos os homens disponíveis dessas famílias pudessem chegar uns 6 a 12 meses antes da imigração programada, munidos do material para a viagem e do capital para a aquisição de terras, com o objetivo de providenciarem instalações apropriadas e iniciarem o cultivo das plantações".[20]

Observando ainda o aspecto empírico da imigração, Blumenau recomenda que os componentes desse grupo, que eram maioria no contingente por ele administrado, deveriam permanecer o menor tempo possível na capital (Desterro). Assegura que encontrariam moradia com colonos já estabelecidos, o que significaria boa economia, ao lado de aprendizado prático e concreto daquilo que lhes aguardava. Recomenda também que, em vez de se estabelecerem por conta própria, optassem por um trabalho cooperativo, visto que "(...) é vantajoso que várias famílias desta classe se estabeleçam e trabalhem de comum acordo (...) a fim de que obtenham resultados compensadores".

Além das questões técnicas e materiais, Blumenau considera relevante para o êxito de um grupo de famílias um bom relacionamento, destacando que

> (...) as famílias que pretendem se unir precisam conhecer-se muito bem e, de preferência, terem as mesmas condições financeiras. Além disso, seu número não pode ultrapassar dois ou três, pois se forem muitas pessoas, normalmente as mulheres não conseguem entender-se por muito tempo, prejudicando a união, aborrecendo a todos e, geralmente, causando brigas e discussões.[21]

Chamamos a atenção para o fato de que, na visão do autor do *Guia*, a eventual causa de desentendimentos no grupo, e o consequente insucesso, seria em detrimento das mulheres e não dos homens.

A terceira categoria era aquela composta por imigrantes que dispunham de capital e que, como afirma Blumenau, eram "os abastados com vontade de emigrar e que não sabem manejar a enxada e o machado". Dada a falta de experiência com a agricultura, precisariam contratar empregados ou utilizar seu capital e conhecimentos de outra maneira. Esses, salienta, são as pessoas mais difíceis de aconselhar. Reforça a ideia de que o imigrante que exercesse atividades não agrícolas e fosse dono de considerável capital (comparado aos demais) não faria bom negócio emigrando para Santa Catarina. Nesse sentido, afirma:

> Não vale a pena os industriais estabelecerem-se em Santa Catarina, sem que se apóiem na agricultura e estejam intimamente ligados a ela, em virtude de que a produção na Província ainda é muito pequena para a implantação de alguma coisa maior e mais rentável nas cidades. A agricultura é o modo mais seguro para aquele que aprecia uma vida independente e ama a natureza, pois assim, poderá unir ambas de modo agradável e construir com muito trabalho uma existência confortável e tranquila. Entretanto, nenhuma pessoa sensata pode esperar enriquecer a curto prazo, voltando para a Alemanha como o primo rico do Brasil.[22]

Em outra obra, escrita em 1850 (*Sul do Brasil em suas referências à imigração e colonização alemã — Fragmentos de notícias, observações e sugestões especialmente para emigrantes*), o dr. Blumenau evidencia seu conceito em relação aos brasileiros, refletindo a concepção vigente daquele período, calcada nas teorias raciais que se construíam. Afirma que:

> O brasileiro, por ser uma mistura de raças, demonstra em seu caráter uma grande indolência, preguiça, sensualidade, sofre de impetuosa paixão e irascibilidade, característica dos povos de países tropicais, como também gosta de enganar no comércio, tanto quanto o norte-americano, possuindo muito talento para esta arte. Quanto

> mais ao norte e mais quente, mais perceptíveis são estas características. Mas o brasileiro também demonstra uma mente esperta e sensível, geralmente ágil na compreensão, tem muito talento, hospitalidade, simpatia e sociabilidade com relação aos estranhos, além de muita caridade, da qual certos imigrantes alemães, que não gostam de trabalhar, abusaram, o que considero uma vergonha.[23]

Nos decênios de 1860-1870, os colonizadores que se ocupavam com a instalação de alemães no sul do Brasil tiveram que lidar de forma intensa com o Reescrito Von der Heydt, de 1859, promulgado no reino da Prússia, que teoricamente colocava obstáculos à imigração de alemães para o Brasil, em função das denúncias de maus-tratos sofridos por estes, especialmente nas fazendas de parceria no estado de São Paulo. O documento revogava as licenças concedidas que dispunham sobre o transporte de emigrantes para o Brasil, assim como suspendia a outorga de novas licenças.

Em torno do assunto, percebe-se que facilmente ocorrem equívocos. Autores apontam para o caráter prejudicial dessa portaria, que teria acarretado grandes prejuízos para os empreendimentos com imigração alemã. Por outro lado, é necessário examinar as fontes com mais atenção, procurando avaliar o real alcance de tal medida. Concretamente, não proibia a emigração para o Brasil como se lê com frequência, mas pretendia proteger os súditos prussianos frente aos agentes inescrupulosos. Alguns colonizadores se sentiram prejudicados com a medida, caso, por exemplo, de Hermann Blumenau. De certa forma, o governo brasileiro foi forçado a regularizar a situação jurídico-legal dos imigrantes protestantes.

A constatação é de que a referida portaria foi praticamente sem efeito, segundo as estatísticas brasileiras. De acordo com Fouquet, entre 1850-1860 imigraram para o Brasil 15.815 alemães ou 1.581 pessoas/ano. Entre 1860-1895 (portanto em plena vigência da referida portaria), esse número foi de 63.500 alemães, ou 1.800 pessoas/ano. Concretamente, a emigração alemã tomou maior impulso depois de 1859. Para Blumenau, por exemplo, entre 1850-1859, vieram em média 93 imigrantes/ano. Após o Reescrito Von der Heydt, entre 1860-1881, vieram em média 330 imigrantes/ano, o que aponta para a ineficácia da medida.

Em relação às várias colônias nas áreas de imigração no Sul do Brasil, verifica-se algo que normalmente tem sido aceito sem questionamentos. Trata-se da tese de que frente à extensa gama de dificuldades enfrentadas, esses grupos tiveram sua identidade étnica fortalecida. Conforme sugere Tramontini, "existe nesta análise uma certa concepção romântica", a qual exalta a lembrança da miséria dos pioneiros e da fraternidade no sofrimento, o que gera uma "visão fatalista sobre os imigrantes frente aos problemas, o que, em parte, poderia nos explicar a revolta individual, a inércia, o alcoolismo, a nostalgia e a desmotivação de alguns".[24]

Esses aspectos são vistos como próprios dos grupos de imigrantes, deles retirando qualquer aspecto positivo da eventual revolta, ou seja, revolta e reivindicação parecem não se adequar ao perfil dos imigrantes, apresentados fundamentalmente como trabalhadores, dóceis e apolíticos. Tramontini, ao contrário, estudando a colônia alemã de São Leopoldo, no Rio Grande do Sul, destaca justamente o papel dos conflitos, assim como Machado, ao estudar as colônias italianas de Caxias do Sul, Bento Gonçalves e Garibaldi.[25] A identificação entre os imigrantes se fortalecia no confronto, no enfrentamento das dificuldades, que poderia dar-se pelo trabalho, revolta, rebeldia, luta ou reivindicação, fatores que contribuíam na organização do mundo colonial no Brasil meridional — processo que podemos definir como de consolidação da solidariedade com base étnica.

Nesse debate verifica-se também outra tese, já consagrada e utilizada por vários autores, o qual aponta para o isolamento como forte marca da colonização alemã e italiana. Ora, esse aspecto deu margem a que se desenvolvesse a ideia do enquistamento étnico no Sul do Brasil, de que os imigrantes constituíam um tipo não assimilável, impermeável à sociedade brasileira, que se organizava à revelia de sua estrutura jurídica, administrativa, econômica e social. Tramontini chama a atenção para a necessidade de se reavaliar tal hipótese, refutando sua força determinante na conformação das comunidades étnicas.[26]

As fontes revelam que, tanto no Rio Grande do Sul como em Santa Catarina, os imigrantes alemães não optaram deliberadamente pelo isolamento étnico. Em Santa Catarina, a imprensa em língua alemã no último quarto do século XIX é farta em anúncios solicitando e oferecendo trabalho para professores bilíngues. Queriam que seus filhos aprendessem a língua do país, pois teriam melhores condições de ascensão econômica e social. O colonizador Hermann Blumenau manifestava essa preocupação em seu relatório de 1876:

> (...) Não passam de gracejos de mau gosto, de parvoíce ou acinte, as insinuações ou acusações de que os habitantes alemães se obstinassem em não aprender a língua do país. Todos sentem a cada dia e passo os graves inconvenientes, incômodos e palpáveis prejuízos que a ignorância da língua causa a eles mesmos e ao futuro de seus filhos. Mas como remediar com brevidade o mal, quando numa população de mais de 10 mil almas disseminadas sobre vasta superfície, existem apenas duas aulas públicas...[27]

Deve-se levar em conta que é exatamente na relação de alteridade — frente ao outro, ao estranho — que se reforçavam os vínculos das comunidades étnicas, gerando estratégias de resistência e encaminhamento de soluções para problemas comuns. Em tal contexto, Tramontini sugere a ideia de "organização social com base étnica", em vez de identidade étnica, "uma vez que o grupo imigrante ainda não erigira uma fala, um discurso ou uma imagem sobre si próprio, ou atribuíra legitimidade aos seus representantes".[28]

Para muitos, o fato de o império brasileiro ter permitido a formação de colônias com alta concentração de estrangeiros no sul do território foi um grande erro. Com o correr dos anos, especialmente as colônias alemãs passaram a ser alvo de um discurso xenófobo por, supostamente, rejeitarem os valores nacionais e a brasilidade.

Deve ser ressaltado o fato de que, no império, o *staff* político não sabia lidar com o imigrante, segmento que formava contingente populacional livre e pobre mas com certa capacidade de organização social que atendia em boa medida a sua demanda, num contexto em que o Estado pouco se fazia presente.

Conforme Caio Prado Jr.,

> Os proprietários, habituados a lidar exclusivamente com escravos, e que continuavam a conservar muitos deles trabalhando ao lado dos colonos, não tinham para com estes a consideração devida à sua qualidade de trabalhadores livres; os contratos de trabalho que os imigrantes assinavam antes de embarcarem na Europa (...) eram geralmente redigidos com proveito exclusivo dos empregadores e, não raro, com acentuada má fé.[29]

Na realidade, para vários intelectuais, além da abolição da escravidão, não havia maior clareza ou projeto em torno do destino da população escrava e dos demais trabalhadores nacionais enquanto possíveis colonos, ocupantes de pequenas propriedades. A possibilidade nem sequer é considerada. "Trabalho livre" era mais uma desqualificação do escravo do que propriamente uma proposta de trabalho independente.

Em relação às áreas de imigração no sul, verifica-se quase uma convenção de que nelas não houve escravos ou, como sugerem Salomon e Voigt, "fala-se de escravos ou da escravidão para afirmar que estes não existiram entre os alemães".[30]

No que diz respeito à Colônia Blumenau, por exemplo, constituiu-se a noção, que é canonicamente cultivada, de que lá não existiram escravos. Segundo os autores mencionados, a própria historiografia não consegue pensar, concomitantemente, a imigração europeia no século XIX e a escravidão. Seriam processos que se contrapõem, portanto, excludentes.

Em relação à colônia alemã de São Leopoldo, deve ser destacado que em 1847, numa população de 8.500 habitantes, havia 154 escravos. Destes, 90 pertenciam a alemães, o que, em princípio, afrontava as disposições legais, contrárias à aquisição de escravos por imigrantes, visto que não poderia haver, no mesmo espaço, colonos e escravos.

Ainda em relação à área de Blumenau, enfatizamos que o início desse empreendimento colonizador se fez utilizando exatamente a mão de obra escrava, pois que Hermann Blumenau e seu sócio Ferdinand Hackradt haviam adquirido cinco escravos no Rio de Janeiro em 1848.[31]

O assunto escravos/escravidão foi um dos fortes pontos de discórdia entre Hermann Blumenau e o cônsul Johann Jacob Sturz, visto que o último manifestava-se claramente antiescravista. Em carta dirigida a Sturz, datada de 1846, portanto nos preparativos de seu empreendimento colonizador, Blumenau chama a atenção do cônsul, advertindo-o em relação a esse polêmico assunto.

> Por tudo neste mundo peço-lhe, porém, de deixar de lado a desgraçada história dos escravos, abolição, tráfico de escravos e outras coisas semelhantes. O Sr. não consegue nada com isto, estragam para si o que teriam podido ganhar, e adquirem ainda mais inimigos do que já têm. Eu próprio fico em perigo.[32]

Chamamos a atenção para a veemência com que Blumenau pede que não se mexa nessa questão, pois ela poderia prejudicar seus negócios.

Pesquisando documentos relativos à Junta de Classificação de Escravos do Município de Itajaí, Salomon e Voigt concluem que, em 1873, no vale do Itajaí, numa população de 5.107 imigrantes divididos entre as colônias Blumenau e Brusque, viviam 800 escravos, o que nos autoriza a pensar na compatibilidade entre escravidão e pequena propriedade.[33] Os autores levantaram uma lista dos imigrantes da área proprietários de escravos, concluindo que

> (...) tratava-se de imigrantes que já se encontravam há mais tempo estabelecidos no Brasil. Desta forma, percebe-se que o imigrante alemão que adquiria escravos, em sua grande maioria, não o fazia assim que se estabelecia, geralmente o fazia depois de algum tempo instalado em suas terras, provavelmente em decorrência do acúmulo de um pequeno capital, que lhe permitiria tal possibilidade (...) A aquisição de um escravo por parte de um imigrante alemão parecia impor para o próprio imigrante um problema ético-moral. Primeiramente, porque na Europa as ideias liberais já não aceitavam tal prática, a qual, mesmo nos Estados Unidos, já era seguidamente combatida; depois, porque os imigrantes deveriam representar o trabalho livre, em contraposição ao escravo.[34]

Se o império é marcado por uma política escravista que gradativamente se foi desgastando, o advento da República em 1889 exigiu nova articulação do latifúndio. A colonização deixou de ser tarefa específica do governo federal, pois a administração de terras devolutas passava à esfera estadual. Assim, os estados sulinos direcionaram a imigração para novas fronteiras agrícolas, evitando problemas com os latifúndios estabelecidos em áreas de criação de gado. A partir daí, o processo imigratório foi marcado de forma especial pelas companhias particulares de colonização, que proliferaram na região no final do século XIX e início do XX.

Nos três estados da região Sul, a imigração construiu um espaço *sui generis*, o espaço colonial, ocupado fundamentalmente por euro-brasileiros, os "laboriosos colonos ítalos e teuto-brasileiros", capazes de transformar os sertões infindos em áreas de civilização e progresso, conforme a historiografia apologética da colonização no sul do Brasil.

Ressaltamos que a pequena propriedade agrícola nessa região é herança do imigrante europeu, mas é, também, uma concessão do latifúndio.[35]

A estrutura da paisagem colonial, composta por lotes e pequenos povoados, formou uma verdadeira teia, que aos poucos foi ocupando as áreas de floresta. A pequena propriedade constituiu-se na unidade básica das áreas de imigração. Os núcleos de colonização foram localizados nos vales dos rios — que serviram como primeira via de comunicação com o litoral — em áreas de densas florestas.

No início do processo de colonização do Rio Grande do Sul, os lotes tinham superfície de 75 hectares, diminuída para 50 hectares em meados do século XIX. No entanto, podemos afirmar que o lote padrão foi o de 25-30 hectares. Dada a dificuldade de reprodução da família camponesa nessa área, as gerações seguintes experimentaram intenso processo de remigração para novas áreas, como o oeste de Santa Catarina e o sudoeste e oeste do Paraná.

Os lotes eram medidos em ambos os lados de uma linha/picada e aí os colonos construíam sua casas em sucessão. Essa disposição física não foi opção do imigrante, visto que em seus países de origem os camponeses viviam em pequenos aglomerados, como vilas ou aldeias. No Brasil, na fase inicial da imigração, a marcação dos lotes e sua distribuição não previa espaço para as povoações.

O ponto de concentração das atividades sociais, religiosas e econômicas ocorria nas povoações que foram surgindo, onde, de acordo com o geógrafo Jean Roche, "o recorte das propriedades deixa de ser longitudinal (...) os terrenos 'aldeões' encaixam-se uns nos outros como os lados de um quadrado".[36]

Roche faz essa afirmação a partir de seus estudos em torno da imigração alemã no Rio Grande do Sul, mas podemos afirmar que tal realidade é válida para as outras etnias que constituíram o "espaço colonial" no sul do Brasil.

A povoação aqui mencionada era formada basicamente por uma igreja ou capela, escola, salão de festas (normalmente vinculado à igreja), casa comercial ou venda e, eventualmente, alguma oficina onde trabalhava o ferreiro, carpinteiro ou outro "especialista" em algum ofício necessário aos colonos.

No aspecto econômico, merece destaque a função da venda e do vendeiro. Era lá que o colono trocava seus produtos agrícolas por outros, fundamentais para seu cotidiano, mas não produzidos no local (sal, querosene, tecidos etc.). Os vendeiros, por sua vez, comercializavam o produto com atacadistas, deles adquirindo aquilo de que o colono necessitava. Conforme Hering,

> as vendas eram reguladoras da economia; o vendeiro, a figura central na vida da colônia. Era dele que dependia, em última instância, a atividade econômica local. O colono produzia para a sua subsistência mas, para sobreviver, necessitava dos manufaturados, cuja provisão estava nas mãos do vendeiro (...) O vendeiro não apenas ditava os preços aos colonos isolados nessas comunidades, por assim dizer no meio da floresta, mas era também o "facheiro da civilização", com as novidades que trazia de fora, verdadeiras preciosidades do mundo moderno que tornavam difícil avaliar uma troca justa, sem falar que a noção de capital e dinheiro, clara aos vendeiros, era muito abstrata para quem estava envolvido na luta primitiva pela sobrevivência frente à natureza.[37]

É perfeitamente compreensível que muitos vendeiros não gozassem de boa reputação junto aos colonos, dado o caráter exploratório de sua atividade. Apesar disso, é inegável sua função de articulação econômica nos núcleos de imigração. Na análise de Hering, eram eles quem faziam a intermediação, através do comércio, entre a civilização e o interior.

A compreensão da história da imigração no sul do Brasil e da formação e trajetória dos vários núcleos coloniais não pode ignorar o papel de duas instituições: a Igreja (tanto católica quanto luterana) e a escola, em torno das quais se organizava a sociedade, especialmente nas colônias mais distantes dos núcleos urbanos (*Stadtplatz*). Ali as pessoas se encontravam, compartilhavam novidades, dificuldades; ali se combinava um mutirão, a abertura e manutenção de estradas, a construção de pontes, a contratação de um professor etc.

Essas instituições desenvolveram forte relação de interdependência e benefício mútuo, razão pela qual podemos utilizar o termo "comensalismo", que na biologia se refere à relação entre seres de espécies diferentes, mas pertencentes a um mesmo biótopo, com benefício mútuo das partes associadas.

A análise da história de Igreja e escola nas áreas alemãs nos permite falar em um "comensalismo institucional", pois aquilo que afetava uma produzia reflexos na outra, quadro muito bem percebido em 1865 pelo líder joinvilense Ottokar Doerffel, ao afirmar que "onde falta a escola, a Igreja em nada poderá ajudar".

É importante acentuar que os imigrantes alemães já viviam num contexto em que a escola exercia importante papel, ainda que em níveis bastante diferenciados. Uma das expectativas dos imigrantes dizia respeito à questão escolar, mas nessa época o sistema escolar brasileiro encontrava-se em estágio ainda incipiente. Império e províncias não estavam em condições de atender essa necessidade, sendo a escola quase completamente ausente.

Como essa expectativa foi frustrada, os imigrantes tiveram que adotar uma solução local e doméstica, que Egon Schaden chamou de "emergência de soluções originais", visto que na terra de origem a escola era função e atributo do Estado.[38] Aqui, foram forçados a resolver uma questão que até então lhes era suprida. Tais escolas podem ser vistas como uma resposta aos desafios de seu tempo. Criou-se, portanto, um modelo válido para a época, respondendo as suas necessidades básicas, ajustando-se às exigências e imprimindo uma dinâmica própria, de acordo com a comunidade na qual se inseriam. De acordo com Rambo, suas instituições tinham maior legitimidade, pois não se apresentavam como corpo estranho, indesejado e espúrio, imposto por especialistas e burocratas alheios à realidade concreta das colônias.[39]

Analisando a "região colonial", verifica-se em profusão, especialmente nas áreas de imigração alemã, a criação da "escola/templo", isto é, a construção de prédios, que mesmo rústicos, serviam à dupla finalidade: durante a semana eram escolas e nos domingos transformavam-se em templos. Essa realidade nos permite afirmar que, nas áreas de colonização alemã com predominância de luteranos, a escola precede a Igreja, com raras exceções.

Digno de nota é o texto de Rodowicz-Oswiecimsky, escrito em 1853, quando a Colônia Dona Francisca, atual Joinville, dava seus primeiros passos. Para ele, "religião e escola são alavancas dos bons costumes",[40] tendo a importante função de normatizar condutas, no que alcançavam êxito.

Com o fim do período regencial, e especialmente com o término do movimento farroupilha no Rio Grande do Sul, o Segundo Reinado apresentou relativa estabilidade política, o que propiciava a retomada da imigração estrangeira. O contexto favorecia o debate em torno de questões estratégicas para o império brasileiro, como, por exemplo, um projeto de desenvolvimento do país. Nessa discussão, a questão imigratória fazia parte obrigatória da agenda. A criação de um fluxo espontâneo de imigração, teria, na realidade, duplo propósito: consolidaria a pequena propriedade e atenderia às demandas da grande lavoura. Deve-se, porém, fazer a ressalva de que a produção cafeeira, crescente em São Paulo, não se interessava pela imigração espontânea, visto que estes imigrantes vinham sem subsídios e, portanto, com grau muito maior de independência.

Evidenciando seu interesse pela imigração, o império brasileiro estabelece o Regulamento para as Colônias do Estado, através do Decreto

Imperial nº 3.784, de 19 de janeiro de 1867. Resultado da fusão da Comissão do Registro Geral de Terras Públicas e Possuídas com a Agência Oficial de Colonização, nascia em fevereiro de 1876 a Inspetoria Geral de Terras e Colonização, órgão que de forma mais efetiva poderia executar a política estabelecida pelo citado Regulamento,[41] o qual, entre outras medidas, prevê a utilização do trabalho assalariado dos imigrantes na construção de estradas, pontes e outras obras públicas. Conforme Machado,

> (...) para o Governo Imperial, é uma forma de autofinanciamento e redução de gastos; para o imigrante, é a oportunidade de ganhar algum dinheiro e pagar adiantado pelo lote num trabalho de interesse direto dele e de sua comunidade, ou simplesmente, uma forma de sobreviver até a primeira safra. Nos intervalos dos tratos culturais de seu lote, o colono pode obter uma remuneração extra (...). Certamente, o trabalho em obras públicas era uma das formas mais eficientes que os colonos possuíam para fazer poupança e enfrentar os gastos iniciais de estabelecimento.[42]

Ressalte-se que, para os três estados da região Sul do Brasil, a prática de utilizar imigrantes especialmente na construção de estradas foi rotineira. As fontes indicam que, em grande medida, eles tinham essa expectativa, aguardando ser contratados. Na eventualidade de uma obra não comportar todos os braços disponíveis de um determinado núcleo, verificavam-se protestos e até revoltas, que ocorreram com relativa frequência nas províncias do Rio Grande do Sul e de Santa Catarina, quando o governo imperial sustava os pagamentos e auxílios prometidos e previstos no Regulamento de 1867. O uso da força policial não era exceção nesses casos, para conter os ânimos exaltados e manter ou refazer a ordem perturbada. Com frequência, famílias inteiras trabalhavam em obras públicas em determinados períodos, e, quando cessavam as frentes de trabalho, seus lotes às vezes não tinham condições de suprir suas necessidades.[43]

Como medida preventiva para que não houvesse abandono das lides agrícolas por parte dos imigrantes, o referido Regulamento limitava esse trabalho a 15 dias por mês ou 90 dias por semestre.

Na década de 1870, o volume de investimentos na imigração/colonização é significativo, chegando a aproximadamente 10% do orçamento do império brasileiro.[44] Paulo P. Machado acentua que "(...) principalmente durante os gabinetes Rio Branco (1871-1875) e Caxias-Cotegipe (1875-1878) acabariam por optar em investir crescentemente em núcleos coloniais de pequenos proprietários como forma de fazer o país atrair para si a grande corrente imigratória".[45]

Percebe-se acentuado interesse por parte dos ministros da Agricultura da década de 1870 em atrair imigrantes. Uma forma de fazê-lo seria através de investimentos nos núcleos já existentes, dando-lhes condições de prosperidade e transformando-os em "focos de atração". Adotando-se medidas dessa natureza, acreditava-se que a imigração espontânea seria estimulada, pois que a melhor propaganda seria aquela natural, oriunda dos colonos.[46] Outra forma proposta era através da subvenção de empresas particulares de colonização.

É notório que no Rio Grande do Sul formaram-se colônias imperiais a partir da década de 1870 em número bem superior às de Santa Catarina e Paraná. Em Santa Catarina, o governo provincial havia tomado essa iniciativa na década de 1830, e após 1850 foi intensa a atividade de imigração/colonização por companhias particulares.

Em relação a essa questão, deve-se salientar que o fato de serem colônias privadas não é evidência suficiente para lhe atribuir sucesso. Blumenau, por exemplo, tornou-se ícone de colônia bem-sucedida, devido — acredita-se — a um rol de adjetivos qualificativos do seu fundador, Hermann Blumenau. Dados sua capacidade administrativa, abnegação e idealismo, a colônia conseguiu alcançar prosperidade. Tal discurso apologético tem sido usado com frequência.

Discurso semelhante é empregado em relação à Colônia Dona Francisca, hoje Joinville, também empreendimento privado, da Sociedade Colonizadora de 1849 de Hamburgo — formada por um grupo de cinco empresas hamburguesas, lideradas pelo empresário e senador, Christian Mathias Schroeder — que, a partir de junho de 1855, mediante contrato, passou a receber subvenções do governo imperial brasileiro.

Em relação a Blumenau, faz-se necessário salientar que foi empreendimento de curta duração na esfera privada, visto que em 1860 o governo imperial, por iniciativa do próprio dr. Blumenau, assumiu-o, ressarcindo ao fundador o montante de 125 contos de réis e nomeando-o seu diretor. A esse respeito assim se refere Paulo Malta Ferraz em 1950, por ocasião do centenário de Blumenau:

> Graças ao constante auxílio de D. Pedro II, pôde o Dr. Hermann Blumenau promover satisfatoriamente o progresso de sua colônia. Cedo, porém, compreendeu que a tarefa de colonizar este recanto adorável da terra brasileira exigia, além de sua dedicação e capacidade de trabalho, *o amparo do poder público.*
>
> (...) O fundador da colônia foi obrigado a reconhecer que *não podia cumprir as obrigações que assumira* pelo contrato de financiamento de 1855. Resolveu, então, o Dr. Blumenau *ceder sua colônia ao Império, o que constituía uma certeza do florescimento de sua arrojada iniciativa.* Para esse fim, ainda em 1859, foi ao Rio de Janeiro conferenciar com as autoridade e com o imperante.
>
> Com o apoio e a confiança que lhe dispensava Pedro II, o Dr. Blumenau foi bem sucedido na sua missão, pois aos 13 de janeiro de 1860, firmou na Repartição Geral das Terras Públicas, no Rio de Janeiro, o termo de cessão da colônia ao Governo Imperial. O preço total da cessão foi de cento e vinte e cinco contos, do qual seria descontada a quantia de oitenta e cinco contos de réis que o Governo lhe adiantara nos anos anteriores.
>
> Pelo referido contrato de cessão ficava o Dr. Blumenau, a título efetivo, no exercício das funções de diretor da nova colônia imperial. *Esta circunstância, que foi aliás um dos fatores do progresso da comuna blumenauense*, bem revela o quanto Pedro II reconhecia e admirava os méritos do imortal colonizador.[47]

É reveladora a correspondência trocada entre Hermann Blumenau e Johann Jacob Sturz, entusiasta da ideia de se constituir uma "nova Alemanha nos trópicos", nomeado cônsul geral do Brasil na Prússia em 1842 e que Blumenau conheceu em Londres em 1844. Sturz já havia trabalhado no Brasil por mais de dez anos, na qualidade de engenheiro de mineração para uma empresa inglesa, sendo portanto, relativo conhecedor da realidade brasileira.

Considerando a importância e o valor histórico dessa correspondência, em que se percebe a dificuldade financeira vivida por Hermann Blumenau logo no início de seu empreendimento, reproduzimos na íntegra uma de suas cartas ao cônsul Sturz, em 10 de dezembro de 1852, que pode ser vista como amostragem daquilo que ocupava a mente de um colonizador privado, empenhado em trazer imigrantes, e na qual expõe dificuldades, anseios, tensões, a rivalidade com Joinville etc.

> Blumenau, 10 de dezembro de 1852.
>
> Meu mui honrado e querido amigo!
>
> Não sei se ainda posso lhe chamar com este nome agora, pois há tempos incrivelmente longos não tenho recebido um sinal de amizade seu (nem consigo me lembrar mais se faz um ano e meio ou dois). Se o Sr. se tornou um estranho em minha relação, ou o conseguisse fazê-lo, do meu lado não aconteceu. Continuo mantendo os mesmos sentimentos de respeito, devoção e amizade sincera para com o Sr. e sua família, que eu sentia antigamente, e como eu sou o mais moço, e como sinto de coração após tanto tempo sem ter notícias suas, quero tentar, por meio desta, reanimar a nossa troca de correspondências, interrompida há tanto tempo.
>
> Espero que muitas coisas tenham mudado e melhorado, e que o Sr. olhe o futuro com mais esperança. Sua amável família, etc., seus meninos, o Sr. também tem alegria com eles e não massacra demais as coitadas das crianças com todos os estudos e saber? O Sr. vê que é muita coisa que desejo saber, e se mesmo assim eu lhe peço uma resposta, o Sr. o leve para o lado da participação, que me prende ao Sr. e aos seus queridos. Passei dias agradáveis consigo e com do Dr. Ascher, por ocasião da minha última estadia na Alemanha, mais agradáveis que a maioria dos dias perto dos meus parentes mais chegados na Alemanha. Que aqui passei bem mal, bastante mal, que tive que suportar as mais diversas perdas e sofrimentos, assim como

também que eu recebi um adiantamento de 10 Contos através do Conde Abrantes, etc.

Sem este adiantamento eu teria estado perdido e comigo todos os meus planos de colonização, mas por meio deste adiantamento pude cobrir as minhas dívidas, que o meu nobre associado Hackradt me deixou, e posso continuar trabalhando.

Quem teria imaginado, quando o deixei aqui para ir à Alemanha!

O homem é e foi durante todo o tempo de sua estadia aqui nenhum agricultor, técnico ou coisa equivalente, apesar dele ter sabido desenhar plantas muito bonitinhas, e era mais judeu ou agiota do que outra coisa qualquer. Por isso ele desperdiçou o meu dinheiro, fez ou procurou fazer negócios para ele próprio, para se assegurar a vantagem e empurrar para mim somente o prejuízo. Agora ele empresta dinheiro a 3% por mês enquanto dá, porém alguns reveses, e também já lhe advertiram de facadas e tiros de espingarda de pessoas a quem ele enganou. Se ele tivesse somente tido um pouco mais de boa vontade para comigo e um pouco mais de reconhecimento, a serraria ainda estaria de pé e não aos pedaços, e nós dois agora estaríamos bem de vida. Já 6 Contos eu perdi, com o que precisei arcar sozinho. O que mais se perdeu devido a má administração e com os *negros* — destes, pois, tinham morrido alguns em 1850, como eu já lhe escrevi em outra carta, mas foram comprados novos cinco — também dá 3,1/2 Contos. Eu perdi com a história toda, no mínimo 9 Contos, etc.

Pelos 10 Contos tive que dar uma hipoteca ao governo sobre as minhas terras e ainda tenho algumas dívidas que terão que ser cobertas. Porém, se eu tivesse mais alguma paz e os meus amigos me ajudarem, de algum modo que logo venham mais pessoas, às quais poderei vender algumas terras minhas, espero muito sair desta situação, ainda mais que sou muito modesto e não tenho encargos de família. Ainda pesquisei junto a Abrantes, mas recebi uma resposta negativa. Pois perguntei se não poderia receber do governo mais 40 Contos, quando 200 colonos estiverem fixados em meus terrenos. Ele opinou que eu deveria esperar até poder apresentar mais resultados. Se eu tivesse mais dinheiro, aqui certamente algo se tornará concreto e o Sr. mesmo teria a sua alegria com isto, apesar de que o

Sr. a chamou — experiência *precipitada*. No trânsito com a associação de colonização de Hamburgo encontrei algo de errado e agora quero continuar com a minha colônia sozinho, mesmo sendo o progresso fraco. De graça bem que teriam gostado de receber os meus terrenos, porém ressarcir os meus sacrifícios parecia-lhes muito alto, enquanto que para Joinville eles dão, no mínimo, o triplo por terras ruins, o que as minhas terras boas lhes teria custado. Se não fosse pelos colonos, então bem seria que isto acontecesse aos cabeças-duras de Hamburgo, se perdessem o seu dinheiro. Gastei meus dedos durante quatro anos escrevendo para eles (pelo qual, porém, ele também foi muito bem pago), por eles não fiz uso das melhores oportunidades que me foram apresentadas, em especial por Galvão, e no final acabei recebendo o agradecimento do diabo.

No entanto, sinto muito por motivo dos colonos, que foi escolhido justamente aquele buraco de pântano para uma colônia.

As coisas lá nunca me agradaram, tudo é tão pouco natural, que não creio que se possa sustentar por muito tempo. Se a associação não der mais muito dinheiro, e se não vierem muitos colonos, uma crise será inevitável, e trará muita infelicidade. A maioria dos moradores trabalha como diaristas e vive disto, de modo que muito poucos querem ou podem ter terras. Uma vez acabando com os diaristas, como poderá um homem viver em dois, três, cinco ou mesmo dez, Morgen?[48] Com algumas coisas se faz um colossal logro, em especial com os aluguéis das casas, de modo que se paga por uma cabana de palmito — como casa —, que talvez custe no máximo 40 mil Réis, se cobre 5 de aluguel mensal. Mas tanto também se logra com o terreno. Em situação pior estão aqueles que trouxeram um pouco de dinheiro, etc. Se o pessoal não fosse tão extremamente burro e primeiro olhasse o país, então isto não iria acontecer, porém isto naturalmente não está no interesse da associação, de abrir os olhos do pessoal, e os colonos já estabelecidos fazem o maior possível de falar mal das terras restantes, e de descrever o Itajaí às pessoas — que talvez ainda estejam indecisas ou já tenham decidido por mim — como uma terra onde vão morrer de fome e, além disso, de me difamar e de me caluniar, e de prender todas as pessoas, etc.

Como eu não quero mais gente através de Dona Francisca, espero poder prevenir um pouco esta manobra no futuro e, sem inimizar a associação, vou aconselhar os emigrantes que vêm para cá de não pegar a primeira coisa e de não se deixar convencer, mas sim de olhar primeiro as terras mais do interior, etc. Enganamo-nos todos, e o Sr. mais do que todos, sobre o êxito da lei territorial geral. (?) É uma pena que veio desse jeito, (!) porém era bastante previsível; por isso estou contente, que fiz com que me dessem terras antes, e só fico incomodado que os hamburgueses não foram tão espertos, e não escutaram os meus conselhos. Por aquilo que jogaram na cabeça do príncipe, poderiam ter ficado com 50 milhas quadradas de terras bem melhores do que agora possuem. Mas agora aqui não se sabe o que fazer com a lei; promete o regulamento de uma sessão à outra e presume-se que nada vai acontecer. A lei terá que ser mudada totalmente e para tanto vão passar alguns anos. Aqui em Santa Catarina e algumas pequenas províncias talvez o seria realizável, porém se quisesse vir com isto para São Paulo ou Minas, teria como resultado uma rebelião aberta. Os fazendeiros ricos, que em sua maioria estão sentados nas câmaras, tudo fazem de conseguir gente para si; mas não deixam que pequenos proprietários se estabeleçam e que os emigrantes comprem terras do governo, etc. Portanto, por enquanto continuará nisto, e o governo se satisfaz, que certamente apoiará a colonização feita pelos grandes proprietários de terras (!), e não a minha e a de Dona Francisca. Se algo acontecer por aqui ou pelo lado da Alemanha, para fomentar estas, então elas, aos poucos, se estabelecerão por si sós, etc.

Será que não existe nenhuma perspectiva de receber um adiantamento de algum príncipe ou capitalista de 25-50 000 Thaler pelo prazo de 8-10 anos, a 6-8% por ano? Com tanto eu já poderia produzir alguma coisa e também receberia ainda mais terras do governo, etc.

Também os meus amigos me prometeram de transferir duas paróquias católicas que estão mal situadas para as minhas terras. Parece que está se compreendendo que não sou somente um especulador ou logrador. Se eu quisesse casar com uma brasileira e me naturalizasse, eu conseguiria fazer entrar logo muito mais. Para o primeiro

> não tenho nenhuma, e para o último, por enquanto pouca vontade. (Por que, porém, sempre se anima os colonos a fazer isto?) Finalmente eu lhe peço para me mandar um exemplar de cada uma de suas circulares litografadas.
>
> Com cordiais saudações ao Sr. e sua estimada família, seu sincero e dedicado amigo
>
> Herm. Blumenau[49]

De maneira geral há extensa bibliografia que consagra a relação entre a colonização do imigrante europeu e a modernização no sul do Brasil, "a partir da qual foram erigidas versões apologéticas de um heroísmo schumpeteriano tanto na historiografia como na literatura regional".[50]

É notório que ao discutir a questão da imigração na região entre em cena a questão da raça, do laboratório racial que viria a ser o Brasil. Os racialistas científicos em grande medida exerciam forte influência sobre lideranças políticas e intelectuais, como Silvio Romero, por exemplo, para quem a imigração era um "reagente social", mas que, sendo assim, se deveria tomar todo o cuidado para manuseá-lo.[51]

Na segunda metade do século XIX, a imigração passou a ocupar espaço significativo nas políticas públicas, visto que, para muitos, a escravidão evidenciava-se inviável. Nesse contexto desenvolvia-se a ideia de que com os imigrantes seria possível uma transformação social, considerada uma necessidade no império brasileiro. Buscava-se formar uma identidade nacional, e, neste processo, a "raça" branca europeia deveria ter a hegemonia, dada sua suposta superioridade. Portanto, os brancos no Brasil, "criariam uma identidade nacional semelhante à europeia, que viria a esmagar, com sua superioridade, as populações nativas e africana.[52]

Os imigrantes logo entenderam que o discurso aparentemente estático da elite era, na verdade, ambíguo. Ao mesmo tempo que havia certo temor frente ao estrangeiro, existia a compreensão de que quanto maior o ingresso de imigrantes, mais intensa seria a transformação social.

A classificação de raças e suas respectivas pretensas aptidões é algo levado muito a sério, de tal forma que as raças "superiores", são as únicas capazes de civilizar. Dessa forma, as raças inferiores são descartadas no projeto das pequenas propriedades no sul do Brasil.

Levando em conta toda a candente discussão racial, podemos entender melhor a criação do curso de antropologia física no Museu Nacional em 1877, o qual partia da premissa da desigualdade das raças; portanto, da necessidade de hierarquização. As teorias biológicas em grande medida determinavam a discussão sociológica. A partir da concepção de que a geografia/natureza era a base da raça, desenvolveu-se a noção de que seria possível criar no Brasil uma identidade nacional semelhante à europeia, que por sua superioridade, absorveria a população indígena e africana.

No processo de formação nacional, a referência era a Europa, e, por isso, lideranças políticas e intelectuais desejavam povoar o Brasil com europeus e assim recriar o Velho Mundo no Novo Mundo.[53] No entanto, é necessário destacar que também entre os europeus (portanto, brancos) se fazia uma hierarquização, cujo principal critério era a condição camponesa, considerando o interesse na imigração de agricultores e artesãos para o sul e as experiências consideradas bem-sucedidas nos estados do Rio Grande do Sul e de Santa Catarina. Prova disso eram as colônias de São Leopoldo, Blumenau e Joinville, visto que, nelas, os alemães acabaram sendo exemplo prático de colonos eficientes, seguido pelos italianos. Conforme acentua Seyferth, franceses, ingleses e irlandeses são descartados em face de experiências mal-sucedidas em núcleos coloniais no Paraná e em Santa Catarina.[54]

Essa questão, no entanto, apresenta uma faceta que extrapola a bipolaridade preto/branco, em função da entrada no Brasil de aproximadamente 400 mil asiáticos, árabes, judeus (15% do total da imigração até 1942), considerados não pretos e não brancos, os quais "puseram em xeque as ideias da elite, sobre identidade nacional".[55]

Com o advento da república, a questão imigratória continuava na ordem do dia, de modo que o primeiro decreto do governo após sua proclamação proibia a entrada de asiáticos e africanos, o que reforça a tese de que "a imigração foi de fato a construção da identidade nacional".[56]

A formação de tal identidade levava em conta, como afirma J. Lesser, uma "dupla assimilação", pois "a medida que os colonos se tornavam brasileiros, o Brasil se tornava europeu".[57]

Notas

1. Paul Little, "Espaço, memória e migração: por uma teoria de reterritorialização" *in Textos de História*, Brasília, Ed. da UnB, v. 2, 1994, p. 5-25.
2. Boris Fausto, "Imigração: cortes e continuidade" *in* Fernando A. Novais (coord. geral) e Lilia Moritz Schwarcz (org. do vol.), *História da Vida Privada no Brasil*, v. 4, São Paulo, Cia. das Letras, 1998, p. 14-15.
3. Giralda Seyferth, "Construindo a nação: hierarquias raciais e o papel do racismo na política de imigração e colonização" *in* Marcos Chor Maio e Ricardo Ventura Santos, *Raça, ciência e sociedade*, Rio de Janeiro, Ed. Fiocruz, 1998, p. 44.
4. Ferdinand Schröder, *Brasilien und Wittenberg: Ursprung und Gestaltung deutschen evangelischen Kirchentums in Brasilien*, Berlim/Leipzig, Verlag, 1936, p. 33.
5. Visconde de Abrantes, "Memória sobre os meios de promover a colonização", *Revista de Imigração e Colonização*, Rio de Janeiro, ano II, nº 2-3, abril-julho de 1941, p. 832-879.
6. Sobre esse assunto, ver David Gueiros Vieira, *A maçonaria, o protestantismo e a questão religiosa no Brasil*, Brasília, Ed. UnB, 1980.
7. Leo Waibel, "Princípios de colonização europeia no Sul do Brasil", *Revista Brasileira de Geografia*, ano XI, nº 2, abril-junho de 1949, p. 3.
8. *Idem, ibidem*, p. 9.
9. Walter F. Piazza, *A colonização em Santa Catarina*, Florianópolis, BRDE, 1982, p. 94.
10. J. F. Carneiro, *Imigração e colonização no Brasil*, Rio de Janeiro, Faculdade Nacional de Filosofia, 1950, p. 9. Publicação Avulsa. *Apud* Vilmar Vidor, *Indústria e urbanização no nordeste de Santa Catarina*, Blumenau, Ed. da Furb, 1995, p. 14.
11. Margaret M. Bakos, "O imigrante europeu e o trabalho escravo no Rio Grande do Sul", *in Anais do IV Simpósio de História da Imigração e Colonização Alemã no Rio Grande do Sul*, São Leopoldo, 1977, p. 399-405.
12. Jean Roche, *A colonização alemã e o Rio Grande do Sul*, Porto Alegre, Globo, 1969. v. I, p. 101.
13. Martin N. Dreher (org.), *Imigrações e história da Igreja no Brasil*, Aparecida, Ed. Santuário, 1983, p. 113.
14. Valdir Gregory, *Os euro-brasileiros e o espaço colonial — migrações no oeste do Paraná*, Cascavel, Edunoeste, 2002, p. 21.

15. *Idem, ibidem*, p. 23.
16. Dentre os entusiastas, destacava-se a figura de Jorge Antonio von Schaeffer, que descrevia o Brasil como um país em que o imigrante só encontraria vantagens. Dadas a sua falta de escrúpulos e propaganda enganosa, há quem o considere autêntico "mercador de almas". No outro extremo, encontramos Theodor Rodowicz-Oswiecimsky, militar prussiano que escreve advertindo em relação aos variados problemas daqueles que imigraram para Dona Francisca (Joinville).
17. Valdir Gregory, *op. cit.*, p. 49.
18. Cristina Ferreira e Sueli M. Vanzuita Petry (org.), *Um alemão nos trópicos: dr. Blumenau e a política colonizadora no Sul do Brasil*, Blumenau, Cultura em Movimento/Instituto Blumenau 150 anos, 1999, p. 153.
19. *Idem, ibidem*, p. 193.
20. *Idem, ibidem*, p. 197.
21. *Idem, ibidem.*
22. *Idem, ibidem*, p. 199.
23. Cristina Ferreira e Sueli M. Vanzuíta Petry (org.), *op. cit.*, p. 53 (grifo nosso).
24. M. Justo Tramontini, "Etnicidade e política", *Anais do XX Simpósio da Associação Nacional de História. História: Fronteiras*, São Paulo, Humanitas/FFCH/USP/ ANPUH, 1999, p. 1.160.
25. Paulo Pinheiro Machado, *A política de colonização do Império*, Porto Alegre, Ed. da UFRGS, 1999.
26. M. Justo Tramontini, *op. cit.*, p. 1.161.
27. José Ferreira da Silva, "História de Blumenau" *in Centenário de Blumenau*, Blumenau, Prefeitura Municipal/Comissão dos Festejos, 1950, p. 25.
28. M. Justo Tramontini, *op. cit.*, p. 1.162.
29. Caio Prado Jr., *História Econômica do Brasil*, São Paulo, Brasiliense, 1959, p. 187.
30. Marlon Jaison Salomon e André Voigt, "Colonização alemã e escravidão no vale do Itajaí" *in* Cristina Ferreira e Méri Frotscher (orgs.), *Visões do Vale: perspectivas historiográficas recentes*, Blumenau, Nova Letra, 2000, p. 45.
31. Marlon Jaison Salomon e André Voigt, *op. cit.*, p. 43.
32. *Idem, ibidem*, p. 50.
33. *Idem, ibidem*, p. 51-52.
34. *Idem, ibidem*, p. 53.
35. Valdir Gregory, *op. cit.*, p. 49.
36. Jean Roche, *op. cit.*, p. 212.
37. Maria Luiza Renaux Hering, *Colonização e indústria no Vale do Itajaí — o modelo catarinense de desenvolvimento*, Blumenau, Ed. da Furb, 1987, p. 46.
38. Egon Schaden, "Aspectos históricos e sociológicos da Escola Rural Teuto-Brasileira", *in I Colóquio de Estudos Teuto-Brasileiros*, Porto Alegre, 20-30 de julho de 1963, p. 66-67.
39. Arthur Blásio Rambo, *A Escola Comunitária Teuto-Brasileira Católica*, São Leopoldo, Ed. da Unisinos, 1944, p.15.

40. Theodor Rodowicz-Oswiecimsky, *A colônia Dona Francisca no sul do Brasil*, Florianópolis, Ed. da UFSC, 1992, p. 89-90.
41. Paulo Pinheiro Machado, *op. cit.*, p. 87.
42. *Idem, ibidem*, p. 84.
43. *Idem, ibidem*, p. 120.
44. *Idem, ibidem*, p. 13.
45. *Idem, ibidem*, p. 73.
46. *Idem, ibidem*, p. 75.
47. Paulo Malta Ferraz, "A contribuição do governo e do elemento nacional na colonização de Blumenau" *in Centenário de Blumenau, op. cit.*, p. 139 (grifos nossos).
48. Morgen: antiga medida de superfície, equivalente a 2.500 metros quadrados.
49. André Fabiano Voigt (org.), *Cartas reveladas — a troca de correspondências entre Hermann Blumenau e Johann Jacob Sturz*, Blumenau, Cultura em Movimento, 2004, p. 65-69.
50. Sílvio M. de Souza Correa e Juliana Bublitz, *Terra de Promissão — uma introdução à eco-história da colonização do Rio Grande do Sul*, Passo Fundo/Santa Cruz do Sul, Ed. UPF/Eunisc, 2006, p. 10.
51. Sílvio Romero, *História da literatura brasileira* [1888], Rio de Janeiro, H. Garnier, 1902-1903, 2ª ed., v. 1, p. 67.
52. Jefrey Lesser, *A negociação da identidade nacional. Imigrantes, minorias e a luta pela etnicidade no Brasil*, São Paulo, Ed. da Unesp, 2001, p. 24.
53. *Idem, ibidem*, p. 26.
54. Giralda Seyferth, op. cit., p. 49.
55. J. Lesser, *op. cit.*, p. 25.
56. *Idem, ibidem*, p. 28.
57. *Idem, ibidem*, p. 26.

CAPÍTULO VII

Festas religiosas, cultura e política no império do Brasil

Martha Abreu
Larissa Viana

Há pelo menos duas décadas, o estudo de festas religiosas e populares, antigamente domínio de folcloristas e antropólogos, tem crescido na produção historiográfica brasileira. Vistas como locais de encontro, janelas para a observação de uma dada conjuntura, caminhos de conflito e/ou formação de identidades (étnicas, locais e nacionais), são inúmeros os significados e interpretações que os historiadores lhes têm atribuído. Com trabalhos escritos a partir de correntes da história cultural francesa ou das que não abrem mão de valorizar as lutas sociais em torno da cultura, as festas definitivamente ganharam espaço de reflexão em meio aos historiadores. Questões centrais aos estudos de história hoje, como a relação indivíduo/sociedade, o agenciamento dos atores sociais, a construção de memórias e identidades e a relação entre política, poder e cultura envolvem-se com análises das festas em diferentes períodos e regiões.[1]

Dentre os poucos consensos que podemos encontrar na historiografia que as colocou no centro de suas atenções, talvez possamos destacar a certeza de que as festas pertencem à história e a nosso domínio de investigação. Em decorrência, emerge outra certeza: a de que as festas nunca tiveram um período único de esplendor, em algum local maravilhoso do passado; em nenhum tempo elas alcançaram unanimidade e, mesmo reunindo em torno de si muitos adeptos e festeiros, sempre atraíram críticos, opositores e perseguidores. Conflitos e mudanças compõem a história de todas as festas.

Neste trabalho pretendemos apresentar um estudo sobre as festas religiosas no período imperial, enfatizando principalmente seus aspectos e significados políticos. No centro da investigação, privilegiaremos a atuação dos festeiros, membros de irmandades e barraqueiros, frente às difíceis, embora às vezes próximas, relações entre as festas e os poderes constituídos — civis ou religiosos.

Na primeira parte, nosso objetivo é oferecer um balanço sobre os estudos de festas que envolveram diretamente a população escrava e afrodescendente. A ideia é demonstrar que tais festas ocupavam espaço fundamental de luta para escravos e libertos. Era algo pelo qual valia a pena lutar. Ao lado da defesa da família, do acesso à terra e à própria liberdade, as reuniões festivas religiosas estiveram na pauta das reivindicações de escravos e seus descendentes. Nas irmandades religiosas, encontros festivos ou grupos recreativos foram criadas organizações evidentemente políticas, que consolidaram sua presença a despeito de todas as tentativas de exclusão e marginalização. Mesmo depois da abolição da escravidão, impuseram-se culturalmente num país cujos intelectuais tiveram que aceitar sua contribuição, mesmo que fosse para sonhar, um dia, com a existência de uma cultura e uma população mestiças — sem marcas africanas. Lutaram contra as proibições aos candomblés, jongos, maracatus e sambas, bandeiras de expressão pelo direito a patrimônio construído nos tempos do cativeiro e abriram espaços de visibilidade e reconhecimento de sua presença, em termos musicais e religiosos.

Pelo lado dos senhores e autoridades oficiais, as festas negras tornaram-se local, especialmente na alçada municipal, de constante vigilância, regulação, discussão e até mesmo conflitos internos. O deputado João José Barbosa de Oliveira, na Assembleia Provincial da Bahia, em 1855, por exemplo, em debate sobre a proibição, ou não, dos batuques em "casas públicas" (na realidade espaços privados), demonstra, de forma exemplar, como as festas, danças e músicas envolviam questões de direito e exigiam negociações entre o aparato legal do Estado e a população, mesmo aquela distante das regras formais da cidadania. Para esse jurista, não era possível a existência de uma lei que proibisse cada um dançar como quisesse, em casa ou a portas fechadas, mesmo que a dança envolvesse um batuque! A tal lei iria ferir o "direito natural". Na perspectiva desse convicto liberal, não pertencia aos legisladores aquilo que era da alçada da moral e da paixão, apenas suas consequências. Seria importante procurar conciliar liberdade civil e direito social. Diferentemente, para seus adversários no referido debate da Assembleia Provincial, os batuques não passavam de uma "dança africana, acompanhada de uma instrumentação infernal de tabaques".[2] A postura não foi aprovada. Ainda que a orientação dominante permanecesse sendo hostil aos batuques, a festa negra colecionou algumas vitórias.

Essa discussão, profundamente política e realizada em instâncias públicas de poder, não estava presente apenas quando se tratava da liberação, ou não, de festas negras em meio ao avanço da tão sonhada civilização nos trópicos. Os interesses em torno da realização de festas religiosas marcaram o cotidiano das reivindicações da população às administrações municipais. Colocaram em jogo os direitos dessa população movimentar-se, organizar-se, encontrar-se e divertir-se em função de seus próprios santos e valores, danças e músicas. As festas abriam possibilidades para o exercício de outras dimensões da cidadania, para muito além do voto ou das representações instituídas pelas constituições imperial e republicana.

Na segunda parte de nosso trabalho pretendemos mostrar, a partir da cidade do Rio de Janeiro, capital do império do Brasil, que as camadas livres pobres, especialmente através de membros das irmandades e de seus empresários barraqueiros, politizavam suas festas e afirmavam em praça pública seu direito à diversão e à expressão. Nos cantos, danças, espetáculos das barracas e associações recreativas davam visibilidade à críticas sociais e a outras linguagens da discussão política. Mais ainda, não recuavam frente a uma nova postura municipal, impedimento ou restrição. Em resposta, insistiam nos pedidos e sofisticavam a argumentação para conseguir manter o que entendiam muitas vezes como seu direito a "uma antiga tradição popular, que se deveria transmitir ao povo desta cidade".[3]

Entre mortos e feridos, as festas religiosas do período imperial tornaram-se amplo território de conflitos e negociações; de julgamentos, perseguições e tolerâncias — entre festeiros, entre estes e as autoridades civis e religiosas, entre as próprias autoridades e intelectuais folcloristas, que buscavam forjar uma unidade nacional em termos culturais. Herdeiros do catolicismo barroco e das várias Áfricas que chegavam ao Brasil no século XIX, os festeiros transformaram e renovaram suas festas em função dos caminhos que abriram e das possibilidades que lhes foram oferecidas.

Se para muitos intelectuais e autoridades municipais e católicas do século XIX essas festas não chegariam — ou não deveriam chegar — ao século XXI, ganha sentido a investigação sobre a ação política dos festeiros nessas conquistas e realizações. As festas religiosas e os batuques propiciavam caminhos para sujeitos sociais nem sempre valorizados comunicarem-se e exprimirem seus interesses culturais e políticos, seus direitos e patrimônios.[4]

Ironicamente, muitas das festas ainda estão presentes em diversas partes do país, como as do Bonfim, de Nossa Senhora de Nazaré, Nossa Senhora da Penha e Nossa Senhora Aparecida; ou como o jongo, os sambas de roda, as congadas, os maracatus e os tambores de crioula. Seu patrimônio é disputado e acionado hoje por diversos grupos e comunidades como símbolos e expressões identitárias de demandas políticas e culturais por visibilidade, direito de expressão e acesso à terra. Mesmo com mudanças, formais e de significados, muitos festeiros e suas "festas tradicionais" têm recebido o reconhecimento oficial do Ministério da Cultura e do Iphan, através do Decreto nº 3.551, de 4 de agosto de 2000, que confere o título de Patrimônio Cultural Brasileiro a vários bens culturais imateriais. Dentre os novos patrimônios eleitos, destacam-se exatamente os jongos, os sambas de roda, os tambores de crioula e as festas de Nazaré.[5]

Ao longo do século XIX, as câmaras de vereadores — entendidas pelo conjunto de seus representantes, fiscais e funcionários — foram a instância fundamental responsável pelas licenças para a realização das festas e seus divertimentos. Atuavam na formulação e cobrança das posturas, geralmente de mãos dadas com a Polícia e seus regulamentos. Se as festas tinham direito de existir, precisavam de licenças que autorizassem o período, o local e a forma de sua realização. Data de 1828, confirmando as determinações da Carta de 1824, a aprovação do Regimento das Câmaras Municipais do Império, que estabeleceu as funções administrativas desses órgãos.

Entre as muitas atribuições, as Câmaras regulavam os fogos perigosos, as barracas indecentes, os ajuntamentos ameaçadores, as bebidas alcoólicas, as danças licenciosas, os jogos e as ruas danificadas, além do estabelecimento das diretrizes sobre a saúde pública, abastecimento, estradas, salubridade, circulação de mercadorias, fiscalização das feiras e mercados, vadiagem, teatros, tranquilidade e ordem pública e enterros. O estabelecimento das funções da Câmara Municipal e das autoridades policiais, marcadamente situadas entre o final do Primeiro Reinado e o início do Período Regencial, indicava, sem dúvida, a criação de uma série de dispositivos preventivos e repressivos que, do poder central, se esparramava pelos municípios brasileiros.

Paralelamente, as autoridades policiais e suas milícias, cuja importância aumentou ao longo do século XIX, também atuavam nas ruas e verificavam, ao lado dos guardas municipais, os mesmos problemas, fossem crimes ou posturas. Inevitavelmente, surgiram algumas vezes conflitos por disputa de jurisdição em vários assuntos, em especial nas festas, batuques e diversões da cidade. Em certa medida, as pequenas crises entre essas duas esferas dificultavam a plena execução das posturas. A política de licenciamento das festas ficava dependente da ambiguidade da ação, das opiniões e das decisões, por vezes divergentes, das autoridades envolvidas. Pesavam, nas autorizações de festas, espetáculos, divertimentos e batuques, a instabilidade política de determinadas conjunturas, as preferências pessoais das autoridades e, principalmente, a astúcia e a criatividade dos requerentes, fossem membros de irmandades, pequenos empresários de diversões — os barraqueiros —, pessoas comuns, moradoras de estalagens ou negros forros, que, individualmente ou em grupo, procuravam negociar e realizar suas festas e diversões.[6]

FESTAS NEGRAS E BATUQUES

A defesa da autonomia festiva foi uma das marcas da formação e consolidação das comunidades negras no Brasil escravista. Sob o ponto de vista das autoridades governamentais, religiosas e dos senhores, as festas negras foram muitas vezes sintetizadas sob o nome de "folias", "batuques", "vozerias" ou "tocatas de pretos", termos que se sucediam nos debates legislativos, posturas municipais e na imprensa do século XIX para qualificar as diferentes manifestações festivas dos africanos e seus descendentes. Ampliando os limites das sínteses apresentadas pelas elites imperiais, como compreender os contornos da festa negra no século XIX? Seriam mais apropriadamente descritas como africanas ou mestiças, fruto que eram de muitas trocas e contatos? Seriam tais festas capazes de resistir às investidas motivadas pela prevenção das rebeliões escravas e pela defesa dos ideais de civilização, tantas vezes proferidos pelas elites políticas, religiosas e literárias do Brasil imperial? Ou, ainda, seria a festa negra afetada pelas mudanças nas irmandades negras ao longo do século XIX?

As perspectivas de controle sobre as festas negras podem ser particularmente evidenciadas na difícil conjuntura das décadas de 1830 e 1840. Nessa época, as ameaças de rebelião escrava mantiveram em alerta as autoridades governamentais e senhoriais envolvidas na tarefa de deter possíveis planos de rebelião em um contexto de constante ingresso de novos africanos nos portos brasileiros, mantido até o final do tráfico externo em 1850. O levante malês, ocorrido na Bahia em 1835, bem como o envolvimento de escravos e negros livres em outras revoltas políticas do império, como a Sabinada e a Balaiada,[7] disseminaram nessas décadas o alerta contra os "ajuntamentos de pretos", frequentemente encarados como encontros propícios à organização das revoltas por fortaleceram as lideranças e os laços de solidariedade no interior da comunidade escrava.

A legislação do império, na mesma época, criou medidas específicas visando ao controle das festas negras, fossem estas frequentadas por escravos, libertos ou livres de cor. Como vimos, o esforço para disciplinar os comportamentos coletivos observados no período que se segue à independência tornou o controle dos batuques um trabalho cotidiano dos fiscais das Câmaras Municipais em cada cidade do império.[8] As posturas municipais relativas ao Rio de Janeiro, por exemplo, estabeleceram em 1838 a proibição de "ajuntamentos" de mais de quatro escravos em locais públicos, e previam multas para os batuques realizados em casas particulares que causassem incômodos aos vizinhos ou à ordem pública.[9]

As possibilidades de flexibilização e negociação dessas regulamentações demonstram que os negros estiveram sempre atentos e dispostos a ousar na defesa de seus direitos de celebrar. Evidenciam, igualmente, que muitas autoridades, sobretudo nas conjunturas menos marcadas pela ameaça iminente de revolta, enxergaram no direito à festa uma das dimensões da construção de uma política de domínio sobre os escravos. De todo modo, as disputas em torno da proibição dos batuques, especialmente entre as décadas de 1830 e 1840, traduziam apreensões em torno da suposta desordem, do barulho, da bebedeira, da violência e da sensualidade que eram associados ao comportamento dos negros, comprometendo igualmente a ordem e os ideais de civilização defendidos pelas elites escravistas oitocentistas.[10]

Restringir os costumes "selvagens" associados tantas vezes aos africanos e seus descendentes era um modo de defender os negócios de uma sociedade escravista cuja feição começava a modificar-se acentuadamente. Com o fim do tráfico atlântico, após 1850, e o reforço da escravidão no Sudeste cafeicultor, muitos senhores se viram diante da ausência de novos braços. Talvez mais ameaçador, com o passar do tempo, fosse o fato de que o tráfico interprovincial alimentava o reforço da instituição escravista no Sudeste, ao mesmo tempo que se assistia à redução da legitimidade do cativeiro desde sua base. Após 1850, a posse de escravos antes tão disseminada e pulverizada no conjunto da população livre tornou-se mais rara, ao mesmo tempo em que o contingente de cativos "vivendo sobre si" ampliava-se nos meios urbanos, ensejando renovadas ondas de controle sobre as populações de africanos e crioulos que circulavam com relativa autonomia pelos variados espaços de uma sociedade escravista em transformação.[11]

Nas décadas de 1850 e 1860, novas e vigorosas discussões em torno dos batuques já não se seguiam a rumores de prováveis grandes revoltas. Na segunda metade do século XIX, os argumentos da civilização alcançavam as festas negras, religiosas e populares visando preservar a moral pública contra as "indecências" e a "licenciosidade" que supostamente animavam tais divertimentos. A preservação da ordem pública e da civilidade apelava também, nesta conjuntura, para o controle dos trabalhadores, fossem eles cativos ou livres pobres que se desejava manter distantes das tabernas, onde as bebidas, jogos e "vozerias" abrigavam a vadiagem, aos olhos de muitas autoridades, e inquietavam o sossego público.

As irmandades negras, inegavelmente responsáveis por boa parte do investimento na festa devocional ao longo de todo o período colonial e imperial,[12] viram muitas de suas atividades cotidianas perturbadas pelo esforço em eliminar tudo que parecesse "bárbaro" aos olhos dos reformadores. Desde os aspectos mais formais (missa cantada, sermão e novena), presentes nos compromissos que regulavam as atividades das irmandades, até as relações de gastos, geralmente incluindo despesas consideráveis com os músicos, danças e banquetes, é visível que o ponto alto do calendário dessas associações estava nas festas dedicadas ao santo de devoção. A realização dos festivais, ao lado de outras atividades tradicionais dessas irmandades, como as coletas públicas de esmolas e os enterramentos no interior das igrejas, foi afetada pelas medidas "civilizadoras" em diferentes províncias do império desde a década de 1830.

Nas irmandades negras, que eram congregações devocionais relativamente autônomas, baseadas na ajuda mútua de uma família ritual durante a vida, e na garantia de um enterramento digno, observa-se ao longo do século XIX um movimento de oscilação e de recuo nos níveis de adesão; tal quadro pode ser em parte atribuído ao contexto de maior vigilância sobre o comportamento lúdico das populações de africanos e seus descendentes. Elizabeth Kiddy, examinando as irmandades dedicadas a Nossa Senhora do Rosário — a mais tradicional entre os negros — em diferentes cidades mineiras, percebeu acentuada diminuição nos níveis de filiação após 1830, compensada apenas nas décadas de 1850 e 1860, quando um novo florescimento das irmandades dedicadas ao culto de Nossa Senhora do Rosário foi acompanhado de novos investimentos na vida festiva.[13] Não é por outra razão, podemos supor, que a década de 1860 assistiu a grandes festas dedicadas à eleição de reis do Congo em Minas Gerais.

A impressionante longevidade das congadas e sua difusão por diferentes cidades desde o período colonial nos permite analisá-las como uma das grandes festividades devocionais negras no contexto do Brasil imperial. O que significaria, então, a eleição de um rei e uma rainha do Congo, denominação pela qual vieram a ser geralmente conhecidos os eleitos para as cortes festivas dessas irmandades? Considerando especificamente o contexto mineiro, observamos que os "reinados" foram autorizados pelas posturas municipais da região em 1823, desde que realizados durante o dia, visando à preservação do sossego público e à decência do serviço de Deus, que eram as alegações comumente invocadas quando se tratava da polícia das festas. A estrutura dessas celebrações no século XIX tinha início com a eleição anual de um rei, uma rainha e uma corte festiva na irmandade, que depois eram coroados na igreja pelo sacerdote por ocasião da festividade em honra do santo padroeiro da irmandade, cuja data era variável. Após a coroação, a corte festiva seguia para o espaço público realizando cortejos, cantos e danças dramáticas nos quais eram geralmente apresentados enredos relativos à conversão do reino do Congo ao cristianismo, memória que nos remete à expansão portuguesa sobre a África central no final do século XV.[14]

Embora os compromissos não registrassem a festa como "congada", essa denominação figurava nos livros de despesas das irmandades e aparecia nas descrições de viajantes estrangeiros, permitindo-nos supor que assim eram conhecidas tais festividades pelo público que as assistia e frequentava. O conde de Castelneau, naturalista que chegou ao Brasil em 1843 com a missão de chefiar uma expedição francesa destinada a estudar a bacia do Amazonas, testemunhou durante sua passagem pela cidade de Sabará um "singular espetáculo", em suas palavras.[15] Ele assistiu a um cortejo de rei do Congo que se movia diante da janela da casa do barão de Sabará, notando a presença de coroas, cetros e máscaras compondo as vestes do rei eleito naquele ano; as danças e os diálogos entre os reis e o cortejo, entremeados por combates simulados, foram igualmente relacionados por Castelneau, que como outros observadores estrangeiros daquele tempo destacava ironicamente alguns aspectos da festa, qualificada com adjetivos que a aproximavam da "balbúrdia", da extravagância. Ressaltando o suposto caráter farsesco e bárbaro da apresentação, Castelneau notava nos combates toda "espécie de cambalhotas dignas de macacos mais exercitados",[16] expressando os preconceitos de sua visão sobre aquela festa dos negros.

Por vezes, entretanto, os filtros e preconceitos que pontuavam as observações dos estrangeiros de passagem nos deixam entrever detalhes significativos, cuja importância certamente lhes escapava. No caso da cena descrita pelo naturalista francês, fica evidente que o cortejo desfilava à noite ("A escuridão acabou por encobrir estes personagens, que não poderiam querer mais do que nela se confundir", dizia Castelneau), apesar da determinação presente nas posturas municipais, que previam a realização dos reinados durante o dia. Ao percorrer a cidade de Sabará naquela noite de 1843, o reinado festivo certamente precisou negociar concessões com os poderosos locais, pois naturalmente os negros ali presentes insistiam em ampliar o espaço, a duração e as formas de sua festa, com abundância de dança, música, comida e bebidas a desafiar, ainda que momentaneamente, o sossego e a decência exigidos pela ordem pública do império.

E quem seriam os negros daquela festa? É complicado responder assertivamente a essa questão, mas alguns indícios gerais ajudam a compor um quadro aproximado da composição dos reinados e cortejos das congadas. Analisando os "Livros de Entrada" de diferentes irmandades mineiras dedicadas a Nossa Senhora do Rosário na segunda metade do século XIX, Elizabeth Kiddy demonstra tendência à maior presença de irmãos crioulos em detrimento dos africanos; entre os africanos filiados à Irmandade de Nossa Senhora do Rosário de Barbacena, para citar um exemplo mais circunscrito, destacavam-se então aqueles vindos das regiões de Congo e Angola, falantes das línguas banto, e, em menor número, figuravam os naturais da Costa de Guiné, entre os quais os chamados "minas" eram os mais representativos. A composição dessas irmandades no século XIX forçava maior equilíbrio na distribuição dos cargos de liderança, conduzindo crioulos e africanos de diferentes nações a dividir postos de comando administrativo e festivo. Demonstrava-se aí, de acordo com Kiddy, um desejo consciente de diminuir o conflito e assegurar uma "boa reunião" nas festas dedicadas a Nossa Senhora do Rosário.[17] João Reis, analisando o contexto da Bahia oitocentista, chega a conclusão semelhante ao afirmar que a festa negra do século XIX já não era mais motivo de divisão entre os africanos, e, talvez por isso mesmo, tenha se tornado mais vigorosa apesar das investidas da elite oitocentista.[18]

As congadas, que em geral se seguiam à entronização dos reis festivos eleitos no interior das irmandades, foram testemunhadas em Minas Gerais por outro conhecido estrangeiro, o inglês Richard Burton, que estava no Brasil servindo como cônsul da Inglaterra. A cena descrita por Burton ocorreu em 1867 na área mineradora de Morro Velho, também na região de Sabará, e foi por ele relatada como "uma congada":

> Um grupo de homens, após passear pelo estabelecimento, veio à Casa-Grande. Vestiam, ou imaginavam estar vestidos segundo o estilo [dos] descendente do Grande Manicongo, senhores hereditários da terra do Congo... Todos estavam armados com espada e escudo, exceto o rei, que, em sinal de dignidade, trazia cetro, um pau grosso forte... [19]

Em sua narrativa, Burton demonstra familiaridade com certos fragmentos da história centroafricana e descreve a congada como representação teatralizada, na qual o rei é uma personagem fantasiada, munida de alguns dos paramentos que caracterizavam em geral suas aparições públicas e remetiam a elementos, apenas parcialmente percebidos pelo olhar de R. Burton, das realezas africanas e europeias em contato.

Se os aspectos ligados à cristianização do reino do Congo não figuraram no relato de R. Burton, vale notar que são centrais nas análises históricas atuais sobre as congadas oitocentistas. Marina de Mello e Souza, autora de importante trabalho sobre essas festas no Brasil escravista, afirma que as congadas foram palcos para a reconstrução de identidades africanas na diáspora, demonstrando que reuniam vários elementos do Atlântico negro, onde destacavam-se as relações entre Portugal e a África centro-ocidental, marcadas pela conversão do Mani Congo ao catolicismo em finais do século XV. Como entender, porém, a paulatina predominância de um rei — chamado de rei do Congo — sobre os demais reis de nação, que vinham conduzindo as folias encenadas pelas irmandades de negros ao longo de todo o período escravista?

Uma primeira explicação deve-se à própria dinâmica do tráfico e à distribuição espacial dos africanos de origem banto. As congadas, de acordo com a autora, teriam sido mais presentes nas áreas que receberam mais pessoas das etnias banto, caso da região Sudeste ao longo da primeira metade do século XIX. A partir do século XIX, tornaram-se progressivamente mais escassas as referências aos "reis de nação" (que podiam ser minas, benguelas, rebolo, cabundá...), ao passo que as festas comemorativas da eleição de reis do Congo foram descritas por diferentes observadores, sobretudo viajantes estrangeiros. Entre os memorialistas e folcloristas que se dedicaram ao estudo dessas festas em diferentes localidades (entre os quais estavam Luis Edmundo, Mário de Andrade e Artur Ramos[20]) as denominações de congada (relativa à estrutura dramática da festa) e por vezes de congos (denominação dada aos brincantes envolvidos no folguedo) também se destacavam. Para Marina de Mello e Souza, o rei Congo sobrepõe-se aos demais reis de nação, todos criações da sociedade escravista, à medida que se torna designação genérica do chefe da comunidade africana cristianizada. A conversão do reino do Congo ao catolicismo nos primórdios do tráfico atlântico já era memória bastante distante no século XIX, mas ainda capaz de reunir em torno desse título (e dos mitos que veiculava) alguns anseios e identidades construídas pelas comunidades negras no Novo Mundo.[21]

Um desses anseios seria a perpetuação da ventura, do desejado bem-estar das comunidades negras sob o comando de suas chefias também recriadas no Novo Mundo. Antropólogos e historiadores têm argumentado que os povos de uma vasta área da África central partilhavam conceitos culturais e religiosos associados ao que se denominou "complexo ventura-desventura", caracterizado pela ideia de que a harmonia, a fortuna e a ventura eram aspectos do estado natural do universo; o desequilíbrio e o infortúnio, em contrapartida, eram frequentemente atribuídos à ação da bruxaria e da feitiçaria.[22] A flexibilidade das etnias banto para incorporar novos símbolos religiosos, visando maximizar a ventura e a harmonia, bem como a crença de que a manutenção da ordem social

Região da várzea do Carmo, atual Parque D. Pedro II. Os quintais da rua Tabatinguera davam para o rio Tamanduateí. Através de escadas, tinha-se acesso às canoas e ao rio. Do outro lado da margem, uma figura feminina, uma lavadeira, cercada por grande quantidade de roupas estendidas na grama.
(Vincenzo Pastore, c. 1894-1914)

Em mais uma de suas cenas de rua, Vincenzo Pastore flagrou uma mulher vendendo frangos para um comerciante, aparentemente em um restaurante. Era o comércio de porta em porta. Ela podia ser da roça e trazer sozinha seus frangos para a cidade ou vir do mercado para fazer uma entrega. Circular pelas ruas com mercadorias era prática corriqueira.
(Vincenzo Pastore, c. 1894-1914)

Na rua São Bento, à direita, o sobrado do Brigadeiro Luiz Antônio e depois de seu filho, o barão de Souza Queiroz. Em frente, do outro lado da rua, vê-se a oficina do caldeireiro capitão Inocêncio Brito. Maria Paes de Barros, em suas memórias, lembra-se do som das batidas no metal com nostalgia.
(Militão Augusto de Azevedo, 1862-1863)

No detalhe da foto, vemos as tropas paradas diante de um sobrado, com lojas abertas para o largo do Bexiga.
(Militão Augusto de Azevedo, 1862-1863)

A mansão de José Maria Galvão na rua Alegre, ao fundo. As casas mais modestas foram substituídas por sobrados e ricos palacetes.
(Militão Augusto de Azevedo, 1862-1863)

Rua do Imperador.
(Militão Augusto de Azevedo, 1887)

Pequeno comércio.
(Afonso de Freitas, 1909)

A igreja do Rosário da Irmandade dos Homens Pretos, sede da confraria dos escravos e forros. (Vanorden & Co, eds., s.d.)

Rua Brasileira, São Paulo.
(Else von Bülow, 1895)

Inundação da várzea do Carmo (detalhe).
(Benedito Calixto, 1892)

Mapa da capital da província de São Paulo em 1877.
(Jules Martin, 1877)

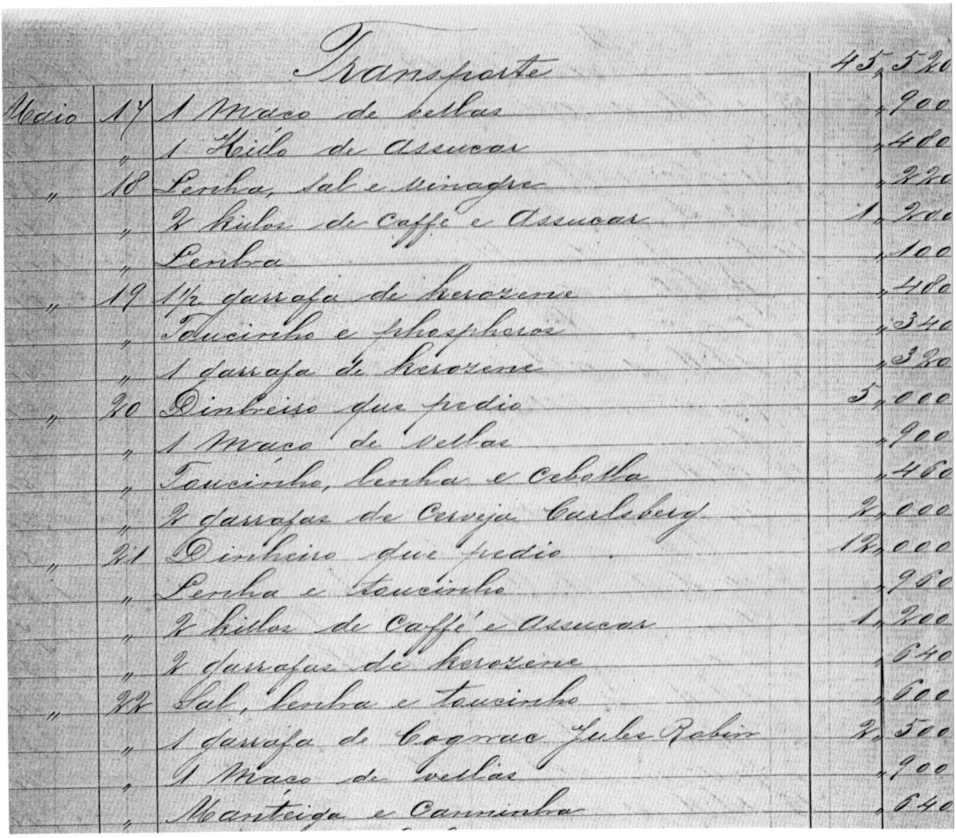

		Transporte	45,520
Maio	17	1 Maço de vellas	,900
"	"	1 Kilo de Assucar	,480
"	18	Lenha, sal e vinagre	,220
"	"	2 kilos de Caffé e Assucar	1,200
"	"	Lenha	,100
"	19	1½ garrafa de kerozene	,480
"	"	Toucinho e phosphoros	,340
"	"	1 garrafa de kerozene	,320
"	20	Dinheiro que pedio	5,000
"	"	1 Maço de vellas	,900
"	"	Toucinho, lenha e cebolla	,460
"	"	2 garrafas de Cerveja Carlsberg	2,000
"	21	Dinheiro que pedio	12,000
"	"	Lenha e toucinho	,950
"	"	2 kilos de Caffé e Assucar	1,200
"	"	2 garrafas de kerozene	,640
"	22	Sal, lenha e toucinho	,600
"	"	1 garrafa de Cognac Jules Robin	2,500
"	"	1 Maço de vellas	,900
"	"	Manteiga e Canninha	,640

Detalhe da conta do negócio de Antonio Soares Correia, referente aos gastos de d. Lina Pereira de Castro. Note que nos dias 20 e 21 de maio o comerciante lhe fornecera "dinheiro que pedio".
(ATJSP, Inventário, Processo 2515, 1884.)

Dança de batuque
(Johann Moritz Rugendas, 1835)

Platz in Rio de Janeiro
(E. Hildebrandt, 1844)

Víveres levados à cadeia no dia de Pentecostes
(J. B. Debret, s.d.)

Festa de Nossa Senhora do Rosário, padroeira dos negros
(Johann Moritz Rugendas, s.d.)

exigia a presença de um soberano capaz de afastar os efeitos da bruxaria, foi considerada por Elizabeth Kiddy[23] como elemento importante para explicar os reinados mineiros do século XIX. No contexto do Centro-Sul oitocentista, marcado pelo expressivo ingresso de africanos potencialmente ligados por essa gramática cultural comum, as irmandades e as congadas foram vistas por esta autora como espaços onde seria possível reformular as visões de mundo africanas.

Outra possibilidade de análise das congadas é sugerida por Marcelo Macord, em instigante estudo sobre a Igreja de Nossa Senhora do Rosário dos Pretos da freguesia de Santo Antônio, no Recife. Macord afirma não estar em busca de entendimento da coroação de reis do Congo na longa duração nem tampouco de construir uma teoria geral sobre essas festas no Brasil escravista. Analisando um contexto mais circunscrito, o autor discute o reinado do preto liberto d. Antônio de Oliveira Guimarães, que alcançou 24 anos de "soberania universal" sobre os pretos do Recife, iniciados na conturbada conjuntura da Revolta Praieira, em 1848. Liberais e conservadores estiveram envolvidos no tenso processo de eleição de rei do Congo naquele ano, certamente por compreender o ganho político advindo da aliança com os integrantes das hierarquias do reinado: a mobilização da população livre pobre da cidade. É importante notar, nesse sentido, o entrecruzamento das instâncias de poder dos homens pretos, ligadas às irmandades, com as autoridades provinciais. Em setembro de 1848, o chefe da Polícia da província confirmava publicamente a indicação de Antônio de Oliveira Guimarães como rei do Congo, afirmando que o referido rei ficava "obrigado a inspecionar e manter a ordem e subordinação entre os pretos que lhe forem sujeitos". Demonstra-se assim, de acordo com Marcelo Macord, a inserção do reinado na vida política da província, evidenciando que os reis do Congo mobilizavam, dentro e fora da irmandade, alianças e conflitos que só podem ser apreendidos através de análise mais circunscrita.[24]

As interpretações de Marina Mello e Souza e Elizabeth Kiddy, por sua vez, aproximam-se ao apontar outra perspectiva significativa para os estudiosos das festas negras no período escravista: "identidades recriadas", "hibridismos culturais", "produtos culturais mestiços" são algumas das formas usadas para analisar as estruturas e os possíveis significados das congadas oitocentistas. De fato, antropólogos e historiadores têm fornecido novos e férteis caminhos para pensarmos nas diferentes expressões culturais originadas nesse espaço que Paul Gilroy chamou de "Atlântico negro". Para Gilroy, a arte, em suas diferentes formas, tornou-se a espinha dorsal das culturas políticas dos escravos que viveram na afro-América. Culturas políticas marcadas pela inevitável instabilidade e mistura de ideias que caracterizaram os contatos entre pessoas de diferentes origens e etnias. O estudo dessas manifestações culturais, adverte Gilroy, impõe a difícil tarefa de criar hipóteses sobre a mestiçagem e a hibridez, recusando as abordagens centradas apenas na ideia das sobrevivências das culturas africanas na diáspora.[25]

Memórias africanas, mestiçagens, conflitos e negociações cotidianas em torno do direito de celebrar também fizeram parte da festa baiana do Senhor do Bonfim, considerada a mais intensamente vivida pelos negros do Oitocentos.[26] Viajantes de passagem pela cidade de Salvador antes das investidas mais sistemáticas contra a festa negra, ampliadas no contexto da década de 1830, descreveram os fogos de artifício, os tambores e as vozerias que acompanhavam a lavagem das escadas da Igreja do Bonfim. Relativo a 1835, quando a Revolta dos Malês irrompeu disseminando o medo em relação aos "ajuntamentos de pretos", João Reis localizou o pedido de licença de um grupo de africanos que se dirigia à Câmara Municipal solicitando "festejar o Senhor do Bonfim usando de suas danças e tabaques". A Câmara, como se pode prever naquela conjuntura, negou a princípio, mas cedeu no dia seguinte, exigindo que o juiz de paz da freguesia fosse avisado de antemão. Preservava-se, assim, o exercício cotidiano do domínio e da negociação na vida festiva dos negros. Pelo menos por algum tempo: em 1855, renovadas as ondas de perseguição, foram reprimidas as danças no largo da igreja e apreendidos 20 atabaques.[27]

A intervenção sobre as festas, porém, não se limitava às câmaras e aos juízes de paz. A imprensa também fez campanhas vigorosas contra os batuques de negros, atacando as manifestações de um catolicismo que parecia crescentemente africanizado e "escandaloso". A partir da década de 1860, como demonstra Dale Graden, a imprensa baiana dedicou-se sistematicamente a lamentar a existência de tantas "superstições" entre o povo de Salvador, condenando especialmente os terreiros de candomblé e as festividades negras que agrediam a "moralidade" católica.[28] O editorialista do jornal *Diário da Bahia* lançava, na edição de 12 de janeiro de 1860, expectativas bastante otimistas sobre um porvir "civilizado" para os festejos do Bonfim. A lavagem da igreja, profetizava ele, "com seus ares de bacanal, está morrendo". O rumo "imoral" e "devasso" que a festa tomara, distanciando-se do ato de "humildade cristã" que a teria caracterizado em seus primórdios, devia-se, na avaliação do editorialista, aos excessos introduzidos pelos africanos.[29] Nesse mesmo ano, a julgarmos pelo testemunho do príncipe Maximiliano de Habsburgo — que mais tarde se tornaria imperador do México —, "a costa africana" seguia ditando ao menos alguns padrões da festa do Bonfim: "...todo esse rebuliço é blasfematório, porque nesta festa popular de negros misturam-se, além do que é permitido, restos de paganismo... Festejam-se as saturnais dos negros".[30]

O médico e etnólogo baiano Nina Rodrigues, autor de *Os africanos no Brasil,* revelava em suas obras, produzidas na virada do século XIX para o XX, uma preocupação em estabelecer as supostas "sobrevivências" dos costumes africanos no Brasil. Sobre a lavagem da Igreja do Bonfim, afirmava tratar-se de prática religiosa iorubana/nagô. Admitia, porém, ser um "culto vivo", pois, para os africanos, crioulos e mestiços que participavam "daquela seita", o Senhor do Bonfim era o "verdadeiro Obatalá".[31] Apesar de partilhados por diferentes setores da sociedade baiana, unindo africanos, crioulos e mestiços, os festejos do Bonfim manifestariam "verdadeiras práticas africanas", consideradas "ainda vivas" àquela época pelo autor baiano. Da interpretação de Nina, que certamente testemunhou a festa nas décadas finais da escravidão, emerge a concepção das "sobrevivências" dos cultos africanos em terras brasileiras. Os aspectos católicos da festa, entretanto, não figuram nessa análise do autor.

Manuel Querino, memorialista também baiano e contemporâneo de Nina Rodrigues, deixou-nos testemunho mais denso daquela celebração, através do qual se podem vislumbrar outros sentidos e participantes envolvidos na devoção ao Senhor do Bonfim. Como era comum entre os folcloristas, Querino não se preocupou em datar a festa que descreveu. Alguns indícios, entretanto, ajudam a indicar o período aproximado de suas observações e relatos. A descrição aparece originalmente no livro *A Bahia de outrora*, publicado em 1916, mas os registros de Querino referem-se mais provavelmente aos festejos das últimas décadas da escravidão, pois o autor cita ao final da descrição a Portaria de dezembro de 1889, expedida pelo arcebispo d. Luiz Antônio dos Santos, extinguindo a lavagem. Nota o autor que, no ano seguinte, o "povo fez-se representar" na primeira semana de janeiro, como de hábito, mas a guarda cívica estacionada à ladeira do Bonfim teria recolhido vassouras, violas e harmônicas repetindo que "hoje, aqui, não há lavagem". Aquela provável vitória da Polícia nas festas em 1890 revelava, de algum modo, a pujança da celebração em anos anteriores; apesar da contínua campanha imposta por representantes do clero, da imprensa e das autoridades do império, mais sistemática a partir de 1850, a lavagem do Bonfim privilegiada na descrição por Querino era parte de um festival que se desenrolava por vários dias.[32]

De acordo com o folclorista — nascido na cidade de Santo Amaro em 1851 —, tratava-se de romaria organizada por devoções particulares. Ele não menciona a presença de irmandades organizando a festa, como era comum nas congadas oitocentistas, mas nota que, se o tesoureiro[33] da devoção fosse "prazenteiro e folgazão", mandava colocar uma pipa de vinho e outra de aguardente para despertar o entusiasmo dos romeiros. A organização da lavagem demonstrava-se complexa e demorada, exigindo considerável investimento material e emocional de seus participantes. Embora ocorresse na quinta-feira anterior ao domingo da festa, começava a ser preparada de fato na noite de quarta, quando "os romeiros" acondicionavam roupas e alimentos em grandes cestos. De saveiros, vapores ou a pé, seguiam "centenas de devotos e devotas" levando vassouras, moringas e vasilhas para os arrabaldes da ladeira do Bonfim desde o romper da manhã, embora a lavagem só tivesse início às 10 horas. A função toda era por vezes interrompida para que os devotos fossem à baixa do Bonfim buscar mais água, realizando o trajeto de subidas e descidas acompanhados, segundo Querino, por ternos de barbeiros e cantatas apropriadas para a ocasião.

Terminada a lavagem da igreja, os devotos cuidavam ainda de empilhar a lenha para a fogueira da festa que ocorria no domingo. Informa também que após a lavagem o "povo" tomava destinos diversos: alguns dirigiam-se para os salões aristocráticos, onde belas modinhas eram apreciadas nos intervalos da orquestra contratada para a ocasião, enquanto, alguns "rapazes das melhores famílias" reuniam-se numa casa atrás da Igreja do Bonfim, na qual era servido um rico banquete seguido de boas modinhas e "sambas infernais". Mais adiante, no largo do Papagaio, reunia-se o "elemento africano". Ao ar livre, debaixo dos arvoredos, os negros faziam suas refeições, exibiam diferentes estilos de dança e jogavam capoeira ao som de cantorias e berimbaus. O que mais chamava a atenção de nosso observador, porém, eram os gestos, giros, requebros do corpo e estalidos da língua que acompanhavam as pilhérias e "frases de espírito" ali contadas, logo seguidas de mais arrojados sambas.

Manuel Querino, certamente um entusiasta da festa, afirmava que era preciso acabar "com a bacanal no interior do templo", fornecendo argumentos para as perspectivas de controle sobre aquele divertimento, que se renovavam com o fim do império. Para nossos propósitos, entretanto, o dado a ser ressaltado nessas memórias sobre a lavagem do Bonfim é seu caráter diverso. As morenas, os fidalgos, o elemento africano, os devotos, enfim, integravam a festa, que, apesar dos supostos excessos, era para Querino uma manifestação da devoção popular. O que Nina Rodrigues interpretou como sobrevivência africana, centrada na mitologia iorubana e no culto a Obatalá/Oxalá, foi analisado por seu contemporâneo como manifestação mais plural, reunindo diferentes setores da sociedade baiana que festejavam, de modos diversos, a lavagem do Bonfim.

Africanas,[34] mestiças, híbridas ou afro-católicas, evidencia-se que as festas negras oitocentistas vêm desafiando intérpretes. Parte do desafio apresentado por esses folguedos pode ser encontrado exatamente nas rotas desse Atlântico negro que produziu batuques capazes de moldar seus ritmos em meio às perseguições e negociações em torno do direito de celebrar.

Aos olhos das autoridades do império, as congadas e a festa do Bonfim eram provavelmente integradas ao amplo conceito de "batuque", presente nas discussões e determinações legislativas, nas narrativas dos viajantes e também na imprensa oitocentista. Em diferentes regiões, mesmo que as posturas municipais condenassem expressamente os batuques, é sabido que o direito de folgar era permeado por tensões e negociações. No Rio de Janeiro, houve casos em que as autoridades responsáveis pela repressão deixavam de aplicar as multas previstas pelas posturas, pois havia pessoas que protegiam tais divertimentos, reafirmando as possibilidades de tolerância.[35] Outras vezes, o comportamento ambíguo das autoridades diante das posturas revelava que o encaminhamento das tensões sobre o direito de festejar era de fato uma negociação, cujos desdobramentos podiam variar conforme o contexto em questão.[36]

De acordo com Mathias Röhrig Assunção, na segunda metade do século XIX os batuques foram-se cristalizando em expressões regionais, como sambas, jongos, cocos e maracatus, para citar apenas algumas delas. Frutos da circulação horizontal e de empréstimos recíprocos entre diferentes instrumentos, ritmos e danças, essas manifestações expressam, para Röhrig, o processo de "crioulização" em curso na formação de uma cultura afro-brasileira ao longo do século XIX. Nesse percurso, tradições africanas e inovações americanas foram ingredientes ativos de um processo de adaptação cultural, conceito que, evidentemente, não desconhece a violência e o conflito dessas interações na sociedade escravista.[37]

A impressionante longevidade de congadas, maracatus, jongos e sambas de roda,[38] entre outros, bem como os novos sentidos e identidades reivindicadas pelas comunidades envolvidas nessas manifestações em nossos dias, fazem pensar nos desdobramentos da festa negra oitocentista. É importante lembrar que parte significativa dos registros disponíveis sobre essas festas nos chegou pelas descrições de folcloristas, atentos aos folguedos populares em busca de novas versões da suposta originalidade brasileira. Para Mário de Andrade, e sobretudo para a geração de Renato Almeida, Manuel Diégues Júnior e Edison Carneiro, o movimento folclórico devia dedicar especial atenção aos folguedos por pelo menos duas razões. Em primeiro lugar, tratava-se da urgência em registrar algo que, temiam, podia desaparecer ou perder as características mais espontâneas. Uma segunda razão da atenção aos folguedos residiria na forma mais dinâmica dessas expressões, capazes de ilustrar uma nacionalidade de formação recente como a brasileira, de acordo com a visão de muitos intelectuais ligados ao movimento folclórico.[39] Contrariando o temor difuso dos folcloristas ou sua aposta no caldeamento e mestiçamento dos etilos, os folguedos não desapareceram, e suas formas dinâmicas revestem-se, ainda hoje, de novos conteúdos de resistência política, étnica e comunitária. — tal como ocorrera, aliás, com as festas negras de outros tempos.

OS CASOS DO DIVINO

Como várias cidades do império, o Rio de Janeiro, no século XIX, ao menos na primeira metade, foi palco de uma série de festas religiosas, organizadas pelas irmandades em homenagem aos santos padroeiros ou outros de devoção; elas eram momentos significativos da vida da própria cidade, tanto em função do público que atraía como pelos transtornos que causava à organização do trabalho. Como avaliou o viajante francês Dabadie, em 1851, as festas eram como o pão da população do Rio de Janeiro, que o consumia na medida certa para não morrer de inanição.[40]

De modo geral, sempre confundindo práticas sagradas com as profanas, as festas — além das missas, sermões, Te-Deum, novenas e procissões — reuniam muitas danças, coretos, fogos de artifício e barracas de jogos, de atrações, de comidas e bebidas. Eram também ocasiões em que a população escrava e/ou negra não perdia a oportunidade para realizar suas músicas, danças e batuques, pelos quais eram conhecidos. De acordo com os memorialistas e viajantes, as festas do Divino Espírito Santo, no Campo de Santana, o coração da cidade, eram as maiores e as mais concorridas. Formavam uma espécie de modelo para as inúmeras outras que marcavam as comemorações religiosas do Brasil imperial.[41]

Presenças certas nessas ocasiões eram a feira livre, onde as negras com seus apetitosos tabuleiros vendiam roscas do espírito santo, pães variados — marcados com a pombinha —, cuscuz e cocadas, angu ou mocotó;

as barracas de sorte, de comidas e bebidas, onde se fritava fígado ou peixe e se podiam beber canecas de vinho verde tirado da pipa; os espetáculos de circo; as barracas de jogos diversos; as peças teatrais, com teatrinhos de bonecos, comédias, cantorias de duetos e mágicas, acompanhados de violões, flautas e cavaquinhos e até os batuques. Como se pode perceber, a festa reunia a seu redor enorme quantidade de energia e de produção: as compras da irmandade, o comércio da feira livre, o trabalho dos artesãos na decoração, a preparação dos artistas nos fogos e espetáculos e, ainda, os negócios do sagrado, quando se colocava à venda um sortimento enorme de velas e imagens do Espírito Santo, em grande variedade de preços e qualidade, podendo ser de ouro, prata ou estanho. Os fogos de artifício do Campo de Santana e os espetáculos nas barracas constituíam o divertimento predileto do público, especialmente dos mais populares.

As festas do Divino criavam a oportunidade para o encontro de todos os habitantes da cidade, ao mesmo tempo que estabeleciam diferentes momentos para certas práticas culturais, quando determinados setores sociais se retiravam. Mais do que o encontro, favoreciam a mistura dos escravos com a população livre, confundindo e difundindo entre si, independentemente da situação jurídica, gostos estéticos e práticas culturais diferentes, abrindo a possibilidade para o diálogo e o conflito cultural e para a constante criação de algo diferente e novo, em face dos gêneros mais oficiais e eruditos, como a valsa.[42]

A aproximação simbólica entre as festas do Divino comemoradas no Campo de Santana, em que se coroavam imperadores meninos — os comandantes das folias —, e as cerimônias de coroação dos imperadores de fato teria permitido, ao menos a partir da década de 1840, razoável liberalidade na concessão das licenças para as festividades. Após as revoltas e movimentos políticos regenciais, nada mais propício do que incentivar uma festa que também celebrava a continuidade e legitimidade de uma dinastia; uma festa portuguesa em território americano que dava visibilidade aos rituais monárquicos.[43] Os temores, expressos pelas autoridades municipais nas autorizações da década de 1830, cederam lugar, paulatinamente, à convivência menos restritiva com as festas e suas diversões.[44] Sem dúvida, uma estratégia de tornar, nos anos de 1840, a maioridade ao mesmo tempo abençoada e bem acolhida entre os setores populares. A superposição das comemorações pelo imperador com as barracas do Divino, na mesma época e local, certamente facilitava a aproximação e a troca de significados entre os dois eventos.

O sinal mais visível nessa direção foi a concessão de licenças, a partir de maio e junho de 1841, para as barracas da festa do Divino Espírito Santo, concomitantemente com as que serviriam para as comemorações da coroação de d. Pedro II, sem as condições anteriormente estipuladas, ou seja, sem a necessidade de se assinar termo proibindo ajuntamentos e com indícios de certa flexibilidade em relação ao limite de tempo em que poderiam funcionar. Festa e regime político haviam iniciado juntos um novo tempo. Até quando suas relações seriam tão estreitas?

A estabilidade política e a prosperidade econômica alcançadas pelo império brasileiro, após a década de 1850, permitiram às autoridades, preocupadas com as reformas urbanas e com as diversões populares, especialmente na cidade do Rio de Janeiro, a implantação de um projeto de civilização dos costumes e moralização dos comportamentos, identificável em várias medidas do poder central e municipal, ligadas à higiene da cidade e de sua população.[45] Criticados pelas pretensas imoralidades, desordens, perigos de incêndios e doenças que traziam, assim como pelos prejuízos em relação à disciplina do trabalho, passaram a ser proibidos — ou regulados com mais atenção — o entrudo do carnaval, a capoeira, os batuques negros, as máscaras em dias de folia, os fogos de artifício, cortiços, os tocadores de realejos e jogos de azar.

As festas do Divino, em particular, foram gradativamente condenadas e cerceadas, por autoridades políticas ou pela imprensa, como verdadeiras "festas de aldeia no centro da capital do Império", como símbolos do atraso colonial. Algumas autoridades policiais e municipais alardeavam que as festas nas ruas, com suas barracas e diversões, traziam desperdícios sociais, pois eram locais de jogo, bebidas de todos os tipos e vagabundagem; os médicos ajudavam a considerar as festividades religiosas barrocas como vulgares e ameaçadoras do ideal de uma família de comportamentos higiênicos e disciplinados; muitos políticos liberais, assumindo uma posição anticlerical, associavam qualquer prática católica, principalmente as festas religiosas nas ruas, ao obscurantismo e ao atraso; as lideranças religiosas católicas mais ortodoxas e reformadoras, por sua vez, apesar de valorizarem as festas religiosas como importante demonstração da fé, começaram a se preocupar, sobretudo através de seu jornal *O Apóstolo*, com o que consideravam as deficiências do catolicismo brasileiro, marcadas pelo despreparo do clero e pela prática religiosa pouco ligada às determinações de Roma.

Entretanto, todas as medidas contrárias às festas do Divino e a outras diversões populares nunca foram totalmente implementadas. Ao lado de ações repressoras e cerceadoras, houve tolerâncias e recuos. Não havia unanimidade entre os defensores da civilização dos costumes, ao menos em termos de seu ritmo e intensidade. Complementarmente, festeiros, irmãos do Divino, barraqueiros, pequenos empresários das diversões populares, frequentadores de batuques, jogadores de entrudo, defensores de certa tradição colonial católica e saudosistas das maravilhosas festas do passado não cansavam de tentar escapar de vigilâncias, cerceamentos ou proibições. Frequentemente inventavam novas justificativas, ajustadas aos anseios da civilização ou aos motivos da caridade, para que seus pedidos de festas, encontros e jogos fossem acatados.

Frente à ação dos interessados na continuidade das festas e aos limites da atuação das autoridades imperiais e católicas, até mesmo pela identificação de ambos os poderes com a prática do catolicismo (religião oficial até a proclamação da república, em 1889), os caminhos de controle nunca puderam ser excessivamente repressivos ou radicais. As festas do Divino, e outras diversões populares, não desapareceram; passaram, contudo, a ser gradativamente cerceadas e empurradas para locais menos nobres e menos concorridos da cidade.

Algumas restrições, por exemplo, envolveram a permissão de certas práticas, como as barracas e o uso de máscaras, apenas para determinados locais ou períodos específicos do ano; outras procuraram diminuir os dias santos de festas. No caso das festas do Divino, ação mais eficaz para o seu cerceamento foi a execução do plano urbanístico para o Campo de Santana. A decisão para ajardinamento e gradeamento do local atendia a variadas reclamações, desde a década de 1850, sobre o seu mau uso: depósito de sujeiras, local de encontro de capoeiras e prostitutas, centro de conflitos no concorrido chafariz das lavadeiras, onde negras e moleques passavam grande parte do dia. No mesmo sentido, as obras completariam um processo, que se iniciara na alvorada do século XIX, de edificação ao redor do Campo dos principais marcos do poder imperial: o Senado, a Câmara Municipal, a Casa da Moeda, o Corpo de Bombeiros e a Estrada de Ferro. No caso das festas do Divino, certamente enfraqueceu-se seu potencial de atrair os habitantes da cidade para uma mesma comemoração no amplo espaço do Campo de Santana. As festas do Divino, ou partes delas, antes identificadas com aquela área, acabaram sendo transferidas para a pequena praça próxima da nova Igreja de Santana (a anterior havia sido transferida do Campo de Santana em 1856, para a construção da Estrada de Ferro).

Contudo, e isso é fundamental, outras manifestações, paralelamente, foram aumentando em muito sua popularidade, à medida que se aproximava o final do século XIX, e, de alguma forma, substituíram o espaço cultural deixado pelo Divino Espírito Santo. Refiro-me em especial ao que se convencionou chamar de carnaval moderno e às festas de Nossa Senhora da Penha. O primeiro, planejado por uma elite de literatos para ser uma festividade civilizada, europeia, didática e unívoca, como assinalou Leonardo Pereira,[46] tornar-se-ia palco das mais diferentes manifestações populares e negras de rua, ironicamente no Centro da cidade, ao longo de suas principais ruas, de onde se procurava afastar as marcas do atraso e impor o cenário da civilização. A segunda, apesar de ser tradicional comemoração religiosa popular e portuguesa e de se realizar em área distante da cidade, com barracas, jogos e muitas diversões, começou a atrair significativo contingente da população negra, com seus batuques, capoeiras e sambas. Ambas as festas ganharam novos rumos e significados, na mesma época em que se fechavam as portas do grande espaço das festas do Divino no Campo. A derrota do Divino correspondeu à vitória de outras festas.

Apesar de tal derrota, principalmente com o ajardinamento do Campo de Santana, a partir de 1873, é interessante acompanhar os diversos movimentos de reação e manutenção da irmandade e dos barraqueiros pela defesa de suas atrações, diversões e formas de festejar. A partir dos constantes limites impostos ao funcionamento das barracas e das festas, expuseram claramente seus interesses e direitos nas petições que encaminhavam à Câmara.

A Irmandade do Divino Espírito Santo sabia que a realização de sua festa no Campo era fundamental, e seus insistentes pedidos de licença comprovam isso, pois afirmam ser mais cômodo para o público que em "grande número comparece às festividades quando são feitas no Campo de Santana". Em solicitação de fevereiro de 1873, feita com incomum antecedência, a irmandade parecia compreender as transformações que se operavam. Expunha seu direito por meio da defesa de determinada identidade, construída e legitimada na longa história daquela prática católica, sempre reconhecida pelos "cidadãos" dirigentes do império:

> Estas festividades se fazem desde muitos anos, transmitindo-se das *gerações passadas às presentes*, o zelo e a Religião Católica de nossos Progenitores que sempre foram auxiliados pelo antigo Senado, composto de cidadãos que como os das Ilustríssimas Câmaras que os tem substituído até agora, sempre têm outorgado à irmandade, a graça que a atual administração...[47] (grifos meus).

Entre 1875 e 1879 ainda são encontrados registros de barracas do Espírito Santo no Campo de Santana, ainda que no último ano organizadas pela Igreja de São Gonçalo Garcia e São Jorge. Nos outros anos da década de 1870, elas haviam sido construídas apenas ao redor da Igreja Matriz de Santana.[48]

Ao lado dos irmãos do Divino, a reação dos barraqueiros deve ter sido tão significativa que provocou, em 1879, a retomada das preocupações policiais. Em 20 de junho daquele ano, o chefe da Polícia enviou solicitação ao presidente da Câmara, declarando que "por mais severa que fosse sua vigilância" não conseguia evitar as "rixas e desordens" que aconteciam tanto na praça da Aclamação como nas barracas levantadas na rua da Alcântara, próximo à Igreja de Santana. Possivelmente a situação ainda se encontrasse pior do que na época em que as barracas ficavam apenas no Campo, pois, agora, se duplicavam os focos que exigiam vigilância.

Queixava-se o chefe da Polícia, dr. Tito de Mattos, de que a aglomeração do povo era grande, o que trazia resultados "mais ou menos" graves, ameaçando a "segurança individual e a tranqüilidade pública". Junto com pessoas de "índole pacífica" que ali compareciam por mera curiosidade, viam-se "ébrios, vagabundos e ratoeiros" que aproveitavam a oportunidade para dar "livre expansão aos seus maus instintos". Complementarmente, na mesma época a chefia da Polícia passava a cobrar da Câmara mais cuidado com o licenciamento de diversões públicas, entre elas os "cavalinhos-de-pau", pois estavam envolvidos com jogos proibidos. Solicitava que, para o futuro, fosse ouvida a opinião das autoridades policiais.[49]

No ano seguinte, o chefe da Polícia manteve sua posição e colocou-se contrário às barracas, mesmo que se restringissem às cercanias da Igreja de Santana, ou que a irmandade cumprisse as determinações estabelecidas na autorização concedida pela Câmara, de "não permitir jogos", não "perturbar a ordem pública" e não realizar atividades contrárias ao "bem do povo".[50] Entretanto, não era fácil impedir os projetos da irmandade, que havia programado festividades no período de maio ao domingo de Santana, no final do mês de julho! Em 1880, provavelmente depois de ter conseguido algum acordo com a própria Polícia e Câmara Municipal, era publicado no *Jornal do Commercio*, em 21 de maio, que as festas do Divino de Santana apresentariam "barracas ricamente adornadas com profusão de distrações e jogos lícitos".

Em 1881 e 1882, a fim de realizar a festa, a irmandade apelou para todas as possibilidades a seu alcance. Pediu reconsideração do despacho negativo da Câmara para as barracas, pois só havia conseguido aprovação para o império (local onde eram coroados os imperadores da festa) e coreto; procurou convencer o chefe da Polícia de que só seriam realizados jogos permitidos; buscou motivos em sua própria história, apontando a necessidade de se comemorar o Divino com todo o esplendor e devoção, dentro da "tradição das antigas festividades"; e, finalmente, comprometeu-se a criar, com a arrecadação das barracas, um patrimônio para os pobres, uma instituição de caridade, convidando os membros da Câmara a serem seus primeiros beneméritos.[51] Como as autoridades municipais conseguiriam negar pedidos tão sérios, com justificativas históricas e filantrópicas?

Nos anos citados, o Divino conseguiria ser comemorado com toda a pompa anunciada, mas no largo da Igreja de Santana e não mais no vasto Campo. Como se fosse possível voltar às décadas de 1840 e 1850, a irmandade evidenciava que a festa não havia morrido, embora ocorresse em diferente local e recebesse novos significados. Nas palavras dos responsáveis pela festa, em 1886, o Divino era uma "antiga tradição popular, que se deveria transmitir ao povo desta cidade".[52]

Na luta contra as autoridades municipais e em momento no qual cresciam os apologistas de uma pretensa civilização, os festeiros criaram e anunciaram direitos baseados na legitimidade de seu passado e história: a defesa de uma velha tradição católica e festiva da cidade que, garantiam, não deixariam morrer. Nessa operação, tornaram o Divino patrimônio que, em sua perspectiva, deveria ser valorizado, frente às iniciativas cerceadoras e/ou modernizadoras. O uso da expressão "antiga tradição popular" ganhava evidentes sentidos políticos. Em meio aos ataques de fervorosos reformadores, ao que consideravam o atraso das práticas religiosas católicas, e mediante ação, ou ao menos intenção, mais controladora das autoridades da Igreja no Rio de Janeiro sobre o papel das irmandades e suas festas, formulavam-se, incrivelmente, a defesa e o direito de continuidade de uma antiga "tradição popular", indubitavelmente associada ao catolicismo, ou a seu sentido menos ortodoxo, as festas do Divino.[53]

Paralelamente, os requerentes das irmandades e barraqueiros ganharam aliados entre memorialistas e folcloristas. Moreira de Azevedo e Mello Moraes Filho, por exemplo, procuravam forjar os traços da identidade nacional sobre as festas tradicionais do passado da cidade, mesmo que idealizadas e folclorizadas, em evidente oposição aos ideais europeizantes de civilização. O mais divertido disso tudo é que foram essas imagens dos defensores de uma certa tradição — das festas religiosas populares católicas — que contribuíram para a vitória dos símbolos que hoje identificam marcas culturais do Brasil, patrimônios imateriais.

O Campo de Santana ainda abrigaria, no período imperial, uma última festa, no ano da abolição da escravidão! O pedido de licença foi feito no dia 1º de maio daquele ano, por um cidadão chamado Valentim José Tavares, que se intitulava concessionário do Ministério da Guerra para estabelecer barracas em frente do quartel do Campo.[54] Garantia o empresário, em estratégia já bastante conhecida, que 50% do aluguel dos terrenos iriam para o Asilo Ferreira Viana. A Comissão de Justiça da Câmara, considerando a concessão do Ministério da Guerra e a autorização da Polícia, não viu motivos para se opor ao deferimento, em 4 de maio de 1888.

Entretanto, a mesma Comissão iria rever seu pronunciamento, depois da reação do jornal católico *O Apóstolo*[55] e de alguns outros membros da Câmara. Limitou o funcionamento das barracas até o final do mês de junho e, consequentemente, diminuiu a autorização anterior de 60 dias. O empresário, então, apelou ao governo imperial contra a Câmara que, a seguir, foi inquirida sobre o que estava acontecendo. No início de julho, a Comissão respondeu a uma portaria do governo imperial, defendendo a posição de não ser admissível supor "que se desrespeitassem os poderes públicos, desnaturasse a concessão, convertendo-a em inqualificável abuso". Em sua avaliação, nas barracas em questão haviam-se estabelecido jogos de parada por meio de aparelhos, contrariando a postura de março de 1884 e justificando a decisão de diminuir o prazo da autorização concedida. Considerava também que, com o período de 30 dias já decorridos, o fiscal do Ministério da Justiça poderia receber a quantia destinada aos projetados asilos da infância. Foi notória a preocupação da Câmara em não ficar malvista por atrapalhar as contribuições para a caridade pública.

Sem dúvida, é de admirar a autorização do Ministério da Guerra e a primeira decisão da Câmara para esse tipo de festa em pleno Campo de Santana, agora ajardinado e pretensamente civilizado. As comemorações pela abolição da escravidão, que se estenderam com grande intensidade pelo mês de maio, podem ter animado os festeiros e barraqueiros, como também certas autoridades — no caso o próprio ministro da Justiça, Ferreira Viana — afinadas com esse gênero de comemoração. Deve-se notar a coincidência, e evidente esperteza, dos festeiros em convocar o público para as festas do Divino na mesma semana da Abolição da escravidão. Os empresários barraqueiros ainda encontravam aliados, em meio ao fortalecimento de imagens bastante negativas desse tipo de festa e diversão por parte de autoridades municipais e religiosas. Demonstravam, mais uma vez, impressionante capacidade de negociação e persistência na luta por suas diversões que, sem dúvida, levavam em conta o gosto popular, seu grande cliente, embora não o único.

As autoridades municipais do período republicano, apesar de certa interpretação sobre seu caráter ser mais repressor que as do império, tiveram que continuar lidando com as licenças para festas religiosas, constantemente requeridas por parte de irmandades e barraqueiros.[56] A maior parte dos pedidos e autorizações para festas religiosas, organizadas por irmandades ou moradores de ruas, permaneceu marcada por um tipo específico de celebração, tornado modelo havia muito tempo, ou seja, licenciavam-se os tradicionais coretos, fogos e, às vezes, embandeiramento e iluminação, desde que fossem respeitadas as condições de segurança, o estado posterior das calçadas e o aviso aos representantes da Polícia. Da mesma forma, no período republicano, os suspeitíssimos leilões de prenda para ajudar os cofres da irmandade geralmente eram aprovados, se não ficasse configurada ligação por demais estreita com as barracas e jogos proibidos. Estes preocupavam constantemente as autoridades e, invariavelmente, encontravam-se presentes nas grandes festas.

As expectativas dos barraqueiros, porém, talvez se tivessem renovado com o novo regime, como demonstra o pedido, em maio de 1891, de Guimarães Rocha e Companhia à Intendência Municipal (a nova designação da Câmara) de autorização para, "no terreno do Campo da Aclamação, em frente ao Quartel, levantarem barracas de madeira (vulgo barraquinhas do Espírito Santo)", em que pudessem "estabelecer jogos, sortes, teatros de bonecos, circo de cavalinhos etc., para recreio do público desta Capital", durante o espaço de tempo que lhes fosse cedido. Além da indestrutível persistência, surpreendem nesse requerimento as justificativas alegadas, pois, dando a entender que apostavam em maior tolerância das novas autoridades, os solicitantes afirmavam contar com "o patriotismo e equidade" da pessoa que agora se encontrava à testa da direção da Intendência Municipal! A expectativa de Guimarães Rocha e Companhia não foi atendida; esse pedido e outros semelhantes, mesmo com o aval da irmandade, foram indeferidos sem maiores explicações.[57]

A despeito de muitas proibições e negações de licenças para barracas ao redor do Campo de Santana, as pressões e a criatividade dos interessados continuavam atualizando-se, evidenciando realmente que talvez houvesse alguma possibilidade de aprovação dos pedidos. Utilizando linguagem familiar e valorizada pelos novos intendentes municipais e defensores da fé republicana, tentavam convencer com argumentos de que as atividades das barracas e feiras francas no Campo da Aclamação ou na praça próxima à Matriz de Santana estavam presentes na Europa. Beneficiariam as "classes operosas", que não possuíam recursos para outros divertimentos, e estimulariam a "iniciativa industrial" e os cofres municipais![58]

Em direção que já vinha sendo tentada pelos barraqueiros a partir da década de 1880, as justificativas também dialogavam com práticas e valores que começavam a ser divulgados como civilizados e filantrópicos. Para diversas festas na cidade, foi possível localizar pedidos para "kermesses" beneficentes, com divertimentos inocentes e educativos; "panoramas" europeus, sérios e recreativos; divertimentos instrutivos, morais e estéticos, além de pedidos para elegantes "chalets".[59] Espalhavam-se pela cidade os códigos de comportamento urbano considerados mais adequados e refinados, embora recebessem novos significados e conteúdos ao se associarem a práticas antigas e populares, em tese, condenáveis.[60]

Pelo que indicam os trabalhos de Rachel Soihet e Ana Lucia de Carvalho, os barraqueiros continuariam presentes — e poderosos — nas famosas festas da Penha, que aconteciam em área do subúrbio da cidade do Rio de Janeiro, entre o final do século XIX e primeiras décadas do XX. Embora muito vigiados pelas autoridades municipais, policiais e pelos membros das irmandades, que também interferiam nas concessões, os barraqueiros garantiram seus direitos no arraial da Penha, vendendo comidas, bebidas e diversas atrações.

Pelo levantamento dos títulos que nomeavam suas barracas, entre 1900 e 1917, é possível verificar o quanto entendiam sua presença como expressão política e cultural legítima — saltam aos olhos barracas denominadas União do Povo, Avenida Passos, Destemidos, Flor da Saúde, União dos Operários, Recreio dos Operários, Caxambu, Pai Tomaz, Reino da África, Sultana da Bahia, Gruta Baiana, Rebola Bola, Novo Progresso, Petit Recreio, Rio Branco, Santos Dumont, Brasil, Brasil-Portugal, Mulatinha etc.[61] Todos esses nomes, de alguma forma, registravam e divulgavam, em seus próprios termos, fatos da história da cidade, símbolos de identidades negras, assuntos que eram notícia na cidade e no mundo, ícones do progresso e marcas nacionais.

Os festeiros da Penha — e de muitas outras festas — não pareciam ter abandonado a política: sabiam fazer a política das festas e festas plenamente políticas. Afinal, através de inúmeras delas relacionavam-se com o Estado, exigiam direitos e inseriam-se numa nação que era definida, pouco a pouco, por seus contornos festivos e, evidentemente, políticos.

Notas

1. Para avaliação dos estudos sobre festas no Brasil, ver István Jancsó e Íris Kantor (orgs.), *Festa. Cultura e sociabilidade na América portuguesa*, São Paulo, Imprensa Oficial/Hucitec/Edusp/Fapesp, 2001, p. 5-16.
2. João Reis, "Tambores e temores: a festa negra na Bahia na primeira metade do século XIX" *in* Maria Clementina Pereira Cunha, *Carnavais e outras frestas: ensaios de história social da cultura*, Campinas, Editora da Unicamp, 2002.
3. Festividades do Divino Espírito Santo, 1886, códice 43-4-7, Arquivo Geral da Cidade do Rio de Janeiro (AGCRJ).
4. Sobre as relações entre cultura e política, ver Ângela de Castro Gomes, "Questão social e historiografia no Brasil do pós-1980: notas para um debate" *in Estudos Históricos*, nº 34, Rio de Janeiro, 2004; Rachel Soihet, Maria Fernanda Baptista Bicalho e Maria de Fátima Silva Gouvêa (orgs.), *Culturas políticas: ensaios de história cultural, história política e ensino de história*, Rio de Janeiro, Mauad, 2005; e Martha Abreu, Rachel Soihet e Rebeca Gontijo (orgs.), *Cultura política e leituras do passado: historiografia e ensino de história*, Rio de Janeiro, Civilização Brasileira, 2007.

5. Sobre o Programa Nacional do Patrimônio imaterial, ver o site do Iphan: *http://portal.iphan.gov.br* (patrimônio cultural, patrimônio imaterial).
6. Martha Abreu, *O império do Divino: festas religiosas e cultura popular no Rio de Janeiro*, 1830-1900, Rio de Janeiro/São Paulo, Nova Fronteira/Fapesp, 1999.
7. Ver João Reis, *op. cit.*, 2002; Hendrik Kraay, "As Terrifying as Unexpected: the Bahian Sabinada, 1837-1838", *Hispanic American Historical Review*, 72:4, 1992, p. 501-527; Matthias Röhrig Assunção, "Elite politcs and popular rebellion in the construction of post colonial order: the case of Maranhão, Brasil, 1820-1841", *Journal of Latin American Studies*, v. 31, I, fevereiro de 1999, p. 1-38.
8. Reis, *op. cit.*, 2002.
9. Abreu, *op. cit.*, 1999, capítulo 3.
10. Martha Abreu, "Civilização" *in* Ronaldo Vainfas (org.), *Dicionário do Brasil Imperial, 1822-1889*, Rio de Janeiro, Objetiva, 2002, p. 141-143.
11. Sobre a progressiva quebra de legitimidade da instituição escravista após 1850, ver Hebe Maria Mattos, *Escravidão e cidadania no Brasil monárquico*, Rio de Janeiro, Jorge Zahar, 2000; sobre os escravos urbanos "vivendo sobre si", ou seja, praticando atividades ao ganho que lhes permitia, muitas vezes, não morar com seus senhores, ver Carlos Eugênio Líbano Soares, *Zungú: rumor de muitas vozes*, Rio de Janeiro, Arquivo Público do Estado do Rio de Janeiro, 1998.
12. Ver Marcos Magalhães de Aguiar, *Negras Minas Gerais: uma história da diáspora africana no Brasil colonial*, tese de doutorado, São Paulo, Universidade de São Paulo, 1999; Antonia Aparecida Quintão, *Lá vem meu parente: as irmandades de pretos e pardos no Rio de Janeiro e Pernambuco*, tese de doutorado, São Paulo, Universidade de São Paulo, 1997; João Reis, *A morte é uma festa: ritos fúnebres e revolta popular no Brasil do século* XIX, São Paulo, Cia. das Letras, 1991; Larissa Viana, *O idioma da mestiçagem*, Campinas, Editora da Unicamp/Fapesp, no prelo; Anderson Machado de Oliveira, *Os santos pretos carmelitas: culto dos santos, catequese e devoção negra no Brasil colonial*, tese de doutorado, Niterói, Universidade Federal Fluminense, 2002.
13. Elizabeth Kiddy, *Brotherhoods of our Lady of the Rosary of the Blacks: community and devotion in Minas Gerais, Brazil*, Ph.D., The University of New Mexico, 1998, mimeo.
14. Sobre a estrutura da festa, ver Marina Mello e Souza, *Reis negros no Brasil escravista: história da festa de coroação de Rei Congo*, Belo Horizonte, Editora da UFMG, 2002.
15. Francis Castelneau, *apud* Luís da Câmara Cascudo, *Antologia do folclore brasileiro*, São Paulo, Livraria Martins Editora, s/d, p. 107.
16. Castelneau *apud* Cascudo, *op. cit.*, p. 107.
17. Kiddy, *op. cit.*, 1998, p. 215. Esses dados de ingresso correspondem aos registros de entrada de irmãos da Irmandade de Nossa Senhora do Rosário de Barbacena, sintetizados na p. 211.

18. Reis, *op. cit.*, 2002, p. 114-115. Os Nagô — nação majoritária entre os africanos importados para a Bahia no século XIX — vieram de terra ioruba dividida em subgrupos, muitas vezes hostis entre si, por razões políticas e religiosas. Na Bahia, entretanto, muitas dessas divisões foram reconsideradas em nome das estratégias cotidianas de resistência, entre as quais figuravam as festas e a religiosidade. Sobre as novas solidariedades construídas pelos Nagô na Bahia, ver João Reis, "A greve negra de 1857 na Bahia", *Revista USP*, junho-agosto de 1993, p. 8-29.
19. Burton *apud* Cascudo, *op. cit.*, p. 148.
20. Ver Luis Edmundo, *O Rio de Janeiro no tempo dos vice-reis, 1763-1808*, Brasília: Senado Federal, 2000; Mário de Andrade, *Danças dramáticas do Brasil*, Belo Horizonte/Brasília, Itatiaia/Instituto Nacional do Livro, 1982, tomo 2; Artur Ramos, *O folclore negro do Brasil*, Rio de Janeiro, Livraria Casa do Estudante do Brasil, s/d.
21. Ver Souza, *op. cit.*, 2002, p. 254-258.
22. Sobre esse tema, ver W. Craemer, Jan Vansina e R. Fox, "Religious movements in Central Africa: a theoretical study" *in Comparative studies in society and History*, 18:4, 1976, p. 458-475; Robert Farris Thompson, *Flash of the Spirit: African and afro-american art and philosophy*, Nova York, Vintage Books, 1984; Robert Slenes, *Na senzala, uma flor: esperanças e recordações na formação da família escrava, Sudeste, século XIX*, Rio de Janeiro, Nova Fronteira, 1999.
23. Kiddy, *op. cit.*, 1998, p. 228.
24. Marcelo Macord, *O Rosário dos homens pretos de Santo Antônio: alianças e conflitos na história social do Recife, 1848-1872*, dissertação de mestrado, Campinas, Universidade Estadual de Campinas, 2001, especialmente capítulo 3.
25. Paul Gilroy, *O Atlântico negro: modernidade e dupla consciência*, São Paulo, Editora 34, 2001.
26. Reis, *op. cit.*, 2002, p. 133; Matthias Röhrig Assunção, "From slave to popular culture: the formation of afro-brazilian art forms in nineteenth century Bahia and Rio de Janeiro", *Ibero-Americana,*12, ano III, 2003, p. 172.
27. Reis, *op. cit.*, 2002, p. 134.
28. Ver Dale Graden, "So much superstition among these people!: Candomblé and the dilemmas of afro-Bahian intellectuals, 1864-1871" *in* Hendick Kraay (ed.), *Afro-brazilian Culture and Politics: Bahia, 1790s to 1990s*, Armonk/London, M. E. Sharp, 1998, p. 57-73.
29. Citado por Kátia Queirós Mattoso, *Bahia, século XIX: uma província no Império*, Rio de Janeiro, Nova Fronteira, 1992, p. 404.
30. *Idem, ibidem*, p. 404.
31. Ver Nina Rodrigues, *Os africanos no Brasil*, São Paulo, Editora Nacional, 7ª ed., 1988, p. 180. De acordo com Artur Ramos, os fragmentos da mitologia gêge-iorubana no Brasil assimilaram a figura de Obatalá/Oxalá como Cristo, "mas um Cristo materializado, concreto, adorado popularmente como Senhor do Bonfim", *op. cit.*, p. 15.

32. Manuel Querino, *Costumes africanos no Brasil*, Recife, Ed. Massangana, 2ª ed., 1988, p. 210-220. As investidas da Igreja católica contra a lavagem do Bonfim inserem-se no contexto da política de romanização empreendida por parte da elite eclesiástica imperial visando a uma ampla reforma do catolicismo no Brasil, principalmente a partir da segunda metade do século XIX. Uma das diretrizes da ação "romanizante" foi exatamente a condenação das atividades consideradas profanas nos locais de culto, de modo a promover maior interferência do clero na liderança e orientação da vida religiosa. Nesse movimento de reforço da estrutura hierárquica da Igreja, o clero romanizado direcionou sua ação reformadora para o catolicismo leigo, especialmente onde era praticado por descendentes de africanos e pelos setores populares.
33. No século XIX, era comum a presença de devoções solicitando licenças às câmaras municipais para realizar seus festejos; embora não tivessem o estatuto de irmandades, observa-se nessas organizações a presença de cargos administrativos inspirados nas confrarias, como seria o caso do tesoureiro da devoção.
34. Analisando a cultura afro-baiana na segunda metade do século XIX e o período pós-abolição, Kim Butler afirma que nesse período, em Salvador, uma "cultura de base africana estava florescendo e crescendo com uma vitalidade que ameaçava [os ideais de modernização e] a hegemonia das normas culturais identificadas à Europa" (p. 189). Para a autora, esse processo de expansão dos africanismos (p. 201) deu-se em conjuntura de progressiva "crioulização" da população negra e foi especialmente evidente nos terreiros de candomblé formados a partir da segunda metade do século XIX. Ver Butler, *op. cit.*, 2000, sobretudo o capítulo 6.
35. Para expressivo caso ocorrido no Rio de Janeiro, em 1866, ver Abreu, *op. cit.*, 1999, capítulo 4. Sobre as perspectivas de tolerância e controle sobre as festas populares na Bahia de meados do século XIX, ver Edilece Souza Couto, *Tempo de festas: homenagens a Santa Bárbara, Nossa Senhora da Conceição e Sant'Ana em Salvador (1860-1940)*, tese de doutorado, São Paulo, Universidade Estadual Paulista, 2004.
36. Para o caso de Pernambuco, ver Clarissa Nunes Maia, *Sambas, batuques, vozerias e farsas públicas: o controle social sobre os escravos em Pernambuco no século XIX*, dissertação de mestrado, Universidade Federal de Pernambuco, 1995, capítulo 3.
37. Ver Assunção, *op. cit.*, 2003.
38. O jongo do Sudeste, em 2005, e o samba de roda, em 2004, receberam o título de Patrimônio Cultural do Brasil, conferido pelo Instituto do Patrimônio Histórico e Artístico Nacional (Iphan). Para uma reflexão sobre o papel do jongo no reconhecimento das demandas de terras de remanescentes de quilombos no sul fluminense, ao lado do movimento de "emergência étnica" em curso nessa região, ver Hebe Mattos e Martha Abreu, "Jongo, registros de uma história", a ser publicado em livro organizado por Silvia Lara sobre a obra de Stanley Stein, 2007, mimeo.

39. Para densa discussão do movimento folclórico, ver Luís Rodolfo Vilhena, *Projeto e missão: o movimento folclórico brasileiro, 1947-1964*, Rio de Janeiro, Funarte/Fundação Getulio Vargas, 1997.
40. F. Dabadie, *À travers l'Amérique du Sud*, Paris, Ferdinand Sartorius Editeur, 1859. Sobre as festas no Brasil Império, ver também Lilia Schwarcz, *As barbas do Imperador*, São Paulo, Cia. das Letras, 1998.
41. As festas do Divino Espírito Santo celebravam em termos religiosos o prestígio da "pombinha sagrada", símbolo muito querido no mundo cristão, pelas graças que oferecia. Terceira pessoa da Santíssima Trindade, o Espírito Santo, que descia dos céus sob a forma de línguas de fogo, "espíritos de raios e luz de quentura", sobre as cabeças dos apóstolos e fiéis, estava ligado ao renascimento espiritual através da distribuição de seus inúmeros dons e graças — amor de Deus, sabedoria, paz, santificação, bondade, abundância, alegria, proteção contra pragas e doenças — aos verdadeiros devotos. A vinda das línguas de fogo também significava a universalidade da fé cristã entre diferentes nações, conferindo a todos, sem distinção de origem ou condição social, uma oportunidade de pertencimento ao mundo cristão.
42. Pelos limites deste trabalho, não será possível aprofundar os textos recitados nos duetos ou nos teatros de bonecos a que tivemos acesso; o Campo de Santana, durante a festa do Divino, também propiciava a emergência de uma cultura não oficial nas palavras e de um canal de expressão política entre os seus participantes. Ver Abreu, *op. cit.*, 1999.
43. A fundação desse ritual (a escolha do imperador e sua presença na festa), além de ser costume presente em outras festas antigas europeias, é atribuída à rainha Isabel e a d. Diniz, os iniciadores da festividade em Portugal. A construção do império seria uma homenagem ao palácio de onde saíra a rainha Isabel em procissão.
44. Quando uso a expressão paulatinamente é porque ainda se difundiam rumores de agitações de escravos em áreas próximas à corte. Muitos escravos estariam acreditando que a coroação traria a liberdade de todos (ver ofícios diversos, maio/junho 1841, Arquivo Nacional (AN), IJ6 196, 1840-1841). Em um deles, de 14 de junho, recomendava-se que fosse aumentado o policiamento com a coroação, "posto que virá muita gente, com muitos escravos". Ver também Flávio dos Santos Gomes, *Histórias de quilombolas: mocambos e comunidades de senzalas no Rio de Janeiro do século XIX*, Rio de Janeiro, Arquivo Nacional, 1995, capítulo. 2.
45. Sidney Chalhoub, *Visões da liberdade: uma história das últimas décadas da escravidão na corte*, São Paulo, Cia. das Letras, 1990; Ilmar Mattos, *O tempo saquarema: a formação do Estado imperial*, São Paulo, Hucitec, 1990.
46. Leonardo Affonso de Miranda Pereira, *O carnaval das letras*, Rio de Janeiro, Secretaria Municipal de Cultura, 1994, p. 29-114. Ver ainda Maria Clementina Pereira Cunha, *Ecos da folia: uma história social do carnaval carioca entre 1880-1920*, São Paulo, Cia. das Letras, 2001; Rachel Soihet, *Subversão pelo riso: estudos sobre o carnaval carioca da Belle Époque ao tempo de Vargas*, Rio de Janeiro, FGV, 1998.

47. Festividades do Divino Espírito Santo, 1873, cód. 43-4-7, fl. 90. No pedido de 1874, a irmandade defendia ser a festa do Divino "um costume antigo de nossos antepassados". Festividades do Divino Espírito Santo, 1874, cód. 43-4-7, fl. 101, AGCRJ (grifos meus).
48. Atas da Câmara, 18 de agosto de 1877; Festividades do Divino Espírito Santo, 1878, cód. 43-4-7, fl. 110, 112, AGCRJ.
49. Festividades do Divino Espírito Santo, 1879, cód. 43-4-7, fl. 116, AGCRJ; Atas da Câmara, 21 de junho de 1879.
50. Festividades do Divino Espírito Santo, 1880, cód. 43-4-7, fl. 114, 115 e 126. Em 1878, encontrei registros de que um pedido para armar barraca na praça da Glória, durante as festividades de Nossa Senhora da Glória, havia sido indeferido pela Comissão de Justiça da Câmara (Festas da Glória, códice 43-4-4, fl. 21).
51. Atas da Câmara, 28 de abril de 1881, 2 de junho de 1881, 23 de fevereiro de 1882 e 16 de março de 1882. Festividades do Divino Espírito Santo, cód. 43-4-7, fl. 124, 126, AGCRJ. Em 1874, a irmandade já havia se comprometido a concorrer com donativos a alguma biblioteca (ver cód. 43-3-59, fl. 1). Festividades do Divino Espírito Santo, 1886, cód. 43-4-7, fl. 131, AGCRJ. Essa estratégia de infantilizar as diversões para conseguir o licenciamento também pode ser identificada nos pedidos para cavalinhos de pau.
52. Festividades do Divino Espírito Santo, cód. 43-4-7, fl. 131. Outro bom exemplo dessa tenacidade das irmandades e dos barraqueiros é o anúncio publicado no *Jornal do Commercio* de 21 de maio de 1880. Na coluna "Declarações", onde eram divulgadas as diversas festas religiosas da cidade, os festeiros das irmandades da Matriz de Santana, do Espírito Santo do Largo do Estácio e Convento da Lapa empreenderam uma ação conjunta, divulgando na mesma nota as atrações de cada lugar. Essa ação conjunta das irmandades pode ser considerada uma forma de os organizadores das festas mostrarem sua força política e seu prestígio diante das pressões das autoridades municipais civilizadoras e eclesiásticas ortodoxas. Naturalmente rivais, as irmandades do Divino conseguiram unir-se para defender e divulgar suas atividades.
53. Mesmo que reformadores liberais e "romanizantes" católicos divergissem fundamentalmente em suas concepções sobre os caminhos da civilização e sobre o futuro das festas religiosas populares e tradicionais das irmandades, compartilhavam sua transformação e intervenção.
54. Barracas e Barraquinhas, cód. 58-3-38, fl. 19.
55. *O Apóstolo*, 6 de julho de 1888.
56. A construção de uma imagem de tolerância dos dirigentes imperiais em relação às práticas populares, contrastando com a ideia de que, na República, haveria um cerco crescente aos hábitos e costumes da população pobre do Rio de Janeiro foi defendida por muitos historiadores na década de 1980. Ver, por exemplo, José Murilo Carvalho, *Os bestializados: o Rio de Janeiro e a República que não foi*, São Paulo, Cia. das Letras, 1987. Para revisão dessa perspectiva, ver Sidney Chalhoub,

Cidade febril: cortiços e epidemias na corte imperial, São Paulo, Cia. das Letras, 1996, especialmente p. 97-185; e Abreu, *op.cit.*, 1999, cap. 4, item 6.

57. Diversões Públicas, cód. 42-3-19, fl. 129.
58. Ver Diversões Públicas, 1892, cód. 42-3-19, fl. 154, 155, 163, 164 e 173; 1895, fl. 246; Festividades do Divino Espírito Santo, 1894, cód. 43-4-7, fl. 143.
59. Diversões Públicas: 1877, cód. 42-3-19; 1880, cód. 42-3-19, fl. 59; 1889, cód. 42-3-19, fl. 104 e 105; 1891, cód. 42-3-19, fl. 120 e 121; 1892, cód. 42-3-19, fl. 154 e 155; 1893, cód. 42-3-31, fl. 32; 1891, cód. 42-3-19, fl. 116; 1895, cód. 42-3-19, fl. 246. Vale destacar a presença de termos importados, tais como quermesses, chalés e quiosques, que começam a ser utilizados em substituição às condenáveis barracas. Essas novidades não tardariam a ser condenadas, apesar dos nomes afrancesados.
60. Com documentação semelhante, Maria Clementina Pereira Cunha demonstrou como representantes de setores populares se apropriaram de elementos do discurso médico-sanitário, mostrando que alguns deles se empenharam em aprender a linguagem e os mecanismos mais favoráveis ao diálogo com os representantes do poder. Essa perspectiva desafia interpretações sobre o afastamento de setores populares dos mecanismos formais de representação e luta política. Maria Clementina Pereira Cunha, "Os bacamartes da República: saberes e poderes no Brasil da virada do século" *in* Fernando Silva, Márcia Naxara e Virgínia Camilotti (orgs.), *República, liberalismo e cidadania*, Piracicaba, Editora Unimep, 2003, p. 119-137. Ver também Martha Abreu e Andréa Marzano, *Entre palcos e músicas: caminhos de cidadania no início da República* (no prelo).
61. Ana Lucia de Carvalho, *Cultura e história na Festa da Penha: os primeiros anos da República na vivência festiva popular (1880-1920)*, dissertação de mestrado, Niterói, Universidade Federal Fluminense, 2005, cap. 4 e p. 142; Rachel Soihet, 1998, *op. cit.*

CAPÍTULO VIII

A realidade como vocação: literatura e experiência nas últimas décadas do império

Leonardo Affonso de Miranda Pereira

"O que se deve exigir do escritor, antes de tudo, é certo sentimento íntimo, que o torne homem do seu tempo e do seu país, ainda quando trate de assuntos remotos no tempo e no espaço."[1] Escrita em 1873 por Machado de Assis em "Notícia da atual literatura brasileira — Instinto de nacionalidade", tal afirmação apresentava-se como parte de uma tentativa de reflexão sobre os rumos então tomados pela produção literária nacional. Com 34 anos, Machado estava ainda longe do pedestal em que seria colocado pela posteridade. Embora reconhecido pelos contemporâneos por seu talento — já expresso não só em dois livros de versos e um romance, mas também em sua participação frequente na imprensa carioca —, não havia escrito ainda as obras que viriam a consagrá-lo nos anos subsequentes, como *Memórias póstumas de Brás Cubas* ou *Dom Casmurro*. Criado na escola dos mestres do romantismo, era por dentro dela que conseguia seu espaço no mundo das letras. Ainda assim, seu olhar crítico mostrava-se capaz de captar os principais desafios e impasses atravessados naquele momento pelos círculos letrados brasileiros. Ao afirmar no mesmo movimento tanto a ligação da literatura com seu contexto de produção quanto sua independência temática em relação a tais limites, formulava para os contemporâneos uma equação cuja resposta estava ainda por ser buscada — mas cujo problema já se mostrava, no período, de forma clara.

De fato, no começo da década de 1870 começavam a evidenciar-se as marcas de uma crise que transformaria definitivamente o perfil da literatura e da sociedade brasileiras. Os principais dilemas de tal crise tinham, no artigo de Machado, excelente diagnóstico. Primeiramente, vê o sentimento de nacionalidade — que reconhece presente na literatura brasileira — não como produto acabado, mas como objetivo a ser perseguido. Ao pensar o sentido da expressão de tal sentimento na produção literária, estabelece esclarecedor paralelo com a independência política de 1822. "Esta outra *independência* não tem Sete de Setembro nem campo de Ipiranga; não se fará num dia, mas pausadamente, para sair mais duradoura; não será obra de uma geração nem duas; muitas trabalharão para ela até perfazê-la de todo",[2] explica o autor. Em vez de afirmar a sensibilidade local como o pré-requisito de uma literatura nacional, prefere vê-la como o resultado de processo ainda longe de ter fim.

O sentido de tal afirmação se esclarecia na interlocução proposta pelo artigo com os cânones ainda hegemônicos a respeito de tal questão. De fato, Machado nota que a discussão a respeito do caráter nacional da literatura era ainda tributária do modo pelo qual autores ligados ao romantismo definiram, em meados do século XIX, o perfil da literatura brasileira. Era o caso, entre outros, de Joaquim Norberto. Membro do Instituto Histórico e Geográfico Brasileiro, Norberto fez parte da geração de autores que ajudaram a definir as bases de afirmação de uma cultura capaz de englobar todas as províncias do país recém-independente.[3] Com tal propósito apresentara em 1859 artigo em que tratava dos princípios que deveriam nortear a busca da originalidade na literatura brasileira. "A originalidade da literatura de qualquer nação se demonstra por si mesma", afirmava o autor já na primeira frase, ao defender que ela se expressaria em elementos como a "cor local que provém da natureza e do clima do país", os "costumes, usos e leis da sociedade" ou nas "inspirações de religião que segue seu povo".[4] Sem se basear na comparação, Joaquim Norberto define assim a originalidade como característica imanente de determinada literatura, capaz de expressar-se objetivamente em seus textos. Por crer na universalidade da arte, que seria a mesma em todos os tempos e espaços, trata de buscar na tematização dos aspectos locais a base da nacionalidade literária. A simples menção a temas como a natureza tropical ou as tradições e costumes indígenas serviria, dessa perspectiva, como prova do caráter propriamente nacional de uma literatura.

Ligado a outro momento, Machado de Assis aponta exatamente para a insuficiência de tal definição. Ainda que valorize a presença e o instinto de nacionalidade entre os autores de seu tempo, não deixa de reconhecer o caráter ornamental do modo pelo qual esse se manifestava. Critica por isso a tendência de apenas se reconhecer o "espírito nacional" nas obras que "tratam de assunto local".[5] Para ele, tal tendência se expressaria contraditoriamente, no caso da prosa de ficção, em narrativas cada vez mais distanciadas da realidade em que viviam seus autores. Em busca da "cor local", alguns romancistas defendiam que "os costumes do interior são os que conservam melhor a tradição nacional"; outros, pelo mesmo motivo, lançavam sua atenção sobre o "tempo colonial", no qual seria possível encontrar a marca local antes de esta ser corrompida pela "influência europeia" que caracterizava então as grandes cidades brasileiras. Em um e em outro caso, o resultado seria, para Machado, o distanciamento em relação às questões do tempo. Isenta "de tendências políticas, e geralmente de todas as questões sociais", a literatura brasileira estaria, no período, "desinteressada dos problemas do dia e do século, alheia às crises sociais e filosóficas".[6] Ainda que o autor explique tratar-se simplesmente de "atestar um fato" sem o julgar, sua análise dava forma aos desafios e dilemas enfrentados pela produção literária brasileira no início da década de 1870.

Como Machado de Assis, vários outros autores buscavam então uma fórmula literária que lhes permitisse dialogar mais diretamente com o tempo. Estimulados tanto por novas correntes estéticas de inspiração europeia quanto por questões e desafios propriamente locais, romancistas e poetas tentavam oferecer suas próprias alternativas para a crise literária que enfrentavam. De tais tentativas resultou diversificado quadro literário, expresso de maneira vaga nas definições habitualmente feitas de movimentos como o realismo, o naturalismo e o parnasianismo.[7] Para fugir ao esquematismo sugerido por tais conceitos, cabe deixá-los momentaneamente de lado para enfrentar os debates e a produção letrada do tempo em sua indeterminação — de modo a entender o sentido da configuração de tal problema, o processo pelo qual se formularam respostas diversas aos desafios apresentados por Machado de Assis e as consequências dessa busca na literatura produzida na década de 1880.

TRADIÇÃO, TRAIÇÃO E CONTRADIÇÃO

Três anos depois de discorrer sobre o "instinto de nacionalidade", Machado de Assis apareceria mais uma vez nas páginas da imprensa carioca com outro tipo de artigo: a crônica inicial da série "História de quinze dias", publicada no dia 1° de julho de 1876 na revista *Ilustração Brasileira*. Não era a primeira vez que se aventurava no gênero, com o qual tinha familiaridade desde as crônicas publicadas na década anterior no jornal *Diário do Rio de Janeiro*.[8] Dessa vez, entretanto, algo novo se anunciava em sua prosa, então assinada com o pseudônimo Manassés. Em vez de oferecer nessa crônica inaugural explicação para a nova coluna, como era de praxe, prefere partir diretamente para seu primeiro assunto: a crise política na Turquia.

> Dou começo à crônica no momento em que o Oriente se esboroa e a poesia parece expirar às mãos grossas do vulgacho. Pobre Oriente! Mísera poesia!
>
> Um profeta surgiu em uma tribo árabe, fundou uma religião, e lançou as bases de um império; império e religião têm uma só doutrina, uma só, mas forte como o granito, implacável como a cimitarra, infalível como o alcorão. Passam os séculos, os homens, as repúblicas, as paixões; a história faz-se dia por dia, folha a folha; as obras humanas alteram-se, corrompem-se, modificam-se, transformam-se. Toda a superfície civilizada da terra é um vasto renascer de coisas e idéias. Só a idéia muçulmana estava de pé; a política do alcorão vivia com os paxás, o harém, a cimitarra e o resto.
>
> Um dia, meia dúzia de rapazes libertinos, iscados de João Jacques e Benjamin Constant, ainda quentes do último discurso de Gladstone ou do mais recente artigo do *Courrier de l'Europe*, meia dúzia de rapazes, digo eu, resolveram dar com o monumento bizantino em terra, abrir o ventre ao fatalismo e arrancar de lá uma carta constitucional.
>
> Pelas barbas do Profeta! Há nada menos maometano do que isto? Abdul-Azziz, o último sultão ortodoxo, quis resistir ao 89 turco; mas não tinha sequer o exército, e caiu; e, uma vez caído, deitou-se da janela da vida à rua da eternidade (...).

O autor evidenciava, nesse trecho inicial, o tom que definiria para aqueles escritos. Ao comentar um caso tirado do noticiário — a deposição do sultão Abdul-Aziz-Khan —, filiava-se aos protocolos próprios do gênero, baseados em comentários sobre as notícias e eventos do tempo.[9] Não se limitava, porém, a reproduzir o procedimento de outros cronistas. Ainda que abrisse a série com a discussão de um tema contemporâneo, fazia-o buscando sua relação com o passado — no caso, os costumes e práticas tradicionais ligados ao islamismo, ameaçados pelas mazelas políticas turcas. Ligava por isso os acontecimentos que narra, em um fio contínuo, à própria origem cosmológica do povo árabe, representada pela história do profeta Maomé. Consciente de que "as obras humanas alteram-se, corrompem-se, modificam-se, transformam-se", lançava sobre tal processo de transformação sua atenção.

Mais do que historiar tais mudanças, no entanto, o narrador trata de julgá-las. Desgostoso com o noticiário dos telegramas, Manassés colocava-se em posição supostamente conservadora. Ao lamentar a dissolução das antigas tradições islâmicas, apontava alguns dos culpados de tal processo — como Jean-Jacques Rousseau, Benjamin Constant e Guilherme Gladstone, nomes que os contemporâneos associariam facilmente à ilustração e ao ideário liberal. Como se a referência não estivesse clara o bastante, afirma ainda que o sultão derrubado tentou resistir "ao 89 turco" — explicitando uma vez mais a analogia com o processo político que descrevia e os princípios associados à Revolução Francesa. A nostalgia dos velhos tempos se opunha, dessa forma, ao desconforto com os ventos liberais que causavam a transformação

Os que acompanhavam a trajetória literária e política de Machado nos anos anteriores não teriam dificuldade em notar que algo de estranho havia em tais opiniões. Desde as crônicas escritas no *Diário do Rio de Janeiro* na década de 1860, sua fé liberal se explicitara diversas vezes sem subterfúgios.[10] O restante da crônica trataria, no entanto, de esclarecer os motivos da suposta contradição. Na sequência do trecho, Manassés passa a narrar o encontro entre Maomé e o sultão deposto. Ao explicar ao profeta o ocorrido, dele leva dura reprimenda:

> — Cala-te! És mais do que isso, és o destruidor da lei, o inimigo de Islã. Tu fizeste possível o gérmen corruptor das minhas grandes instituições, pior que a fé de Cristo, pior que a inveja dos russos, pior que a neve dos tempos; tu fizeste o gérmen constitucional. A Turquia vai ter uma câmara, um ministério responsável, uma eleição, uma tribuna, interpelações, crises, orçamentos, discussões, a lepra toda do parlamentarismo e do constitucionalismo. Ah! Quem me dera Omar! Ah! Quem me dera Omar!

De forma ainda mais clara, explicita-se novamente a oposição entre as regras e instituições impessoais características dos novos ventos liberais, como o Parlamento e a Constituição, e a força do antigo regime destruído. Através de tal exagero, Machado evidenciava as lacunas do discurso de seu narrador. Ainda que perdesse a força e poesia associadas por Manassés à tradição, a Turquia ganhava um sistema político, legal e econômico capaz de garantir liberdade e cidadania para todos os seus habitantes. O narrador, entretanto, preferia lamentar o que se perdera:

> (...) Mas o que eu apuro de tudo o que nos vem pelo cabo submarino e vapores transatlânticos é que o Oriente acabou e com ele a poesia. Só a abolição do serralho é uma das revoluções maiores do século. Aquele bazar de belezas de toda a casta e origem, umas baixinhas, outras altas, as louras ao pé das morenas, os olhos negros a conversar com os olhos azuis, e os cetins, os damascos, as escumilhas, os *narghillés*, os eunucos... Oh! Sobretudo os eunucos! Tudo isso é poesia que o vento do parlamentarismo dissolveu em um minuto de cólera e num acesso de eloquência.
>
> Vão-se os deuses, e com eles as instituições. Dá vontade de exclamar com certo cardeal: *Il mondo casca!*

A parcialidade do sentimento de perda descrito por Manassés evidenciava o caráter elitista e excludente de seu argumento — afinal, as mudanças que cita não pareceriam tão indesejáveis se analisadas do ponto de vista dos eunucos ou das mulheres reclusas nos palácios, ambos próximos do que no mundo ocidental seriam os escravos ou dependentes.

Através de tal ironia, Machado desnudava o autoritarismo e violência inerentes ao mundo tradicional do qual seu narrador se mostrava nostálgico. Indicava, com isso, o caráter excludente que podia assumir o apelo à tradição — não só na Turquia, cuja crise tematizava, mas também em meio ao debate nacional do qual participava.

Caso o leitor ainda tivesse dúvidas a respeito do verdadeiro tema desse trecho inicial da crônica, elas se desfariam nos parágrafos finais da narração. Após comentar que, como punição, o sultão teria tomado do profeta "o mais divino dos pontapés", dizia que teria assim descido novamente à terra — podendo "estar por aí em algum canto", "talvez aqui na cidade". "Se cá viesse é possível que a vista de alguns becos e certa quantidade de cães lhe fizessem crer que voltara a Constantinopla", completava o narrador. Ao evidenciar o paralelo estabelecido pela crônica com a realidade nacional, Machado de Assis fazia da Turquia um simples meio de analisar, no caso brasileiro, o sentido de tal apego à tradição — cuja parcialidade era apontada pelas ironias de Manassés.[11] Não seria difícil, para os contemporâneos, perceber o diálogo proposto pela crônica com alguns dos elementos que ordenavam então a vida social brasileira. Ao evidenciar o arbítrio associado à tradição no caso turco, Machado de Assis chamava a atenção de seu público para a precariedade de uma ideologia que, também baseada no respeito à tradição, servia ainda como uma das bases de sustentação não só da literatura brasileira, mas da própria identidade afirmada por seu intermédio.

Não se tratava, é verdade, de ideia nova. Pelo menos desde a década de 1850 escritores como o próprio Joaquim Norberto afirmavam, em textos críticos, a necessidade de que a base ideológica de sustentação da identidade nacional fosse buscada nas tradições do passado.[12] Foi na prosa de ficção que se começou a produzir em tal período, no entanto, que a ideia se mostraria de forma acabada. Ao lançar seus olhos sobre o passado colonial brasileiro, os autores ligados aos ideais românticos haviam buscado a base moral sobre a qual deveria se assentar o perfil nacional. De tal impulso resultou, entre outros, o romance *O guarani*, de José de Alencar. Publicado em forma de folhetim nos primeiros meses de 1857, tratava-se da resposta do autor às tentativas letradas do tempo em definir o caminho de afirmação de uma genuína literatura brasileira. Após publicar nos jornais uma série de artigos críticos em relação ao poema "Confederação dos Tamoios", de Gonçalves Magalhães, Alencar tratou de estabelecer no romance seu ponto de vista. Por acreditar que o autor do aclamado poema épico "não soube aproveitar todas as belezas que lhe ofereciam os costumes e tradições indígenas",[13] fez de *O guarani* um meio de afirmar a força simbólica que via não só nos costumes e tradições indígenas, mas também na herança portuguesa — de modo a transformar o encontro de ambas na base de afirmação de uma nação forte e original.

Alencar configurava, no romance, um poderoso mito inaugural da nacionalidade, que existia nas tradições desses dois povos formadores de sua base principal.[14] Situado no primeiro século de colonização da América portuguesa, seu enredo trata da relação, em meio à natureza tropical, de duas nobrezas distintas: a de origem portuguesa, representada pelo fidalgo d. Antonio Mariz e sua família, da qual fazia parte a bela Ceci; e a indígena, que tem no altivo Peri seu único representante. Após descrever o mundo criado nos trópicos pelo fidalgo português, ao qual o autor dá ares de uma fortaleza medieval, trata de sua destruição no confronto com os índios aimorés — em cena na qual o próprio fidalgo explode o lugar com a dinamite ali guardada. Como Alencar reconheceria em 1872, trata-se de alegoria a respeito da "gestação lenta do povo americano, que devia sair da estirpe lusa, para continuar no novo mundo as gloriosas tradições de seus progenitores".[15] Únicos sobreviventes da tragédia, que vitimou tanto a família de d. Antonio quanto os nativos invasores, Peri e Ceci apresentavam ao final da trama o sentido do mito proposto no romance: era da harmonia simbólica entre seus diferentes mundos que resultava, tanto para eles quanto para a nação em formação por eles representada, a possibilidade de um futuro vigoroso.

Os usos e costumes indígenas e portugueses não eram, entretanto, as únicas tradições discutidas no romance. Junto com eles, outro elemento ganhava no enredo foros de prática tradicional: as relações de dependência, sobre as quais se constrói toda a trama proposta por Alencar. Organizada ao redor do respeito de todos por d. Antonio Mariz, a comunidade do Paquequer tinha em tais laços de subordinação sua principal base de sustentação. Apresentados como elemento inerente à vida nos trópicos, tais laços se evidenciam já no primeiro capítulo, no qual Alencar dá forma ao cenário natural no qual transcorreria a ação. Ao descrever o rio Paquequer, em cujas margens se situava a pequena comunidade criada pelo fidalgo, faz questão de anunciá-lo como "vassalo e tributário" do rio Paraíba, do qual seria "escravo submisso".[16] Expressos na própria natureza, tais laços de subordinação se reproduziriam, como que naturalmente, na vida social. "Aquele que dá ordens sabe o que faz; a nós cumpre obedecer", explica um dos moradores do local, comentando os desígnios de d. Antonio.[17] Por tal motivo, o fidalgo não precisava mais do que um simples levantar de tom para fazer valer sua vontade, à qual todos deveriam obediência irrestrita.[18] É quando tais laços de obediência são postos em dúvida pela influência corrosiva de um invasor estrangeiro, cuja falta de moral deixava claro o interesse mesquinho que o movia, que a comunidade perde sua força, deixando-se finalmente destruir pelos nativos hostis. Além do encontro entre os costumes e práticas dos povos que se encontravam no trópico, era sobre a tradição da obediência que se sustentava moralmente o mito erigido por Alencar.

Para desgosto dos leitores românticos de ontem e de hoje, era também sobre tal tradição que se baseava a relação dos heróis sobreviventes da trama. Lido com olhos realistas, o romance foi muitas vezes tomado como uma história de amor entre Peri e Ceci, de cujo cruzamento resultaria a formação de uma nação original. Não era realista, no entanto, a perspectiva com que Alencar dá forma à trama. Ainda que explicitamente baseie sua fantasia em fontes, inserindo ao longo do texto notas de rodapé para justificar suas escolhas, a falta de verossimilhança dos episódios espalhados na trama — na qual o herói caça uma onça com as mãos, bebe um veneno que lhe permitiria ressuscitar mais tarde e arranca uma árvore do solo mesmo estando em cima dela — atesta a distância que o separava de qualquer busca da realidade. Ao fincar suas raízes no passado, tratava apenas de dar legitimidade ao mito inaugural proposto pelo romance, para o qual afirma no prólogo um caráter imemorial.

Não por acaso, a cena final do romance — na qual Peri e Ceci, boiando juntos no tronco de uma árvore, sobrevivem ao dilúvio que se seguiu à explosão da pequena comunidade em que viviam — remete às imagens bíblicas da Arca de Noé, citada pelo autor no prólogo. Sobreviventes da crise que destruiu aquela pequena comunidade, o índio e sua senhora poderiam reconstruir a base moral ali perdida, expressando novamente os laços de dependência em sua forma pura. De fato, ao apresentar-se ao longo de toda a trama como verdadeiro "escravo" submisso às vontades de sua senhora, Peri mostrava por ela obediência cega e incondicional, transformando em realidade qualquer desígnio de sua vontade. Consciente de tal posição, Ceci exerce sobre ele seu domínio de forma generosa e preocupada, fazendo de tal poder uma forma de protegê-lo de seus instintos. Sem qualquer perspectiva sensual, tal relação tinha base moral e religiosa — iniciando-se quando o índio reconhece em Ceci a imagem de Nossa Senhora, que o havia feito converter-se ao catolicismo. Ligados em seu destino por tal relação, os dois escapam ilesos às dúvidas e contradições que destruíram a comunidade construída ao redor de d. Antonio. Apesar da avidez de leitores dispostos a imaginar as cenas amorosas ocorridas quando se encerra a narração, Alencar permanece distante da ideia do cruzamento e da miscigenação, preferindo representar o respeito aos laços de dependência como a principal tradição sobre a qual se edificaria a nação brasileira.

Escrito em uma sociedade que tinha na escravidão seu principal nexo produtivo e na ideologia de domínio senhorial sua mais importante base de sustentação, não seria difícil aos contemporâneos entender o paralelo proposto no romance. A legitimidade que tenta atribuir à narração não permitiria que Alencar incluísse, em seu mito inaugural, os africanos escravizados — ainda pouco presentes na América portuguesa no momento em que se situa a ação. Ainda assim, a consciência que tinha em 1857 a respeito da escravidão e seus problemas espalha-se por toda a trama. Escrito poucos anos após a Lei de 1850, que efetivamente suprimira o tráfico de escravos africanos para o Brasil, o romance afirmava poeticamente a importância dos laços de subordinação que sustentavam o cativeiro. Baseados na tradição, eles apareciam como a sustentação moral daquela sociedade, capaz de lhe dar vitalidade e futuro. Rompidos tais laços, restariam a Alencar a decadência e a barbárie, que afastariam a nação brasileira de seu destino grandioso.

Quase 20 anos separavam a publicação de *O guarani* da crônica de Manassés sobre a crise turca. A perspectiva construída em 1857 por Alencar ainda se mostrava, porém, viva e forte nos debates letrados nacionais. O próprio romancista se encarregaria de lhe dar nova tradução — o que fez em romances como *O tronco do ipê*, publicado em 1871. Ao situar a ação em uma fazenda localizada às margens do rio Paraíba, retomava o cenário no qual ambientara anos antes as aventuras de Peri. A historicidade de cada romance marcava, entretanto, sua diferença de perspectiva. Situado no período colonial, *O guarani* se estrutura sobre a tensão relacionada à possibilidade de sobrevivência daquela pequena comunidade, voltando seu olhar para o futuro. Já em *O tronco do ipê*, cuja ação é situada no ano em que se aboliu efetivamente no Brasil o tráfico de escravos africanos, a trama se baseia nos mistérios do passado, que haviam levado à decadência uma fazenda rica e próspera.

É a nostalgia desse tempo de vitalidade que marca a história do jovem Mário. Filho do antigo proprietário da fazenda, morto em circunstâncias misteriosas anos antes, o rapaz vivia como dependente do novo senhor do local — um barão que fora amigo de seu pai. Autodefinido como um "pobrezinho que já não tem pai e vive às custas dos outros",[19] o jovem é ainda consumido pela dúvida em relação a seu novo senhor, que poderia ter matado o pai para apropriar-se da fazenda. Tal contexto deixava ainda mais sofrida sua condição de dependente, que o fazia nutrir pelo barão crescente ódio. "— O que me desespera é viver à custa dos outros... Ninguém sabe o que a gente sofre", reclamava o rapaz, na mostra do desconforto com sua posição naquela relação hierárquica.[20]

O final da trama mostra que a dúvida não era de todo descabida: embora não tenha sido responsável pela morte do pai de Mário, ao barão cabia a culpa de trair sua memória, apropriando-se fraudulentamente dos bens do falecido. Era a partir de tal traição que se instaurara, na pequena comunidade localizada na fazenda, um clima de desconfianças recíprocas, que inviabilizaria qualquer harmonia nas relações de subordinação ali existentes. Ainda que tudo se acerte em um final feliz, caracterizado pelo casamento de Mário com a filha do barão, a lembrança da traição acaba por afastar o casal da fazenda, levando à sua deterioração. A insubordinação dos dependentes nos dois momentos, contrastante com o orgulho com o qual Peri tentava fazer valer as vontades de sua senhora, aparece como a causa oculta da decadência da fazenda — o que permite a Alencar reafirmar a importância dos laços de dependência para o futuro daquela sociedade. Ainda que o autor tivesse elaborado em outras produções — especialmente em comédias teatrais como *O demônio familiar* — uma imagem pretensamente mais realista e pedagógica sobre as relações entre escravos e senhores,[21] continuava a buscar em seus romances a expressão de um ideal baseado no princípio tradicional da subordinação.

A retomada do tema por Alencar, assim como a mudança de perspectiva na forma de abordá-lo, tinha naquele momento uma boa explicação. No início da década de 1870 o debate a respeito da crise do sistema escravista entrara definitivamente para a pauta das grandes preocupações nacionais. Por iniciativa do governo imperial, o Parlamento começava a discutir uma proposta de emancipação gradual da escravidão, através de medidas que facilitariam a obtenção da alforria e garantiriam a liberdade do ventre escravo — discussão que resultaria, em 1871, na chamada Lei do Ventre Livre. Apesar do título pelo qual ficou conhecida, o projeto da nova lei propunha, em verdade, profunda reordenação jurídica da relação entre senhor e escravo. Entre outras medidas, era criado um fundo público que tinha por objetivo a libertação do maior número possível de escravos em cada província. De modo similar, determinava-se ainda que os escravos passassem a contar com o direito de constituir pecúlio e de utilizá-lo para comprar ao senhor a própria alforria, ainda que este não a quisesse conceder. Tratava-se, portanto, de uma intromissão direta do poder público na relação entre senhores e escravos, até então considerada privada.[22]

Para muitos legisladores tal intervenção tinha por finalidade a manutenção da ordem social, capaz de garantir o bom funcionamento do regime e assegurar sua vitalidade. Não era esse, porém, o ponto de vista de José de Alencar, então deputado federal pelo Ceará. Por mais que se mostrasse ciente da necessidade de trabalhar pelo fim da escravidão, o romancista temia as consequências da quebra do princípio da obediência expresso pela proposta. A seus olhos, era da ação do próprio senhor que deveria resultar a concessão da liberdade. Da tribuna, ressaltava "a moderação e doçura de que se tem revestido sempre, e ainda mais nos últimos tempos, a instituição da escravidão em nosso país". Em vista disso, dizia acreditar na existência de uma "tendência manifesta para operar esta reforma espontaneamente, sem a necessidade de uma lei" — o que evitaria o rompimento brusco dos laços tradicionais de dependência, que, de seu ponto de vista, estruturavam a sociedade brasileira.[23] Em vista de tal postura, seu romance apresentava-se como tradução literária de tal ideal, através da representação simbólica de sua importância.

Por mais que a lei tenha sido aprovada, o entusiasmo com o qual foram recebidas as palavras de Alencar no Congresso mostrava a força que ainda tinha a ideologia representada em seus romances. Perdida a luta na arena política, era por meio de romances como *O tronco do ipê* que ele continuaria a desenhar os contornos de uma nação sustentada no respeito ao passado e à tradição. Como outros escritores do período, mostrava com isso conceber a literatura como espaço de representação de um ideal — capaz de agir sobre o presente não pela exposição de suas verdades e vícios, mas pela definição poética de um modelo pintado em sua perfeição.

A ironia lançada por Machado na crônica de estreia da série "História dos quinze dias" indicava, entretanto, que essa já não era então a única forma de se pensar a relação entre literatura e sociedade na década de 1870. Em uma série cujo título remetia à suposta objetividade associada ao ofício do historiador, o autor fazia da narração parcial de Manassés um meio de desnudar o arbítrio escondido pela afirmação de tais ideais. Mais do que política, tratava-se da exposição de uma diferença estética. No momento em que as contradições da sociedade brasileira se expunham de forma mais clara, a literatura da geração de Alencar já não bastava, aos olhos de novos escritores atentos às novidades estéticas vindas da Europa, para representar seu perfil. Em vista disso, as ironias de Machado sobre aquele tipo de representação idealizada do mundo anunciavam não só outra verdade sobre aquela sociedade, mas também novo modo de representá-la na literatura: era através da parcialidade dos pontos de vista, das contradições e vícios expressos nas provas de Manassés que o autor iniciava a tentativa de reelaborar a relação da literatura com "seu tempo e seu país". Não por acaso, naquele ano Machado de Assis publicaria *Helena*, no qual a influência romântica de suas primeiras produções se somava à tentativa de representação das diferentes perspectivas e lógicas envolvidas nas relações de domínio pintadas em cores harmônicas e alegres por Alencar.[24] Por mais que continuasse a ver nesse um grande mestre, como mostraria em vários de seus artigos críticos, era hora, para Machado e outros de sua geração, de buscar um novo meio de representar literariamente uma sociedade em transformação.

A VOCAÇÃO PELO SOCIAL

Machado de Assis voltaria a exercer sua veia crítica de forma mais direta em abril de 1878, em artigo assinado como Eleazar que tinha por objetivo a análise do romance *O primo Basílio*, lançado naquele ano em Portugal por Eça de Queirós.[25] Para além de tal intenção imediata, entretanto, o artigo se propunha também a discutir as "doutrinas e práticas" das quais o romancista português se colocava como representante, de modo a refletir sobre "a escola a que abertamente se filiava": o realismo radical inaugurado por Zola, ou naturalismo, do qual seria um "fiel e aspérrimo discípulo".[26] Por ver Eça, no qual reconhecia um sucesso "completo e incontestável", como o iniciador de tal corrente literária na língua portuguesa, faz de sua obra um meio de discutir seus princípios estéticos e políticos.

Para cumprir tal tarefa, Machado inicia o artigo com a análise do romance *O crime do padre Amaro*, estreia de Eça de Queirós no gênero. Tratava-se, de seu ponto de vista, da expressão de um "realismo implacável", que marcaria de maneira clara suas diferenças com a produção literária anterior. "Víamos aparecer na nossa língua um realista sem rebuço, sem atenuações, sem melindres, resoluto a vibrar o camartelo no mármore da outra escola, que aos olhos do Sr. Eça de Queirós parecia uma simples ruína, uma tradição acabada", explica o crítico, na afirmação da novidade representada pelo romance. Desse modo, Machado de Assis reconhecia na obra do romancista português um impulso crítico em relação à escola literária ainda hegemônica cujos princípios ideológicos ele mesmo atacara dois anos antes, através de suas crônicas.

A possível afinidade com o ponto de vista que expressara através de Manassés se desfazia, entretanto, na continuidade da reflexão. Após defender que "não se conhecia no nosso idioma aquela reprodução fotográfica e servil das coisas mínimas e ignóbeis", Machado de Assis afirma que em tal romance "o escuso e o torpe eram tratados com um carinho minucioso e relacionados com uma exação de inventário". Da força dos adjetivos resulta uma caracterização exagerada e artificial do realismo de Eça de Queirós. Ainda que reconhecesse nele a capacidade de chamar a atenção do público, interessado pela prosa de um autor "que não esquece nada, e não oculta nada", apontava os exageros que via em tal tendência. "Porque a nova poética é isto, e só chegará à perfeição no dia em que nos disser o número exato dos fios de que se compõe um lenço de cambraia ou um esfregão de cozinha", explicava. Crítico do caráter documental e direto que via na obra de Eça, Machado mostrava ver nesse cuidado detalhista das descrições a negação da própria literatura, que guardava, para ele, o caráter imaginativo e poético que lhe fora atribuído pelos românticos.

Foi em seu comentário sobre *O primo Basílio*, entretanto, que o sentido de tal crítica se mostraria mais claramente. Ao apontar a falta de interesse e profundidade dos personagens e da trama, indica a ausência de sentido social na obra. "Se o autor, visto que o Realismo também inculca vocação social e apostólica, intentou dar no seu romance algum ensinamento ou demonstrar com ele alguma tese, força é confessar que o não conseguiu", reclama Machado em tom de ironia. Por mais que se voltasse para a realidade de forma documental, a prosa realista de Eça de Queirós não daria conta, a seus olhos, de oferecer uma resposta convincente aos desafios sociais então colocados à produção literária do tempo. Incapazes de expressar a verdade sobre a sociedade que pretendiam retratar, as descrições e tipos presentes na trama seriam para o crítico meros ornamentos. Mesmo que por vezes "acabados com muita arte", eles ocultariam, pelo exagero, o sentido moral que Machado de Assis definia como o principal de uma obra. Recorrendo ao próprio Zola, termina seu artigo afirmando que "o perigo do movimento realista é haver quem suponha que o traço grosso é o traço exato".

Ao atacar os exageros naturalistas que percebia nos romances de Eça de Queirós, Machado evidenciava seus pontos de contato com os ideais da produção romântica que ironizara dois anos antes. Ainda assim, ele mesmo apressava-se em explicar, ao término da crítica, que a apresentava em benefício do próprio autor, "não no da doutrina que lhe é adversa" — à qual interessaria que a nova escola tomasse o rumo equivocado que enxergava nas obras criticadas. "Se tal suceder; o Realismo na nossa língua será estrangulado no berço; e a arte pura, apropriando-se do que ele contiver aproveitável (...) voltará a beber aquelas águas sadias do Monge de Cister, do *Arco de Sant'Ana* e do *Guarani*", completava Machado, na caracterização clara tanto da positividade que atribuía a tais produções românticas quanto da necessidade de suplantá-las. Sem chegar a negar os princípios básicos da nova doutrina, sua crítica limitava-se assim a mostrar como não havia ainda, na língua portuguesa, resposta adequada aos desafios apresentados à literatura pela realidade do tempo.

A crítica de Machado de Assis não chega a apontar alternativa clara ao tipo de prosa produzida por Eça. De seu ataque aos modelos preconcebidos, entretanto, resultava a caracterização da necessidade de que fossem buscados novos meios de dar conta da vocação pela realidade que enxergava na literatura daquele tempo. De fato, os anos seguintes marcariam um período de experimentação. Diversas foram, então, as respostas oferecidas pelos escritores nacionais à crise social e estética que se explicitara ao longo da década de 1870. Destacam-se, dentre elas, duas produções que se transformariam em pouco tempo em marcos importantes da virada estética que se anunciava na produção literária brasileira: o romance *O mulato*, de Aluísio Azevedo, e *Memórias póstumas de Brás Cubas*, do próprio Machado de Assis.

Publicado em 1881 em São Luís do Maranhão, *O mulato* foi o segundo romance do jovem Aluísio Azevedo. Nascido em 1857, Azevedo havia publicado anos antes *Uma lágrima de mulher*,[27] com o segundo livro, entretanto, seu nome se faria conhecido como um dos iniciadores do naturalismo no Brasil. Como indicado no título, o romance tem por personagem central o mulato Raimundo, filho bastardo do fazendeiro português José da Silva — que enriquecera com o "contrabando dos negros d'África" — e de uma de suas escravas, chamada Domingas.[28] Embora tenha recebido a alforria no nascimento, Raimundo e sua mãe ficaram a princípio à mercê da sanha violenta e vingativa da mulher de seu pai, que lhes impingia os mais vivos castigos. Para protegê-lo, o pai leva-o para a casa de um irmão na capital maranhense, onde passa a ser criado com os cuidados que não conhecera na fazenda. Por mais que tivesse, a princípio, a intenção de voltar para Portugal junto com o filho, José da Silva acaba sucumbindo a um turbilhão de acontecimentos desencadeados pela descoberta do adultério de sua mulher com o padre Diogo, vigário da freguesia. Após matar a mulher em um momento de fúria, é tomado pelo arrependimento e acaba assassinado pelo padre ao voltar um dia para a fazenda. Como resultado, Raimundo é mandado pelo tio para Portugal ainda na infância, tendo pelo resto da vida seus estudos e sua formação garantidos pelas verbas deixadas pelo pai. Quando, já formado em Direito, volta a São Luís para desfazer-se das propriedades que ainda tinha ali, tem início a trama apresentada por Aluísio Azevedo.

A sucessão de episódios rocambolescos que compõem o enredo indica a força ainda exercida sobre Alencar pela estética romântica dentro da qual se formara. Desde a chegada de Raimundo a São Luís, é a atração mútua entre ele e Ana Rosa, sua prima, que estrutura o romance. Ainda assim, o modo pelo qual o autor constrói a narração indica a novidade por ele representada no panorama da literatura brasileira. O próprio Azevedo se encarregaria de explicar suas intenções em um prefácio escrito oito anos depois, quando da segunda edição do livro. Nele, define como uma das principais características da obra a sinceridade. "Ela foi feita em boa fé; não a puxei à força de dentro de mim, foi ela que se formou por si mesma, sob o domínio imediato das impressões, e procurou vir à luz em forma de romance", explica o autor, em clara tentativa de atribuir naturalidade aos quadros e cenas presentes no livro.[29] No lugar das fantasias e da imaginação romântica, era a realidade do tempo e do lugar, em sua forma pura e crua, que Azevedo pretendia representar.

Tal programa se expressa, no livro, em prosa atenta aos detalhes de diferentes aspectos da vida social local. Ainda que presente no cuidado documental com o qual descreve alguns costumes locais, como a festa de São João, essa atenção tem na caracterização de elementos do comportamento local seu principal foco. Interessado pelas "vulgaridades da vida ordinária", para usar a expressão de José Veríssimo,[30] Azevedo tratou de reproduzir em *O mulato* os vícios, desvios e defeitos que enxergava na sociedade maranhense do período — em especial aqueles próprios dos salões elegantes e das altas-rodas. Resulta de tal esforço a imagem de uma sociedade atrasada e avessa ao progresso, na qual as crendices e superstições tinham ainda importante papel.

Aluísio Azevedo não se limitaria, porém, a reproduzir o cuidado com que Eça de Queirós dava forma a suas descrições. Como a resposta à crítica formulada por Machado de Assis ao autor português, tentava deixar ainda mais claro o sentido social de sua prosa: além de dar-lhe forma claramente abolicionista, faz dela um meio de discutir um dos temas mais presentes nos debates letrados do período, o do preconceito racial.[31] Já no primeiro capítulo, ao apresentar Maria Bárbara — a sogra do tio de Raimundo, responsável por cuidar de sua casa após a morte da mulher —, tal cuidado se anuncia. Descrita como o "verdadeiro tipo das velhas maranhenses criadas na fazenda", ela seria uma senhora ligada às antigas tradições. Além de muito devota, "tinha grande admiração pelos portugueses", aos quais dedicava "um entusiasmo sem limites". Por terem seus avôs nascido em Portugal, era assim "muito orgulhosa, muito cheia de escrúpulos de sangue". Como fruto de tal orgulho racial, "dava nos escravos por hábito e por gosto", e "quando falava nos pretos, dizia 'os sujos'".[32] Resulta de tal descrição a caracterização da violência e arbitrariedade próprias às figuras de sua condição, descrita em detalhes por Aluísio Azevedo.

Maria Bárbara não era caso isolado. Cada novo personagem tem retratado pelo autor a verdadeira mesquinhez de sua condição, escondida por trás das aparências, que se expressa, por vezes, no interesse, inveja ou ambição de homens e mulheres que se apresentam como figuras de destaque na sociedade local. Como indicava o caso da velha senhora, no entanto, é no modo de lidar com a questão racial que a verdadeira face de tais personagens se apresentava de forma mais clara. Presente em toda a trama, a afirmação do preconceito é uma constante. Era o caso, por exemplo, do modo pelo qual é apresentado o cônego Diogo — o padre que, anos antes, assassinara José da Silva. Após sair impune de seu crime, ele se teria tornado amigo da família do irmão de sua vítima. Nessa condição, irrita-se com o desejo expresso pelo tio de Raimundo de que este tivesse seguido o sacerdócio. "— Nós já temos por aí muito padre de cor", reclama o cônego. Descontente por ter "superiores mais negros que as nossas cozinheiras", dizia que o governo "devia proibir aos cabras certos misteres".[33] Longe de ser atributo exclusivo de um ou outro personagem, tal preconceito é apresentado como característica própria daquela sociedade — o que gerava a má vontade geral com a qual Raimundo foi recebido em São Luís, e a oposição de seu próprio tio à possível relação entre ele e sua filha.

De fato, é em um ambiente formado por gente como o cônego Diogo e Maria Bárbara que Raimundo, homem cosmopolita formado na Europa, descobre tanto sua condição mestiça quanto o preconceito por ela gerado. Recém-chegado à cidade, nela vive por volta de 1872 — não por acaso momento em que as contradições da própria sociedade brasileira se haviam explicitado como decorrência dos debates resultantes na chama da Lei do Ventre Livre.[34] Adepto da ciência e radicalmente contrário à escravidão, era o exato oposto dos homens e mulheres que encontra no local. Se tais ideias causavam certo estranhamento em relação à sua presença, era porém a ancestralidade africana, revelada a ele já perto do final da trama pelo tio, que lhe valeria as antipatias da gente da terra. Por mais que possuísse bens e fortuna capazes de lhe garantir a princípio a benevolência das boas famílias, seus traços negros faziam-no objeto de comentários e antipatias entre a elite da cidade. Ao publicar nas folhas da província contos que "pintavam espirituosamente os costumes e os tipos ridículos do Maranhão", conheceu a execração pública. Chamado de "cabra atrevido", foi acusado de atacar a "moralidade pública", levantando-se contra ele os mais vivos ódios. Ainda que inicialmente "alheio ao verdadeiro sentido das descomposturas e das indiretas", Raimundo acaba descobrindo a pequenez daquela sociedade no modo pelo qual ela encarava a questão racial, tema capaz de expressar cruamente suas contradições. Por temer a "prevenção contra os mulatos" própria daquela sociedade, o tio de Raimundo acaba por negar-lhe a mão da filha por ser esse um "homem de cor"[35] — gerando as desavenças que viriam a resultar em seu assassinato, após o qual a vida da sociedade local retoma seu rumo. Evidenciava-se, com isso, a arbitrariedade e violência inerente àquele mundo, cujos vícios foram pintados por Aluísio Azevedo em cores fortes.

A semelhança da cena em que Raimundo era execrado por seus escritos com a situação que seria experimentada depois pelo próprio autor em virtude da publicação de *O mulato* não era um acaso. Como orgulhosamente registra no prefácio escrito à segunda edição do livro, no momento de seu lançamento sua "audácia" e "ignorância" foram duramente atacadas por um crítico com virulência semelhante àquela que vitimara seu personagem. Mais do que afirmar que seria preferível que Azevedo abandonasse a literatura, o crítico sugeria que o autor fosse "plantar batatas" — pois o país precisaria "de braços e não de prosas em romance".[36] Do esforço de Azevedo em captar o preconceito da sociedade local resultou, portanto, uma obra capaz de gerar escândalo pela semelhança com costumes e personagens do tempo; através dela, Aluísio Azevedo cumpria seu programa de mostrar as entranhas da sociedade em que vivia, de modo a transformá-la pela exposição de seus vícios. Além de afirmar em relação à ficção brasileira o "mais justo sentimento de realidade", como notava José Veríssimo, ele teria ajudado a formar uma "inteligência mais clara dos fenômenos sociais e da alma individual"[37] — em um realismo que tentava mostrar vocação social que atendesse às cobranças feitas por Machado de Assis na crítica à obra de Eça de Queirós.

Ao representar o que José Veríssimo definiria como "uma novidade um pouco escandalosa", que se beneficiaria do desgaste então experimentado pela "fórmula romântica", *O mulato* teve boa acolhida do público e da crítica da corte.[38] Aluísio Azevedo não era, porém, o único a buscar respostas para os desafios colocados aos literatos do tempo. Escritores como Inglês de Souza e Celso de Magalhães tratavam também, em formas diversas, de oferecer alternativas à estética romântica através da tentativa de representação mais direta e crua da realidade.[39] Coube porém a outro romance, lançado naquele mesmo período, a tarefa de representar uma efetiva alternativa ao caminho indicado por escritores como Aluísio Azevedo para a produção literária brasileira: *Memórias póstumas de Brás Cubas*, de Machado de Assis.

Muito já se escreveu em relação à reflexão social proposta por aquela tida por muitos como uma das mais importantes obras já escritas em língua portuguesa.[40] Cabe ressaltar, entretanto, sua inserção no panorama mais amplo da produção literária brasileira naquele momento. Publicado originalmente em folhetins na *Revista Brasileira*, um ano antes do lançamento de *O mulato*, a obra de Machado guardava com aquela, à primeira vista, algumas semelhanças. Tanto em um como no outro, a negação dos modelos românticos com os quais seus autores haviam dialogado em suas primeiras produções se expressava na forma pela qual são apresentados a trama e os personagens. Capazes de atos nos quais as boas intenções se misturavam ao interesse e a outros sentimentos mesquinhos, esses não se prestam às idealizações que separavam vício e virtude para afirmar o sentido moral da trama. Se na obra de Aluísio Azevedo tal característica se evidenciava no preconceito e interesse intrínsecos até mesmo aos mais afáveis personagens, no caso de Brás Cubas ela igualmente se anuncia na lógica adotada pelo narrador. É o que transparece, por exemplo, no caso em que esse vê sua integridade física garantida por um condutor de mulas que o salva de um acidente ao lançar-se à frente de seu cavalo em disparada. Por estar sinceramente agradecido, resolve dar-lhe três das cinco moedas de ouro que levava no bolso. Entre a resolução e o ato, entretanto, cogita "se não era excessiva a gratificação", sendo preferível dar-lhe apenas duas moedas em recompensa. Antes que acabasse de tirar o dinheiro do bolso, já estava decidido a dar-lhe apenas uma das moedas, o que "seria o bastante para dar-lhe estremações de alegria".[41] Em uma atitude que mistura gratidão e cálculo, Machado de Assis evidencia a complexidade moral do narrador do romance, distante de qualquer idealização.

Outra semelhança marcante entre as duas tramas diz respeito ao momento em que elas chegam a seu ápice — com a morte de Raimundo, em *O mulato*, e de Brás Cubas no romance de Machado de Assis. Assassinado por volta de 1872, o personagem de Aluísio Azevedo sobreviveu apenas poucos anos à morte do narrador de *Memórias*, ocorrida em 1869. Em ambos os casos, evidenciava-se a importância atribuída pelos autores aos debates que resultariam na chamada Lei do Ventre Livre, promulgada em 1871. A mesma data em que José do Alencar fazia de *O tronco do ipê* meio de afirmar as relações tradicionais como base idealizada de sustentação da harmonia social servia aos dois autores, como marco para a exposição das contradições e conflitos apresentados em suas tramas.

Acabavam aí, entretanto, os pontos de contato entre as duas obras. Distante da crueza e do detalhe das descrições de Aluísio Azevedo, Machado de Assis dava forma a uma prosa cuja relação com o real se fazia de forma muito mais indireta do que em *O mulato*. Sem recorrer às minúcias presentes nesse, ou mesmo à tentativa de representar fielmente os tipos e costumes da sociedade na qual se desenvolve o romance, *Memórias póstumas de Brás Cubas* faz ainda da imaginação e da fantasia importante artifício literário. Tal diferença se expressa na própria configuração do ponto de vista narrativo de seu romance, anunciado no título. Mais do que atribuir a Brás Cubas a narração, faz dele não propriamente "um autor defunto, mas um defunto autor" — como o próprio Brás explica no primeiro capítulo.[42] Supostamente escritas por um morto, *Memórias* estão claramente distantes de qualquer tentativa de fazer da literatura um espelho da realidade. Em vez da crueza das descrições, que no romance de Azevedo serviriam como afirmação de verossimilhança, Machado de Assis opta por uma narração em que se evidencia, na própria estrutura, seu caráter imaginativo.

Nem por isso, entretanto, ele se afastaria do programa anunciado em 1873 em "Instinto de nacionalidade". Ainda que narrado sob ponto de vista fantasioso, era com "seu tempo e seu lugar" que dialogava o romancista na estruturação da trama. De fato, Brás Cubas propõe-se, em suas memórias, a narrar sua vida com "franqueza", que via como "a primeira virtude de um defunto" (cap. 24). Após começar com o foco em 1869, ano de sua morte — resultante da "ideia fixa" em inventar um "emplasto anti-hipocondríaco, destinado a aliviar a nossa melancólica humanidade" (cap. 2) — passa a acompanhar cronologicamente toda a sua vida desde o nascimento, em 1805. Através do estabelecimento de uma relação de cumplicidade com o leitor, expõe abertamente a arbitrariedade da visão de mundo que adotara em vida. Paixões, fraquezas, traições e vícios são por isso descritos na perspectiva de um narrador que já não tem, em relação a eles, interesse ou culpa. Resulta de tal narração um protagonista distante da virtude romântica, mas muito próximo da lógica senhorial que ainda orientava o olhar e as ações de muitos dos contemporâneos de Machado de Assis naquele ano de 1881.

De fato, o período no qual o autor localiza a ação, bem como o nome atribuído a seu personagem principal — que faz referência direta a Brasil e a Cuba, então os dois últimos redutos da escravidão no mundo ocidental[43] —, deixa clara a ligação entre o fantasioso ponto de vista narrativo e a realidade que ele se encarregaria de representar. Já no terceiro capítulo Brás expõe a arbitrariedade do processo que transformou o epíteto Cubas, apelido de um antepassado tanoeiro, em sobrenome de prestígio. Após ganhar dinheiro com a lavoura, esse teria garantido a boa formação do filho, que se licenciou em Coimbra. "Nesse rapaz é que verdadeiramente começa a série de meus avós", explica Brás, para logo ressaltar que era ao menos o primeiro antepassado "que a minha família sempre confessou". Dada a origem social do primeiro Cubas, sua família trata assim de forjar uma justificativa nobre para o sobrenome, garantindo com isso seu prestígio e projeção social.[44] Ao expor tal origem sem subterfúgios, Brás deixava claro como era justamente através de sua fantasiosa condição de defunto que Machado buscaria expressar, no romance, a realidade do tempo, despida de todas as conveniências.

Não seria de estranhar, por isso, que um crítico como Capistrano de Abreu ressaltasse não só a "descrição dos costumes" presente na obra, mas também a "filosofia social que está implícita" em suas páginas.[45] Ainda que sem trama mais clara a organizar a narrativa, o romance pode ser lido como tentativa de interpretação literária das fissuras e contradições presentes na lógica que movia a visão senhorial compartilhada pelo protagonista.[46] Escrito em momento no qual o autor reconhecia ter perdido "todas as ilusões sobre os homens", ele configura a arbitrariedade do comportamento do narrador como um atributo de classe.[47] Nas palavras de outro crítico, ele poderia chamar-se "o elogio do egoísmo", dada a "amarga filosofia que destila" — em afirmação que evidencia tanto os defeitos pessoais do narrador quanto a lógica da ideologia senhorial por ele representada.[48]

Mais do que configurar simples tema, as contradições de tal ideologia têm seus alicerces expostos na forma de narração, na qual Roberto Schwarz nota a reprodução da volubilidade característica da classe senhorial do império.[49] Despido de qualquer objetividade, o narrador conta sua história de um ponto de vista subjetivo, marcado pela parcialidade decorrente de seu lugar naquela sociedade. Como resultado, a ligação do romance com a realidade do tempo se exprime de forma diversa daquela adotada por outros romances do período — pois encontra-se não só naquilo que se descreve, mas também no próprio meio usado para descrevê-lo. Em uma sociedade ainda marcada pelos laços de dependência, o autor consegue forma de expressão literária da realidade capaz de expor as verdades profundas sobre aquele mundo, em geral escondidas por trás das ideologias e conveniências.

Esclarecia-se, com isso, o sentido da crítica escrita em 1878 por Machado de Assis à obra de Eça de Queirós. Ainda que compartilhasse da vocação pelo real expressa nas obras do romancista português ou de Aluísio Azevedo, ele mostrava julgar superficial o modo pelo qual esse intuito se realizava em produções que se propunham somente a expor cruamente as entranhas de tal realidade. Por mais que pudessem causar escândalo e sensação, essas obras não conseguiriam, a seus olhos, expressar literariamente a verdade das sociedades que pretendiam representar. Ainda que voltasse a se diferenciar dos "estafados retratos do Romantismo decadente" em novo artigo onde continuava a polêmica, não deixava de atacar a lógica daquele tipo de realismo, que via como doutrina "caduca, embora no verdor dos anos". Ao deixar intacto o primado da objetividade da narração, transformado em método, a nova escola seria também incapaz de exprimir as contradições de uma sociedade marcada pelas diferenças. "Voltemos os olhos para a realidade, mas excluamos o Realismo, assim não sacrificaremos a verdade estética", concluía o crítico,[50] em afirmação cuja força exprime a descrença de Machado no novo modelo de expressão literária que se anunciava como substituto natural das idealizações românticas.

Tanto a exposição crua das mazelas sociais presente na obra de Aluísio Azevedo como a tentativa de representar literariamente as contradições de tal sociedade desenvolvida por Machado evidenciavam, porém, que a literatura produzida no Brasil tomara definitivamente novo rumo. A grande repercussão alcançada pela polêmica com Eça de Queirós, assim como o entusiasmo com o qual obras como *O mulato* e *Memórias póstumas de Brás Cubas* foram recebidas pela crítica e pelo público leitor da corte, indicava a penetração de tais ideais nos círculos letrados do período. Fosse por choque ou reflexão, ficava claro que os literatos brasileiros ostensivamente voltavam seu olhar para as ruas, tirando delas matéria para sua arte. Em vez de fazer da literatura simples meio de afirmar o perfil de uma nação original, caberia a eles descobrir um meio de representar aquela sociedade em suas fissuras e contradições. Negadas as fantasias de harmonia do Segundo Reinado, resta saber como tais escritores enfrentariam, ao longo daquela década, o desafio de buscar nas ruas a matéria para sua arte.

A MODERNIDADE LITERÁRIA E SEU AVESSO

No dia 29 de agosto de 1889, os leitores da *Gazeta de Notícias* depararam-se com mais uma crônica da série "Bons dias!".[51] Surgida em 5 de abril de 1888, a coluna se fazia presente desde então na folha, ainda que com periodicidade um tanto irregular. Embora não trouxesse assinatura, tratava-se de outra série de crônicas escrita por Machado de Assis, que desde 1876 vinha desenvolvendo seus talentos de cronista em diversas colunas. Os leitores mais fiéis, que acompanhassem aqueles artigos desde o início, provavelmente já se teriam acostumado à variedade de assuntos tratados naquele espaço, em que temas tão díspares quanto a política, o carnaval e a abolição da escravidão já haviam sido tratados. Naquele dia, porém, eles se deparavam, pela segunda vez, com crônica que tematizava uma das questões mais discutidas no momento por jornalistas e literatos: o curandeirismo e as práticas populares de cura, então alvos de violenta campanha nos jornais.

A publicação de tal crônica indicava o destaque assumido, no período, por práticas populares como o curandeirismo, que se transformavam em tema constante de literatos e jornalistas. Incipiente nas crônicas de Machado de Assis, a tentativa de representá-las viria a constituir elemento de definição da identidade literária forjada por uma nova leva de escritores que despontava na corte ao longo da década de 1880. Já distante dos ideais do Romantismo, literatos como Coelho Netto, Raul Pompeia, Olavo Bilac e o próprio Aluísio Azevedo — que se mudara para o Rio de Janeiro após o sucesso de *O mulato* — viriam a fazer do mundo das ruas, a partir do final da década de 1880, tema constante de sua prosa.[52] Para chegar a tal resultado, entretanto, tiveram antes que lidar com formas diversas de encarar a vocação pela realidade anunciada por críticos, como o próprio Machado, para a literatura produzida no Brasil — em processo que pode ajudar a entender o sentido da aproximação com o mundo das ruas que tentavam promover naquele momento.

De fato, diversos foram os resultados produzidos, a partir da década de 1880, pela virada antirromântica anunciada em romances como os de Machado de Assis e Aluísio Azevedo. Por um lado, o próprio Azevedo viria confirmar sua vocação naturalista com a publicação, em 1884, de *Casa de pensão*, cujo enredo explicitamente se inspirava em um famoso e polêmico caso policial ocorrido anos antes no Rio de Janeiro. Ao afirmar ser sua proposta a de "estudar" a vida nas casas de pensão, que via como "uma das faces mais características e mais antipáticas" da sociedade brasileira, o autor indica ser o livro um romance de tese, que tentava mostrar a força dos determinismos sociais no comportamento individual.[53] Evidenciava-se, com isso, o fato de que a ciência aparecia para tais escritores como resposta às idealizações de ordem moral e religiosa que haviam até então marcado a produção literária nacional. No momento em que os princípios científicos começavam a se firmar como a nova forma de gestão não só do mundo natural, mas também do social, eles foram assim tomados por muitos literatos como um caminho moderno de afirmação de novo rumo para a produção literária nacional. Desse modo, ganhava força no período uma vertente de busca literária da realidade, profundamente marcada pelo cientificismo, cujos princípios passavam a nortear um novo meio de compreender a própria literatura.[54]

Diferente seria o caminho trilhado por outro grupo de jovens escritores que despontaria no mundo literário da corte a partir de meados da década de 1880. Vindos dos bancos das academias de direito, Coelho Netto e Olavo Bilac eram dois dos jovens que, naquele momento, foram buscar nas redações dos jornais da corte os meios para viver de seu talento literário. Ligados a Aluísio Azevedo, mostravam-se também dispostos a atacar as correntes estéticas ainda hegemônicas na literatura brasileira. Ao contrário desse, no entanto, o faziam não pela valorização da ciência (embora não lhes negassem os princípios e a importância), mas em nome da apropriação de princípios de uma arte clássica nos quais viam a negação das idealizações românticas. Desse modo, suas produções foram marcadas, desde o início, pelo esmero da linguagem e rebuscamento estilístico, através do qual pretendiam afirmar uma literatura voltada para a busca de uma beleza que não enxergavam nas gerações anteriores.

O cuidado estético característico da escola parnasiana à qual se ligavam tais escritores não bastaria, porém, para descrever suas produções. Ainda que sobressaísse do estilo que adotavam a atenção para com a forma, tal princípio se ligava, em seus escritos, à atenção constante em relação aos problemas do tempo. De fato, mesmo que parte significativa dessa nova leva de escritores viesse evidenciar uma inspiração helenística distante da realidade brasileira, eles deixariam clara em muitas obras a ligação que viam entre tal concepção pretensamente elevada sobre a arte e a necessidade de transformar a realidade em que viviam. Em polêmica na qual Coelho Netto se envolvera quando estudante da Academia de Direito de São Paulo, em que acusava outro autor de plagiar um de seus contos, tal princípio se evidencia de maneira direta. Segundo o jovem acadêmico, a história escrita pelo oponente teria enredo idêntico ao de seu conto; a comparação entre a forma de escrita dos dois textos, no entanto, denunciaria a completa falta de talento literário do oponente:

> Na textura de meu conto há, a par de tal ou qual fantasia necessária para a animação e colorido dos períodos, o cunho de verdade que procurei dar desde o começo para determinar nitidamente o desenlance sombrio, depois de múltiplas transições que se sucedem durante a descrição que é fiel. E não lhe falta objetividade nem se desmembra em guinadas poéticas ou exaltações desenxabidas e tolas de um sonhador hipocritamente piegas.[55]

Ao criticar a falta de objetividade que via no texto do suposto plágio, Coelho Netto ressaltava aquela que seria a principal qualidade de sua literatura: o sentido de verdade nela expressa. Vangloriando-se de poder descrever fidedignamente um leilão por já ter assistido a vários, tendo examinado "detidamente os tipos" nele presentes e "o movimento da turba que se deixa levar pela febre de tudo possuir", faz da ligação com a realidade a base de sua arte. As fantasias porventura ali presentes seriam, por isso, meros complementos para o sentido profundo de sua prosa — sendo vazia e inútil qualquer literatura cuja forma não se ligasse à análise do mundo real.

Evidenciava-se, desse modo, uma opção que era ao mesmo tempo estética e social. Na pena de escritores como Netto, a literatura assumia caráter combativo por definição: espaço de reflexão artística sobre os tipos e contextos sociais, ela constituía meio propício e elevado de intervenção social. Ainda que se expressassem de forma diversa daquela anunciada por Aluísio Azevedo, as produções de tais escritores seriam assim o fruto de muita observação e estudo da sociedade, que lhe daria densidade inexistente, segundo Coelho Netto, no conto do rival.

A proposta de enfrentamento da realidade brasileira através da literatura mostrava-se, assim, mais do que vitoriosa na década de 1880. Inspirados pela ciência e pela arte, ambas vistas como princípios universais, tais escritores atribuíam à literatura a tarefa de enfrentar as grandes questões do momento. Delas, nenhuma se mostrava mais importante do que a necessidade de superar uma herança de atraso que consideravam empecilho para a construção de uma nação moderna e civilizada. Tal necessidade resultou, por um lado, no combate empreendido pela maior parte deles à escravidão e à monarquia, vistas como incompatíveis com o futuro que projetavam para a nação.[56] Ao mesmo tempo, no entanto, ela fez com que esses escritores voltassem sua atenção para sujeitos até então ausentes da literatura produzida no Brasil. À luta pela abolição e pela república somava-se, dessa forma, uma preocupação com o povo que constituiria o país que desejavam ver construído.

Tal preocupação se evidencia nas memórias do próprio Coelho Netto sobre os últimos anos do império, romanceadas em 1897 nas páginas do livro *A conquista*.[57] Tratava-se da tentativa de recriar o ambiente no qual se inseriu após voltar do Rio de Janeiro, com especial ênfase para o grupo de escritores que, junto com ele, ficariam conhecidos como a "geração boêmia".[58] Ressalta, das lembranças do escritor, o caráter combativo atribuído pelo grupo à literatura. Mesmo em suas noitadas alegres, em meio à pândega, escritores como ele não deixavam de fazer planos de futuro — projetando "um grande livro de Arte que despertasse a indiferença do público mazorro, uma obra forte, feita de amor e talento".[59] Tanto quanto a expectativa do sucesso literário, em uma obra perfeita na forma, aparecia no trecho a esperança de progresso que se deveria associar à literatura — capaz de levar seu público, através da arte, a um novo patamar de civilização. A pândega e a felicidade daqueles dias se faziam assim acompanhar da forte esperança de transformação social, missão que, para escritores como ele, seria atributo dos próprios literatos.[60]

Mais do que artistas, esses jovens escritores se pensavam como verdadeiros tutores da sociedade, que a tirariam do atraso para guiá-la à terra prometida da modernidade. "— Eu sou o missionário do espírito. O Anchieta desta taba!", dizia Paula Ney já no início do romance, quando se despedia dos colegas na mesa de um café. Colocando-se como desbravador, diz ter que "começar a catequese noturna dos Tupinambás", levando seus contemporâneos às luzes que só eles conheceriam. Por mais que atribuísse o pensamento ao companheiro de letras, Coelho Netto reproduzia através dele um tipo de atitude generalizada entre os demais literatos. A imagem do catequizador é, nesse sentido, reveladora: por um lado, explicita a tentativa de civilizar seus contemporâneos, que precisavam ter expurgado seu suposto primitivismo; por outro, mostra que a civilização que intentavam construir era baseada integralmente nas tradições e costumes de origem europeia, que viriam a suprimir os hábitos dos aborígines locais.

A visão da literatura como o principal instrumento de transformação social faria com que os escritores do grupo de Coelho Netto buscassem meios concretos para efetivar seus projetos e aspirações. Em um primeiro momento, resolvem fundar jornais literários, esperando mudar assim o estado das artes no país e vencer a "indiferença pública".[61] Capitaneados por Valentim Magalhães, escritores como Filinto de Almeida, Raimundo Corrêa e Aluísio Azevedo reuniam-se para fundar *A semana*, cujo primeiro número foi publicado no dia 3 de janeiro de 1885.[62] No ano seguinte seria a vez de Coelho Netto, Luiz Murat e Artur Azevedo lançarem a revista *Vida Moderna*, que também se apresentava ao público como "folha exclusivamente literária" destinada a publicar "trabalhos que não tratem de mais nada a não ser da arte". Um dos objetivos principais do novo jornal era a intenção, manifesta no primeiro número, de "transformar a multidão em povo", dando forma às intenções transformadoras desse grupo de escritores. Defensores da ideia de que "não há civilização sem literatura", seus redatores propunham-se realizar, através da arte, a transformação do país em verdadeira nação.[63]

Tal objetivo esbarrava, porém, na falta de penetração social da literatura. Em carta escrita a José Veríssimo em 1883, Machado de Assis reconhecia "que não há revistas, sem um público de revistas".[64] Por definir o Brasil como um país que não tinha ainda "a massa de leitores necessária para essa espécie de publicações", via como inócuas as tentativas de mudar o público através da arte — lição que os fundadores da *Vida Moderna* não demorariam a aprender. Em contradição com as esperanças depositadas na revista, Coelho Netto reconhecia que ela "não conseguiu abalar a alma do povo". Apesar da grande publicidade que alcançara na imprensa, do preço acessível e da qualidade que via nas colaborações do primeiro número, "o povo passava indiferente à novidade, discutindo seus pequenos assuntos cotidianos sem dar atenção ao chamado dos jornaleiros".[65] Desse modo, antes que a folha completasse o primeiro ano, Artur Azevedo vinha a público anunciar o fim da revista.[66]

Frente à falta de alcance social de sua arte, muitos desses literatos buscaram outros meios de contato com um público mais amplo. No caso de Coelho Netto, Olavo Bilac e Raul Pompeia, essa aproximação teve na crônica seu veículo principal. Desenvolvido desde meados do século XIX por escritores como José de Alencar e Joaquim Manuel de Macedo,[67] tratava-se de gênero já comum na produção literária brasileira do período. Ainda assim, a metamorfose experimentada pelos grandes jornais cariocas a partir da década de 1870 — momento em que, capitaneados pela fundação da *Gazeta de Notícias*, passariam a buscar meios de alargar seu público em perspectiva propriamente comercial[68] — daria à crônica novos atrativos. Convencidos do papel transformador e pedagógico da literatura, tais escritores fariam desses artigos periódicos publicados nos grandes jornais meio de expandir o alcance de sua mensagem. Distantes do simples proselitismo dos artigos propriamente políticos, utilizavam-se dos recursos de sua arte para chamar a atenção do público. Desse modo, em pouco tempo as crônicas literárias tornaram-se uma das mais importantes seções dos grandes jornais da corte.[69]

A opção maciça por tal gênero entre os literatos brasileiros na década de 1880 explicava-se pela possibilidade de concretização, através dele, de um programa literário voltado para a realidade do tempo. Ligada ao momento por definição, a crônica lidava diretamente com a vida cotidiana, de modo a transformar tanto pequenos fatos sem importância quanto os grandes acontecimentos do momento em matéria literária. Para conquistar a atenção dos leitores, no entanto, não bastava escrever *para* esse público mais amplo, era preciso discorrer *sobre* sua realidade. Na busca dos leitores, muitos literatos passaram a fazer das práticas e costumes dos grupos iletrados tema de predileção. Foi assim que, em novembro de 1888, o jovem Raul Pompeia dedicou uma de suas crônicas à festa da Penha, um dos eventos mais queridos pela "gentinha miúda da cidade".[70] Com a mesma atenção pelos detalhes presente nos romances de Aluísio Azevedo, descreve cuidadosamente o bairro, definido como "um povoado miserável de alguns casebres que se desmancham em pé". Cuidado semelhante toma em relação aos romeiros, que vão até a igreja local pagar promessas ou "ávidos simplesmente da orgia campestre". "A alegria colossal da plebe vence as horas", conclui Pompeia ao final de seu relato, cuja intenção documental se evidencia no cuidado da descrição, na atenção dada por tais literatos às práticas populares.

Ao movimento de representar literariamente esse mundo iletrado corresponderia, porém, a tentativa de transformá-lo. Em tom aparentemente casual, Pompeia termina sua crônica definindo o público da festa como as "vítimas satisfeitas de um dia imenso e único de felicidade". Colocados no papel passivo de vítimas de uma força que desconhecem, responsável por sua ignorância e sofrimento, tais homens e mulheres aparecem na prosa de escritores como ele de forma frágil e indefesa. A mesma posição se faria notar, em outubro de 1889, quando Coelho Netto tratou em sua crônica do falecimento de Castro Urso, um vendedor de bilhetes lotéricos definido pelo autor como um dos mais famosos "tipos populares da corte".[71] "O Castro tinha os seus atrevimentos, conhecia todos os desaforos e não tinha papas na língua; mas coitado — era inofensivo", escrevia Netto em um misto de simpatia e condescendência. De crônicas como essas, frequentes nos grandes jornais da corte na segunda metade da década de 1880, resultaria a imagem de um povo valoroso, mas ingênuo, que precisaria de orientação e apoio de mentes mais iluminadas para superar a própria ignorância. Ao mesmo tempo que procuravam na realidade das ruas um tema para sua literatura, esses literatos colocavam-se como tutores dos grupos iletrados, teriam a missão de levar as luzes da ciência e da civilização.

Afirmava-se, desse modo, um novo caminho para a relação entre a produção literária brasileira e a sociedade do tempo. Ligados à busca da realidade anunciada desde o início da década de 1870, os jovens literatos que despontavam na corte em meados da década seguinte davam-lhe tradução muito mais direta, na qual se explicitava a tentativa de representar os problemas e desafios presentes no mundo das ruas. Se até então os literatos nacionais se haviam limitado a pintar sobre tais sujeitos uma imagem idílica e idealizada, o processo de aproximação com a realidade que se vinha anunciando desde a década anterior os levaria a incorporá-los definitivamente em seus romances, crônicas, poesias e contos. Desse modo, muito antes da emergência dos ideais modernistas de 1922, que viriam a fazer da busca das tradições dos grupos iletrados um verdadeiro programa literário, esses escritores tratavam de incorporar elementos da experiência desses homens e mulheres ligados ao mundo do trabalho — ainda que o fizessem de forma pedagógica e superior, na qual a condescendência se mistura à tentativa de mudá-los das ruas para fazê-los caber em seu ideal de futuro.[72]

As contradições de tal processo, entretanto, não passariam imunes à pena crítica de Machado de Assis — como mostrava a crônica escrita em 1889 a respeito dos curandeiros. A escolha desse assunto atestava que temas como as práticas populares de cura se haviam convertido definitivamente em questão de interesse dos prosadores da corte. O modo como discute, entretanto, mostra o incômodo do autor com a forma de tratamento desses assuntos por parte de muitos de seus pares. De fato, Machado parecia radicalizar na nova série impulso que se anunciara progressivamente em suas produções anteriores no gênero. Em vez de limitar-se a usar aquele espaço para comentar de forma direta os temas da época, tratava de construir seu comentário em perspectiva deliberadamente literária. No caso da série "Bons dias!", tal impulso fez com que expressasse suas opiniões e pontos de vista através do filtro de um narrador ficcional: o relojoeiro Policarpo, cujo perfil fora apresentado aos leitores em abril do ano anterior quando do aparecimento da primeira crônica da série. Ele explica ali que, ao perceber "que os relógios deste mundo não marcam a mesma hora", acabou por descrer de seu antigo ofício e decidiu virar escritor. "É mais fácil e vexa menos", explica o narrador na crônica. Embora afirme ironicamente achar "perigoso que uma pessoa diga claramente o que é que vai fazer", tal personagem-narrador cumpre o protocolo que determinava que os cronistas explicassem no artigo de abertura as características da série. Após afirmar que não tinha "papas na língua", explica que "é para vir a tê-las" que escrevia aquela série — na exposição de um programa que consistia em reproduzir o senso comum sobre cada tema, por mais que pudesse ter sobre eles opiniões discordantes.[73]

Era dentro dessa lógica que Machado viria a discutir o problema do curandeirismo por intermédio de seu narrador. Ainda que esse começasse por afirmar seu completo distanciamento em relação a tal prática — "é que não sou curandeiro, eu não tenho parente curandeiro, não conheço curandeiro, e nunca vi cara, fotografia ou relíquia sequer, de curandeiro" —, faz questão de chamar a atenção de seus leitores para o caso de um curandeiro de nome Tobias.[74] Preso pela polícia, ele teve seu caso discutido pelos jornais da corte, que descreveram a longa lista de utensílios que utilizava em suas curas. Embora dissesse apoiar a prisão, Policarpo aponta aos leitores alguns dos problemas que via no ato. "Punamos o curandeiro, mas não esqueçamos que a curanderia foi a célula da medicina", afirma. No mesmo movimento, lembrava que o espiritismo, no qual via também uma forma de curandeirismo, não sofria a mesma perseguição por parte da Polícia. Com as duas observações, deixava claro o sentido arbitrário da prisão, só justificada pelo perfil social dos principais adeptos de práticas de cura como a de Tobias. Como Machado reconhecera em outra crônica através de Policarpo, eram curandeiros como ele que tinham ainda "o governo da multidão", motivo pelo qual eram as vítimas preferenciais das autoridades do império.[75]

Em momento no qual outros escritores buscavam na ciência um meio de diagnosticar e combater os motivos do atraso popular, ou condenavam seus costumes e tradições por seu perfil supostamente bárbaro e atrasado, Machado de Assis sutilmente aponta para a similaridade entre as práticas de cura perseguidas e os princípios da medicina científica que se queria valorizar. Em vez de corroborar a visão ingênua e folclorizada das práticas populares construída por outros cronistas, evidencia com isso a parcialidade do olhar por eles lançado sobre o mundo das ruas. Longe de descrever qualquer realidade, as apreensões literárias desses costumes e práticas só resultariam na afirmação de uma nova ideologia, na qual os pontos de vista daqueles que se pretendia valorizar seriam desprezados.

Sem conseguir expressar o sentimento "do seu tempo e seu país", como o próprio Machado cobrara em 1871, tal corrente literária teria se limitado a construir uma nova fantasia, com base nos princípios ditados pela ciência e pelo ideal de modernidade.

A própria crônica de Machado evidencia, entretanto, outra dimensão desse processo. Por mais parcial que fosse a perspectiva adotada por escritores como Coelho Netto e Aluísio Azevedo, ele permitiu que homens e mulheres distantes do mundo das letras transformassem em matéria literária dimensões relevantes de suas experiências. Ainda que esses escritores tentassem formar o público através de sua arte, não deixavam de ser formados por esse público, cujas práticas e interesses os obrigava a incorporar em sua prosa temas e perspectivas antes ausentes da produção literária nacional.[76] Se Machado estava certo em mostrar que a tentativa de representar a realidade das ruas configurava na pena de tais escritores ideal permeado de sentimentos pedagógicos, ficava claro, com isso, que esse ideal seria formado a partir de tenso diálogo entre sonhos, aspirações e experiências de sujeitos muito diversos.

Notas

1. Machado de Assis, "Notícia da atual literatura brasileira — instinto de nacionalidade", *Novo Mundo*, 24 de março de 1873; *in Obras Completas*, Rio de Janeiro, Nova Aguilar, 1994, v. 3, p. 804.
2. *Idem, ibidem*, p. 801.
3. Ver, sobre o assunto, Jefferson Cano, *O fardo do homem de letras: o 'orbe literário' e a construção do Império brasileiro*, tese de doutorado em História Social, Campinas, Unicamp, 2001; e Lúcia Maria Paschoal Guimarães, "O Império de Santa Cruz: a gênese da memória nacional" *in* Alda Heizer e Antônio Augusto Vieira (orgs.), *Ciência, civilização e império nos trópicos*, Rio de Janeiro, Access, 2001, p. 265-285.
4. Joaquim Norberto de Sousa e Silva, "Originalidade da literatura brasileira" *in* Roberto Acízelo de Souza (org.), *História da literatura brasileira e outros ensaios*, Rio de Janeiro, Zé Mário Editor, 2002, p. 135.
5. Machado de Assis, "Notícia...", *op. cit.*, p. 803.
6. *Idem, ibidem*, p. 804-805.

7. "O século XIX é um campo onde se cruzam e entrecruzam, avançam e recuam, atuam e reagem umas sobre as outras, ora se prolongando ora opondo-se, diversas correntes estéticas e literárias." Afrânio Coutinho, *A literatura no Brasil*, Rio de Janeiro, Ed. Sul Americana, 1955, v. 2., p. 14.
8. Cf. Lúcia Granja, *Machado de Assis, escritor em formação*, Campinas, Mercado de Letras, 2000; e Marco Cícero Cavallini, "Monumento e política: os Comentários da Semana de Machado de Assis" *in* Margarida Neves, Leonardo Pereira e Sidney Chalhoub (orgs.), *História em cousas miúdas. Capítulos de história social da crônica no Brasil*, Campinas, Editora da Unicamp, 2005.
9. Cf. Margarida Neves, Leonardo Pereira e Sidney Chalhoub (orgs.), *op. cit.*
10. Cf. Marco Cícero Cavallini, *op. cit.*
11. Para análise mais completa da crônica e da série, na qual se basearam as considerações dos últimos parágrafos, ver Leonardo A. M. Pereira, "Apresentação" *in* Machado de Assis, *História dos 15 dias*, Campinas, Ed. da Unicamp (no prelo).
12. Cf. Joaquim Norberto, *op. cit.* Sobre o processo de afirmação da literatura nacional no período, ver Antônio Cândido, *Formação da literatura brasileira*, v. 2, Belo Horizonte/São Paulo, Itatiaia/Edusp, 1975.
13. Cf. IG (José de Alencar), *Cartas sobre a Confederação dos Tamoios*, Rio de Janeiro, Tip. do Diario, 1856.
14. Para análise anterior do mito de nacionalidade, proposto por Alencar no romance, ver Valéria de Marco, *A perda das ilusões. O romance histórico de José de Alencar*, Campinas, Ed. da Unicamp, 1993. Ver ainda Renato Ortiz, *Românticos e folcloristas*, São Paulo, Olho D'água, s.d.
15. José de Alencar, *Como e por que sou romancista*, Campinas, Pontes, 1990.
16. Como mostra Valéria de Marco, *op. cit.*, p. 23, "a hierarquia da ordem natural impõe-se para o leitor com absoluta nitidez, pois ela se consolida através da analogia com esferas de poder da ordem social".
17. José de Alencar, *O Guarani*, Cotia, Ateliê Editorial, 1999, p. 107 e 194.
18. *Idem, ibidem*, p. 48.
19. José de Alencar [1871], *O tronco do ipê*, São Paulo, Melhoramentos, s/d, p. 30. Sobre a reflexão presente no romance a respeito da escravidão, ver Sidney Chalhoub, "José de Alencar e a experiência da derrota" *in Machado de Assis, historiador*, São Paulo, Cia. das Letras, 2003, p. 192-203; e Hebe Cristina da Silva, *Representações do negro e da escravidão em José de Alencar — o diálogo entre o político e o romancista*, dissertação de mestrado, Campinas, Unicamp, 2 de fevereiro de 2004.
20. José de Alencar, *O tronco do ipê*, *op. cit.*, p. 70.
21. Sobre o assunto, ver Silvia Martins Souza, *O palco como tribuna: uma interpretação de* O Demônio Familiar, *de José de Alencar*, Curitiba, Aos Quatro Ventos, 2003.
22. Cf. Sidney Chalhoub, *Machado de Assis, historiador*, *op. cit.*, em especial o capítulo 4.

23. *Idem, ibidem*, p. 197-201.
24. Cf. Sidney Chalhoub, "Paternalismo e escravidão em *Helena*" *in Machado de Assis, historiador*, *op. cit.*
25. Machado de Assis, "Eça de Queiroz: o Primo Basílio", *O Cruzeiro*, 16 de abril de 1878, *apud Obras Completas*, Rio de Janeiro, Nova Aguilar, 1994, vol 3. Uma análise mais ampla da recepção de tal romance no Brasil pode ser encontrada em Paulo Franchetti, "*O primo Basílio* e a batalha do Realismo no Brasil" *in Estudos de Literatura Brasileira e Portuguesa*, Cotia, Ateliê Editorial, 2007.
26. Sobre as proximidades e diferenças entre os modos pelos quais eram entendidos no Brasil do período o Realismo e o Naturalismo, ver Afrânio Coutinho, *A literatura no Brasil*, v. 2, *op. cit.*, p. 51-53.
27. Jean-Yves Mérian, *Aluísio Azevedo, vida e obra*, Brasília, INL, 1988.
28. Aluísio Azevedo [1881], *O mulato*, Rio de Janeiro, F. Briguiet e Cia., 1941, p. 55.
29. Aluísio Azevedo, Prefácio da 2ª edição, *O mulato*, *op. cit.*, p. 10.
30. José Veríssimo, *História da literatura brasileira*, 1963, p. 261-262.
31. Como exemplo da importância, no período, do tema da raça, à luz dos debates europeus a respeito, ver Silvio Romero, "A nação brasileira como grupo etnográfico e produto histórico" *in História da literatura brasileira* [1888], tomo I, Rio de Janeiro, Imago, 2001, p. 99-121.
32. Aluísio Azevedo, *O mulato*, *op. cit.*, p. 18-19.
33. *Idem, ibidem*, p. 36.
34. A referência à data aparece em um diálogo entre Raimundo e sua prima, na qual conversaram "sobre a Guerra Franco-Prussiana extinta pouco antes". Em outro momento, o narrador comenta que "ainda nasciam cativos, porque muitos fazendeiros, apalavrados com o vigário da freguesia, batizavam ingênuos como nascidos antes da Lei do Ventre Livre"; Aluísio Azevedo, *O mulato*, *op. cit.*, p. 120 e 281.
35. Aluísio Azevedo, *O mulato*, *op. cit.*, p. 251.
36. Aluísio Azevedo, Prefácio da 2ª edição, *O mulato*, *op. cit.*, p. 11. Ver ainda Josué Montello, *Aluísio Azevedo e a polêmica d'O mulato*, Rio de Janeiro, José Olympio, 1975.
37. José Veríssimo, *História da literatura brasileira*, Rio de Janeiro, Topbooks, 1998, p. 340.
38. *Idem, ibidem*, p. 339.
39. Cf. Afrânio Coutinho, *A literatura no Brasil*, *op. cit.*, v. 2.
40. Conferir, de modo especial, as inspiradoras análises de Roberto Schwarz e Sidney Chalhoub — sobre as quais se apoia a interpretação aqui apresentada para o romance. Roberto Schwarz, *Um mestre na periferia do capitalismo*, São Paulo, Duas Cidades, 1990; e Sidney Chalhoub, *Machado de Assis, historiador*, São Paulo, Cia. das Letras, 2003.
41. Machado de Assis [1881], *Memórias póstumas de Brás Cubas*, Cotia, Ateliê Editorial, 1998, p. 111.

42. *Idem, ibidem*, p. 69.
43. Cf. Sidney Chalhoub, *Machado de Assis, historiador*, *op. cit.*
44. Machado de Assis, *Memórias póstumas de Brás Cubas*, *op. cit*, p. 72.
45. Capistrano de Abreu, "Livros e letras", *Gazeta de Notícias*, 30 de janeiro de 1881, *apud* Ubiratan Machado (org.), *Machado de Assis. Roteiro da consagração*, Rio de Janeiro, Ed. da Uerj, 2003, p. 130.
46. Cf. Sidney Chalhoub, *Machado de Assis, historiador*, *op. cit.*, p. 95.
47. *Apud* Lucia Miguel Pereira, *Machado de Assis*, Rio de Janeiro, José Olympio, 1955, p. 192.
48. Urbano Duarte, "Memórias póstumas de Brás Cubas", *Gazetinha*, 2 de fevereiro de 1881, *apud* Ubiratan Machado, *op. cit.*, p. 133.
49. "Ao transpor para o estilo as relações sociais que observava, ou seja, ao interiorizar o país e o tempo, Machado compunha uma expressão da sociedade real, sociedade horrendamente dividida, em situação muito particular, em parte inconfessável, nos antípodas da pátria romântica. O 'homem do seu tempo e do seu país' deixava de ser um ideal e fazia figura de problema." Roberto Schwarz, *op. cit.*, p. 11.
50. Machado de Assis, Eça de Queiroz: o Primo Basílio, *op. cit.*
51. "Bons dias", *Gazeta de Notícias*, 29 de agosto de 1889, *apud* Machado de Assis, *Bons dias!*, *in* John Gledson (org.), São Paulo, Hucitec, 1989, p. 211.
52. Cf. Leonardo Pereira, *O carnaval das letras*, Rio de Janeiro, Secretaria Municipal de Cultura, 1994.
53. Aluísio Azevedo, *Casa de pensão*, Porto Alegre, L&PM, 1999.
54. Conferir Sílvio Romero, "A nação brasileira...", *op. cit.* Para análise mais ampla do fenômeno, ver Roberto Ventura, *Estilo tropical*, São Paulo, Cia. das Letras, 1991; e Lilia M. Schwarcz, "Uma história de diferenças e desigualdades: as doutrinas raciais do século XIX" *in O espetáculo das raças. Cientistas, instituições e questão racial no Brasil, 1870-1930*, São Paulo, Cia. das Letras, 1993, p. 43-66.
55. Coelho Netto, "Não se emenda...", *O meridiano*, ano 1, nº 5, 20 de abril de 1885.
56. Conferir, a tal respeito, Leonardo A. M. Pereira, "Barricadas na Academia: literatura e abolicionismo na produção do jovem Coelho Netto", *Tempo*, nº 10, dezembro de 2000, p. 15-37; e "Uma miragem de República: sonhos e desilusões de um grupo literário" *in* Fernando Teixeira da Silva, Márcia Naxara e Virgínia Camilotti (orgs.), *República, liberalismo, cidadania*, Piracicaba, Ed. da Unimep, 2003.
57. Coelho Netto [1899], *A conquista*, 2ª ed., Porto, Livraria Chardron, 1913.
58. Sobre tal geração e os equívocos da atribuição do epíteto, ver Leonardo Pereira, "Literatura e história social: a 'geração boêmia' no Rio de Janeiro do fim do Império", *História Social*, ano 1, nº 1, p. 29-63; e João Paulo Rodrigues, "A geração boêmia: vida literária em romances, memórias e biografias" *in* Sidney Chalhoub e Leonardo Pereira (orgs.), *A história contada: capítulos de história social da literatura no Brasil*, Rio de Janeiro, Nova Fronteira, 1998, p. 233-263.

59. Coelho Netto, *A conquista*, *op. cit.*, p. 67.
60. Sobre o papel pedagógico autoatribuído por esses escritores, ver Leonardo Pereira, *O carnaval das letras*, *op. cit.*, em cujo primeiro capítulo há uma tentativa inicial de interpretação do romance de Coelho Netto.
61. Cf. Coelho Netto [1904], Valentim Magalhães, *A bico de pena*, Porto, Livraria Chardron, 1919, p. 319.
62. *A semana*, ano 1, nº 1, 3 de janeiro de 1885.
63. Luiz Murat, "O nosso cartão", *Vida moderna*, nº 1, 10 de julho de 1886.
64. Cf. Machado de Assis, *Obras completas*, *op. cit.*
65. Coelho Netto, *A conquista*, *op. cit.*, p. 297.
66. Declaração, *Vida moderna*, nº 51, 26 de junho de 1887.
67. Ver, como exemplos, José de Alencar, *Ao correr da pena*, *in* João Roberto Faria (org.), São Paulo, Martins Fontes, 2004; e Joaquim Manuel de Macedo, *Labirinto*, *in* Jefferson Cano (org.), Campinas, Mercado de Letras, 2004.
68. Cf. Nelson Werneck Sodré, *História da imprensa no Brasil*, Rio de Janeiro, Civilização Brasileira, 1966; Moacir Japiassu, "Renovação do processo jornalístico", *Cadernos do IV Centenário*, *Jornal do Brasil*, 9 de setembro de 1965; e Leonardo Pereira, *O carnaval das letras*, *op. cit.*
69. Margarida de Souza Neves afirma que a crônica "atinge um número maior de leitores que qualquer outro gênero". "Uma escrita do tempo: memória, ordem e progresso nas crônicas cariocas" *in A Crônica*, Campinas/Rio de Janeiro, Ed. da Unicamp/Fundação Casa de Rui Barbosa, 1992, p. 80. Sobre a elaboração literária do gênero, ver Sidney Chalhoub, Margarida Neves e Leonardo Pereira, *História em cousas miúdas...*, *op. cit.*
70. Raul Pompeia, "Crônicas do Rio", *Diário de Minas*, 4 de novembro de 1888, *apud Crônicas do Rio*, Rio de Janeiro, Secretaria Municipal de Cultura, 1996. Sobre a Festa da Penha, ver Raquel Soihet, "Festa da Penha: resistência e interpenetração cultural (1890-1920)" *in* Maria Clementina Cunha (org.), *Carnavais e outras frestas*, Campinas, Ed. da Unicamp, 2002.
71. N. (Coelho Netto), "A fumar", *Diário de Notícias*, 22 de outubro de 1889. Sobre Castro Urso, ver Mello Morais Filho, *Festas e tradições populares do Brasil*, Belo Horizonte, Itatiaia, 1979, p. 296-299.
72. Como mostra Francisco Foot Hardman, não seria por isso despropositado que os definamos como "antigos modernistas". Francisco Foot Hardman, "Antigos modernistas" *in* Adauto Novaes (org.), *Tempo e história*, São Paulo, Cia. das Letras, 1992.
73. "Bons dias", *Gazeta de Notícias*, 5 de abril de 1888, *apud* Machado de Assis, *Bons Dias!*. Para uma interpretação mais aprofundada da série, ver Leonardo Pereira, *O carnaval das letras*, *op. cit.*, em especial o capítulo 3.
74. "Bons dias", *Gazeta de Notícias*, 29 de agosto de 1889, *apud* Machado de Assis, *Bons Dias!*, *op. cit.*, p. 211. Para o comentário de tal crônica baseio-me na inter-

pretação proposta por Gabriela Sampaio, *Nas trincheiras da cura. As diferentes medicinas no Rio de Janeiro Imperial*, Campinas, Ed. da Unicamp, 2002.

75. "Bons dias", *Gazeta de Notícias*, 14 de junho de 1889, *apud* Machado de Assis, *Bons Dias!*, *op. cit.*, p. 195.

76. Leonardo Pereira, "Literatura em movimento. Coelho Netto e o público das ruas" *in* Chalhoub, Neves e Pereira (orgs.), *História em cousas miúdas*, *op. cit.*, v. 1, p. 199-235.

CAPÍTULO IX

Natureza e sociedade no Brasil monárquico

José Augusto Pádua

E que país esse, Senhores, para uma nova civilização e novo assento da ciência! Que terra para um grande e vasto império! Banhadas suas costas em triângulo pelas ondas do Atlântico; com um sem número de rios caudais, e de ribeiras empoladas... A grande cordilheira que o corta de Norte a Sul o divide por ambas as vastas fraldas e pendores em dois mundos diferentes, capazes de criar todas as produções da terra inteira. Seu assento central quase no meio do globo; defronte à porta da África, que deve senhoriar, com a Ásia à direita e com a Europa à esquerda, qual outra nação se lhe pode igualar? Riquíssima nos três reinos da natureza, com o andar dos tempos, nenhum outro país poderá correr parelhas com a Nova Lusitânia.

JOSÉ BONIFÁCIO DE ANDRADA E SILVA
Discurso histórico perante a Academia Real das Ciências de Lisboa, 1819.[1]

O TERRITÓRIO DAS CINCO DEUSAS

Nos primeiros anos da década de 1820, momento decisivo no processo de construção do Brasil como Estado independente e unificado — a partir de instituições e políticas de origem colonial que lograram edificar e sustentar, interna e externamente, o domínio formal português sobre um vasto território americano —, já era possível vislumbrar um quadro mais ou menos preciso da variedade e da riqueza do país no que se refere aos "três reinos da natureza".

O grau de exatidão, por certo, como pode ser notado na epígrafe anterior, era bastante limitado. O conjunto de serras existentes nas proximidades do litoral, especialmente na região Sudeste, foi confundido por José Bonifácio, de maneira muito impressionista, com uma "grande cordilheira" que dividiria o território de norte a sul. O aspecto mais importante, de toda forma, estava no reconhecimento de que se tratava de um espaço físico tão grande e diversificado que seria capaz, mesmo que com evidente exagero, de "criar todas as produções da terra inteira".

Para além de certas tendências que dominaram boa parte da produção colonial sobre a natureza brasílica — como no caso dos inventários de elementos isolados da fauna e da flora —, emergia, desde o final do século XVIII, um estilo de interpretação e de iconografia que destacava a diversidade espacial concreta das suas manifestações coletivas. As afirmações genéricas sobre a "bondade dos ares" e a "pureza das águas", que não deixarão de estar presentes, perderam espaço para um tratamento mais profundo dos lugares, dos conjuntos regionais formados pela interação entre os vários elementos da natureza e da vida humana. O denominador comum, nesse sentido, passa a ser justamente a ideia da majestosa variedade do território e de suas múltiplas possibilidades de exploração econômica (afirmação que, obviamente, possuirá forte dimensão política).

Uma confluência de movimentos e circunstâncias históricas favoreceu o desenvolvimento, no Brasil, dessa nova tendência de representação da natureza, que será renovada, com as devidas variações, ao longo do século XIX. Em primeiro lugar, considerando o pano de fundo cultural da época, ocorreu maior difusão no mundo luso-brasileiro de elementos das culturas iluminista e romântica na passagem do século XVIII para o XIX. Dois polos que, aliás, nem sempre são de fácil identificação e isolamento. No que se refere à cultura iluminista, foi especialmente relevante o avanço da percepção da natureza como "sistema", na linha da "economia da natureza" de Lineu, talvez a mais influente escola naturalista do século XVIII.

A imagem da natureza como um conjunto, na verdade um conjunto de conjuntos, fundava-se no que Ernst Cassirer chamou de "princípio da imanência": uma ordem dinâmica dotada de leis que se manifestam em seu próprio funcionamento. Tal perspectiva, de maneira geral, não significou o abandono da ideia da criação divina. A inversão teórica fundamental foi a de "deduzir e explicar o Ser a partir do devir" e não, como no eixo da tradição medieval, "o devir a partir do Ser".[2]

Por outro lado, a política desses sistemas naturais, cuja "economia" se buscava entender, foi ressaltada por outro componente fundamental do caldo de cultura do Iluminismo: a escola econômica fisiocrata, difundida por Richard Cantillon, François Quesnay e outros autores do século XVIII. Ao estabelecer a tese de que a riqueza essencial provinha da terra, transformada pela agricultura, Cantillon utilizou a metáfora da sociedade como árvore, sendo a agricultura a raiz, a população, o tronco, e as artes e comércio, as folhagens. As folhas, portanto, que de certa forma se apresentam como o que de mais vistoso existe na árvore, eram na verdade formas passageiras e frágeis. A raiz era a verdadeira origem e garantia de existência da árvore social. François Quesnay, médico de formação, descreveu a paisagem econômica utilizando a metáfora do corpo humano, principalmente a interação funcional dos órgãos e a circulação sanguínea. Ambas as metáforas buscavam uma evidente aproximação entre o funcionamento da economia e o que então se entendia como sendo a ordem da natureza. A corrente fisiocrata atribuiu mais atenção à produção primária orgânica, em detrimento da mineração, estimulando politicamente a busca de conhecimentos mais sólidos dos recursos florestais e agrícolas existentes nas várias regiões do território brasileiro.[3]

Tal busca foi também incentivada pelos influxos culturais pré-românticos e românticos, especialmente aqueles relacionados com o sentido de ligação íntima entre os povos e seus lugares de origem, ajudando a construir uma imagem mais forte da ideia de pátria, que fosse além do mero lugar de nascimento. A visão romântica de que cada povo possui uma unidade espiritual, relacionada com determinado território, marcou o surgimento do conceito moderno de nação e de nacionalismo, elemento básico na construção posterior da autoimagem cultural do Brasil monárquico (mesmo considerando que a influência mais intensa do romantismo no país tenha sido bastante tardia).

É importante notar, quando se analisa o fundo cultural presente na constituição do Brasil como Estado independente, que não se fala em etapas históricas sucessivas e rigidamente definidas. O que existe é um quadro histórico complexo e desigual, um processo relativamente confuso de rupturas e continuidades que, considerado em seu todo, veio plasmando uma mudança no marco geral de referências intelectuais e políticas do mundo de expressão europeia, com impacto decisivo na realidade colonial e pós-colonial. De todo modo, no que se refere ao tema específico do presente artigo, a produção de saberes sobre a natureza das Américas, nas primeiras décadas do século XIX, não podia ignorar a questão política determinada pela situação histórica indefinida dessas regiões, seja em termos de sua emancipação formal ou da redefinição dos seus laços com as metrópoles europeias.

A questão estava bastante presente, mesmo que de maneira implícita, na obra dos autores relacionados com o chamado iluminismo luso-brasileiro, um grupo crucial na produção das novas leituras da natureza. O marco inicial no estabelecimento dessa corrente foi a reforma da Universidade de Coimbra, em 1772, que começa a afastar-se do domínio da escolástica medieval e aproximar-se das novas ideias de filosofia natural e economia política que então se desenvolviam na Europa. A fundação da Academia Real das Ciências de Lisboa, em 1779, serviu como polo de gravitação em torno do qual uma geração de intelectuais influenciados pela cultura iluminista, com alguns influxos românticos, começou a produzir discursos, memórias e apontamentos que procuravam descrever e captar a potencialidade econômica das diferentes regiões naturais da América portuguesa. No debate sobre essas potencialidades, especialmente por parte dos egressos de Coimbra nascidos no "novo mundo" — fator longe de ser irrelevante —, ganhou força o desejo de progresso autônomo através do conhecimento mais sistemático e profundo da natureza local.

Tal projeto foi estimulado, mesmo que de forma desigual e intermitente, por alguns estadistas portugueses influenciados pelo reformismo ilustrado. Caso especial foi o de Rodrigo de Sousa Coutinho, responsável pela Secretaria de Estado da Marinha e Domínios Ultramarinos entre 1796 e 1800, que considerava a formação de uma elite dirigente local e o avanço da economia rural no Brasil (não da economia industrial) passos importantes para a sobrevivência e renovação do império português através de uma nova política federativa.[4] Os escritos dos ilustrados brasileiros, no entanto, mesmo que indiretamente, indicavam a incapacidade do Estado português para promover tal avanço, reflexão que mais tarde será retomada pelos defensores da independência.

É possível buscar um denominador comum nos vários textos, tratando dos cenários locais, produzidos no contexto do reformismo iluminista: a natureza do país era vasta, rica, pouco conhecida e pouco explorada (em relação a seu potencial). Os espaços explorados eram objeto de práticas ignorantes, pouco produtivas e desnecessariamente destrutivas dos recursos naturais. A tarefa do acadêmico, além da excursão científica aos lugares mais relevantes — medida essencial para produzir o conhecimento que se fazia necessário —, era lançar luzes sobre a economia brasileira, promovendo exploração inteligente, especialmente em termos da conservação da rica natureza que constituía a base para a futura grandeza do país. É o que pode ser lido em trabalhos como "Ensaio de descrição física e econômica da comarca de Ilhéus na América" (1789), de Manuel Ferreira da Câmara Bittencourt e Sá, "Memória sobre a pesca da baleia e a extração do seu azeite" (1790), de José Bonifácio de Andrada e Silva, "Memória topográfica e econômica da comarca dos Ilhéus" (1799), de Baltazar da Silva Lisboa, e "Memória sobre o melhoramento da província de São Paulo" (1810), de Antônio Veloso de Oliveira (para mencionar apenas autores que mais tarde tiveram importante presença na formação do Brasil monárquico, evitando fugir demais do foco temporal do artigo).[5]

O exemplo de José Bonifácio, e não apenas nesse caso, foi paradigmático. A base de seu texto crítico sobre a pesca das baleias no litoral brasileiro será justamente o confronto entre o saber ilustrado e a observação empírica do modo de exploração da natureza no Brasil. Ao longo de sua estada em Coimbra, assim que se viu "munido do estudo das ciências naturais", seu pensamento evocou "a lembrança das desordens que vi e observei em algumas das armações de baleias no Brasil". Os feitores das armações são chamados de "estúpidos" e "totalmente ignorantes da arte de pescar baleias". Seu principal defeito era o da "falta de luzes" a respeito da economia da natureza, revelado na técnica de "matarem os baleotes de mama para assim arpoarem as mães com mais facilidade". À primeira vista o método parecia eficaz, pois "têm elas tanto amor aos seus filhinhos que quase sempre os trazem entre as barbatanas para lhes darem leite. E se porventura lhes matam não deixarão o lugar sem deixar igualmente a vida na ponta dos arpões". Os feitores não sabiam, porém, que as baleias "só parem de dois em dois anos um único filho, morto o qual perecem com ele todos os seus descendentes". O costume, portanto, ocasionaria o "diminuir-se toda a geração futura", além de provocar um desequilíbrio na proporção de machos e fêmeas da população. A resultante desses erros aparecia nas muitas armações abandonadas da Bahia e do Rio de Janeiro, o que causou "grande quebra à pesca do Brasil".

É interessante observar nessa passagem, quando se discute a relação entre a baleia e seu filhote, que a narrativa abandona o caráter objetivo para assumir um tom literário, aparecendo as baleias como sujeitos dotados de sentimentos e sofrimentos semelhantes aos dos seres humanos. Foi a partir de narrações como essa que surgiu na cultura ocidental moderna um questionamento quanto aos direitos dos animais.[6] No caso de Bonifácio, contudo, o tom quase romântico da afirmação não colore o conjunto do texto, essencialmente antropocêntrico e defensor de exploração ainda maior, se bem que mais racional, dos recursos naturais. As poucas armações existentes no país deveriam ser multiplicadas pelo uso de técnicas mais inteligentes e do estabelecimento de incentivos econômicos. A conservação não se chocava com o aproveitamento, pois era possível organizar a pesca das baleias "mui bem com lucro sem a danificarmos para o futuro".[7]

Tal discussão sobre a variedade dos sistemas naturais nativos e das condições para a sua correta exploração aparecerá, de maneira recorrente, nos escritos da primeira geração de naturalistas luso-brasileiros formados no contexto da ilustração acadêmica. A partir de 1808, contudo, com a vinda da corte portuguesa para o Brasil, da qual derivaram importantes processos institucionais e socioculturais, o esforço de conhecimento concreto da diversidade natural brasileira ganhou um ator social de singular importância: o viajante europeu.

É importante ter em conta a necessidade de construir uma tipologia diferenciada quanto à formação e aos objetivos de cada viajante. É possível diferenciá-los, por exemplo, segundo sua base profissional — naturalistas, artistas, técnicos, professores, diplomatas, militares, marinheiros, negociantes etc. Pode-se também distinguir as iniciativas individuais — como a viagem de Maximilian, príncipe de Wied-Newied, em 1815 — das missões coletivas previamente negociadas, como a Missão Austríaca de 1817, organizada para acompanhar a comitiva da princesa Leopoldina em seu casamento com o príncipe herdeiro português. Leitura mais detalhada poderia examinar o peso das diferenças de condição profissional e institucional no tipo de representação da paisagem local feita por cada viajante.[8]

Não é difícil entender a atração exercida pelo Brasil sobre naturalistas e instituições culturais europeias. Ela fazia parte, em primeiro lugar, da curiosidade lançada sobre o conjunto da América pela enorme influência cultural de Alexander von Humboldt. Ao divulgar os resultados de suas viagens pela região, entre 1799 e 1804, ele desferiu devastador ataque contra importantes concepções setecentistas que associavam a grande diversidade da natureza americana ao domínio da imaturidade, imperfeição e degeneração.[9] Ao contrário, em sua perspectiva teórica inovadora, a diversidade representava o próprio eixo de validação da investigação científica, pois se tratava exatamente de entender a racionalidade, qualitativa e quantitativa, da variada distribuição da vida ao longo das regiões do planeta. Em outras palavras, visava-se entender o sentido de cada manifestação concreta do mundo natural, o quadro de relações vigentes entre os elementos de determinado lugar, para investigar sua conexão com a ordem subjacente ao conjunto do cosmo — síntese de ciência empírica e sensibilidade romântica que marcou profundamente o trabalho dos viajantes naturalistas da época.[10]

A América, nessa conjuntura, sobressaía-se como espaço privilegiado de descoberta, pois o mesmo Humboldt testemunhou que "a natureza nestes climas aparece como mais ativa, mais fértil e, poderíamos dizer, mais prodigiosa".[11] O caráter especialmente fechado do regime colonial na América portuguesa, que na prática dificultava a presença de naturalistas estrangeiros — tendo impedido a entrada do próprio Humboldt em 1800[12] —, somado às notícias esparsas que chegavam na Europa sobre a grandeza e variedade do seu território, gerou a imagem algo mítica de um continente riquíssimo e praticamente inexplorado pelo melhor conhecimento científico. O próprio Lineu, em carta ao naturalista luso-italiano Domenico Vandelli, um dos principais agentes da reforma da Universidade de Coimbra, protestou fortemente contra a falta de interesse de Portugal em estimular, ou pelos menos permitir, o estudo das ricas produções naturais de suas colônias: "Bom Deus! Se os lusitanos desconhecem os bens de sua natureza, como serão infelizes todos os outros que não possuem terras exóticas!."[13]

A súbita abertura pós-1808, como se pode imaginar, provocou considerável expectativa. E o contato direto dos naturalistas viajantes com o território brasileiro quase não causou frustrações, ao menos quanto à pujança de seu meio natural. O atrativo da diversidade, entre as regiões e no interior de cada uma, foi um denominador comum, sintetizado na conhecida passagem de Augustin de Saint-Hilaire sobre as florestas litorâneas do país:

> nada aqui lembra a cansativa monotonia de nossas florestas de carvalhos e de pinheiros; cada árvore tem, por assim dizer, um porte que lhe é próprio; cada uma tem sua folhagem e oferece frequentemente uma tonalidade de verde diferente das árvores vizinhas. Vegetais, que pertencem a famílias distantes, misturam seus galhos e confundem suas folhas.[14]

Na perspectiva do tipo de conhecimento concreto dos espaços naturais que se buscava produzir, combinando certo rigor metodológico na medição dos fatores biofísicos com desejável abertura para a experiência subjetiva dos lugares, o espaço para afirmações genéricas se reduz. O naturalista viajante, mesmo com certa liberdade para manejar a descrição do que havia visto, de modo a torná-la mais inteligível e "pitoresca" para seu público, fundava seu trabalho no espanto da diversidade.[15]

Em 1824, com base na longa viagem de cerca de 10.000 quilômetros que realizou na companhia de Johann von Spix, entre 1817 e 1820, o naturalista Carl von Martius concretizou um dos primeiros esforços para visualizar os grandes conjuntos em que se dividia a vegetação brasileira ao longo do território. O discurso acadêmico "A fisionomia do reino vegetal no Brasil", proferido em Munique, evidenciou que não se podia falar em uma natureza brasileira única, exceto através de aspectos muito gerais, como o da ausência de inverno rigoroso.

É claro que no nível da estratégia narrativa, assim como ocorreu em várias outras manifestações culturais e políticas oitocentistas, von Martius não deixou de fazer afirmações genéricas, por vezes ecoando a tradição edênica que esteve presente na descrição dos espaços brasileiros pelos europeus desde o século XVI.[16] O autor vai dizer, por exemplo, que em toda parte se gozava da "bênção de uma zona feliz, em toda a parte resplandece a pompa das terras tropicais ou a abundância salutar das terras mais temperadas". A descrição concreta das regiões, porém, não confirmará tal afirmação. Algumas partes do litoral eram formadas por "grandes extensões de terra que nada exibem senão uma área estéril". Na caatinga nordestina, de solo quase arenoso, as paisagens eram "áridas, pobres em fontes e cujos rios secam durante o verão". Nas épocas de seca "o mato parece estar morto" e "o morador erra desesperado no deserto". De tal maneira que "caso o Brasil fosse unicamente revestido com aquelas sombrias caatingas... o país apareceria ao visitante apenas como deserto luxuriante... um sertão que o hostiliza sem cessar".[17]

É verdade que a maioria das outras regiões, para citar apenas alguns exemplos, recebeu qualificativos bem mais benéficos. A "mata geral", parte do que hoje se conhece como mata atlântica, era "o baluarte da terra contra o oceano", representando "como que o apogeu de toda a força criadora e toda a luxúria do continente". Nos vastos campos do interior, em geral parte do que hoje se conhece por cerrado,[18] o viajante sentia que "uma brisa amena e fresca abana os perfumes que a deusa Flora espalhou nesta região agradável". Naqueles espaços abertos "o céu com sua cúpula azul, entremeada de pequenas nuvens, cobre a paisagem atraente". Os bosques de palmeiras buriti, que ocupavam as várzeas brejosas dos campos, exerciam sobre "a alma do viajor, com o sussurro de suas copas ondulantes, um encantamento de caráter especial". A Floresta Amazônica, no entanto, ao contrário do que hoje provavelmente se imaginaria, foi pintada com cores bastante negativas. O naturalista reconhece que "a mesma opulência, grandeza e majestade das formas como nas matas mais ao sul, aqui também reina". A maior intensidade do calor, das chuvas e das inundações dos rios, entretanto, fazia com que a vegetação se achasse "em eterna inquietude e agitação". O resultado apresentava-se na imagem de um ambiente "escuro como o inferno" e "emaranhado como o caos", onde as "formações grotescas" e as "emanações entorpecentes" faziam o viajante "medrosamente sentir saudades da serena majestade das florestas da Serra do Mar". Ou seja, mesmo entre espaços ocupados por florestas tropicais de base semelhante, no que concerne a sua composição florística, era possível encontrar diferenças marcantes de fisionomia, sendo que a abundância não era necessariamente positiva em termos de qualidade da paisagem.[19]

Na sequência de seus estudos sobre a classificação dos espaços naturais brasileiros, von Martius elaborou, na década de 1850, um primeiro mapa fitogeográfico do país, o *Provinciae Florae Brasiliensis*. Com base em sua própria experiência e nas observações botânicas de vinte viajantes, cujos itinerários também estão indicados no mapa, ele dividiu o país em cinco domínios, usando imaginação de sabor deliciosamente neoclássico, regidos por cinco tipos de deusas da Antiguidade Clássica:

As florestas tropicais litorâneas, que ocupavam regiões com proporção considerável de montanhas e vales — próximo do que hoje seria chamado de bioma mata atlântica — formavam a "*Regionis Montano Nemorosae*", regida pelas Dryades, as gentis divindades que cuidavam dos bosques, principalmente dos carvalhos, nas regiões montanhosas da velha Grécia.

As florestas pluviais do Norte, caracterizadas pela intensa presença da água e por uma complexa bacia hidrográfica — próximo do que hoje seria chamado de bioma floresta amazônica —, formavam a "*Regionis Calido-Humidae*", regida pelas Naiades, deusas dos regatos e das fontes.

As estruturas vegetais do Nordeste semiárido, em que as plantas praticamente morrem a cada ano para depois serem substituídas por novos exemplares das mesmas espécies — próximo do que hoje seria chamado de bioma caatinga —, formavam a "*Regionis Calido-Siccae*", regida pelas Hamadryades, ninfas mortais dos bosques de carvalho, que nasciam e morriam com cada árvore que lhes servia de morada.

Os campos dotados de árvores baixas, retorcidas e espaçadas, sobre um tapete de gramíneas, que cobrem os planaltos e chapadas do Brasil central — próximo do que hoje seria chamado de bioma cerrado — formavam a "*Regionis Montano-Campestris*", regida pelas Oreades, as ninfas imortais que faziam companhia a Diana, deusa caçadora, no governo dos montes e campos da velha Grécia.

As partes interioranas do Brasil meridional, com seus campos abertos e suas florestas de montanha cobertas por pinheiros — próximos do que hoje se define como partes dos biomas mata atlântica e pampa —, formavam a "*Regionis Extratropicae Valleculosae*", regida pelas Napaeae, deusas da mitologia grega que protegiam os vales e prados, incluindo as plantas que neles vicejavam.[20]

Apesar da ousadia de von Martius em produzir esse tipo de quadro para um território tão grande — aliás, surpreendentemente próximo das classificações mais recentes —, sua honestidade intelectual forçava-o a reconhecer o quanto ainda havia de desconhecido na composição da natureza brasileira. Desconhecido e inexplorado. A própria "mata geral", região de colonização mais antiga, continuava a ser "abrigo daquelas hordas bravias de índios que, não submetidos ao domínio português, fazem incursões como nômades inquietos". Nas partes interiores da mata, os "colonos só se estabeleceram aqui e acolá, ao longo dos grandes rios". De maneira geral, a vegetação do país "desde os tempos pré-históricos tem-se conservado livre da influência humana". Após três séculos de ocupação, de fato, observava-se uma "sufocação da história pela brutal força procriadora duma natureza soberba".[21]

Esse tipo de observação, sobre a exploração ainda marginal do território sob domínio formal brasileiro, aparecerá com diferentes palavras em outros autores oitocentistas, estrangeiros ou não. O mesmo ocorrerá com a imagem da "sufocação" da história pela natureza, como será visto mais tarde. Quanto ao primeiro ponto, porém, é difícil avaliar sua exatidão em termos de uma geografia histórica de base mais quantitativa. Um retrato preciso dos resultados da ação humana nas diferentes regiões, obviamente, não era possível com as tecnologias então disponíveis. As impressões manifestadas pelos observadores da época, por outro lado, podem ser enganosas do ponto de vista das escalas com que a investigação empírica hoje trabalha. O desaparecimento de matas, ou de suas árvores mais úteis, na distância de algumas dezenas de quilômetros de uma zona produtiva, podia tornar inviável, tecnológica e economicamente, a busca de madeira. Tal fato podia gerar vozes de protesto contra o esgotamento das matas do Brasil como um todo! Mas não se pode esquecer, visto de outra perspectiva, que para aquela zona específica, considerando o campo de possibilidades materiais e perceptivas da sociedade local, o esgotamento das fontes mais próximas de recursos florestais representava desastre real, mesmo que ainda existissem enormes extensões de floresta no conjunto do território. Do ponto de vista metodológico, portanto, o tema da destruição ambiental deve ser sempre avaliado dentro de um contexto temporal e geográfico específico, de determinada construção histórica e cultural, sob o risco de se cair em graves anacronismos.

É verdade que existem evidências documentais para afirmar que a ocupação e a transformação das paisagens nativas, ao menos em alguns lugares, podem ter sido mais intensas do que se imagina. Basta lembrar, para citar um exemplo, que em seu "Itinerário do Rio de Janeiro ao Pará e Maranhão pelas províncias de Minas Gerais e Goiás", Raymundo da Cunha Mattos, um dos fundadores do Instituto Histórico e Geográfico Brasileiro, cita testemunhas locais para afirmar que no espaço de apenas cinco anos, no início da década de 1820, uma densa floresta tinha sido completamente destruída na região de Sítio das Areias, em Goiás, área muito periférica em relação aos principais centros da economia agroexportadora.[22]

É plausível pensar, no entanto, considerando o tamanho da população e da economia brasileiras em relação ao território, que ele ainda era dominado, em meados do século XIX, por vastíssimas extensões de florestas e demais formações seminaturais (pois as marcas milenares da presença indígena estavam presentes na paisagem). Estimativas feitas por Michael Williams, com base nas investigações de Warren Dean e de outros autores, indicam para a mata atlântica, certamente a região mais intensamente ocupada, o desflorestamento histórico de 44.600 km^2 até 1850.[23] Mesmo que o número esteja subestimado, estamos falando em uma perda de menos de 5% da cobertura original daquela floresta. De todo modo, apenas a multiplicação de estudos detalhados da história ambiental regional, ou mesmo microrregional, poderá gerar conhecimento mais sólido sobre o grau de modificação da cobertura vegetal nativa, ao longo dos períodos colonial e monárquico, nas diferentes partes do Brasil.

A fartura de espaços naturais ainda densos de vida selvagem, no entanto, assumiu diferentes significados simbólicos e políticos ao longo do Brasil monárquico. De maneira geral, foi saudada como sinal de grandeza e poder. O que, entretanto, para muitos viajantes naturalistas era motivo de excitação, pela perspectiva de encontrar formações naturais "tão antigas como o mundo" (na exclamação de Saint-Hilaire),[24] podia revelar-se uma realidade problemática para autores locais mais preocupados com um projeto político de construção nacional. Ao propor a criação de uma academia de agricultura no Brasil, antes de assumir sua posição de ministro, José Bonifácio defendeu a prioridade de um vasto programa de investigação da "nova terra", que servisse de base para planejar a criação de novos caminhos e povoações garantidores de sua plena ocupação. Era preciso conhecer os "portos, rios e lagos, os montes, vales e bosques que nela se encontram", assim como "suas produções naturais e espontâneas, respectivamente aos três reinos, animal, vegetal e mineral". Além disso, a academia teria que investigar a capacidade do país para "climatizar frutos, produções e animais", partindo de uma análise das "analogias e proporções que na mesma terra se divisam com as outras partes do globo". Também seria importante conhecer melhor as "nações americanas civilizadas, semibárbaras ou inteiramente selvagens que habitam as terras que possuímos". O saber acumulado por todos esses estudos seria apresentado em textos e mapas elaborados para cada uma das províncias.[25]

A urgência desse conhecimento, na visão de Bonifácio, derivava do fato de a natureza constituir o recurso político mais essencial do Brasil. É significativo que no discurso de 1819, citado no início deste artigo, quase não se faça referência às possíveis virtudes da sociedade brasileira. A ignorância, o atraso tecnológico, a violência e, principalmente, o trabalho escravo que a caracterizavam não eram fonte de grandes esperanças. A utopia de construir um poderoso império na América portuguesa assentava-se quase que exclusivamente na posição e riqueza do território. Em outro documento, já posterior à declaração de independência, ele esclarece que o vigor da natureza compensaria a deficiência na capacidade produtiva da população (que ele formalmente nega, mas sem grande entusiasmo):

> Conceda-se (caso negado) que com efeito a gente do Brasil não pode com trabalhos aturados na lavoura, como na Europa. Pergunto, se produzindo o milho por exemplo em Portugal nas melhores terras quarenta por um, e no Brasil acima de duzentos, e as mais sementeiras à proporção, e estando as horas do trabalho necessário da lavoura na razão inversa do produto da mesma, para que se precisa de maior robustez e trabalhos mais aturados?[26]

A importância desse trunfo histórico tornava imprescindível outra tarefa, cujos desdobramentos serão analisados adiante: evitar a devastação perdulária dos recursos naturais do país. Esse ponto aparece de forma quase dramática no texto já mencionado em defesa de uma academia de agricultura:

> destruir matos virgens, nos quais a natureza nos ofertou com mão pródiga as melhores e mais preciosas madeiras do mundo, além de muitos outros frutos dignos de particular estimação, e sem causa, como até agora se tem praticado no Brasil, é extravagância insofrível, crime horrendo e grande insulto feito à mesma natureza. Que defesa produziremos no tribunal da Razão, quando os nossos netos nos acusarem de fatos tão culposos?[27]

O CORPO E O TIMBRE DA PÁTRIA

Nossas florestas, timbre do solo brasileiro à admiração do estrangeiro.

FRANCISCO FREIRE ALEMÃO CISNEIROS
Carta a Augustin de Saint-Hilaire, 1851.[28]

A análise das concepções oitocentistas relativas à riqueza natural do território, em contraste com sua limitada exploração, precisa dialogar com o quadro teórico que vem sendo produzido no âmbito da geografia histórica da formação do Estado independente no Brasil. É relevante, por exemplo, a diferença estabelecida por Antonio Carlos Robert de Moraes entre território como domínio político e território "usado". Na primeira acepção, a ênfase está no estabelecimento de uma jurisdição política sobre determinada área, incluindo aspectos legais, militares etc, mesmo que as fronteiras de tal jurisdição sejam "vagas e hipotéticas" e mais bem estabelecidas "nos mapas do que na realidade". No interior desse "espaço de dominação política", existem diferentes "territórios usados" em escala regional, em que ocorre ocupação econômica e demográfica mais efetiva, em geral envolvendo a constituição de elites locais; mas também existem, especialmente em contextos geográficos continentais, vastas áreas fracamente incorporadas aos fluxos de apropriação socioeconômica, que podem ser chamadas de "fundos territoriais". Ou seja, espaços relativamente pouco ocupados e com limites fluidos, sendo por vezes objeto de disputa — potencial ou efetiva — entre diferentes jurisdições políticas. São também espaços de reserva para ampliações futuras, lugares privilegiados para o estabelecimento de frentes de expansão e de ocupação territoriais.[29] Um observador de época, Augustin de Saint-Hilaire, já havia notado com perspicácia que

> o nome Sertão ou Deserto não designa uma divisão política do território; não indica senão uma espécie de divisão vaga e convencional determinada pela natureza particular do território e, principalmente, pela escassez de população.

Ele observou também que diversas províncias, talvez todas, incluindo aquelas mais próximas da capital, como Minas Gerais e Espírito Santo, tinham seus sertões, suas partes mais desertas.[30]

Com base nesse quadro, pode-se compreender melhor o desafio geográfico presente nos processos de independência política na América do Sul. No contexto pós-colonial, os limites das jurisdições políticas interpactuadas entre as metrópoles, com base na legitimidade dos Estados e dinastias europeias, sofreram uma ruptura formal. Novos limites tiveram que ser reconhecidos, a partir da legitimidade e força dos Estados independentes recém-criados, sustentados por poderosas elites regionais. Ocorreu então um complexo e tenso processo de agregação espacial, em que diferentes regiões e fundos territoriais passaram a fazer parte de novas territorialidades políticas, construídas a partir do mosaico espacial e institucional do período colonial tardio (que, por sua vez, já possuía fronteiras bastante fluidas).

No caso do Brasil, o apoio de setores importantes das elites regionais à centralização do poder político no Rio de Janeiro, sob a égide de um monarca da casa de Bragança, foi fundamental para unificar politicamente o conjunto de espaços regionais que formavam a América portuguesa.[31] Tal processo, como lembra Demétrio Magnoli, foi de grande complexidade, já que desde o final do século XVIII estavam ocorrendo importantes e conflituosas dinâmicas de expansão econômico-territorial em diferentes regiões. A vontade de não interromper tais dinâmicas, que envolviam interesses concretos de elites regionais, foi uma das principais razões do apoio ao Estado imperial. Mais do que representar uma nação — que também, por certo, veio sendo cada vez mais "imaginada" —, a manutenção da unidade territorial constituiu "um desafio e um programa histórico" para o novo (porém dinasticamente regular) Estado monárquico em construção.[32]

Na perspectiva da história ambiental, tornando a análise ainda mais difícil, é preciso lembrar que o território, tanto em situação de domínio político quanto de "uso", não é uma realidade abstrata e vazia. Não é suficiente entendê-lo como um recorte plano, ao estilo de um mapa político. O território em disputa pelos novos países americanos era um espaço biofísico cheio e diversificado, dotado de complexos conteúdos naturais que estavam sendo destacados e valorizados pela cultura da época (como no caso dos esforços classificatórios de von Martius). Por mais que o conceito de "território" possua racionalidade própria, particularmente na política e na diplomacia, ele se imbrica intimamente no de "natureza", seja em termos de sua apropriação material ou simbólica.

Apesar de não serem um elemento dado, mas sim construção social e histórica, os territórios possuem uma materialidade que se realiza através da interação constante entre ação humana e condições naturais dotadas de dinamismo autônomo (incluindo fatores climáticos, geológicos, biológicos etc.). Não se pode entender a ação humana de maneira isolada, como se fosse indiferente ao cenário de obstáculos e de possibilidades colocado por tais condições. Basta lembrar as dificuldades e consequências específicas das dinâmicas de ocupação de regiões cobertas por florestas tropicais no Brasil colonial e pós-colonial (em comparação com as áreas de cerrado, caatinga etc.).[33] Pode-se dizer que o desafio de manter a jurisdição política unificada sobre um enorme território, incluindo seus vastos fundos territoriais, marcou a história do Brasil no século XIX, passando por momentos decisivos como as guerras regionais da década de 1830 ou a Guerra do Paraguai na década de 1860, mas também o desafio de ampliar o processo de transformação em "território usado" de um conjunto complexo e diversificado de cenários ecológicos, demandando a adoção de estratégias, econômicas e tecnológicas, pragmáticas e diferenciadas. Um processo que, diga-se de passagem, nem sempre foi bem-sucedido, além de frequentemente ter sido devastador.

Do ponto de vista simbólico, por outro lado, o território como "corpo da pátria", na sugestiva expressão de Magnoli,[34] também foi historicamente marcado por um timbre especial, por uma distinção que valorizava e qualificava sua representação social: a abundância do meio natural e, tendo em vista o viés litorâneo que dominava a cultura brasileira, a presença de imponentes florestas tropicais.

Vale recordar que esse "timbre" foi usado muitas vezes na própria justificativa da emancipação política do país. No "Sermão da aclamação de dom Pedro I", por exemplo, proferido na Igreja Matriz do Recife, em 1823, frei Caneca lembrou a "vasta extensão do nosso continente" com suas "minas inesgotáveis de ouro", seus "multiplicados rios", seus "bosques produtores de madeiras preciosas e úteis", seus "campos cobertos de imensidades de plantas medicinais" e seu "solo adubado de sais", entre outros fatores naturais, para argumentar em favor da tese de que o Brasil "recebeu da Providência as proporções para ser, se não o primeiro, ao menos um dos primeiros impérios do universo". Em outro contexto, no ano seguinte, nas cartas de instrução do ministro Carvalho e Mello aos diplomatas brasileiros que negociavam em Londres o reconhecimento da independência, um dos argumentos centrais foi o de que

> um império tão dilatado e extenso, fornecido pela natureza dos melhores portos do mundo, de uma longa extensão de costas, e de muitos variados e ricos produtos da natureza, exige o ser uma potência separada e independente.[35]

Apenas no Segundo Reinado, porém, a capacitação cultural para usar o timbre da natureza exuberante como recurso político ganhou maior eficácia. Um movimento diretamente relacionado com a consolidação do romantismo como estilo artístico dominante. Ou talvez fosse mais correto inverter a ordem da afirmação: a consolidação da monarquia estimulou, entre os estilos disponíveis na cultura ocidental da época, a dominância do romantismo no país. Mas é importante ter em mente, para evitar associações fáceis, os muitos problemas conceituais envolvidos no uso do romantismo como veste ideológica do Brasil império.

Em primeiro lugar, boa parte do nacionalismo romântico europeu tinha como objeto regiões relativamente pequenas e dotadas de forte homogeneidade linguística e cultural, como a Galícia e a Provença. Ou então povos supostamente homogêneos do ponto de vista cultural que se espraiavam por diferentes territórios, como os "eslavos".[36] Buscar unidade espiritual na população de um território tão grande e segmentado como o brasileiro não era tarefa fácil; mais difícil ainda em se tratando de uma sociedade fundada na escravidão africana e construída a partir de alguns poucos séculos de ocupação europeia sobre populações nativas que haviam sido dizimadas, submetidas ou isoladas nos sertões. Um povo "mesclado e heterogêneo, sem nacionalidade e sem irmandade", como afirmava José Bonifácio, com certa aflição, logo depois da independência; um conjunto de "metais diversos" que um projeto nacional precisaria "amalgamar" e transformar em um "todo homogêneo e compacto".[37] A cultura romântica no Brasil, de maneira geral, enfrentou esse dilema com (pelo menos) dois artifícios: o quase esquecimento do escravo africano (exceto nos momentos finais da luta abolicionista) e a construção de um índio imaginário, moldado nos padrões do passado feudal europeu.[38]

O segundo problema está estreitamente ligado aos artifícios que acabaram de ser mencionados. Em diferentes países, um romantismo contestador e criativo emergiu do elogio do sentir individual, para além de convencionalismos mecânicos, ou do sentimento de identidade espiritual do artista com um determinado espaço natural e seu "povo" — chocando-se muitas vezes com o poder conquistador de grandes Estados ou com o avanço territorial da industrialização capitalista. No Brasil, ao contrário, sua condição de arte semioficial, submetida aos arranjos institucionais e culturais da ordem monárquica, favoreceu a existência de um romantismo conceitualmente superficial e politicamente ambíguo.[39]

Nesse contexto, a crítica à falta de densidade do sentimento de natureza dos românticos brasileiros já foi feita por vários analistas. Luiz Costa Lima, por exemplo, chamou a atenção para o fato de que, no bojo de uma prática artística cortejada pelo patrocínio imperial, longe da "rebeldia contra a sociedade instituída", o contato com a natureza não passou por "um estímulo à auto-reflexão libertadora", mas sim pelo cultivo do "êxtase ante sua selvagem maravilha". Uma arte, portanto, em que "a auto-reflexão era substituída pela nostalgia sentimental".[40] Mas talvez a crítica mais ácida tenha sido feita ainda em 1851, através da fala de um personagem da peça *Macário*, de Álvares de Azevedo:

> falam nos gemidos da noite no sertão, nas tradições das raças perdidas das florestas, nas torrentes das serranias, como se lá tivessem dormido apenas uma noite (...) Metidos! Tudo isso lhes veio à mente lendo as páginas de algum viajante que esqueceu-se talvez de contar

> que nos mangues e nas águas do Amazonas e do Orenoco há mais mosquitos e sezões do que inspiração: que na floresta há insetos repulsivos, répteis imundos, que a pele furta-cor do tigre não tem o perfume das flores — que tudo isso é sublime nos livros, mas soberanamente desagradável na realidade.[41]

É sempre perigoso, porém, condenar um movimento histórico por aquilo que ele não foi. As características que efetivamente apresentou, no contexto em que se desenvolveu, também são significativas e reveladoras. Além do que, o romantismo brasileiro não foi um bloco monolítico. A qualidade artística de suas manifestações, por exemplo, foi bastante desigual. Mas sua relevância histórica é inquestionável. Como disse Antonio Candido,

> o Romantismo apareceu aos poucos como caminho favorável à expressão própria da nação recém-fundada, pois fornecia concepções e modelos que permitiam afirmar o particularismo, e portanto a identidade, em oposição à metrópole, identificada com a tradição clássica.[42]

Em meio a essas concepções e modelos, o elogio da natureza foi especialmente marcante. De certa forma, pode-se dizer que no jogo de aparências e adaptações, ou mesmo de inversões, produzido pelos usos do ideário romântico no processo de construção cultural do Brasil monárquico, a presença da natureza como tema e imagem, independente de sua densidade, parece ter sido o aspecto mais consistente. Ao contrário do índio, cuja presença concreta situava-se cada vez mais longe do espaço urbano, cada vez mais distante do litoral de onde havia sido expulso, a natureza era um ativo real e onipresente. Mesmo que no nível da representação ambos tenham sido "imaginados", como sempre acontece, a existência de um pujante mundo natural como fonte de inspiração possuía coerência ontológica bastante sólida.

É sempre útil lembrar o texto de 1857 em que Antônio Macedo Soares sintetizou com grande clareza a equação temática da produção romântica brasileira. Os materiais para fazer boa literatura, segundo o cânone ao qual aderia, eram tradições, religião, costumes, instituições, história e natureza. A natureza aparece em último lugar, como se pode ver, apesar de ser o único material em que o autor reconhece, no Brasil, diferencial de alta qualidade. Os cinco primeiros não se apresentam em grau notável, apesar de fornecer algo a partir do que trabalhar: "Se nossas instituições não nos são inteiramente peculiares, se nossa história não tem essa pompa das páginas de meia-idade, temos ao menos instituições e histórias nossas." O sexto elemento, porém, constituía um grande trunfo: "Quanto à natureza, considerada como elemento da nacionalidade da literatura, onde ir buscá-la mais cheia de vida, beleza e poesia (...) do que sob os trópicos?"[43]

É importante notar aqui a ideia de "trópicos" como novo destaque na imagem de natureza no Brasil. Na cultura europeia do século XIX, o fascínio crescente pela diversidade biogeográfica do planeta, a influência seminal de Humboldt e as descrições de campo dos viajantes, entre outros fatores, produziram uma reviravolta na qualificação das áreas tropicais. De "zonas tórridas" inadequadas à vida, conceito da antiguidade clássica ainda em debate no século XVIII, passaram a ser vistas como lugares privilegiados para a pesquisa científica e, em certos aspectos, para a criação artística. Mesmo que, do ponto de vista da política e da civilização, não ocorresse uma valorização semelhante dos cenários tropicais.[44]

A ambiguidade da dupla imagem dos trópicos é, aliás, bastante evidente na documentação da época. Como exemplo do primeiro aspecto, podem ser lembradas algumas passagens paradigmáticas do contato de Charles Darwin com a paisagem do Brasil (em 1832): "Deleite, entretanto, é uma palavra fraca para empresar os sentimentos de um naturalista que, pela primeira vez, esteve perambulando sozinho em uma floresta brasileira." Ou: "Todas as formas, todas as sombras ultrapassam, em esplendor, de tal modo tudo o que o europeu jamais viu em seu próprio país que ele não sabe como expressar sua emoção."[45] O potencial artístico desse tipo de sentimento, traduzido na chave romântica, já fazia parte do debate intelectual brasileiro desde as primeiras décadas do século XIX. Um marco nessa direção foi a pregação estética de Ferdinand Denis, que viveu no país entre 1816 e 1820. Sua defesa das cores e imagens dos trópicos como fonte para uma renovação da criação literária — exemplificada com pouco sucesso artístico no livro *Scènes de la nature sous les tropiques*, de 1824 — veio ao encontro da crescente percepção local quanto à vantagem comparativa de usar a natureza como recurso poético, juízo que ganhou ainda maior difusão a partir da autoridade cultural dos viajantes estrangeiros, naturalistas ou artistas (o que muitas vezes não é fácil de separar, especialmente no rastro da tradição humboldtiana). O conselho de Denis, tantas vezes repetido, de que a inspiração da paisagem tropical poderia fazer com que os artistas brasileiros fossem em poucos anos "iguais a nós, talvez nossos mestres", não poderia ser mais propício para uma pequena elite intelectual, assim como para um novo estado monárquico, que tinham como principal razão de ser o sentimento de fazer parte do concerto do mundo civilizado.[46]

Mas, como foi indicado, existia um outro lado na leitura/construção europeia do "mundo tropical" que colocava sérios obstáculos para tal pretensão. Os trópicos também eram vistos como espaço de barbárie, escravismo e pouco progresso nos modos, na economia e nas instituições. As tentativas de correlacionar, de maneira determinista, paisagens naturais e formas de sociedade fizeram emergir, no século XIX, uma versão renovada da velha tese da maldição política dos lugares quentes, na herança teórica de Montesquieu. A nova versão, menos climática e mais biológica — considerando fatores como o tipo de vegetação, a vida animal e a fertilidade do solo —, procurou explicar o paradoxo de sociedades "medíocres", sejam indígenas ou de origem colonial, existirem no seio da magnífica natureza tropical. Alguns aspectos específicos da desmedida natureza dos trópicos dificultavam o avanço da sociedade humana, como no caso da presença intensa de feras, insetos e febres. As regiões quentes vão assumir em certos momentos a imagem de um "inferno" para os seres humanos. O maior paradoxo, porém, estava no fato de os aspectos mais gerais e benignos da rica e produtiva natureza tropical também conspirarem contra o avanço da civilização. O próprio Humboldt, por mais simpatia que tivesse para com as novas nações americanas, reforçou essa linha de argumento ao afirmar que no contexto de uma vegetação nativa extremamente abundante "as faculdades intelectuais se desenvolviam menos rapidamente do que sob um céu rigoroso" e que a grande fertilidade do solo "retardava o progresso das nações no rumo da civilização".[47]

No que se refere diretamente ao Brasil, tal visão ganhou sua formulação mais notória no trecho da *História da civilização na Inglaterra*, de Henry Buckle, publicado em 1857, que tirou o sono de mais de um intelectual brasileiro da época:

> Em meio à pompa e esplendor da natureza, nenhum lugar é deixado para o homem. Ele é reduzido à insignificância pela majestade que o rodeia (...) o Brasil como um todo, apesar de suas imensas vantagens aparentes, sempre permaneceu inteiramente incivilizado, seus habitantes errando selvagens, incompetentes para resistir aos obstáculos que a própria generosidade da natureza colocou em seu caminho.

Vale lembrar que Buckle não se referia apenas aos povos nativos. Apesar dos "melhoramentos constantemente introduzidos a partir da Europa", o país não apresentava "sinais de real progresso". Os "impedimentos físicos" eram tão grandes que "durante mais de três séculos os recursos do conhecimento europeu têm sido empregados em vão no esforço de superá-los."[48]

Ora, a representação da natureza na cultura política do Brasil monárquico teve como um dos seus fundamentos a inversão dessa imagem, mesmo que de forma condicional e implícita. A realidade tropical, de maneira análoga ao que ocorria na arte, poderia ser estímulo, e não entrave, para o progresso do país — desde que, todavia, a força civilizatória do regime monárquico exercesse sua aura benéfica sobre a sociedade e o território. Uma ordem política superior, fundada na legitimidade dinástica, dotada de forte senso de estabilidade e confinante com o melhor padrão europeu, promoveria um paulatino aproveitamento das riquezas naturais e consequente domesticação da paisagem. Ela poderia mesmo corrigir, quando necessário, alguns de seus excessos. Uma alta missão política e cultural, dessa forma, servia de eixo para a autoimagem do regime, reiterada inúmeras vezes através de palavras como civilização, progresso e ordem. A natureza não precisava sufocar a história. No contexto de uma estrutura política equilibrada, as riquezas do mundo tropical serviriam como instrumento imediato para o progresso, pois atrairiam, nas palavras de Fernandes Pinheiro, "o concurso das nações cultas e polidas, que a par dos lucros do comércio nos trarão a civilização".[49]

Mesmo que o aspecto econômico não apareça de forma explícita, a imagem idealizada da natureza tropical, proporcionada pelo registro estético do romantismo, servirá como importante recurso político. É o caso da imagem de país ideal que se buscou construir em texto de 1858, publicado na revista *A Ilustração Luso-Brasileira*, sobre o reinado de d. Pedro II:

> o seu império imenso recortado por rios caudalosíssimos e constantemente coberto por uma vegetação maravilhosa, que vai debruçar-se no oceano (...) é hoje considerado o ponto central da civilização do Novo Mundo (...) salvo da anarquia que pouco a pouco devora os outros estados da América do Sul.[50]

A natureza aparece aqui como uma expressão de pujança que vai ao encontro da ordem imperial. Os problemas concretos do território tropical (doenças, calor, insetos...) não aparecem. As dúvidas, ou objeções, presentes na cultura ocidental quanto à viabilidade da civilização nos trópicos também são ignoradas. Uma natureza idealizada servirá de esteio para uma ordem política exaltada.

Dentro de tal moldura genérica, o uso do mundo natural como ativo simbólico positivo ocupou lugar relevante em praticamente todas as manifestações do imaginário monárquico, apesar de existirem variações significativas nos enfoques adotados. A natureza aparecerá como motivo, ornamentação ou paisagem na literatura, nas artes plásticas, nas ciências, na museografia, na iconografia oficial do poder etc.[51] Foi comum a produção de imagens do imperador e do império adornadas com frutas e produtos tropicais, seja em impressos, objetos ou esculturas. A composição de quadros e cenas literárias, que promoviam um sentido de identidade histórica da nação e do Estado, dialogava seletivamente com aspectos do ambiente natural, realçando a visão de serenidade, beleza e fertilidade do território. Os museus procuraram enfatizar a diversidade da fauna e da flora, difundindo a figura de uma natureza espetacular, pitoresca e de valor científico universal. Os estandes brasileiros nas exposições internacionais focalizavam a riqueza das florestas, em conjugação com o artesanato indígena, buscando estimular, pelo recurso ao exotismo, a admiração cultural e o interesse econômico dos estrangeiros.[52]

Mesmo quando a leitura do mundo natural reconhecia seus aspectos menos edênicos, uma imagem positiva das relações entre natureza e sociedade podia aflorar por caminhos alternativos, ressaltando a ideia do progresso nacional através da capacidade para enfrentar os desafios do meio geográfico. Tal perspectiva aparece com clareza na historiografia de Francisco Varnhagen, que, como revela sua recusa ao indianismo, foi menos permeável aos influxos do romantismo. Em *História geral do Brasil*, ele construiu uma espécie de contratese frente ao argumento de Buckle, afirmando que o meio tropical estimulou a energia e o esforço criativo da sociedade brasileira. Na América do Norte, os colonizadores teriam encontrado ambientes abertos e de mais fácil ocupação (livres de animais venenosos, clima semelhante ao europeu, rios sem grandes cachoeiras, solos fáceis de serem sulcados pelo arado etc.). No Brasil, ao contrário, os portugueses se defrontaram com um ambiente marcado pelo sol abrasador, pelas serras ásperas e pelas matas cobertas de espinhos, cipós e cobras. A vegetação florestal nativa, pujante e resistente, dificultava a abertura das terras para a lavoura, pois retomava seu espaço após as queimadas, requerendo novos empenhos para produzir "em vez de seculares árvores, às vezes de frutos venenosos, os alimentos necessários à vida do homem". No esforço de colonização, "quantos não desfaleceram nessa hórrida luta" e "quanto vigor e quanta força de vontade não foi indispensável aos que não ficaram no caminho".[53]

A visão de Varnhagen, tão divergente do elogio ornamental da natureza e da idealização dos seus primitivos habitantes, revela que a elite intelectual brasileira não era tão homogênea como alguns imaginam.

Mesmo nas instituições culturais mais diretamente patrocinadas pelo governo imperial — como o Museu Nacional, a Sociedade Auxiliadora da Indústria Nacional, o Instituto Histórico e Geográfico Brasileiro, a Academia de Belas-Artes, a Academia Imperial de Medicina e os Imperiais Institutos de Agricultura — existia espaço para debates e polêmicas. Tal constatação, no entanto, não invalida os esforços que vêm sendo feitos no sentido de detectar paradigmas dominantes na produção intelectual e na política cultural do período. De toda forma, uma análise mais exaustiva das principais constantes e variações em torno do tema "natureza" no ambiente cultural do Brasil monárquico não seria viável nos limites de um artigo. Por esse motivo, na continuidade da análise, prefiro concentrar-me em um aspecto bastante relevante na época, mas ainda pouco explorado pela historiografia, que foi o da percepção do meio natural como espaço de destruição, como lugar onde continuamente se reproduzia uma rotina de violência e devastação.

TERRA DEVASTADA

> *A ruína de preciosidades que, reduzidas a cinzas, nem vós, nem a vossa décima geração, tornarão a encontrar nesta terra devastada.*
>
> FRANCISCO DE LACERDA WERNECK
> Memória sobre a fundação e custeio de uma fazenda na província do Rio de Janeiro, 1847[54]

É possível observar, no cenário do Brasil oitocentista, a convivência aparentemente paradoxal de dois movimentos antagônicos: uma cultura de elogio laudatório da natureza e uma prática de contínua agressão contra algumas de suas principais manifestações. A tradição romântica, que embasou a ideologia do eterno "berço esplêndido", não parece terse preocupado seriamente com seu estado de conservação. Com exceção do importante livro de Manoel de Araújo Porto-Alegre, *A destruição das florestas*, publicado em 1845, encontram-se apenas passagens pontuais em autores como Gonçalves Dias, Bernardo Guimarães e José de Alencar. Em nenhum deles, contudo, pode-se ler uma defesa radical de paisagens e povos tradicionais contra o avanço do mundo moderno, uma crítica da civilização ao estilo de alguns setores do romantismo europeu e norte-americano (como no texto, de 1862, em que Henry David Thoreau manifestava seu desejo de "pôr fogo nas cercas e deixar de pé as florestas"[55]).

No livro de Porto-Alegre aparecem momentos de pungente dor estética pela degradação do espaço natural brasileiro ("Choro dos bosques a beleza imensa/ Choro das fontes o benigno amparo (...) Não é vida ante os olhos ter constante/ De um hórrido esqueleto a árida imagem/E um quadro carcomido e lacerado/ Pelo trado do verme do egoísmo"), mas a proposta que no final prevalece é bastante moderada, visando simplesmente encontrar um equilíbrio minimamente racional entre as necessidades da economia e a conservação das florestas ("Eu não praguejo a provida lavoura/ E o braço criador, infatigável/ Que as artes alimenta, e se converte/ Com mágico poder um grão em ouro/ Homem sou, e do fruto que a cultura/ Da terra colhe meu sustento formo/ Conheço o médio termo, a sã baliza/ Que os limites contêm ao siso humano / Mas impróvidas ruínas, sem proveito,/ Sem plano, sem futuro! — Sim, lastimo-as,/ E a perda irreparável de elementos de invejável grandeza!). A produção rural deveria apenas ser feita com "plano" e "sã baliza" para evitar a perda desnecessária de "elementos de invejável grandeza".[56]

Em pelo menos dois momentos, autores românticos chegaram a esboçar críticas mais profundas da relação entre a sociedade brasileira, o mundo natural e os povos indígenas, que não foram, entretanto, levadas às suas últimas consequências; mais ainda, elas foram seguidas, surpreendentemente, por atitude de recuo, espécie de rendição frente ao imperativo do progresso em seu sentido mais convencional. Exemplo significativo encontra-se no poema "O ermo", publicado em 1852, fazendo parte de *Cantos da solidão,* de Bernardo Guimarães. A primeira parte do poema pareceu expressar uma defesa radical do mundo primitivo contra a marcha da civilização. Os índios, em primeiro lugar, aparecem aqui como vítimas de uma violência concreta e desmedida ("Oh! Floresta, que é feito dos teus filhos?/ Esta mudez profunda dos desertos/ Um crime — bem atroz! — nos denuncia/ O extermínio, o cativeiro, a morte / Para sempre varreu de sobre a terra/ Essa mísera raça"). A chegada da fronteira de expansão econômica sobre os ermos do território é descrita como um processo dramático de destruição ambiental:

> Hei-lo que vem, de ferro e fogo armado/ Da destruição o gênio formidável/ Em sua fatal marcha devastando/ O que de mais esplêndido e formoso/ Alardeia no ermo a natureza/...Oh! mais terrível/ Que o raio, que o dilúvio, o rubro incêndio/ Vem consumar essa obra deplorável/ Qual hidra formidável, no ar exalta / A crista sanguinosa, sacudindo/ Com medonho rugido as ígneas asas/ E negros turbilhões de fumo ardente/ Das abrasadas fauces vomitando/ Em hórrido negrume os céus sepulta/ Estala, ruge, silva, devorando/ Das florestas os cadáveres gigantes.

Na parte final, porém, de maneira imprevista, o forte protesto desemboca em adesão conformista e quase esperançosa ao caminho inexorável do progresso:

> Mas, não te queixes, musa; — são decretos/ Da eterna providência irrevogáveis!/ Deixa passar destruição e morte/ Nessas risonhas e fecundas plagas,/ Como charrua que revolve a terra,/Onde germinam do porvir os frutos/ O homem fraco, ainda, e que hoje a custo,/ Da criação a obra mutilando/ Sem nada produzir destrói apenas/ Amanhã criará, sua mão potente/ que doma e sobrepuja a natureza,/ Há de imprimir um dia forma nova/ Na face deste solo imenso e belo:/ Tempo virá em que nessa valada/ Onde flutua a coma da floresta/ Linda cidade surja, branquejando/ Como um bando de garças na planície.[57]

Cerca de quatro anos depois, José de Alencar praticamente repetiu a mesma operação conceitual. Em *Cartas sobre a Confederação dos Tamoios*, de 1856, ele criticou a incapacidade de Gonçalves de Magalhães para transmitir condignamente a grandeza do meio natural brasileiro. Além disso, o tempo para realizar tal utopia artística estreitava-se à medida que "a civilização aí vem: o *wagon* do progresso fumega e vai precipitar-se sobre essa teia imensa de trilhos de ferro que em pouco cortarão as tuas florestas virgens. Os turbilhões de fumaça e de vapor começam a enovelar-se, e breve obscurecerão a limpidez dessa atmosfera diáfana e pura". Diante de uma realidade natural que "saiu nua das mãos de Deus", as "mãos dos homens não podem tocá-la sem ofendê-la". Em vez de incomodar-se com tal perspectiva, entretanto, Alencar assumiu postura conformista e moderada, uma espécie de resposta a Buckle pelo caminho da domesticação total do território:

> Quem sabe! Talvez isso seja necessário. O Brasil, em toda a sua beleza natural, ofusca o pensamento do homem com a luz forte, que deslumbra a vista e cega. É preciso que essa luz perca um pouco de sua intensidade para que os olhos humanos possam se habituar a ela.[58]

Nem todos os representantes da elite intelectual do período, contudo, assumiram posição complacente em relação aos "turbilhões de fumaça e de vapor" que ardiam nas fronteiras do país. Pode-se dizer que cinco grandes linhas dividiram as posições daquela elite em relação ao tema do mundo natural e seu aproveitamento: 1) a visão que louvava intensamente a natureza em termos abstratos e retóricos, ao mesmo tempo em que ignorava sua destruição concreta (a postura mais comum na produção cultural romântica); 2) a visão que desvalorizava o meio tropical, seja pela indiferença ou pela desqualificação ativa, considerando que sua destruição era tarefa do progresso civilizatório (posição pouco explícita, mas que aparece ocasionalmente e no discurso de agentes econômicos locais ou estrangeiros; 3) a visão que reconhecia a grandeza do meio natural, mas considerava que sua exuberância excessiva impedia o pleno desenvolvimento da sociedade humana (a tese exposta por Buckle e, em versão menos fatalista, na passagem de José de Alencar que acabou de ser citada); 4) a visão que louvava a pujança do meio natural, mas considerava sua destruição mal inevitável, no sentido de ser o preço a pagar pelo progresso e um desafio à energia criadora da sociedade (como no poema de Bernardo Guimarães e na citação de Varnhagen); 5) a visão que, distanciando-se da contemplação abstrata, defendia o uso econômico racional da riquíssima natureza brasileira, mas, ao mesmo tempo, criticava com dureza a destruição desnecessária e perdulária que vigorava em diversas regiões.

Os promotores desta corrente também aderiam ao ideal do "progresso" como sendo um valor político superior, componente essencial do consenso intelectual oitocentista. O grande diferencial, porém, esteve no fato de não aceitarem a ideia de que todas as atividades produtivas ou processos de expansão econômica pudessem ser enquadrados em seu bojo. A lavoura rotineira e escravista, por exemplo, aceita pela maior parte da elite como relevante instrumento de domesticação do território e de inserção do país na economia internacional, era vista como forma imperfeita e efêmera de assentamento produtivo, uma vez que os solos abertos pelas queimadas em poucos anos se tornavam erodidos e "cansados", tendo que ser abandonados.

Os autores que desenvolveram esse tipo de crítica, por vezes com corajosa virulência, representaram uma espécie de continuidade da herança teórica do iluminismo luso-brasileiro da virada do século XVIII para o XIX. Apesar de eventuais influências românticas, sua postura era essencialmente racionalista, cientificista e antropocêntrica. O meio natural era elogiado por seu potencial econômico, sendo sua destruição inconsequente um claro sinal de ignorância e falta de cuidado com o futuro. A natureza era vista como um fator político, um recurso crucial para o avanço do país. O verdadeiro progresso supunha a conservação e o uso inteligente dos elementos naturais, com base no saber científico. O conhecimento concreto das paisagens naturais e sociais de cada região, significativo aspecto da literatura dos viajantes, nacionais ou estrangeiros, era altamente valorizado. Não se considerava a devastação ambiental, como na linguagem atual, um "preço do progresso", mas sim um "preço do atraso", resultado da permanência de práticas tecnológicas e sociais rudimentares, originadas do passado colonial.

A pregação contra a devastação do mundo natural, apesar de não ter sido capaz de produzir mudança no relacionamento dos produtores com a terra, foi cultivada por intelectuais influentes e debatida nas principais instituições culturais do império, embora não seja difícil entender sua capacidade limitada de intervenção. Além de falar para os seus pares, os críticos ambientais do período se dirigiam essencialmente ao Estado, pedindo intervenção na defesa das florestas e outros recursos naturais. Em menor escala, dirigiam-se aos próprios fazendeiros, propondo uma reforma voluntária de suas práticas produtivas.

O Estado monárquico, que contava com recursos humanos e orçamentários bastante restritos e desigualmente distribuídos,[59] direcionou suas principais ações para a manutenção da unidade territorial e da ordem institucional. Além das tarefas jurídico-políticas e militares de primeira ordem, tal objetivo também implicava, como bem percebeu d. Pedro II, o estabelecimento de uma política cultural que promovesse a construção simbólica da identidade nacional e da imagem de civilização no polêmico ambiente dos trópicos. O patrocínio de espaços privilegiados de produção artística e científica possuía lugar significativo nos gastos de Estado.

A base econômica que sustentava o edifício estatal, no entanto, provinha quase totalmente da produção rural, em geral assentada em práticas predatórias. Por mais que em certos momentos a retórica de alguns ministros e governadores viesse ao encontro da crítica ilustrada, condenando o atraso dos métodos produtivos, a disposição e energia dos governos para enfrentar a rotina destrutiva dos proprietários eram quase inexistentes — assim como era praticamente nula a possibilidade de os fazendeiros serem induzidos, apenas através do trabalho educativo das associações imperiais, a despender recursos em uma reforma voluntária das suas práticas. Afinal, considerando a fartura na disponibilidade de terras e, até certo momento, de mão de obra servil, era sempre possível abrir novas fronteiras agrícolas ou ampliar as existentes, derrubando matas ainda em pé e abandonando os solos de cultivo já degradados. O avanço horizontal obscurecia a insustentabilidade dos sistemas produtivos.

É significativo observar, nesse sentido, que a legislação florestal do império não apresentou grandes novidades em relação ao período colonial. Não ocorreram aumentos significativos na abrangência e na densidade substantiva da lei, ou pelo menos na capacidade de fiscalizar sua aplicação. Os padrões coloniais foram mantidos, apesar de algumas variações de procedimento ao longo do tempo, dando continuidade à política de proteger certas espécies de árvores consideradas "madeiras de lei", seja por seu valor militar (construção naval) ou econômico. A tendência de proibir a queima sem licença de matas situadas em terras devolutas ou alheias também foi mantida, inclusive na Lei de Terras de 1850, mas quase sem aplicação. É revelador o fato de o Código Criminal de 1830 punir o corte ilegal de árvores protegidas, mas não a geração de incêndios nas matas.[60] O pau-brasil, pela lucratividade de sua exportação, continuou a ser tratado, até 1834, através do velho método do monopólio régio, substituído na década de 1840 por algumas regulamentações quanto à produção e ao comércio por agentes privados e estatais. Um estudo recente, porém, revela que as decisões governamentais relativas à madeira direcionaram-se essencialmente para a conservação de seu valor econômico, buscando estimular a qualidade do produto e evitar o contrabando.[61] As preocupações com a conservação biológica e o cultivo da espécie apareceram de maneira muito marginal, basicamente no nível da retórica.

Mesmo a iniciativa mais notável de política ambiental no período monárquico, o projeto de reflorestamento do maciço da Tijuca, no Rio de Janeiro, deve ser relativizada enquanto resultado de uma clara vontade governamental. Os esforços ocorridos entre 1862 e 1887, quando foram plantadas cerca de 95.000 mudas de árvores de diferentes espécies, decorreram mais do que tudo da iniciativa de alguns intelectuais e homens públicos influenciados pelo reformismo ilustrado e pelo debate europeu sobre a necessidade de arborização urbana (além do crescente prestígio das montanhas da Tijuca na paisagem cultural da cidade). Para garantir apoio estatal ao projeto, o principal argumento utilizado foi o da necessidade de conservar as fontes de suprimento de água para a capital do império. No entanto, apesar do forte apelo pragmático envolvido na questão, o suporte governamental foi bastante limitado ao longo do tempo. Vale lembrar que o principal responsável pelos trabalhos práticos de reflorestamento, Manuel Archer, renunciou ao seu posto em 1874 devido aos sucessivos cortes de orçamento e de mão de obra que o programa estava sofrendo.[62] Para os autores intelectuais do empreendimento, além disso, ele deveria ser apenas o início de uma política de alcance muito mais amplo, o que transparece no relatório de 1873 do Imperial Instituto Fluminense de Agricultura, escrito por seu presidente, Luiz Pedreira do Couto Ferraz (o mesmo personagem que em 1856, quando ocupou o lugar de ministro do Império, deu início ao processo de desapropriação de terras na Tijuca para posterior reflorestamento). Na visão de Ferraz, a experiência deveria reproduzir-se em outras partes do país, dando origem a um "sistema florestal em mais larga escala". Os resultados obtidos na corte "hão de em pouco tempo ser seguidos de outros, nas províncias, em cujas capitais convém que desde logo se comece a criação de semelhantes florestas, recomendando-se tão importante assunto aos presidentes, e auxiliando os governos com os precisos meios".[63] Tal política, por certo, não chegou a ser executada.

Do ponto de vista da análise histórica, contudo, o debate sobre a destruição do mundo natural no Brasil oitocentista, para além de seus resultados concretos, fornece material de grande riqueza e relevância. Não haveria como comentar aqui suas múltiplas manifestações,[64] mas basta mencionar alguns exemplos. Na Sociedade Auxiliadora da Indústria Nacional e no Instituto Histórico e Geográfico Brasileiro, fundados em 1827 e 1838, respectivamente, ele esteve presente desde os primeiros momentos. Ainda em 1833, na revista *O Auxiliador da Indústria Nacional*, o cônego Januário da Cunha Barbosa, figura proeminente na criação de ambas as instituições, publicou um *Discurso sobre o abuso das derrubadas de árvores*, em que acusava a agricultura brasileira de estar dominada pelos "prejuízos da velha, por não dizer estúpida, rotina". Entre seus aspectos negativos estava o "abuso que em muitas partes do Brasil se comete quando se derrubam árvores seculares e majestosas que nos deveriam receber todo o respeito (...) operando às vezes a machado e fogo a destruição de uma obra em que a natureza gastara longos anos". Barbosa alinhavou vários resultados danosos dessa prática, incluindo a escassez de madeiras e outros produtos florestais nos mercados; a redução das chuvas, com o consequente secamento de fontes de água; a perda de fertilidade dos solos; a ocorrência de torrentes destrutivas em regiões montanhosas etc. Sua conclusão geral era de que "as árvores entram como elemento necessário desta sábia economia, que é toda em benefício do homem. Cortá-las nos pontos em que são úteis é desmanchar a obra da natureza. É atentar contra o verdadeiro interesse dos agricultores."[65]

Na Academia Imperial de Medicina, fundada em 1835, o tema foi abordado sob outra perspectiva. Ainda no ano de fundação, o médico Emilio da Silva Maia pronunciou seu *Discurso sobre os males que tem produzido no Brasil o corte das matas*, depois publicada na *Revista Médica Fluminense*. O autor atribuía sua preocupação com as florestas à dupla condição de médico e de patriota, atacando o "costume de queimar os nossos preciosos bosques a torto e a direito". Do ponto de vista mais imediato da medicina, o desmatamento era danoso por fazer "aparecer entre nós graves moléstias, cuja intensidade se tem aumentado com a continuação da destruição". As massas florestais, por exemplo, protegiam as cidades contra o flagelo da peste e da cólera. O potencial dos pântanos e lagoas para produzir sezões e febres intermitentes podia ser controlado apenas com a presença das grandes árvores que a "previdente natureza" colocou a seu redor.[66]

Além dos motivos relacionados à salubridade, ainda segundo Maia, a nação precisava das florestas em sentido mais profundo e espiritual. Adotando, nesse ponto, uma perspectiva explicitamente romântica, o autor defendeu a tese de que "como diz Bernardino de São Pedro, cada vegetal tem sua temperatura, cada animal sua pátria e cada homem seu império". O pensamento médico brasileiro, naquele momento, debatia-se com o mesmo tema que ocupava o conjunto da elite intelectual — o potencial de civilização nos trópicos. Os membros da Academia estavam divididos diante da qualidade ou não do meio natural. Alguns elogiavam sua fertilidade e salubridade. Outros afirmavam que a umidade e o calor eram causa de distúrbios e enfermidades. Maia demarcou clara posição em defesa do caráter positivo da natureza brasileira. As moléstias que grassavam no país não podiam ser atribuídas aos defeitos do mundo tropical, mas sim aos desequilíbrios provocados pela ação devastadora dos homens. Daí o caráter profundamente político, além de médico, de sua preocupação com as florestas.[67]

No ano seguinte, na comemoração do aniversário da Academia, na presença de d. Pedro II, o mesmo gênero de crítica foi retomado por seu presidente, Francisco Freire Alemão. Ele lamentou o

> quão mudado está hoje [o Brasil] do que ele era na época em que aqui chegou o homem da Europa, que trouxe a civilização armada da espada e do machado. O homem dos bosques, ou foi exterminado ou fugiu espavorido. Os madeiros seculares sucumbiam aos golpes do machado e as florestas desapareciam da superfície do país com uma imprevidência deplorável e, o que não é menos deplorável, até hoje nenhuma medida vigorosa se tem posto em prática para regular o corte das matas e opor-se ao seu total aniquilamento.

O resultado era que os desequilíbrios na paisagem se faziam cada vez mais visíveis:

> A irregularidade das estações; a secura de lugares dantes regados por águas que manavam de fontes abundantes; o escalvamento e esterilidade de colinas e encostas em outros tempos verdejantes; epidemias assoladoras causadas pelo imprudente descortinamento dos paues; são fatos patentes a todas as luzes, e que estão bradando por medidas prontas e eficazes.[68]

O debate sobre a devastação do meio natural não ficou restrito à realidade da capital ou de seu entorno. O problema das secas no Nordeste, por exemplo, representou enorme desafio para a visão idealizada da natureza brasileira. A grande seca de 1877-1879, especialmente, que provocou a morte de aproximadamente 5% da população brasileira, chegou a provocar certa comoção na capital do império. André Rebouças publicou eloquente opúsculo em que clamava por apoio às populações que sofriam com o problema, criticando duramente a inércia e o descaso dos governos. Ele comparava a situação nordestina com a da Índia, afirmando que até mesmo um governo colonial como o inglês mostrava-se mais atento ao problema das secas do que o brasileiro. Por sua iniciativa, o Instituto Politécnico organizou em outubro de 1877, sob a presidência do conde d'Eu, uma série de concorridos debates sobre a questão das secas, com a presença da elite intelectual e técnica da corte. Tais reuniões, no entanto, nas palavras de Joaquim Alves, "não passaram de simples palestras entre homens de ciência, nada mais". Um plano de cinco pontos foi apresentado ao governo imperial, como resultado dos debates, sem que nenhum deles tenha sido realmente executado.[69]

De toda forma, nas publicações específicas sobre as causas das secas, que começaram a aparecer na década de 1850, uma das teses centrais foi a que associou a aridez do clima com a destruição da vegetação nativa. Uma primeira indicação nesse sentido havia sido feita pelo próprio Silva Maia, no texto de 1835 aqui referido, quando afirmou que as secas "que de um século para cá têm devastado por diversas vezes as belas províncias do Ceará, Pernambuco e Bahia (...) não tiveram outra origem provavelmente, para serem tão assoladoras, senão no corte que tem havido em nossas matas virgens."[70] Algumas décadas mais tarde, em 1860, um livreto de Tomás Pompeu de Sousa Brasil, importante intelectual e político cearense, sintetizou com mais profundidade a lógica dessa relação (segundo o saber científico da época):

> se compulsassem os documentos que existem sobre o estado físico do Brasil no tempo de sua descoberta, no século XVI, e nas diversas épocas da sua historia, e até pela simples comparação das porções do seu território aplicadas à cultura do açúcar com as que se desenvolveu a do algodão, poder-se-ia provar a influência que exerce a ação do homem sobre o clima das terras que habita, e demonstrar a verdade deste princípio enunciado há quarenta anos por Fourier, que a atmosfera é um campo suscetível de cultura.

Na sequência do argumento, o autor explicava que a umidade de um país resultava da evaporação das águas e da transpiração dos bosques. Nos desertos não chovia por não existirem lagos ou bosques "donde o calor arranque vapores". Além disso, as matas, montanhas e reservatórios de água estabeleciam em torno de si um ar mais fresco que se aglomerava e condensava os vapores aquosos em movimento. Sem essas barreiras de condensação, tais vapores simplesmente passavam pelo território sem provocar chuvas. A destruição das florestas no Ceará, portanto, extinguia ao mesmo tempo fontes internas de umidade e barreiras de condensação que poderiam gerar o aproveitamento da umidade externa.[71]

Em outro espaço do território brasileiro, a Floresta Amazônica, com características biofísicas praticamente opostas às do semiárido nordestino, a visão da "terra devastada" também se manifestou, adotando características próprias. O tema central não foi o desflorestamento, mas sim o risco de extinção de algumas espécies valiosas da flora e da fauna por conta da extração intensa e descuidada.[72] Segundo estudo realizado por Victor Leonardi, com base no baixo rio Negro, essa preocupação apareceu nos relatórios dos presidentes da província do Amazonas, especialmente no caso de João Pedro Dias Vieira. Já em 1856, ele constatou que a salsaparrilha "desapareceu quase inteiramente das matas e margens dos rios mais próximos, à proporção que foi sendo colhida, porque lhe arrancaram do solo a batata inutilmente". O mais lastimável é que esse processo poderia ter sido facilmente evitado, bastando não cortar o bulbo e a radícula principal da planta. Mas "tal tem sido até agora nossa negligência!", dizia, "que esse ramo interessante do comércio se vai cada dia tornando mais difícil nessa província". Vieira propunha a aprovação de leis e regulamentos que coibissem o extrativismo predatório, pensando também nos casos da copaíba e da castanheira.[73] Alguns anos mais tarde, João Martins da Silva Coutinho, um engenheiro militar do Rio de Janeiro que trabalhou por muitos anos na Amazônia, tendo acompanhado Gonçalves Dias em sua viagem pelo rio Madeira em 1861, publicou vários trabalhos contundentes de crítica aos métodos destrutivos de exploração das seringueiras e das tartarugas. Os seringais do baixo Amazonas, segundo ele, estariam mortos em 60 anos, devido aos maus-tratos infligidos às árvores. Os ataques aos ovos de tartaruga nas praias dos rios, por outro lado, eram a "imagem mesma do caos" e "um verdadeiro cemitério a céu aberto". Era sempre com o "coração partido" que o autor observava como a "imprevidência dos homens" e o "amor ao lucro desmesurado" destruíam as "fontes de riqueza" que poderiam assegurar "a felicidade das gerações futuras".[74]

O espaço privilegiado para a elaboração de visões críticas diante da destruição do mundo natural no Segundo Reinado, contudo, foi o do debate sobre as tecnologias e práticas produtivas vigentes na agricultura. O tema era de crucial importância, considerando o caráter essencialmente rural da economia brasileira. Além da Sociedade Auxiliadora da Indústria Nacional, que tinha na discussão agrícola um dos seus eixos, um decreto imperial de 1859 determinou a criação de institutos de agricultura em Pernambuco, Sergipe, Bahia e Rio de Janeiro, com o objetivo de auxiliar os fazendeiros a superar as "velhas rotinas" em favor de "sistemas mais racionais de cultura". Nos primeiros anos concretizou-se apenas a criação do Imperial Instituto Baiano de Agricultura e do Imperial Instituto Fluminense de Agricultura, cuja *Revista Agrícola*, editada entre 1869 e 1889, tornou-se importante veículo de produção intelectual sobre o tema.[75]

O debate agrícola, seja nas publicações semioficiais ou nos opúsculos independentes, assumiu muitas vezes posições bastante duras em relação aos métodos vigentes. Nicolau Moreira, por exemplo, um dos editores da *Revista Agrícola*, afirmou em 1875: "há 375 anos que uma cultura rotineira e esgotadora, arvorando em sistema de produção o machado e o facho, a derrubada e a coivara, arranca das férteis terras brasileiras os elementos de grandeza e prosperidade das futuras gerações", ou seja, desde a chegada dos europeus, o caminho adotado pelos plantadores havia sido profundamente deletério. A panaceia passava por um conjunto amplo de mudanças que envolvia desde o tamanho das propriedades até o relacionamento com as florestas:

> E assim como o escravo tem que desaparecer da lavoura do Brasil, para dar lugar ao trabalho livre, a derrubada, o fogo, a encoivaração hão de ser substituídas pelo arado e pela grade; a incineração resultante da queima por outros meios de estrumar a terra; a lavoura extensiva pela intensiva; a grande pela pequena propriedade.[76]

É importante ter em mente que no século XIX ocorreram vários processos de expansão econômica sobre "fundos territoriais" relativamente próximos do litoral, acompanhando a geografia dos rios e vales que penetravam os domínios da mata atlântica.[77] O rápido desmatamento das encostas, nesses vales, gerou problemas ambientais bastante evidentes, que não escaparam ao olhar dos observadores, alguns já influenciados pelas perspectivas teóricas do reformismo ilustrado. É o que aconteceu com a expansão do café no Vale do rio Paraíba, exemplo mais notório de fronteira agrícola no período, considerando sua importância econômica, social e política na manutenção da ordem monárquica com sede no Rio de Janeiro.

Na opinião de Guilherme Capanema, membro proeminente das associações culturais do império, além de amigo íntimo de d. Pedro II, o caráter fugaz e destrutivo do sistema de produção cafeeira aplicado no Vale do Paraíba poderia fazer com que um dos ícones da civilização moderna, as ferrovias, tivessem um impacto negativo no país:

> Se não procurarmos mudar o nosso sistema de agricultura, e se não o fizermos com toda energia, acreditamos que as nossas estradas de ferro, em vez de nos serem úteis, virão a ser prejudiciais. Em torno da nossa capital não vemos senão colinas cobertas de capoeiras (...) Os cafezais próximos da beira-mar, que ainda há vinte anos eram rendosos, hoje estão desprezados e não crescem outros. Só serra acima é que a produção é excelente, mas no fim de alguns anos também lá será preciso abandonar o solo cansado para buscar uma zona fértil afastada, o que fará com que as estradas tenham de atravessar muitas léguas de terras em descanso para só na sua extremidade encontrar carga e ligar centros de população, os quais ficarão por sua vez desertos quando uma estrada de ferro passar além, e eles deixarem de ser os empórios de uma zona cultivada. Só com o melhoramento da lavoura poderemos evitar que as estradas se tornem instrumentos de devastação.[78]

A destruição material do Vale, que entrou em decadência no final do século XIX, em grande parte devido ao esgotamento de suas florestas e da fertilidade dos seus solos, chegou a embaraçar alguns dos seus "barões do café". Esses, no entanto, pouco fizeram de prático para evitar a devastação. Ainda em 1847, Francisco Lacerda Werneck, plantador pioneiro e um dos ícones da cafeicultura na região, afirmou que "o maior desperdício se encontra em quase todos os lavradores, não só deixando apodrecer as madeiras sobre a terra, podendo conduzi-las e recolhê-las para armazém, como mesmo lançando-lhes fogo com o maior sangue-frio, como se estivessem fazendo uma grande coisa". Segundo Werneck, era "tal o desmazelo que há sobre este importante ramo que mete dó e faz cair o coração aos pés daqueles que estendem suas vistas à posteridade". Por trás dessa forte retórica, porém, ele indicou pouca coisa de substantivo em termos de modificar as práticas predatórias. No conjunto das suas indicações agrícolas, incluindo a escolha da terra, a abertura do terreno, a forma de plantio e as relações de trabalho, o que se pode observar é uma adesão inabalável à "rotina". Para enfrentar o problema da destruição florestal, propôs apenas que os fazendeiros aproveitassem melhor as madeiras úteis antes de queimar as matas (uma medida mais de racionalidade econômica do que de conservação florestal) e que o governo ordenasse "que todos os fazendeiros sejam obrigados a plantar à margem dos caminhos de suas fazendas certa porção de paus de lei". Ou seja, além de formular uma proposta meramente paliativa, o barão ainda jogou sobre o governo a responsabilidade pela correção das práticas dos proprietários, cobrando uma postura intervencionista que, como já foi visto e o autor bem sabia, os gabinetes ministeriais não tinham vontade política ou condições materiais para exercer.[79]

Em determinados momentos, especialmente a partir da década de 1880, o debate crítico sobre a agricultura aproximou-se mais diretamente do discurso abolicionista, associando o domínio do trabalho servil com a persistência das técnicas rudimentares que promoveriam a ruína do território. É verdade que a ferida da escravidão não era fácil de ser explicitada, especialmente por intelectuais condicionados a uma relação de dependência para com a ordem monárquica. Ao difundir de forma resoluta a tese da existência de uma relação perversa entre trabalho escravo, atraso agrícola e destruição do mundo natural, no entanto, líderes abolicionistas como André Rebouças e Joaquim Nabuco estavam seguindo os passos de um personagem que, por ironia, ganhava cada vez mais destaque no imaginário do Segundo Reinado: José Bonifácio.

Em sua Representação sobre a escravatura, de 1823, o Patriarca da Independência, como posteriormente sua imagem veio a ser construída, estabeleceu uma relação causal explícita entre a abundância de mão de obra escrava e a destruição das florestas, uma vez que a primeira facilitava a abertura de novas fronteiras agrícolas no interior das matas e desestimulava a recuperação das terras já abertas e esgotadas. Sua grande esperança, por outro lado, estava na propagação no mundo rural brasileiro dos braços livres do pequeno agricultor familiar, que teria interesse objetivo em adotar cultura de melhor cuidado com os solos e demais recursos naturais:

> Se os senhores de terras não tivessem uma multidão demasiada de escravos, eles mesmos aproveitariam terras já abertas e livres de matos, que hoje jazem abandonadas como maninhas. Nossas matas preciosas em madeiras de construção civil e náutica não seriam destruídas pelo machado assassino do negro e pelas chamas devastadoras da ignorância (...) Se a agricultura se fizer com os braços livre dos pequenos proprietários, ou por jornaleiros, por necessidade e interesse serão aproveitadas estas terras, mormente na vizinhança das grandes povoações, onde se acha sempre um mercado certo, pronto e proveitoso, e deste modo se conservarão, como herança sagrada para a nossa posteridade, as antigas matas virgens que pela sua vastidão e frondosidade caracterizam o nosso belo país.[80]

Na visão da propaganda abolicionista do final do período monárquico, retomando a trilha aberta por Bonifácio, a longa permanência histórica da escravidão constituía o grande obstáculo ao estabelecimento de um modelo mais saudável e racional de relação com a terra no país. Segundo André Rebouças, em 1884, na lista dos "flagelos da agricultura" era preciso incluir "os barões escravocratas, que já conseguiram esterilizar o fertilíssimo vale do Paraíba e que mantém o deserto nas margens das próprias estradas de ferro". Era fundamental, portanto, deter a "oligarquia estulta" que reduziu "este país fertilíssimo a um estéril deserto". Era preciso promover, sendo essa uma das suas definições para "progresso nacional", a "transformação da atual lavoura esclavagista, esterilizadora e rotineira em indústria agrícola livre, fertilizadora e progressista".[81] Joaquim Nabuco, por sua vez, afirmou em 1883 que a escravidão era como um "sopro de destruição" para "o território e os povos que a acolheram". Sua marca era "a imprevidência, a rotina, a indiferença pela máquina, o mais completo desprezo pelos interesses do futuro". Os resultados de tal sistema logo se faziam visíveis na paisagem: "onde chega queima as florestas, minera e esgota o solo, e quando levanta as suas tendas deixa após de si um país devastado". Em 1885, diante das expectativas crescentes de extinção do trabalho servil, valeu-se de uma bela metáfora de regeneração ecológica para indicar a nova relação com a terra que a sociedade brasileira poderia inaugurar após a abolição: "a instituição servil, cujas raízes estão hoje expostas à luz do sol, e que esterilizou o nosso território, matando nele não só a terra, mas também o homem, está dando em toda a parte lugar à grande vegetação florestal do princípio da liberdade, o único que pode manter a fecundidade física e moral de um país".[82]

CONCLUSÕES

As múltiplas e complexas relações entre sociedade e natureza no Brasil monárquico constituem tema que, por sua relevância histórica, está demandando a realização de um esforço de pesquisa cada vez mais profundo e minucioso. Mesmo que de maneira muito sintética, espero ter indicado alguns pontos de partida e aspectos essenciais que merecem ser considerados:

1) No momento histórico da formação e consolidação do Estado independente no Brasil, a cultura europeia vivia uma dinâmica de valorização da natureza como imagem e como tema na arte e no pensamento. Trata-se da inversão aparentemente paradoxal que foi tão bem discutida por Keith Thomas: o avanço do mundo urbano e industrial, que afasta

objetivamente a paisagem "natural" e "primitiva", estimula ao mesmo tempo sua valorização cultural e subjetiva.[83] Seja pelo viés do naturalismo científico ou pela emergência da sensibilidade romântica, a natureza tornou-se objeto de um novo interesse e de novas sensibilidades no século XIX. Tal conjuntura influenciou profundamente o ambiente cultural do Brasil monárquico.

2) O território brasileiro, que unificou as diversas partes da América portuguesa, materializou o domínio político do novo Estado monárquico sobre uma diversidade de formações naturais e de populações indígenas que despertava profundo interesse na Europa, seja em termos de conhecimento científico ou de exotismo cultural (que muitas vezes se confundem). De fato, o enorme território, quase todo situado na zona tropical — que recebe no período uma valorização ambiguamente positiva —, possuía grandes fundos territoriais relativamente pouco modificados pela ação humana, gerando uma sensação de possibilidades praticamente inesgotáveis de apropriação subjetiva e objetiva. De maneira geral, mesmo nas regiões de colonização mais antiga, era possível falar em forte presença da natureza primitiva, ao menos em comparação com as paisagens de maior densidade econômica e demográfica da Europa. A realidade geográfica do Brasil, portanto, vinha ao encontro dos padrões culturais que emergiam no mundo de expressão europeia.

3) A atração pela natureza e pelo exotismo, que trouxe ao Brasil um número significativo de naturalistas viajantes, assim como de homens de negócio interessados na exploração de suas riquezas, veio sendo incorporada pela elite local como importante ativo cultural, instrumento de valorização do país na cena internacional. O espelho da Europa — foco de identidade dessa elite, em sua pretensão de pertencimento civilizatório — indicou o lócus simbólico para construir uma imagem positiva da única monarquia americana. Com o desenvolvimento de uma produção intelectual e artística própria, em profunda simbiose com as instituições estatais, o uso cultural da "natureza" tornou-se generalizado nas artes visuais, na literatura, na simbologia social e política, na caracterização econômica e na propaganda diplomática. Essa tendência trabalhou para renovar, em um novo contexto cultural e geopolítico, o

interesse pela natureza brasileira existente nos primeiros séculos da expansão colonial europeia. A dominância do registro romântico, porém, ou mais corretamente de uma certa interpretação e vivência desse registro, contribuiu para a difusão de uma imagem idealizada e sentimental da natureza local, associada à imagem de "país ideal" através da qual a ordem imperial buscava consolidar-se.

4) O Estado monárquico, por sua vez, no caldo de cultura mencionado, assumiu e politizou a situação tropical do território, afirmando-se como única força civilizatória capaz, em termos de uma agenda positiva, de representar condignamente sua grandeza, manter sua unidade e promover a extração crescente de seus recursos. E também, em termos de uma agenda negativa, de domesticar os aspectos mais selvagens de sua natureza e de sua população (em grande parte indígena e africana), conter os "excessos" de sua condição primitiva e garantir sua incorporação ao mundo civilizado (tendo sempre o caos e a anarquia como possibilidade alternativa).

5) Convivendo e interagindo com todas essas representações e idealizações, o conhecimento empírico do território, também estimulado pela pujança do meio natural, veio ganhando cada vez maior consistência no rastro do iluminismo luso-brasileiro, dos naturalistas viajantes e da criação das instituições científicas imperiais. Esse tipo de conhecimento, mais interessado na diversidade concreta do território do que em qualificações genéricas (incluídas as edênicas), chocou-se com as imagens superficiais e idealizadas da natureza brasileira. A preocupação com o mapeamento efetivo das realidades regionais, da mesma forma que com a conservação e uso econômico eficiente dos recursos nelas existentes, permitiu enxergar aquilo que a laudação abstrata não conseguia perceber: o contraste entre uma cultura de elogio da natureza e uma prática econômica devastadora, especialmente nas fronteiras agrícolas que se formavam e se atualizavam. A aproximação entre o racionalismo cientificista e a vontade política de modernização, presente na obra de vários autores do período, estimulou a problematização da ideia de progresso e um forte questionamento de alguns componentes básicos do Brasil oitocentista enquanto país real. A visão da natureza como espaço de devastação, nes-

se sentido, fermentou a reflexão crítica sobre o escravismo, o atraso tecnológico, a concentração fundiária e muitos outros temas perturbadores para a autoimagem idealizada da ordem imperial. O prestígio dessa literatura crítica no restrito espaço público da época, por certo, foi muito limitado. Tomás Pompeu Brasil referiu-se aos seus cultores como "inúteis cassandras",[84] pois suas imprecações e maus presságios costumavam cair no vazio, não atendendo aos interesses da elite social e política. De toda forma, mais do que argumentos éticos universais, a crítica desses autores parece ter marcado o sentido político do discurso abolicionista brasileiro.

Em suma, o tema as relações entre sociedade e natureza, entendido em sentido amplo, pode conduzir-nos ao centro de algumas das dinâmicas ambientais, socioeconômicas, políticas e culturais que marcaram o Brasil do século XIX, com todos os dilemas, contradições, ambiguidades e realizações.

NOTAS

1. José Bonifácio de Andrada e Silva [1819], "Discurso histórico perante a Academia Real das Ciências de Lisboa" *in* E. C. Falcão (org.), *Obras científicas, políticas e sociais de José Bonifácio de Andrada e Silva*, Santos, Imprensa Oficial, 1963, p. 14.
2. Ernst Cassirer, *La Philosophie des Lumières*, Paris, Fayard, 1966, p. 73. Para uma interpretação histórica das causas e consequências desse processo de mudança epistemológica, ver Donald Worster, *Nature's Economy: A History of Ecological Ideas*, Cambridge, Cambridge University Press, 1994, parte I.
3. Para os usos da imagem de natureza na Fisiocracia ver René Grandamy, *La Physiocratie*, Paris, Mouton, 1973.
4. Uma boa introdução ao projeto de um império renovado e centrado no eixo Brasil-Portugal encontra-se em Kenneth Maxwell, "A geração de 1790 e a ideia do império luso-brasileiro" *in Chocolate, piratas e outros malandros*, Rio de Janeiro, Paz e Terra, 1999.
5. Para discussão mais detalhada sobre o tratamento da natureza no iluminismo luso-brasileiro ver José Augusto Pádua, *Um sopro de destruição: pensamento político e crítica ambiental no Brasil escravista, 1786-1888*, Rio de Janeiro, Jorge Zahar, 2002, caps. 1, 2 e 3.

6. Keith Thomas, *Man and the Natural World: A History of Modern Sensibility*, Nova York, Pantheon, 1983, p. 176, e Roderick Nash, *The Rights of Nature: A History of Environmental Ethics*, Madison, University of Wisconsin Press, 1989, p. 22-25.
7. José Bonifácio de Andrada e Silva [1790], "Memória sobre a pesca das baleias" *in* E. C. Falcão (org.), 1963, *op. cit.*, p. 29, 31, 35 e 43.
8. Para mais detalhes sobre a tipologia dos viajantes ver Lorelai Kury, "Viajantes-naturalistas no Brasil oitocentista: experiência, relato e imagem", *Manguinhos — História, Ciências, Saúde*, v. 8, 2001 (suplemento); e Flora Lahuerta, "Viajantes e construção de uma ideia de Brasil no ocaso da colonização (1808-1822)", *Revista Electrónica de Geografía y Ciencias Sociales*, v. 10, 2006, p. 218.
9. A discussão clássica sobre essa polêmica está em Antonello Gerbi, *La Disputa del Nuevo Mundo: historia de una polémica — 1750-1900*, 2ª ed., México, Fondo de Cultura, 1982.
10. Para os fundamentos teóricos e metodológicos de Humboldt ver Georges Gusdorf, *Le savoir romantique de la nature*, Paris, Payot, 1985; Kury, 2001, *op. cit.*; e Nancy Stepan, *Picturing Tropical Nature*, Londres, Reaktion, 2001.
11. Alexander von Humboldt [1818], *Personal Narrative of Travels to the Equinoctial Regions of the New Continent*, Nova York, AMS Press, 1966, v. II, p. 206.
12. Helmut Andra, Alexander von Humboldt e as suas relações com o Brasil, *Revista de História*, nº 52, 1962, p. 389.
13. A carta aparece em Domingos Vandelli [1789], "Memória sobre algumas produções naturais deste reino" *in Academia das Ciências de Lisboa, Memórias Econômicas*, v. I, Lisboa, Banco de Portugal, 1990, p. 135.
14. Auguste de Saint-Hilaire [1830], *Viagem pelas províncias do Rio de Janeiro e Minas Gerais*, Belo Horizonte, Itatiaia, 1975, p. 11.
15. Os trabalhos de campo realizados por viajantes naturalistas no Brasil do século XIX tiveram eventualmente importância direta na constituição da ecologia como campo científico. O primeiro livro explicitamente situado na área da ecologia vegetal foi publicado em 1895 por Eugenius Warming, botânico dinamarquês que viveu e pesquisou em Lagoa Santa, Minas Gerais, entre 1863 e 1866, na companhia do paleontólogo P. W. Lund. Sobre essas conexões, ver Pascal Acot, "O Brasil e a construção da ecologia científica no século XIX", *Ciência & Ambiente*, nº 13, 1996.
16. Sérgio Buarque de Holanda, *Visão do Paraíso*, 2ª ed., São Paulo, Editora Nacional, 1968. Para leitura mais recente e crítica, ver José Murilo de Carvalho, "O motivo edênico no imaginário social brasileiro", *Revista Brasileira de Ciências Sociais*, v. 13, nº 38, 1998.
17. Carl von Martius [1824], "A fisionomia da vegetação no Brasil" *in Arquivos do Museu Paranaense*, v. 3, 1943, p. 241-242 e 252-253.
18. O caráter embrionário da síntese de von Martius se revela em sua estimativa de que os campos cobririam "dois terços de toda a área do Brasil (...) ao passo que o

último terço está coberto por florestas". Hoje sabemos que a proporção correta era inversa.

19. Martius, 1943, *op. cit.*, p. 244, 253-254 e 246-247. Em observação de influência tipicamente romântica, sobre a relação entre espaço natural e vida espiritual, von Martius associa aquele "caos agressivo" com a presença de uma "alma do índio" dominada pelas "sombras da solidão" e pelas "criações fantasmagóricas da sua rude imaginação".
20. O mapa foi incluído no volume 1 da *Flora Brasiliensis* e pode ser visto em Carl von Martius, *A Viagem de von Martius*, Rio de Janeiro, Índex, 1996, p. 21. Para uma análise de seu papel na evolução da fitogeografia brasileira, ver Afrânio Fernandes, *Conexões florísticas do Brasil*, Fortaleza, Banco do Nordeste, 2003, p. 24-25. Para a classificação atual dos biomas brasileiros, ver J. P. Capobianco, "Biomas brasileiros" *in* A. Camargo, J. Capobianco e J. Puppim de Oliveira (orgs.), *Meio Ambiente Brasil*, São Paulo, Estação Liberdade, 2002.
21. Martius, 1943, *op. cit.*, p. 268, 245 e 240. Como bem observou Manoel S. Guimarães, em "História e natureza em von Martius: esquadrinhando o Brasil para construir a nação", *Manguinhos — História, Ciências, Saúde*, v. 7 (2), 2000, p. 390, o que von Martius não encontrava eram "marcos visíveis de historicidade, segundo os cânones da cultura histórica oitocentista".
22. Raymundo da Cunha Mattos, *Itinerário do Rio de Janeiro ao Pará e Maranhão pelas províncias de Minas Gerais e Goiás*, Rio de Janeiro, 1836, p. 140.
23. Michael Williams, *Deforesting the Earth*, Chicago, The University of Chicago Press, 2003, p. 372-375.
24. Saint-Hilaire, *op. cit.*, p. 20.
25. José Bonifácio de Andrada e Silva [s.d.], "Necessidade de uma Academia de Agricultura no Brasil" *in Obra Política de José Bonifácio*, Brasília, Senado Federal, 1973, p. 37-38.
26. José Bonifácio de Andrada e Silva [1825], "Representação à Assembleia Geral Constituinte e Legislativa do Império do Brasil sobre a escravatura" *in Obra Política de José Bonifácio*, Brasília, Senado Federal, 1973, p. 93. Para análise mais profunda das opiniões de José Bonifácio sobre o estado da sociedade brasileira no início do século XIX e a importância da conservação da natureza para um projeto de construção nacional, ver Pádua, 2002, *op. cit.*, cap. 3.
27. Silva, 1973, *op. cit.*, p. 41-42.
28. Francisco Freire Alemão Cisneiros [1851], "Carta a Augustin de Saint-Hilaire em 23 de novembro de 1851", *Anais da Biblioteca Nacional*, v. 81, 1964.
29. Antonio Robert de Moraes, "Território, região e formação colonial: apontamentos em torno da geografia histórica da independência brasileira", *Ciência & Ambiente*, nº 31, 2006, p. 12-13.
30. Saint-Hilaire, *op. cit.*, p. 307.
31. Moraes, *op. cit.*, p. 14-16.

32. Demétrio Magnoli, "O Estado em busca de um território" *in* István Jancsó (org.), *Brasil: formação do Estado e da nação*, São Paulo, Hucitec, 2003, p. 293-295.
33. Para inúmeros exemplos históricos ver Warren Dean, *With Broadax and Firebrand: The Destruction of the Brazilian Atlantic Forest*, Berkeley, Berkeley University Press, 1995.
34. Demétrio Magnoli, *O Corpo de Pátria*, São Paulo, Editora da Unesp, 1997.
35. Frei Joaquim do Amor Divino Caneca [1823], "Sermão da aclamação de d. Pedro I" *in* Evaldo Cabral de Mello (org.), *Frei Joaquim do Amor Divino Caneca*, São Paulo, Editora 34, 2001, p. 113, e Ministério das Relações Exteriores, Arquivo Diplomático da Independência, Brasília, 1972, v. 1, p. 47, *apud* Cid P. Valle, *Risonhos lindos campos*, Rio de Janeiro, Senai, 2005, p. 156.
36. H. Schenk, *The Mind of the European Romantics*, Oxford, Oxford University Press, 1979, cap. 19.
37. Silva, 1973, *op. cit.*, p. 90-91.
38. Antônio Cândido, *O Romantismo no Brasil*, São Paulo, Humanitas, 2004, p. 81; e Lilia Schwarcz, "A natureza como paisagem: imagem e representação no Segundo Reinado", *Revista USP*, nº 58, 2003, p. 10.
39. Para uma discussão mais profunda sobre o tema ver José Augusto Pádua, "Herança romântica e ecologismo contemporâneo — existe um vínculo histórico?", *Varia Historia*, nº 33, 2005.
40. Luís Costa Lima, *O controle do imaginário*, São Paulo, Brasiliense, 1984, p. 134-135.
41. Manuel Álvares de Azevedo, *Macário*, Belo Horizonte, Itatiaia, 1984, p. 40.
42. Cândido, 2004, *op. cit.*, p. 19.
43. Antônio Macedo Soares [1857], "Considerações sobre a atualidade de nossa literatura", *apud* Antônio Cândido, *Formação da literatura brasileira*, São Paulo, Ouro sobre Azul, 2004, p. 328.
44. Para duas boas análises sobre as transformações da imagem de trópicos e de tropicalidade na cultura moderna, ver Stepan, *op. cit.*; e David Arnold, *The Tropics and the Traveling Gaze*, Delhi, Permanent Black, 2005. O primeiro trabalho está centrado no caso do Brasil, e o segundo, no da Índia.
45. Charles Darwin, *O Beagle na América do Sul*, Rio de Janeiro, Paz e Terra, 1996, p. 8 e 32.
46. Ferdinand Denis [1826], *Résume de l'histoire littéraire du Brésil*, *apud* Iara Schiavinatto, "Imagens do Brasil: entre a natureza e a história" *in* István Jancsó (org.), *Brasil: formação do Estado e da nação*, São Paulo, Hucitec, 2003, p. 624.
47. Humboldt, *op. cit.*, v. III, p. 511-512 e 14.
48. H. Buckle [1857], *History of Civilization in England*, v. I, Londres, Watts, 1930, p. 54-55.
49. J. Fernandes Pinheiro, "Programa histórico", *Revista do Instituto Histórico e Geográfico Brasileiro*, I (2), 1839, p. 61.

50. *A Ilustração luso-brasileira*, 1958, p. 258, *apud* Lilia Schwarcz, *As barbas do imperador: dom Pedro II, um monarca nos trópicos*, São Paulo, Cia. das Letras, 1999, p. 125.
51. Para levantamento abrangente e minucioso de fontes, embasado pela tese da permanência de uma perspectiva edênica no imaginário oitocentista, ver Valle, *op. cit.*
52. Entre os trabalhos que vêm sendo publicados sobre o assunto, pode-se mencionar Schwarcz, 2003, *op. cit.*; Lilia Schwarcz, "Dos trópicos como espetáculo: a participação brasileira nas Exposições Universais de finais do século XIX" *in* Beatriz Stephan e Jens Andermann, *Galerias del Progreso*, Rosário, Beatriz Viterbo Editora, 2006; e Jens Andermann, "Empires of Nature", *Nepantia*, v. 4(2), 2003.
53. Francisco Varnhagen [1857], *História geral do Brasil*, v. 1, São Paulo, Melhoramentos, 1975, p. 15-16.
54. Francisco de Lacerda Werneck [1847], *Memória sobre a fundação e custeio de uma fazenda na Província do Rio de Janeiro*, Brasília, Senado Federal, 1985, p. 59-60.
55. Henry Thoreau [1862], "Caminhando" *in* José A. Drummond (org.), *Desobedecendo: a desobediência civil e outros escritos de Henry Thoreau*, Rio de Janeiro, Rocco, 1984, p. 86.
56. Manoel Araújo de Porto-Alegre, *Brasilianas*, Viena, 1863, p. 78-81. Para uma análise mais completa do poema, ver Pádua, 2002, *op. cit.*, cap. 4.
57. Bernardo Guimarães, *Poesias Completas*, Rio de Janeiro, Instituto Nacional do Livro, 1959, p. 36-39.
58. José de Alencar [1856], *Cartas sobre a Confederação dos Tamoios in Obras Completas*, Rio de Janeiro, Ed. José Aguilar, 1960, p. 865. A passagem isolada, porém, não resume a multiplicidade de imagens da natureza na obra de Alencar. Para leitura mais abrangente, ver Eduardo Martins, "Lugar comum: a descrição da natureza em José de Alencar" *in* G. Arruda, David Torres e Graciela Zuppa, *Natureza na América Latina: apropriações e representações*, Londrina, Eduel, 2001.
59. Para uma análise do orçamento imperial, ver José Murilo de Carvalho, *Teatro de Sombras*, Rio de Janeiro, Vértice, 1988, cap. 1.
60. Sobre a história da legislação florestal, ver Osny Duarte Pereira, 1950, *Direito Florestal Brasileiro*, Rio de Janeiro, Borsoi, 1950; e Ann Wainer, *Legislação Ambiental Brasileira*, Rio de Janeiro, Forense, 1999. Os incêndios florestais não autorizados só passaram a ser considerados crime em 1886.
61. Paulo Martinez, "Uma madeira do Império: o pau-brasil (1825-1829)" *in* Pedro Jacobi e Lúcia da Costa Ferreira (orgs.), *Diálogos em ambiente e sociedade no Brasil*, São Paulo, Annablume, 2006.
62. Sobre a história do projeto de reflorestamento da Tijuca, em suas diferentes dimensões, ver Cláudia Heynemann, *Floresta da Tijuca: natureza e civilização*, Rio de Janeiro, Biblioteca Carioca, 1995; José Augusto Drummond, *Devastação e preservação ambiental no Rio de Janeiro*, Niterói, Editora da UFF, 1997; e Pádua, 2002, *op. cit.*, cap. 4.

63. Luiz Pedreira do Couto Ferraz, "Relatório do Imperial Instituto Fluminense de Agricultura", *Revista Agrícola*, nº 17, 1873, p. 21-22.
64. Uma análise mais abrangente e profunda da história desse debate pode ser lida em Pádua, 2002, *op. cit.*
65. Januário da Cunha Barboza, "Discurso sobre o abuso das derrubadas de árvores em lugares superiores de vales, e sobre o das queimadas", *O Auxiliador da Indústria Nacional*, nº 10, 1833, p. 17-22.
66. Emílio Joaquim da Silva Maia [1835], "Discurso sobre os males que tem produzido no Brasil o corte das matas e sobre os meios de os remediar", *Revista Médica Fluminense*, p. 6-11.
67. *Idem, ibidem*, p. 1. O debate médico foi analisado em Lorelai Kury, "Entre nature et civilisation: les médecins brésiliens et l'identité nationale (1830-1850)", *Cahiers du Centre de Recherches Historiques*, nº 12, 1994, p. 109-111.
68. Francisco Freire Alemão Cisneiros, "Discurso no aniversário da Academia Imperial de Medicina", *Revista Médica Fluminense*, nº 4, 1836, p. 291-292.
69. André Rebouças, *A sêcca nas Províncias do Norte*, Rio de Janeiro, Typ. de G. Leuzinger & Filhos, 1877; e Joaquim Alves [1953], *História das secas (séculos XVII a XIX)*, Mossoró, Fundação Guimarães Duque, 1982, p. 103. Para boas análises históricas da grande seca, ver Gerald Greenfield, "The Realities of Images: Imperial Brazil and the Great Drought", *Transactions of the American Philosophical Society*, v. 91 (1), 2001; e Marco Antonio Villa, *Vida e morte no sertão*, São Paulo, Ática, 2000.
70. Maia, *op. cit.*, p. 7-10.
71. Tomás Pompeu de Souza Brasil, *A necessidade da conservação das matas e da arboricultura*, Fortaleza, 1860, p. 63 e 88.
72. A colonização agroextrativista de baixa intensidade na várzea amazônica, desde o século XVII, produziu menos desmatamento do que nas regiões agroexportadoras da Mata Atlântica. Por sua vez, *boom* da borracha, quem adquiriu maior intensidade após a década de 1870, foi bastante comedido em suas dinâmicas de destruição florestal, considerando a necessidade de preservar as seringueiras vivas em seu hábitat natural. Para mais detalhes, ver J. A. Pádua "Bioesfera, história e conjuntura na análise da Questão Amazônica", *Manguinhos — História, Ciências, Saúde*, v. 6 (suplemento).
73. Victor Leonardi, *Os historiadores e os rios*, Brasília, Paralelo 15/UnB, 1999, p. 16-17.
74. João Martins da Silva Coutinho [1861], *Relatório sobre alguns lugares da província do Amazonas, especialmente o rio Madeira*, Manaus, Codeama/Instituto Histórico e Geográfico do Amazonas, 1986, p. 65; e João Martins da Silva Coutinho [1868], "Sobre as tartarugas do Amazonas", *Terra das Águas: Revista de Estudos Amazônicos*, v. 1, nº 2, 1999, p. 253.
75. Para análise mais abrangente, ver Heloisa Domingues, *Ciência — um caso de política: as relações entre as ciências naturais e a agricultura no Brasil Império*, tese de doutorado, São Paulo, Universidade de São Paulo, 1995.

76. Nicolau Moreira, *Indicações agrícolas para os imigrantes que se dirigem ao Brasil*, Rio de Janeiro, 1875, p. 6, e Breve notícia sobre a cultura do algodão na Província do Maranhão, *Revista Agrícola*, v. 15, nº 1, 1884, p. 140.
77. Para entender melhor a história ambiental desses processos de apropriação territorial no século XIX, inclusive o que se refere ao choque tardio com populações indígenas, vale consultar duas boas publicações recentes que focalizam os vales dos rios Mucuri e Doce (em Minas Gerais): Regina Duarte, "Conquista e civilização na Minas oitocentista" *in* Teófilo Otoni, *Notícia sobre os selvagens do Mucuri*, Belo Horizonte, Editora da UFMG, 2002; e Haruf Espindola, *Sertão do rio Doce*, Bauru, Editora da Universidade Sagrado Coração, 2004.
78. Guilherme Schuch de Capanema, *Agricultura: fragmentos de um relatório dos comissários brasileiros à Exposição Universal de Paris*, Rio de Janeiro, 1858, p. 4.
79. Werneck, *op. cit.*, p. 59-60.
80. Silva, 1825, *op. cit.*, p. 95.
81. Rebouças, *Agricultura nacional*, Rio de Janeiro, 1883, p. 14, 29, 70 e 80.
82. Joaquim Nabuco [1883], *O abolicionismo*, Petrópolis, Vozes, 1988, p. 120, 111 e 123; e Joaquim Nabuco, *Obras completas*, v. 11 (Discursos Parlamentares), São Paulo, Progresso, 1949, p. 183.
83. Thomas, *op. cit.*, cap. 6.
84. Brasil, *op. cit.*, p. 61.

CAPÍTULO X

"Teremos grandes desastres, se não houver providências enérgicas e imediatas": a rebeldia dos escravos e a abolição da escravidão

Maria Helena Pereira Toledo Machado

EMANCIPACIONISMO E GRADUALISMO: COMO FAZER COM QUE OS PRÓPRIOS ESCRAVIZADOS INDENIZEM SEUS SENHORES?

Como é sabido, no Brasil, a abolição tardou, só se concretizando após longa e dolorosa agonia, a qual, previa-se à época, não teria termo antes do século XX.[1] Tão longo e socialmente penoso foi o processo de abolição que, aos contemporâneos — acostumados a décadas de intermináveis discussões parlamentares que acabavam resultando em tentativas fracassadas ou tímidos projetos emancipacionistas e/ou gradualistas, que a todos frustravam e a ninguém atendiam —, parecia que não viria nunca. Talvez por isso, apesar de tão tardia, tenha sido comemorada pelos populares como evento auspicioso e surpreendente que, de certa forma, parecia anunciar nova onda de esperança e otimismo, capaz de restaurar a crença na sociedade brasileira.

No entanto, ao contrário do que apontavam as aparências e afirmavam os parlamentares e a burocracia imperial, que correram para assumir as glórias do feito, o fato social da abolição foi realizado em outra parte, nas esferas menos visíveis da sociedade, nas dobras do mundo parlamentar, no contexto das militâncias populares nascentes e nas franjas da política formalista e excludente do império.[2] A reboque dos eventos que nas localidades escravistas e cidades mais importantes balançavam as bases do poder de controle senhorial e da polícia, com revoltas, fugas e protestos de escravos, forros e populares ocorrendo em todo tempo e lugar onde a escravidão ainda significava algo, a política formal, sempre cautelosa e conservadora, manteve-se na retaguarda, timidamente buscando os movimentos sociais. De fato, o acompanhar das discussões abolicionistas/emancipacionistas encetadas ao longo da segunda metade do século XIX sugere que nas esferas institucionais e formais da política, que diziam respeito ao Estado, ao Parlamento e à imprensa jornalística, a política gradualista — que tinha como meta primordial equacionar a questão da propriedade escrava, em cujo cerne se encontrava o problema da indenização pecuniária aos senhores e a falta de capitais disponíveis para fazê-lo — conduziu as discussões, monopolizando o debate a respeito da abolição. Ao mesmo tempo, a estratégia protelatória subjacente ao gradualismo conservador tinha como objetivo garantir a tranquilidade pública nas cidades e no mundo rural.

Boa oportunidade para se compreender como se desenvolveram no Brasil os princípios do gradualismo encontra-se na análise das políticas levadas a cabo pelo Estado com relação aos africanos livres, que precedeu o emancipacionismo. Tendo servido de laboratório, o processo de libertação dos africanos livres pretendeu-se como uma estratégia para inculcar nos libertandos disciplina do trabalho compatível com a subserviência que deles se esperava, isso através da tutela, que deveria enraizar relações baseadas na dependência pessoal e no controle do liberto. De fato, o acompanhar da política de postergação para a concessão das cartas de liberdade dos africanos apreendidos em tráfico ilegal, política estabelecida desde 1818 e ratificada em 1831 pelo Estado nacional, comprova que a estratégia adotada no tratamento da questão dos africanos livres foi o primeiro ensaio do gradualismo, que implementado nas décadas a seguir, sob a rubrica de emancipacionismo, conduziu a questão escrava no Brasil.

Ao estabelecer o prazo de 14 anos de trabalho para efetivação da liberdade do "africano livre", período no qual o capturado poderia servir ao Estado ou ser arrematado por particulares, em ambos os casos ficando submetido a formas de controle similares às da escravidão e até mesmo trabalhando lado a lado com os escravos, mostra que o Estado brasileiro concebia a liberdade do africano — e de seus descendentes — apenas como produto final de uma longa trajetória, no decorrer da qual deveriam ser inculcadas as regras da disciplina, dependência pessoal e tutela. Como resultado dos dispositivos postergadores da liberdade dos africanos livres, os quais, por princípio, jogavam-na para o futuro, e devido ao fato de o ônus da prova de serviços prestados recair nas costas dos africanos — os quais, obviamente, encontravam imensas dificuldades para comprová-la —, a emancipação acabou acontecendo de fato com os decretos de 1853 (para africano livres em mãos de particulares) e de 1864 (para aqueles servindo em repartições públicas).

No entanto, mesmo após conceder as cartas de emancipação, o Estado brasileiro continuava impondo restrições ao exercício da liberdade, estabelecendo uma política de tutela, obrigando os emancipados a pedir autorização às autoridades para se deslocar ou mudar de ocupação ou emprego.[3] Como afirma Enidelce Bertin ao estudar a luta dos africanos por liberdade na cidade de São Paulo, frente à política postergacionista e tutelar desenvolvida pelo Estado no trato daqueles que já eram livres, "questionamos se a administração dos africanos livres pelo Estado não era um grande ensaio para testar a tutela dos libertos em geral no momento em que a escravidão acabasse". Nesse sentido, afirma a autora:

> Considerando essa atuação do estado diante das emancipações dos africanos livres, entendemos que havia uma percepção dos efeitos — reais ou não — daquelas liberdades sobre o controle do processo de emancipação. Nesse sentido, o significado histórico da ação dos africanos livres reveste-se de importância política, tanto porque expôs que os interesses do Estado estavam muito aquém da preocupação com a proteção, como porque evidenciou que, para o governo, os emancipados exerceram a função de ensaio para o trabalho livre tutelado, além de uma experiência de "liberdade controlada".[4]

Além disso, ao impor os anos de trabalho como condição para a liberdade, o Estado exigia que o africano, ainda que livre, adquirisse sua emancipação, de alguma forma consagrando o princípio de que os senhores, o Estado ou mesmo a sociedade em geral tinham direito à indenização pela perda do potencial ou real trabalhador, representado pelo africano e seus descendentes. Esse princípio — que já norteava informalmente a política de alforrias vigentes na sociedade escravista brasileira sendo a forma mais comum de obtenção da liberdade, como comprovam os estudos sobre o tema — se confirmou na política emancipacionista da segunda metade do século XIX.[5] Tanto com a lei de 1871 — que legalizava o pecúlio adquirido pelo escravo e a compra da alforria a partir dessa poupança ou através de empréstimo, adiantamentos ou contratos de trabalho com terceiros — quanto com a dos Sexagenários, de 1885 — que, como forma de ressarcimento, impunha aos libertandos maiores de 60 anos a exigência de servir seus senhores por mais três anos ou até os 65 anos —, ficava consagrado o princípio da indenização dos senhores, cujo montante deveria ser acumulado pelo próprio escravo.[6]

Se o gradualismo foi uma calculada política desenvolvida desde meados do século XIX pelo Estado com vistas a controlar a aquisição da liberdade pelos africanos e seus descendentes, assim protegendo o acesso dos senhores a uma mão de obra considerada naturalmente fadada a servir e potencialmente indisciplinada e bárbara, é também verdade que na implementação das políticas emancipacionistas, o Estado acabou sendo obrigado a se defrontar com o poderio privado dos senhores. A intervenção desse nas relações antes privadas entre senhores e seus escravos é uma das principais características da política emancipacionista do século XIX, tendo sido uma das vias de consolidação de poder do Estado monárquico. Dentre a panaceia de leis e decretos por meio dos quais o império buscava restringir o poder senhorial, tomando a dianteira do processo gradualista de restrição e potencial extinção da escravidão, sublinham-se as já mencionadas leis do Ventre Livre, de 1871, e dos Sexagenários, de 1885. A primeira, embora oferecesse a tutela dos ingênuos, até a maioridade de 21 anos, aos senhores de suas mães, foi mais efetiva em aspecto menos conhecido, mas de maior impacto prático na vida dos escravos. De fato, ao legitimar o direito de o escravo possuir pecúlio próprio e de, representado por um homem livre, na figura de um curador, reivindicar na justiça a compra de sua alforria em parcelas, a lei abria um dos principais focos de tensão, ao mesmo tempo que legitimava o poder do Estado como mediador das relações entre senhores e escravos.[7] As brechas jurídicas abertas pela lei de 1871 justificaram a organização do primeiro movimento abolicionista nos tribunais de São Paulo e Rio de

Janeiro, nos quais advogados abolicionistas, com a colaboração de escrivães, rábulas e simpatizantes, provenientes das mais diversas ocupações urbanas, dedicavam-se a acoitar e proteger escravos ao mesmo tempo que levantavam fundos para reivindicar legalmente a alforria dos fugidos e/ou ameaçados pela fúria de senhores violentos e sádicos. O mais famoso representante dessa corrente foi o célebre rábula negro, de ascendência escrava, Luiz Gama.

Já a Lei dos Sexagenários tem sido considerada o produto do mais obscurantista espírito escravocrata que ainda nos estertores da escravidão encontrava espaço político para procurar inutilmente conter o desfecho, àquela altura irreversível, da abolição. Essa lei foi até pouco tempo analisada como um não evento ou apenas uma excrescência política, incapaz de produzir impacto efetivo sobre a volátil realidade social do esfacelamento da escravidão. No entanto, novos estudos, ao reenfocar a lei que alforriava os escravos sexagenários mas estipulava aos libertandos a obrigatoriedade da prestação de serviços pelo espaço de três anos ou até os 65 anos, frente à conjuntura política e às cruciais questões a respeito da constituição de um mercado de mão de obra livre no Brasil, demonstram que a análise da arena política em que se deu o debate sobre essa lei ainda tem muito a nos informar sobre os anos finais de vigência da escravidão.[8]

Estabelecendo os nexos entre as leis dos Sexagenários e do Ventre Livre, esta sim considerada pela historiografia fator importante na opção do emancipacionismo gradual como caminho para a abolição, o livro *Entre a mão e os anéis,* por exemplo, vai mostrar que desde a década de 1870 o palco principal no qual se digladiavam diferentes tendências interessadas na constituição de um mercado de mão de obra livre era político e jurídico. Essa situação se deve ao fato de que desde a promulgação da Lei Rio Branco ficava consagrada a intervenção do Estado, teoricamente agente externo, maneira impessoal, nas disputas entre senhores e cativos, estes obviamente assistidos por homens livres, advogados e curadores, aos quais cabia responder judicialmente pelo escravo em suas reivindicações contra seus senhores. As ferrenhas lutas políticas entre as diferentes facções das elites regionais brasileiras, entre liberais e conservadores, reaparecem aqui no papel das leis emancipacionistas e dos agentes encarregados de executá-las e seus simpatizantes — advogados emancipacionistas e abolicionistas — que se dedicaram a explorar todas as possibilidades de implementação da contestação da escravidão na arena judiciária.

É nesse sentido que se podem interpretar as razões da ingerência do Estado no governo da casa, isto é, da propriedade escravista, ser rejeitada pelos senhores com profunda hostilidade.[9] Ao estabelecer um espaço de disputa jurídica em torno dos direitos do escravo e de seu valor monetário, a lei retirava da esfera senhorial o princípio norteador das relações escravistas, qual seja, o poder absoluto do senhor sobre a vida de seus escravos. Qualquer flexibilização dessa relação, como ocorria no processo de obtenção da alforria, mesmo quando comprada pelo cativo, a coartação, ou o que seja, deveria emanar da vontade livre e soberana dos senhores. Sendo a escravidão, em princípio, um regime no qual a lei se faz ausente, e o poder senhorial, absoluto, sua regulamentação legal, em caráter impessoal, tendia a provocar fissuras incontornáveis na base do sistema.

Como ressaltou Conrad, o cerne da discussão da Lei dos Sexagenários se dava em torno da questão da indenização. Do ponto de vista senhorial, seria aceitável a ideia de que os escravos pudessem resgatar sua liberdade por meio da hipoteca de seu trabalho, como havia consagrado a Lei do Ventre Livre ao legalizar o pecúlio e a coartação? Se, porém, os escravos eram de fato escravos, todo o trabalho que porventura gerassem já era em si propriedade dos senhores. Que sentido teria então para os proprietários aceitar como indenização aquilo que naturalmente lhes pertencia?[10]

Prisioneiros da lógica de defesa da propriedade e das ambivalências da indenização, que se mostrava economicamente inviável para o Tesouro Nacional, os movimentos emancipacionista e abolicionista, compelidos a focar todas as suas energias na luta contra a indenização dos senhores, apenas eventualmente avançavam para a discussão das políticas sociais e econômicas que poderiam reparar os prejuízos das vítimas da escravidão.[11] Eram poucos os militantes que, como André Rebouças, tinham clareza de que a única maneira de alcançar a abolição de forma imediata e sem indenização seria radicalizando, isto é, enveredando pelo caminho da reforma agrária, restringindo o que ele denominava "landlordismo" e investindo em políticas públicas voltadas para o desenvolvimento de projetos de colonização ou assentamento dos libertos como pequenos proprietários. Por mais que as ideias de Rebouças soem ainda pertinentes nos dias de hoje, comprovando sua excepcional sensibilidade social e percepção política, não há como negar que muito poucos parlamentares e militantes da abolição se aproximaram de sua lucidez.[12]

Apesar das dificuldades encontradas pelo abolicionismo gradualista para articular um projeto social mais amplo que superasse a escravidão, ao longo da década de 1880, assistiu-se à ascensão de militâncias abolicionistas de cunho parlamentar e jornalístico, cuja crescente radicalização chegou a ensejar, entre os contemporâneos, temor de que estivesse em curso uma perigosa perda de limites de contenção entre o mundo da política formal e a desordem social. A polarização no âmbito das ideias, dos discursos e dos textos jornalísticos justificou, de fato, que nos anos mais avançados, se delineasse certa indiferenciação entre essa militância de cunho legalista-parlamentar e outras, de cunho mais prático. Decerto, no correr desses anos, figuras como Dantas, Nabuco, Rebouças e muitos outros notáveis passaram a ser acusadas, pelos escravocratas e conservadores, de petroleiros, anarquistas e mesmo comunistas, sem que, no entanto, representassem, no limite, mais do que uma filiação abstrata a um certo socialismo utópico — como era o caso de Rebouças — que não se desdobrava em nenhuma linha de ação mais concreta.[13] Era a crítica cada vez mais radical à ideia da legitimidade da propriedade escravista veiculada por tais militantes que justificava as acusações de anarquistas e niilistas, por exemplo, sem que, no entanto, suas atividades tivessem atravessado a barreira da legalidade.[14] Como afirmou Rebouças a respeito do tema:

> Na propaganda Booth, como em todas as propagandas socialistas da Inglaterra e Alemanha, cometem o erro fundamental de se dirigirem às vítimas, quando o trabalho deve ser feito com os algozes. Na grande obra *da* Abolição, nós jamais nos envolvemos com os escravizados e os que não seguiram o nosso exemplo mancharam-se como "papa-pecúlios", como "incendiários de canaviais", como excitadores dos fuzilamentos de Cubatão.[15]

Apesar de o movimento abolicionista na década de 1880, acuado pela eterna discussão a respeito da legitimidade da propriedade e da indenização aos senhores, ter-se mantido dentro de uma moldura um tanto acanhada, é certo que a vulgarização da discussão a respeito da abolição ganhou as ruas das cidades e dos distritos escravistas por conta de suas atividades. No Sudeste, nos distritos escravistas da província de São Paulo e de suas áreas fronteiriças na província do Rio de Janeiro, bem como nas cidades — Rio de Janeiro, São Paulo, Santos e cidades cafeeiras —, a vulgarização das ideias abolicionistas por certo alimentou a rebeldia dos escravos, mesmo que indiretamente. Cientes de que a escravidão perdia a legitimidade, os grupos de escravos passavam a ganhar em ousadia e articulação, utilizando-se da quebra do consenso sobre a escravidão para avançar em todo o tipo de reivindicação. Revoltando-se, fugindo, cometendo crimes, demandando melhorias, assim como salário e autonomia de ir e vir, os escravos, no decorrer da década, mostraram que confrontavam a escravidão tanto por dentro do sistema quanto por fora dele, exigindo simplesmente a liberdade.

"TEREMOS GRANDES DESASTRES, SE NÃO HOUVER PROVIDÊNCIAS ENÉRGICAS E IMEDIATAS"

Como discuti em *O plano e o pânico,* a rebeldia escrava na década de 1880 mostrou-se especialmente assustadora em todas as regiões onde a concentração de cativos era expressiva. Nesse contexto, algumas áreas particularmente violentas atravessaram a década sob constante intervenção da chefia da Polícia, que enviando pesados contingentes a essas localidades procurava cercear os movimentos escravos, senão os extinguindo, pelo menos mantendo-os sob controle. Cito como exemplo o oeste da província de São Paulo, região marcada na década de 1880 pela constante expansão da cafeicultura, na qual localidades como Belém do Descalvado, Pirassununga e Rio Claro se tornaram áreas em que o corre-corre das tropas enviadas da capital da província procurava acompanhar, sempre com certo atraso, as tropelias dos escravos que, com suas insubordinações, violências e fugas, mantinham a população sempre em sobressalto. O tardio crescimento da população escrava, já no alvorecer da década de 1880, que povoava as novas áreas com cativos recém-chegados, espelhava a expansão dos cafezais, mas traduzia-se também em forte incremento da rebeldia escrava.[16]

O temor de uma revolta geral, acompanhada de motins urbanos que envolveriam tantos os libertos quanto o populacho volátil das cidades que inchavam sob o influxo do desenvolvimento cafeeiro, surgia, já em meados da década de 1880, como um dos principais terrores dos senhores, das populações citadinas e, sobretudo, das autoridades policiais dos distritos escravistas. Como afirmava o delegado da Polícia de Santa Rita do Passa-Quatro, na província de São Paulo, no início do ano de 1888, ao justificar a necessidade do pronto envio de reforços para a cidade, que se encontrava em completa revolta devido aos tumultos provocados pelos escravos, que em levas abandonavam as fazendas: "Já se vê pois V. Excia que as cousas aqui vão muitíssimo mal e com certeza teremos grandes desastres, se não houver providências enérgicas e imediatas."[17]

Tendo se tornado o principal problema a ser enfrentado nesse período, a manutenção da segurança pública e da ordem, fortemente ameaçadas pela eclosão de frequentes sedições de escravos e pela descoberta da articulação de tantas outras, organizadas com a colaboração de abolicionistas, suscitou a montagem, por parte das autoridades policiais, com a anuência dos governos provincial e imperial, de uma estratégia de desinformação e censura no tratamento público da questão escrava. Incapazes de fazer frente às tropelias dos escravos e à ousadia dos abolicionistas, buscava-se descaracterizar a periculosidade das ocorrências que envolviam essas categorias, evitando o pânico da população e a emergência de uma discussão generalizada sobre a deterioração dos mecanismos de controle social e a urgência da resolução da instituição servil. Nesse sentido, o papel dos órgãos policiais tornava-se passo a passo mais estratégico — tratava-se não apenas de defender os interesses senhoriais, mas, também, de manter o monopólio do poder de repressão, evitando uma situação de confronto entre as forças pró e contra abolição. É o que se depreende da análise dos documentos da Polícia que traçam com tintas fortes situações limítrofes, de revoltas de escravos, manifestações públicas com participação de populares e trânsito constante de escravos e libertos, que pareciam ameaçar a ordem pública e a segurança das cidades e dos distritos rurais, o que sugeriria a eminente perda do controle, dos senhores e autoridades policiais, sobre os escravos, libertos ou populares.

Em 1883, em ofício reservado, alertava o chefe da Polícia ao presidente da província de São Paulo sobre o perigo iminente em que se via mergulhada a província, dado o reduzido número da força policial, e sublinhava a urgente necessidade de um novo aumento do número de praças, que embora já elevado para 960 no exercício de 1883/1884, continuava muito aquém das necessidades. Acrescentava o chefe da Polícia:

> V. Excia. deve saber das contínuas revoltas de escravos que se dão nas Fazendas desta província e da atitude que os mesmos têm tomado de tempos para cá. As sociedades libertadoras e abolicionistas crescem de momento a momento e se tornam mais exigentes e desrespeitosas do legítimo direito da propriedade escrava. Há só nesta capital para mais de 100 escravos com pecúlios depositados e portanto com a sua liberdade pendente de litígio, e número superior a contado, conforme reclamações que diariamente recebem em diversas casas particulares ignoradas, já é grande o número de libertos, que filhos da transição rápida de escravos para não escravos, querem para mais gozarem de sua liberdade, viver na mais absoluta ociosidade. Estando as cousas nesse estado Exmo Sr, têm como justo o fundamento que de um momento para outro revoltem-se muitos escravos existentes nas diversas Fazendas e que unidos com os desta Capital e com um grande grupo de desordeiros que por ai anda e perturbem a tranquilidade pública de modo considerável.[18]

O documento acima comprova cabalmente o estado de apreensão em que se encontravam as autoridades da província de São Paulo, ainda na primeira metade da década de 1880. Descrita em tons contundentes e com imagens fortes, a comunicação do chefe da Polícia, de caráter reservado, expressava certa visão que só era externada nos círculos fechados do poder.

Tranquilidade pública, segurança da população, manutenção da ordem parecem ter sido, além da defesa da ordem escravista, os objetivos das forças policiais das províncias escravistas do Sudeste. Claro está que a atuação da Polícia nos municípios, de forma geral, coadunava-se com interesses dos fazendeiros e senhores de escravos, explicáveis pelos acordos políticos que selavam as nomeações das autoridades locais. De fato, a proteção dos interesses senhoriais manteve, ao longo da década, práticas bastante conhecidas: descaracterização das denúncias de maus-tratos em escravos, prisão de escravos indisciplinados, repressão às forças abolicionistas. Seria tedioso enumerar todos os possíveis exemplos dessa tendência, uma vez que a maior parte da documentação policial resume-se à enumeração dos fatos e circunstâncias nos quais as forças policiais investiram seus esforços com vistas a preservar os interesses senhoriais, quase sempre identificados com a manutenção da ordem pública. Exemplificando apenas a Repartição dos Negócios Policiais, em seu relatório atinente ao período de setembro de 1883 a outubro de 1884, afirmava que embora reinasse a tranquilidade pública na província, a polícia havia contido alguns incidentes desagradáveis, preservando uma ordem pública que claramente se identificava com a defesa da propriedade escrava, tais como: retirando os juízes de direito de Araraquara e Jacareí, reprimindo uma insurreição de escravos em Descalvado — na fazenda de propriedade de d. Rita Antonia da Silva Serra, ocasião na qual o próprio chefe da Polícia de São Paulo, acompanhado de 40 praças, havia se deslocado para o local para reprimir os escravos revoltosos e impedir que os cativos das fazendas vizinhas também se levantassem e abandonassem seus postos — ou ainda capturando os 21 escravos da fazenda da viúva Duque, de Campinas, que, revoltados, haviam fugido.[19]

Na mesma linha, os juízes nas localidades tendiam a agir de forma a implementar os procedimentos legais de maneira seletiva e cuidadosa, com o intuito de preservar os interesses dos senhores. Essa tendência fica bastante explicitada, por exemplo, no inquérito policial referente à revolta dos escravos ocorrida na fazenda São José de Rio Claro, província de São Paulo, em 1885, propriedade do finado barão de Rio Claro, que se havia tornado, após inventário, Sociedade Agrícola Oliveira & Cia.

Esse auto testemunha tanto a luta jurídica de advogados e promotores na defesa dos escravos quanto as dificuldades impostas pela Polícia e pelos juízes para a efetiva implementação das leis que prejudicariam os interesses senhoriais no controle dos escravos.[20]

O episódio em questão iniciou-se com a apresentação, na delegacia de Polícia local, de um numeroso grupo de escravos do eito, do qual se distinguiam "negras que apenas acompanhavam seus maridos", mas que não haviam participado do crime. Do grupo em questão, 14 escravos entregaram-se, declarando que haviam agredido o feitor e que, por tal, não pretendiam voltar à fazenda. Respondendo à situação, o delegado abriu um inquérito policial e passou a interrogar os escravos, que unanimemente declararam que o feitor era excessivamente violento e "maligno" — repetindo um dos epítetos mais utilizados por escravos revoltosos. No entanto, a leitura dos autos mostra que o grupo havia ido muito além do esperado por senhores e autoridades, acostumados a lidar com as tensões produzidas pelas cíclicas intensificações dos ritmos de trabalho nas fazendas, que acabavam desembocando na indisciplina coletiva dos escravos e em crimes violentos.[21] Nesse caso, o grupo havia transgredido um dos tabus mais bem defendidos em uma sociedade escravista — que é o do monopólio do exercício do castigo corporal pelo chicote, infligido pelos senhores e seus prepostos sobre o plantel de escravos, e nunca ao contrário — realizando o impensável, colocando perigosamente o mundo de cabeça para baixo.

Como se verifica da leitura dos autos, o incidente se dera em resposta à atuação, no ver dos escravos, injusta do administrador, que, descontente com o ritmo "vagaroso" do trabalho da *gang*, havia mandado o escravo Mamede, residente na fazenda havia 16 ou 20 anos e feitor da roça havia sete, que "castigasse os trabalhadores" (note-se a ausência do termo escravo no depoimento), ao que Mamede se havia negado. Contrariado, o administrador tirou o chicote para castigar o feitor, que, em resposta à agressão, fugiu para a mata. Reagindo ao ataque, "os outros parceiros caíram sobre o administrador agarrando-o e batendo-o com o chicote dizendo-lhe que eles faziam aquilo para ver se era bom o que elle queria fazer com elles". Interrogado, o escravo André, trabalhador da roça na maior parte do tempo e residente na fazenda havia mais de 30 anos, corroborou a versão de Mamede, declarando que "estavam no serviço de separar e desbastar café na Fazenda São Jozé, serviço esse que exige cuidado por cauza das mudas aglomeradas, que não pode ser feito com violência". No entanto, o administrador reclamou que o serviço ia vagaroso e mandou o feitor castigar os escravos; discordando, o feitor opinou que o serviço "hia bem e com regularidade e que o administrador queria castigar injustamente aos escravos".[22]

Ao tentar punir Mamede pela insolência, o administrador acabou por detonar a revolta do grupo, pois, confirme afirmou André, ao assistirem a tal fato os escravos uniram-se e deram relhadas no administrador. Afirmou ainda esse escravo que "o administrador é muito impertinente e tem revoltado muito não só a elle respondente como também aos outros parceiros". Inquirido pelo delegado a respeito das circunstâncias da agressão, respondeu o interrogado que as relhadas infligidas no administrador, "que podiam ser em número de 50, foram dadas nas nádegas de calça abaixada".[23]

A sequência de interrogatórios dos outros parceiros seguiu a mesma toada: os 14 escravos que se haviam apresentado à delegacia eram homens de idade mais avançada, em torno de 50 anos, e haviam declarado residir na fazenda havia pelo menos duas décadas, sendo que alguns mais antigos chegaram a calcular que lá serviam havia 40 anos, como afirmou Euphêmio, natural de Campinas e trabalhador da roça. Agindo enquanto grupo coeso, consciente de seus direitos e interesses, os escravos assumiam claramente que não mais tolerariam uma das mais clássicas estratégias senhoriais de controle dos plantéis, que era o de transferir a aplicação dos castigos violentos aos feitores escravos, de forma a se preservarem fisicamente e a fraturar as possíveis ligações identitárias entre os escravos.[24] Em seu depoimento, o escravo Francisco Molle, natural de São Paulo, residente na fazenda havia 36 anos e de serviço da roça, ao prover certos detalhes do incidente, desvelou o nível de solidariedade grupal dos escravos, fato aterrador tanto para seus senhores quanto para as autoridades: afirmou ele que, de fato, cada escravo dera duas ou três relhadas nas nádegas do administrador. Ele, porém, não as havia desferido, pois se dedicara a apenas segurar as pernas do administrador "para que as esporas de suas botinas não machucassem aos companheiros".[25]

Claro está que o enraizamento na fazenda havia levado esses trabalhadores escravos a desenvolverem forte solidariedade, cimentada em prováveis laços de parentesco, casamento e apadrinhamento, como sugere o fato de o grupo ter-se apresentado à delegacia acompanhado de suas esposas as quais, embora não tivessem participado diretamente da agressão ao administrador, ainda assim se faziam presente, na trama que havia resultado no incidente. Leandro, natural da África, trabalhador da roça e com mais de 50 anos de idade, declarou em seu interrogatório que "o Administrador era maligno... que a poucos dias havia dado palmatoadas nele interrogado e prendido sua mulher no tronco..."[26]

De acordo com os procedimentos legais, o delegado prendeu os escravos criminosos e convocou a vítima, o administrador da fazenda, para depor e submeter-se ao exame de corpo de delito, peça essencial para alimentar a continuidade do processo inquisitorial, que deveria, por certo, redundar em processo criminal, no qual os escravos seriam incursos na lei especial de 1835, a qual dispunha sobre as agressões aos senhores, feitores, seus prepostos e familiares, e julgados em júri popular.[27] No entanto, apesar dos esforços do delegado, a continuidade do processo se viu obstada, uma vez que a vítima, Estanislao Campos Ferraz Netto, em seu depoimento, apresentou versão claramente interessada em inocentar os escravos e minimizar todo o ocorrido. Em primeiro lugar, Estanislao negou que, ao tempo do ocorrido, fosse administrador da fazenda. Pelo contrário, afirmou que embora no passado tivesse preenchido essa função, na época do incidente estava apenas de visita à fazenda, fato que desqualificava o possível enquadramento do grupo na lei de 1835. Além do mais, a vítima negou que tivesse sido chicoteada pelos escravos, admitiu apenas que havia sido levemente ferido, situação que requeria apenas as correções moderadas do senhor.[28]

Aqui certamente os interesses senhoriais colidiram com o correto e expedito procedimento do delegado; tanto o administrador não queria se expor à humilhação de um corpo de delito que comprovaria a inversão dos papéis, expondo a todos — livres e escravos — que a autoridade havia sido castigada pelos escravos com chicotadas nas nádegas —, quanto, ainda mais, importava levar os rebeldes de volta à fazenda para puni-los exemplarmente, única maneira que esses senhores e prepostos podiam considerar capaz de responder a tão inaudita inversão da ordem. Pressionado pelo delegado, o administrador submeteu-se à perícia, que, no entanto, apenas atestou, de maneira sucinta, a existência de ferimentos leves.[29]

A leitura dos autos delineia, dessa forma, uma sutil disputa pelo controle social, policial e jurídico das indisciplinas escravas; isso no ano de 1885, um dos momentos mais cruciais da década da abolição, em uma das regiões mais violentas da província de São Paulo. O delegado, ao defender draconianamente o indiciamento dos escravos na lei de 1835, que os castigaria com a pena de morte ou de açoites, de certa forma buscava manter a guarda dos réus, colocando-os a salvo da ação senhorial. O administrador humilhado, em vez de exigir a punição dos indigitados, menosprezava o crime e inocentava os escravos, defendendo sua devolução ao senhor. O fiel da balança, o juiz de direito, por seu turno, anexou ao processo longo arrazoado jurídico que, em sua essência, apoiava a versão senhorial: argumentando que uma vez que a vítima não se interessava em levar o processo adiante, não havia lugar para a ação criminal, apenas para a particular. Nesse sentido, o juiz julgou a ação improcedente e mandou arquivar o inquérito, obviamente devolvendo os escravos ao controle senhorial.

Dois outros autos, entretanto, seguiram o arquivamento do processo, ambos referentes aos castigos "moderados" que foram aplicados aos rebeldes em sua volta à fazenda. Um primeiro era o "Auto de delito procedido no escravo Christovão", que se havia escondido na casa do inspetor de quarteirão, o qual, por sua vez, se negava a entregá-lo ao senhor. Um segundo auto, esse de necropsia do cadáver do preto Liberato, mostra explicitamente como se haviam desenrolado os "castigos moderados" senhoriais. No entanto, a necropsia apenas se interessou em descobrir a *causa mortis*, dada como "aneurisma toráxico", sem descrever as condições gerais do corpo, ao mesmo tempo em que o juiz concluía que Liberato havia sofrido de morte natural, mandando arquivar o auto. Inconformado, o promotor reabriu a denúncia, mandando exumar o cadáver, que foi submetido a uma segunda necropsia, a qual concluiu em direção totalmente oposta à primeira. De acordo com essa, Liberato apresentava uma série de órgãos, como baço, rins e fígado, congestionados, atestando ter sido a morte resultado de castigos violentos. Apoiado no segundo parecer, o promotor exigiu que o processo fosse levado ao chefe da Polícia.[30]

O resultado da apelação do promotor parece ter sido, entretanto, irrelevante. Embora todos os autos relativos ao caso tenham sido expedidos para a apreciação da chefia da Polícia, situação que nos permitiu localizar esse conjunto documental, o acompanhamento dos papéis da Polícia não registrou mais nenhum rastro desse incidente que pudesse fornecer indícios de sua continuidade. Com quase toda a certeza, o caso foi abafado: além de não interessar às autoridades dar publicidade aos casos mais sensíveis de rebeldia escrava, os meses seguintes acabaram coalhados de denúncias sobre planejamento de grandes revoltas de escravos nos entornos de Rio Claro, fato que desaconselhava de todo a defesa de escravos rebeldes.[31] Apesar de sua inconclusão, o conjunto dos autos relativos à revolta dos escravos da fazenda São José testemunha as lutas que, na década de 1880, passavam a antepor diferentes autoridades locais em torno da interpretação dos fatos e episódios que exigiam definições sobre o direitos dos escravos e de seu controle social e jurídico e sobre a implementação das leis emancipacionistas, cíveis ou criminais, constituindo, assim, um território de disputa pública entre diferentes autoridades. Em vista de tal cenário, os escravos rapidamente passaram a radicalizar, jogando, cada vez mais acirradamente, uns contra os outros, autoridades e senhores.

A TRANQUILIDADE PÚBLICA: FAZENDEIROS, DELEGADOS DA POLÍCIA E ESCRAVOS DESGOVERNADOS

Se havia fortes interesses ligando autoridades municipais aos senhores de escravos, também é verdade que ressalta dos papéis policiais acerca da repressão aos movimentos escravos a crescente preocupação, sobretudo da parte da chefia da Polícia, em manter as atividades repressoras dentro do estrito cumprimento da lei. O acirramento das tensões envolvendo escravos, já nos primeiros anos da década de 1880, colocando a questão servil na ordem do dia, atraía para as atividades policiais de controle dos movimentos escravos a atenção da opinião pública que, informada pelos jornais, acompanhava a evolução dos conflitos, sensibilizando-se pelas denúncias das arbitrariedades policiais.

Como se depreende do caso discutido a seguir, ainda em 1881 a ocorrência de revoltas violentas em distritos cafeeiros importantes, acompanhadas de ondas de pânico e violência, começavam a rachar a antiga solidariedade entre autoridades e senhores de escravos. Alguns delegados da Polícia, juízes e promotores começavam a se ressentir de agir de maneira publicamente arbitrária, ao arrepio dos procedimentos legais, mostrando ser apenas joguetes nas mãos de fazendeiros truculentos e aterrorizados.

O relatório do delegado de Itatiba (área cafeeira do oeste paulista) ao chefe da Polícia acerca da repressão a uma revolta de escravos, ocorrida numa das fazendas importantes da região, a qual prontamente reprimida, não havia resultado em nenhuma ocorrência mais grave, ilustra essa realidade.[32] O primeiro relatório do delegado de Itatiba dá ideia da extensão da revolta, bem como do pânico do senhor frente à rebeldia de seus escravos:

> Hoje a uma hora da madrugada fiz seguir uma escolta forte de dez homens, comandada pelo sargento aqui destacado, em socorro do fazendeiro Francisco Cardoso, no Bairro do Jardim, deste termo, voltaram às onze horas trazendo presos nove dos chefes da insurreição de escravos de Cardoso ficando todos acomodados, digo ficando o resto dos escravos acomodados sem que houvesse nenhum incidente na diligência, porém como todo o tirano é covarde, Cardoso que tremia de medo vendo que onze sabres saltaram da bainha em seu auxílio, tornou-se um valentão e quer dilacerar os escravos...

Em sua sequência, afirmava o delegado, em tom dramático, bem ao gosto da época:

> Ilmo Exmo Sr.
>
> A escravidão, essa miséria estampada na face da sociedade brasileira, de ontem para cá tem me feito passar por horríveis torturas, o senhor me pedia que lhe garantisse a vida e propriedade, a humanidade, a religião e o espírito do século me pediam que garantisse o sangue do escravo. Cardoso, sanhudo quer ensanguentar a cadeia, eu me oponho, por toda parte sussurrava-se: a autoridade não consentia que se dilacerasse os escravos. É agente de Nabuco, comparsa de Luís Gama diziam. Finalmente hoje ao meio-dia, a semelhança de Pilatos, talvez tão covarde quanto ele, ordenei que se açoitassem os nove infelizes escravos de Cardoso. Dirigi-me à cadeia e fiz representar o mais triste e degradante espetáculo, mandando aplicar cinquenta açoites em cada um. O estalar do chicote do algoz, os gemidos das vítimas davam àquela cena o aspecto da época negra do Santo Ofício. Quatrocentas e cinquenta vezes se levantou o azorrague e outras tantas caíram sobre a garupa de nove homens pretos, isto em nome da lei, diante da autoridade e força pública. O que diria Castro Alves se fosse vivo? Ao retirar-me fui saudado pela multidão, mas eu estava envergonhado. E ficou tudo em paz e sossego.[33]

Embora excepcional, o texto acima testemunha a radicalização de certos estratos da população nas áreas de alta concentração de cativos, que passavam a reagir de forma violenta às contestações escravas. Situações como a acima descrita, no entanto, sugerem que o acirramento dos ânimos dos fazendeiros tumultuava as cidades e ameaçava as autoridades, exigindo tanto a repressão contra escravos rebeldes como contra advogados envolvidos nos movimentos emancipacionistas ou nos clubes e sociedades abolicionistas.

Outros tantos delegados e juízes municipais, no decorrer da década, expressaram igualmente sua discordância quanto aos métodos utilizados pelos fazendeiros locais, sobretudo aqueles congregados nos Clubes de

Lavoura. Baluartes da reação escravista, essas associações assumiram — principalmente no oeste paulista, área de expansão do café na província de São Paulo, e nas áreas produtoras de café e açúcar fluminenses — crescente hostilidade com relação às reivindicações escravas e à atuação de advogados interessados na libertação jurídica dos cativos. Na província de São Paulo, localidades como Brotas (1881), Araraquara (1883 e 1884), Ribeirão Preto (1883), Botucatu (1883 e 1884) e São João da Boa Vista (1884)[34] viveram sérios conflitos envolvendo as atividades de grupos de fazendeiros e Clubes de Lavoura que "provocando distúrbios na cidade, ameaçam espancar as autoridades e corpo policial".[35]

Congregados em bandos armados, sempre sob a direção dos mais poderosos, os fazendeiros não se acanhavam em ameaçar, pelas armas, advogados, juízes e delegados que não demonstrassem identificação estrita com seus interesses. Vale lembrar o bem conhecido discurso apresentado por Christiano Ottoni ao Senado em 1884, o qual não apenas registra a escalada de tensões sociais nos distritos escravistas, que passavam a antepor radicalmente fazendeiros aos escravos revoltosos e militantes abolicionistas, como evoca os crescentes conflitos entre autoridades municipais, judiciárias e policiais e os grupos de fazendeiros organizados em torno dos Clubes de Lavoura ou em bandos armados. Situação que sugeria, não sem razão, a emergência no Brasil — ou pelo menos nas áreas conturbadas pelos conflitos escravistas — de padrões de justiçamento sumário e linchamento, tidos como uma das consequências mais nefastas da guerra civil norte-americana:

> Mas, paralelamente a estes fatos, surgem outros igualmente lamentáveis, ainda mais condenáveis, porque são praticados por homens livres. Refiro-me à expulsão do lugar de sua residência dos juízes que julgam de certa maneira, por indivíduos reunidos e armados que se dizem povo; a expulsão de advogados que requerem em juízo alguma libertação; e a par disto ainda excessos mais espantosos; a invasão das prisões, a retirada de criminosos que são esquartejados na praça pública! E o que é mais assustador é o silêncio guardado sobre cada um destes fatos! (...) Supondo que fosse a lei de Linch

> em uso em alguns Estados da União Americana, cabe-me perguntar a todos os responsáveis pela direção dos negócios públicos: desejais que se admitam em nosso país um tal estilo? É o que vedes na América do Norte mais digno de imitação?[36]

Nesse sentido, nota-se que, embora a Justiça e a Polícia, de forma geral, trabalhassem em harmonia com os interesses dos fazendeiros na manutenção da ordem e, portanto, na defesa da sacrossanta propriedade escrava, a década de 1880 também colaborou para o delineamento de possíveis cisões. O crescente desgoverno dos escravos parece ter sugerido às autoridades policiais que, em situações críticas, mais importante do que defender o direito dos fazendeiros seria preservar a chamada tranquilidade pública.

Ora, à medida que os senhores perdiam o controle sobre seus cativos, passavam a exigir das autoridades que interviessem de forma truculenta na contenção da rebeldia escrava, e assim, decididamente, se colocassem ao lado da defesa da propriedade de escravos. Por seu turno, muitas autoridades começavam a se sentir pressionadas e desrespeitadas, situação que delineava potenciais conflitos de poder no âmbito do controle social. Pode-se dizer que, embora permaneça ainda como questão nebulosa, o processo de intervenção da esfera pública no mundo privado dos senhores de escravos começou a gerar, em torno da década de 1880, uma cisão na esfera do controle social, em torno da implementação das leis emancipacionistas. Embora estritamente conservador, defensor da legitimidade da propriedade escrava e fundado no ideal da indenização pecuniária e moral aos senhores pela emancipação dos escravos — na forma do estabelecimento de períodos de trabalho obrigatório e cumprimento de outras obrigações pelo libertando —, o gradualismo emancipacionista produziu, nos distritos cafeeiros, grandes conflagrações de interesses.

"VAMOS DAR UM SAQUE GERAL NA POVOAÇÃO": ESCRAVOS ANDARILHOS, DELEGADOS EMANCIPACIONISTAS E A REAÇÃO SENHORIAL

Um dos episódios mais dramáticos ocorridos já às vésperas da abolição, em fevereiro de 1888, atesta o nível de confronto que se desenrolava nas áreas cafeeiras de São Paulo, colocando senhores de escravos, de um lado, e de outro, o delegado da Polícia de Penha do Rio do Peixe, localizada a oeste da província de São Paulo.[37] Caso excepcional devido tanto à violência dos fazendeiros, que lincharam o delegado "abolicionista" Joaquim Firmino de Araújo Cunha, quanto à participação de ex-confederados norte-americanos emigrados para a região, como o médico James H. Warne e João Jackson Klink, ambos naturalizados brasileiros e fazendeiros escravistas da região e, do que se depreende dos autos criminais, líderes do linchamento. Ao que tudo indica, a acusação contra Joaquim Firmino, que teria justificado a organização de um grupo de fazendeiros e capangas com objetivo de aplicar represália no delegado e outras figuras locais, baseava-se em sua atuação moderada e legalista em defesa das leis emancipacionistas, que naquela altura passavam a ser abertamente discutidas em toda parte, em *meetings* de rua, jornais e associações abolicionistas, entre outros espaços. Segundo os réus, o crime de Joaquim Firmino restringia-se a estar dando guarida em sua casa a dois escravos em processo de emancipação, além de participar de *meetings* abolicionistas, organizados em torno do Clube Euterpe Comercial, de Mogi-Mirim.[38] Tendo reunido, na calada da noite, nos arredores da cidade, mais de 200 pessoas revoltadas com a aparente adesão do delegado local ao abolicionismo, a turba entrou sorrateiramente na cidade e postou-se à frente da casa do delegado "em grande algazarra, fazendo ao mesmo tempo uma enorme descarga de que ficaram crivadas de balas as paredes e folhas das janelas, enquanto outros quebravam as vidraças e forçavam a porta...". A seguir, invadiram a residência, surraram até a morte o delegado, agrediram sua mulher e uma filha pequena. Ato contínuo, a turba ganhou novamente a rua, dirigindo-se à casa de outras vítimas, tidas também como colaboracionistas. Não tendo podido alcançá-las, pois devido ao alarde os perseguidos haviam tido tempo de se refugiar nas vizinhanças, a turba irritada retornou à casa de Joaquim Firmino. Ali, encontrou caído o delegado, provavelmente já morto. Alguns, porém, para se certificar do óbito, chutaram e esfaquearam o cadáver, apesar dos rogos de sua mulher e de sua filha.[39]

Ao contrário do que se poderia esperar, nos dias seguintes, a maior parte dos indiciados se apresentou à justiça local, confirmando a participação na reprimenda ao delegado que, segundo os réus, merecia receber um susto por não cumprir aquilo que se esperava das autoridades, isto é, fidelidade absoluta aos interesses dos fazendeiros. Atestando a certeza da impunidade, um a um os réus confirmaram suas participações, negando apenas terem cometido a agressão física direta ao delegado. Comprovando o nível de tolerância local com relação ao comportamento violento dos fazendeiros, quando se tratava de preservar a propriedade escrava, todos os réus foram absolvidos por júri popular.[40] Indicando ser essa uma tendência que se delineava nos meses que antecederam o 13 de maio, em Mogi-Mirim, área cafeeira a noroeste de São Paulo contígua a Penha do Rio do Peixe e ainda em fase preliminar de expansão do café, foi assassinado o "agitador abolicionista Antônio Paiva" no bairro rural de Ressaca. No dia seguinte, porém, os partidários e parentes da vítima, em represália, invadiram a fazenda Santo Inácio, da qual, supõe-se, haviam partido os assassinos do abolicionista.[41] Situação similar se concretizava em outras regiões produtoras de café do Sudeste, sendo o caso mais notável o do município fluminense de Campos dos Goitacazes, marcado pela atuação de Luiz Carlos Lacerda, delegado da Polícia local nos inícios da década de 1880 e que, nos anos seguintes, a partir de 1884, desenvolvera radical militância abolicionista.

Região fortemente escravista, como comprovam os dados de Sílvia H. Lara para o final do século XVIII, que computam 30.000 habitantes, sendo 50% deles escravos, Campos dos Goitacazes entrou no século XIX contando com o acúmulo de conhecimento a respeito do manejo dos escravos, produzido em décadas de relações escravistas, com longa experiência senhorial e das autoridades locais no controle dos cativos, estes sempre prontos a fugir, resistir ao trabalho ou estabelecer relações sociais perigosas.[42] As constantemente instáveis relações escravistas locais passaram, no início da década de 1880, por uma reviravolta, com a entrada em cena de nova forma de intervenção do poder: a do delegado legalista e moderado, que buscava implementar as políticas emancipacionistas, embora sem ferir frontalmente o poder senhorial. De fato, Lacerda havia iniciado sua trajetória abolicionista ao tempo em que ocupava o cargo de delegado da Polícia, no qual imprimira atuação moderadamente emancipacionista e, sobretudo, legalista.

No entanto, ao buscar intervir de forma mais legalista no trato das denúncias e crimes que envolviam os escravos do município enquanto vítimas de abusos senhoriais, dando ouvidos a acusações relativas a castigos exagerados e assassinatos de escravos, e procurando levar a cabo as diligências de forma menos parcial, Lacerda passou a ser tratado pela camada senhorial como elemento perigoso, que deveria ser prontamente extirpado da sociedade local. Ao que tudo indica, ao colidir com os interesses senhoriais, Lacerda, que dificilmente alimentava concepções mais arrojadas do que o ditado pelo emancipacionismo conservador, acabou descobrindo na pele o lado mais obscuro do poder senhorial: perseguido, ameaçado, caluniado, agredido moral e fisicamente, acabou sendo compelido, pela pressão dos escravistas, sobretudo daqueles congregados em torno do Clube de Lavoura local, a assumir militância muito mais radical do que se podia esperar se levarmos em conta o início de sua trajetória.[43] Afinal de contas, o abolicionista radical, redator do combativo *Vinte Cinco de Março*, jornal que pregava, em 1884, a insubordinação escrava como forma legítima de defesa, havia iniciado sua carreira abolicionista recusando-se a participar, em 1881, da Sociedade Libertadora Campista, sob o argumento que "*antes de emancipar o escravo era preciso educá-lo*".[44]

Entre os muitos aspectos aterradores da generalização da rebeldia escrava que emergiu desde o início da década, um deles chama a atenção por ter sido reiteradamente remarcado como o mais perturbador deles: a mobilidade a que passavam a usufruir os bandos de escravos e recém-libertos. Revoltando-se, simplesmente fugindo na calada da noite ou, ainda mais no final da década, retirando-se das fazendas em grandes bandos, capitaneados por guias e agentes abolicionistas provenientes das cidades, os grupos de escravos passavam a transitar por vias, estradas e cidades.[45] Os deslocamentos dos grupos, muitas vezes compostos não mais por cativos mas por recém-libertos — como os denominados libertos de Antonio Bento, que nos anos finais da escravidão eram trazidos do Quilombo do Jabaquara para as fazendas do oeste paulista para repor as levas de cativos que abandonavam seus postos —, produzia nos senhores, nas populações urbanas e nas autoridades municipais verdadeiros calafrios.[46] Nessas situações, temia-se, mais do que qualquer coisa, a eclosão de surtos de violência incontrolada.

Episódio muito expressivo aparece no relatório do delegado da Polícia de Santa Rita do Passa-Quatro ao chefe da Polícia de São Paulo, no início de 1888, a respeito das algazarras provocadas por 30 e tantos libertos que haviam sido deslocados de Santos para colher café nas fazendas locais. Afirmava o delegado que os ex-escravos, denominados sob a rubrica de "colonos (...) são bêbados, provocam desordens, aconselham os escravos a fugirem e procurarem Antonio Bento em São Paulo". Acrescenta o delegado, pintando com tintas carregadas a situação do município sob sua responsabilidade, que a prisão de um deles, por desordens, provocara a oposição do grupo que ameaçara invadir a cadeia e "dar um saque geral na Povoação, para ensinar a caboclada".[47] Ameaças como essa indicavam a potencialidade da eclosão de revoltas de escravos e libertos, que produziriam surtos de violência contra senhores e outros setores, como as camadas médias das cidades.

Nos anos finais de vigência da escravidão, os conflitos se exacerbaram, levando a quadro geral de confronto nessa direção. A partir de certo ponto, fazendeiros, subdelegados, delegados, chefes da Polícia e outras autoridades provinciais e da corte parecem não se entender mais, observando-se no entrecruzamento de telegramas, ofícios e declarações públicas não só a ausência de estratégia discursiva comum, mas um jogo de empurra com relação ao controle da agitação e deslocamentos dos cada vez menos manejáveis escravos. O episódio discutido a seguir, iniciado com o recebimento pelo chefe da Polícia da corte, em setembro/outubro de 1885, de uma carta anônima, a qual havia caído nas mãos de um importante fazendeiro de Resende — cujo nome foi mantido em segredo — que repassou as informações para o delegado local, por intermédio de quem chegou às autoridades da corte. O teor das informações contidas na tal carta parecia, aos fazendeiros e autoridades municipais das províncias cafeeiras, coalhadas de escravos rebeldes e cada vez mais móveis, simplesmente aterrorizante:

> Incognitos. Sociedade Secreta Abolicionista cujo centro é a Corte, organisada com intuito de revolucionar a arraia-miúda e com ella apoiar a insurreição geral dos escravos para esse fim preparada na Corte, Província do Rio de Janeiro, São Paulo, Paraná e Rio Grande do Sul, nestes três ou quatro meses, por esta foram mandados 50 agentes pelas cinco províncias do Império. São agentes escolhidos, intelligentes para bem persuadir e de confiança para executar; 10 foram para cada província. Um dos de São Paulo vae pela linha do Norte, percorrendo as cidades e povoações por onde passa a estrada geral. Procuram no seu itinerário os filiados a quem dão instrucções verbaes e animam mostrando a proclamação que trasem com os diseres: — Viva o Imperador, Viva a Família Imperial, *Abaixo o Ministério* e Viva a Liberdade Geral dos Escravos: assignaturas entre outras de Dantas, Joaquim Nabuco e muitos outros que não ficaram na memória. Disem que são appoiados pelo Conde D'Eu e que já contam com 400 subscriptos. Procuram faser nucleos municipaes que recebem instrucções do nucleo provincial; e este do nucleo central para no dia que for designado; depois de tudo preparado gritarem a revolução e sublevarem os escravos que appoiarão para dar o golpe mais seguro. Contam em São Paulo com o apoio dos italianos que se interessarão no movimento e na Corte com os trabalhadores de estradas de ferro e outros, além do contingente de pessoal de que dispõem. O agente secreto que segue pela linha do Norte, isto é pelas povoações cortadas pela estrada geral, é um homem branco mas não muito claro, de 30 a 40 annos de idade, intelligente, usa toda a barba, anda trajado com roupa de casimira escura, sem signal algum particular. É cauteloso, a noite é que procura os filiados sendo por isso guiado por algum dos da terra. Esteve no Bananal e já entendeu-se com os seus, e deve estar em Barreiros ou já em Areas. Não Procura só os da cidade, procura também os da roça e previne para se reunirem quando para isso tiverem ordem que receberam por signaes.[48]

Concomitantemente à circulação dessas alarmantes informações, surgiram, nos distritos cafeeiros do oeste de São Paulo, indícios da organização de ampla sublevação de escravos, que supostamente deveria eclodir no Natal de 1885. As averiguações levadas a cabo em populosos distritos escravistas — como os de Campinas, Mogi-Mirim, Casa Branca, Penha do Rio do Peixe, Brotas, São Simão e Limeira — levantaram indícios da preparação de diversos levantes escravos, surgindo, igualmente, pistas da colaboração de forasteiros em sua organização.[49] Tais conclusões levaram ao repentino acirramento de tensões e confrontos entre senhores e autoridades municipais do Judiciário e da Polícia, todos procurando pressionar os níveis mais altos da burocracia em busca de reforço policial, proteção e garantia de manutenção da tranquilidade pública. Assim, por exemplo, rezava o telegrama enviado pelo delegado da Polícia de Limeira ao chefe da Polícia, datado de 20 de dezembro de 1885:

> Ilmo. e Exmo. Snr.
>
> Fundados receios de uma sublevação de escravos incitados por um indivíduo que por aqui andou e ultimamente foi prezo em Mogy Mirim, a qual deverá realizar-se no dia 24 ou 25 do corrente, e achando-se actualmente no destacamento desta cidade só 4 praças e um sargento incapases de qualquer serviço por serem uns poltrões solicito de V. Excia a remessa de 15 a 20 praças de permanentes de linha para estacionar aqui somento o tempo precizo...[50]

A troca de alarmados telegramas entre senhores, subdelegados e delegados e chefia da Polícia traça quadro bastante claro: à medida que o dia da suposta revolta se aproximava, as diferentes vozes, senhoriais e das autoridades, se entrechocam. Os senhores e parte das autoridades exigem intervenção cirúrgica das forças policiais para decididamente esmagar a ousadia de escravos e abolicionistas. Já uma camada mais moderada de delegados, promotores e juízes, apoiada pela própria chefia da Polícia de São Paulo, recomenda a manutenção da tranquilidade pública, entendida como moderação, e o estrito cumprimento das leis, colocando a defesa da propriedade escrava como segunda prioridade. É o que esclarece, por exemplo, o telegrama enviado pelo chefe da Polícia de São Paulo ao delegado da Polícia de Descalvado, em novembro de 1885, o qual, vendo-se confrontado com um levantamento de escravos em uma das fazendas locais, cujo motivo, temia-se, ligava-se à sublevação geral dos escravos em pauta, aconselhava a prisão urgente desses escravos, mas "recomendo a prudência e moderação para que não se tenha que lamentar outros factos que poderiam depor contra a boa administração da polícia".[51]

Os dias seguintes mostraram, realmente, a existência de funda cisão entre as autoridades, que haviam passado a interpretar seus papéis sociais em diferentes chaves: a irrestrita defesa da propriedade escrava saía da boca de cena para dar lugar à defesa da tranquilidade pública, cujo teor escorava-se no respeito à lei e aos procedimentos legais, e sempre recomendava, da parte da Polícia e outras autoridades, moderação. Conceito que podia ser crescentemente aproximado a uma visão liberal da constituição de um espaço público impessoal.[52]

Em termos mais diretos, a adesão das autoridades policiais ao gradualismo detonou as bases do controle social dos escravos nas localidades, abrindo espaço para a ascensão dos movimentos rebeldes. O legalismo, mesmo que tímido, das autoridades foi um subproduto não planejado do abolicionismo e deu lugar a uma reordenação de forças, com consequências inesperadas. Os escravos, como sempre, aproveitaram o espaço aberto pela briga entre os poderosos e avançaram decididamente. Os já visíveis movimentos insurrecionais do começo da década de 1880 se aprofundaram em seus meados desembocando em crise aguda na qual o constante abandono dos postos de trabalho pelos escravos nas fazendas acrescentava-se à crescente mobilidade dos grupos de cativos que, em suas andanças, assustavam as populações das vilas e cidades. Apesar da contínua repressão da Polícia e dos capangas, armados pelos cada vez mais presentes Clubes de Lavoura, os escravos, de alguma forma, percebiam que as autoridades não tinham mais instrumentos para conter a onda de insubmissão. A fissura no discurso hegemônico sobre a defesa da propriedade escrava como prioridade acabou, em última análise, abrindo o flanco para a ascensão de um tipo de rebeldia escrava que pôs fim à própria escravidão.

Dispostos a punir administradores com relhadas, justificando que "que eles faziam aquilo para ver se era bom o que elle queria fazer com elles", a abandonar as fazendas, fugindo solitariamente ou em grupos, na calada da noite, na maior parte das vezes a pé, seguindo os trilhos dos trens como guia, sob alto risco de retaliação das autoridades e capangas senhoriais, embrenhando-se nos coutos e quilombos, como o do Jabaquara em Santos, que muitas vezes jogavam os fugidos em condições pouco favoráveis, os escravos na década de 1880 provaram estar dispostos a tudo para se livrar da escravidão. Mais ainda, quando após inomináveis esforços e riscos investidos na busca da libertação, os recém-libertos foram pressionados a retornar a seus postos de trabalho nas fazendas, como "colonos", eufemismo que reatualizava os princípios de submissão similar à do cativeiro, passaram a sinalizar que podiam praticar a terrível vingança, temida por todos. Tal possibilidade, contida na expressão "dar um saque geral na Povoação, para ensinar a caboclada", trazia uma informação que não podia ser mais clara: a escravidão estava superada em todos os sentidos. Senhores e autoridades, no entanto, mostraram grandes dificuldades para entender o recado e preferiram seguir adiante argumentando que havia sido a falta de iniciativa dos ex-escravos, despreparados para entender o mundo da liberdade, que havia comprometido sua inserção na esfera da cidadania.

Notas

1. Desde a Lei Eusébio de Queirós, de 1850, que proibia o tráfico internacional de escravos, passando pelas leis do Ventre Livre, de 1871, e dos Sexagenários, de 1885, os políticos alinhados ao escravismo passaram a declarar que cada uma dessas leis haveria de, por si só, extinguir paulatinamente a escravidão, sendo, portanto, desnecessária qualquer outra intervenção no desenrolar natural da extinção da escravidão. Tais prognósticos supunham que a escravidão desapareceria no alvorecer do século XX, sendo que os mais conservadores prognosticavam sua duração até 1910. Sobre o tema, consultar, entre outros: Robert Conrad, *The Destruction of Brazilian Slavery, 1850-1888*, Berkeley, University of California Press, 1972.

2. Mantenho aqui a linha de raciocínio seguida em Maria Helena Machado, *O plano e o pânico. Os movimentos sociais na década da abolição*, Rio de Janeiro/São Paulo, Ed. da UFRJ/Edusp, 1994.
3. Enidelce Bertin, *Os meia-cara. Os africanos livres em São Paulo no século XIX*, tese de doutorado, São Paulo, Universidade São Paulo, 2006. Ver também: Beatriz Gallotti Mamigonian, "Revisitando a 'transição para o trabalho livre': a experiência dos africanos livres" *in* M. Florentino (org.), *Tráfico, cativeiro e liberdade. Rio de Janeiro, séculos XVII-XIX*, Rio de Janeiro, Civilização Brasileira, 2005, p. 389-412.
4. Bertin, 2006, *op. cit.*, p. 239-240.
5. Ver, por exemplo, Enidelce Bertin, *Alforrias na São Paulo do século XIX: liberdade e dominação*, São Paulo, Humanitas, 2004, que estudou as alforrias da cidade de São Paulo ao longo do século XIX.
6. Uma análise dos meandros da discussão a respeito da indenização dos senhores por meio do trabalho do libertando encontra-se em diferentes passagens de Conrad, *op. cit.*, tais como p. 96-100 e 224-229.
7. Inúmeros estudos nos últimos anos se voltaram para a análise das ações de liberdade que tomavam como base a lei de 1871, como Sidney Chalhoub, *Visões da liberdade*, São Paulo, Cia. das Letras, 1990; e Hebe Maria Mattos de Castro, *Das cores do silêncio. Os significados da liberdade no Sudeste escravista, Brasil, século XIX*, Rio de Janeiro, Arquivo Nacional, 1995.
8. Joseli Maria Nunes Mendonça, *Entre a mão e os anéis. A Lei dos Sexagenários e os caminhos da abolição no Brasil*, Campinas, Editora da Unicamp/Centro de Pesquisa em História Social da Cultura, 1999.
9. Aqui me refiro à terminologia utilizada por Ilmar R. de Mattos, *O tempo saquarema. A formação do Estado imperial*, São Paulo, Hucitec, 1990, que analisa a formação liberal do Estado imperial brasileiro como produto da oposição de três mundos ou esferas de poder: o mundo da casa (fazendas escravistas), o do governo (dos cidadãos votantes) e o da desordem, na qual se localizavam os homens livres pobres da ordem escravista, vinculados às normas sociais por tênues laços paternalistas sempre vistos pelas elites como fonte da anarquia social.
10. Ver, por exemplo, Conrad, *op. cit.*, p. 221.
11. Sobre o impacto das reivindicações de indenização exigidas por senhores e parlamentares em torno das décadas da abolição e anos imediatamente posteriores, ver Conrad, *op. cit.*, caps. 6, 7, 14, 15 e 17; e Eduardo Silva, "O grande impasse: a indenização" *in* Américo Jacobina Lacombe *et al.*, *Rui Barbosa e a queima dos arquivos*, Rio de Janeiro, Fundação Casa Rui Barbosa, 1988, p. 41-50.
12. Sobre as ideias reformistas de Rebouças, ver Sydney M. G. dos Santos, *André Rebouças e seu tempo*, Rio de Janeiro, edição do autor, 1985, p. 447-495.
13. Machado, *O plano...*, *op. cit.*, cap. 4; e Conrad, *op. cit.*, em muitas passagens, tais como p. 162, 214 e 272.
14. Sobre o tema, ver Machado, *O plano...*, *op. cit.*, p. 163-168.

15. Citado por R. Magalhães Jr., *A vida turbulenta de José do Patrocínio*, Rio de Janeiro, Sabiá, 1969, nota 34, sem elucidação da fonte. Texto semelhante aparece na obra de Rebecca Baird Bergstresser, *The Movement for the Abolition of Slavery in Rio de Janeiro, Brazil, 1880-1889*, PhD, Stanford University, 1973, p. 162, retirado de carta de Rebouças a Nabuco de 1890.
16. Machado, *O plano...*, *op. cit.*, p. 76-77. Os dados a respeito da população escrava encontram-se em Conrad, *op. cit.*, quadro 14, p. 295, e mostram que entre 1874 e 1882 a população escrava do município de Descalvado passou de 1.339 a 2.860, a de Pirassununga de 1.376 a 3.550, e a de Rio Claro de 3.935 a 4.852.
17. Departamento do Arquivo do Estado de São Paulo (Daesp), Polícia, caixa 2.692, ordem 257.
18. Daesp, Livro de Reservados, ordem 1.529, Ofício de 11 de setembro de 1883.
19. Daesp, Polícia, caixa 2.638, ordem 203 de 1884. Relatório da Repartição dos Negócios Policiais, de 23 de setembro de 1883 a 30 de outubro de 1884.
20. Daesp, Polícia, caixa 2.647, ordem 212 de 1885. Translado dos Autos de Interrogatório feito aos escravos da Fazenda São José, neste Município, e Termo e Corpo de Delito e mais peças dos ditos autos.
21. Sobre o tema, ver Maria Helena P. T. Machado, *Crime e escravidão. Trabalho, luta e resistência nas Lavouras Paulistas, (1840-1888)*, São Paulo, Brasiliense, 1987.
22. Daesp, Polícia, caixa 2.647, ordem 212 de 1885. Traslado dos Autos de Interrogatório..., *op. cit.*, Interrogatório do escravo Mamede. Grifos meus.
23. Daesp, Polícia, caixa 2.647, ordem 212 de 1885. Traslado dos Autos de Interrogatório..., *op. cit.*, Interrogatório do escravo André.
24. Ver Machado, *Crime e escravidão*, *op. cit.*, p. 62-86.
25. Daesp, Polícia, caixa 2.647, ordem 212 de 1885. Traslado dos Autos de Interrogatório..., *op. cit.*, Interrogatório do escravo Francisco Molle.
26. Daesp, Polícia, caixa 2.647, ordem 212 de 1885. Traslado dos Autos de Interrogatório..., *op. cit.*, Interrogatório do escravo Leandro.
27. Sobre lei especial de 1835, ver Machado, *Crime e escravidão*, *op. cit.*, p. 65.
28. Daesp, Polícia, caixa 2.647, ordem 212 de 1885. Traslado dos Autos de Interrogatório..., *op. cit.*, Depoimento de Estanislao Campos Ferraz Netto.
29. Daesp, Polícia, caixa 2.657, ordem 222 de 1885. Autos de Corpo de Delito em Estanislao Ferraz Netto.
30. Daesp, Polícia, caixa 2.647, ordem 212 de 1885. Traslado dos Autos de Interrogatório..., *op. cit.* Traslado de Autos de Delito procedido no escravo Christovão pertencente à Sociedade Agrícola Oliveira & Cia e Traslado de Autos de Autópsia do cadáver do preto Liberato.
31. Machado, *O plano...*, *op. cit.*, cap. 5.
32. Daesp, Polícia, ordem 2.600, caixa 165 de 1880.
33. Daesp, Polícia, ordem 2.600, caixa 165 de 1880.

34. Daesp, Polícia, ordens 2.612, 2.627, 2.628, 2.629, 2.636 e 2.658, caixas 177, 192, 193, 194, 201 e 223, respectivamente.
35. Daesp, Polícia, ordem 2.628, caixa 193 de 1884. Ofício do delegado de Polícia de Botucatu ao chefe da Polícia.
36. Discurso de Christiano Ottoni ao Senado de 9 de julho de 1884, reproduzido em Lana Lage da Gama Lima, *Rebeldia negra & abolicionismo*, Rio de Janeiro, Achiamé, 1981, p. 102-103.
37. A única pesquisa até hoje realizada sobre o caso é a de Jácomo Mandato, *Joaquim Firmino. O mártir da Abolição*, Itapira, edição do autor, 2001.
38. Lauro Monteiro de Carvalho e Silva, *Moji-Mirim (subsídios para a sua história)*, Mogi-Mirim, Casa Cardona, 1960, p. 213.
39. Conforme "Autuação" constante do processo-crime de 1888, Autora: A Justiça contra Doutor James Warne e outros. Processo parcialmente reproduzido em Mandato, *Joaquim Firmino...*, *op. cit.*, p. 102-105.
40. Processo-crime de 1888, Autora: A Justiça contra Doutor James Warne e outros, processo parcialmente reproduzido em Mandato, *Joaquim Firmino...*, *op. cit.*, p. 152-155.
41. Carvalho e Silva, *Moji-Mirim*, *op. cit.*, p. 214.
42. Sílvia Hunold Lara, *Campos da Violência*, São Paulo, Paz e Terra, 1988, p. 139 e cap. XIV, p. 341-356.
43. Sigo aqui a análise de Lima, *Rebeldia negra...*, *op. cit.*, p. 84-139.
44. Lima, *Rebeldia negra...*, *op. cit.*, p. 85.
45. Em São Paulo, capital, o trânsito de escravos fugidos tornou-se, nos anos finais da vigência da escravidão, um dos grandes temores. O episódio de enfrentamento ocorrido entre um bando de escravos, que se haviam retirado de diferentes fazendas do oeste e se dirigiam para Santos, e um grupo de policiais do Corpo de Permanentes, ocorrido na capital, no bairro de Santo Amaro, causou pânico na cidade. Ver Maria Helena P. T. Machado, "Sendo cativo nas ruas: a escravidão urbana na cidade de São Paulo" *in* P. Porta (org.), *História de São Paulo. A cidade no Império*, v. 2, São Paulo, Paz e Terra, 2004, p. 96-97.
46. Sobre o Quilombo do Jabaquara, ver Maria Helena P. T. Machado, "De rebeldes a fura-greves: as duas faces da experiência da liberdade na Santos pós-emancipação" *in* O. Cunha e F. dos Santos Gomes, *Quase-cidadãos. Histórias e antropologias da pós-emancipação no Brasil*, Rio de Janeiro, Ed. da FGV, 2007, p. 241-282.
47. Grifo meu.
48. Daesp, Polícia, caixa 2.649, ordem 214 de 1885. Ofício contendo carta anônima, supõe-se copiada pelo escrivão de Polícia de Resende e então enviada ao chefe da Polícia da corte, que por seu turno a reenviou ao chefe da Polícia de São Paulo, e este para as autoridades policiais municipais. Considera-se também a possibilidade de que a carta anônima tenha sido apenas relembrada pelo fazendeiro denunciante, que a tivesse tido em mãos apenas para leitura. No entanto, as circunstâncias da denúncia permanecem nebulosas. Apesar do tom pouco claro da denúncia, o que

poderia fazer supor um certo grau de fantasia por parte dos fazendeiros, vale relembrar que poucos anos antes, na mesma região, Antonio Mesquita e seus seguidores haviam, de fato, tentado levantar os escravos a partir de um plano similar. Acrescenta-se que indivíduos presos na localidade confirmaram o suposto plano. Sobre essa tentativa de sublevação, ver Machado, *O plano...*, *op. cit.*, cap. 5 (grifo no original).

49. Daesp, Polícia, caixas 2.641, 2.647 e 2.649, ordens 206, 212 e 214 de 1885.
50. Daesp, Polícia, caixa 2.649, ordem 214 de 1885.
51. Daesp, Polícia, caixas 2.642 e 2.651, ordens 207 e 216.
52. Para o aprofundamento da questão, ver André Rosemberg, *A Polícia em São Paulo (1871-1889): a instituição, prática cotidiana e cultura*, tese de doutorado, São Paulo, Universidade de São Paulo, 2008, cap. 5.

CAPÍTULO XI

A alternativa republicana e o fim da monarquia[1]

Renato Lemos

CONSIDERAÇÕES INICIAIS

É, já, truísmo afirmar que a perspectiva republicana esteve presente em praticamente todos os movimentos políticos brasileiros anteriores a 1889.[2] Sua transformação em movimento organizado, entretanto, tem como marco dezembro de 1870, quando surgiu o Partido Republicano. Também formalmente, seu término é delimitado pela derrubada da monarquia em novembro de 1889. Entretanto, a percepção do significado histórico-social do republicanismo brasileiro impõe que não se desprezem circunstâncias e processos anteriores e posteriores a tais marcos. Uns, por ajudarem a explicar elementos que poderiam ser apontados como suas raízes. Outros, por remeterem a expressões maduras de conteúdos sociais de cuja implantação o republicanismo foi um dos principais meios.

A república nunca foi, no Brasil, um projeto redutível ao interesse de alguma classe social específica. Seu advento, além disso, nada teve de inevitável. Fosse um pouco mais flexível o núcleo dirigente da monarquia, aceitando a alternativa federalista, e possivelmente a república não teria começado a se tornar realidade em 1889.[3] Pode-se, mesmo, afirmar que esse foi o caminho historicamente possível para a implantação de um Estado federal nas condições críticas atravessadas pela monarquia a partir de cerca de 1870, que produziram o desgaste das suas bases de legitimidade junto a frações das classes dominantes e incompatibilidades com segmentos das Forças Armadas. Nesse percurso, as classes sociais estiveram divididas entre os campos monarquista e republicano. Proprietários rurais, comerciantes, membros do incipiente empresariado industrial e financeiro, setores médios — burocratas, jornalistas, profissionais liberais etc. — construíram, pela inércia ou pela militância política, uma situação em que a monarquia se viu indefesa diante da disseminação da alternativa republicana e da ação organizada de uma fração das Forças Armadas razoavelmente mobilizada em torno de questões corporativas e princípios gerais republicanos.

Por outro lado, a ausência de disposição revolucionária, ou mesmo reformista, em relação à propriedade em geral e, em especial, da terra por parte dos campos políticos monarquista e republicano funcionou como elemento "tranquilizador" dos interesses das classes dominantes, contribuindo para a indiferença em relação ao destino da monarquia. Garantidas as bases materiais da sua dominação, importava pouco a forma política. Embora ainda não existisse no país uma classe operária, o espectro do comunismo — alimentado pela luta de classes nos países de capitalismo avançado — já assombrava as classes dominantes e seus intelectuais, subordinando a questão do formato jurídico-político da dominação social. A pesquisa histórica certamente encontrará indícios mais recuados no tempo, mas o impacto da Comuna de Paris no Brasil já permite que se percebam, nos primeiros anos da década de 1870, registros de uma preocupação anticomunista. Em 1871, por exemplo, um deputado geral baiano conseguiu ver a marca do comunismo no relatório anual do diretor do Imperial Instituto dos Meninos Cegos, o notório positivista Benjamin Constant Botelho de Magalhães. A defesa do direito dos cegos à educação completa foi entendida como manifestação das doutrinas da Comuna de Paris.[4]

Os temores classistas eram atiçados pelo problema da escravidão, aguçando-se a sensibilidade contrarrevolucionária. A Joaquim Nabuco, expoente do antiescravismo reformista, angustiava a posição de último baluarte da escravidão ocupada pelo Brasil, que, "isolado do mundo civilizado, exceção única dos países cristãos (...) há de ser, sem remédio, arrastado para um abismo, se nada fizer, se do tempo quiser esperar a solução".[5] Havia que se antecipar, prevenir através de reformas, aprender com os países colonialistas europeus, que haviam abolido a escravidão em suas colônias e, com ela, o perigo da revolução social na áreas periféricas sob seu controle:

> No Brasil o perigo é mais sério e mais grave, está conosco; o perigo está dentro do país, pode surpreender-nos, afetar a ordem pública e a sociedade civil.
>
> Daí a urgência de conjurá-lo pela previsão e pela providência; daí a necessidade de tomar a iniciativa desta grande questão; de evitar que ela se torne uma questão política, e presa dos demagogos.
>
> Impedir a torrente é impossível; dirigi-la para que não se torne fatal é de alta política.[6]

TRANSFORMAÇÕES ECONÔMICAS, SOCIAIS E POLÍTICAS NO BRASIL DA SEGUNDA METADE DO SÉCULO XIX

Em uma perspectiva de longo prazo, tem-se a alternativa republicana conectada ao processo de transformação estrutural da sociedade brasileira. Mais precisamente, o sentido histórico de seu surgimento, implantação e consolidação afirmou-se no período que se pode balizar pelos anos 1850 e 1900. Trata-se de um momento histórico marcado por acontecimentos econômicos, sociais, ideológicos e políticos que se associaram a mudanças nas bases da sociedade brasileira: extinção do tráfico internacional de escravos, Lei de Terras, intensas migrações internas, Guerra do Paraguai, movimento abolicionista, deslocamento do polo dinâmico da cafeicultura do Vale do Paraíba para o oeste paulista, imigração europeia, expansão do trabalho livre, renovação intelectual de vários setores sociais pela absorção de variantes do liberalismo e do cientificismo, conflitos entre o Estado, a Igreja católica[7] e os segmentos militares, abolição da escravidão, derrubada da monarquia e implantação da república, primeira crise de superprodução cafeeira, e estabilização da ordem republicana nos termos da "política dos governadores".

De fato, operou-se nesse período o que se poderia definir como o movimento de superação efetiva das estruturas coloniais. A acumulação de capital no setor agroexportador, dinamizado pela cafeicultura num quadro de independência política consolidada, criou, a partir de meados do século XIX, a base para a primeira experiência de administração relativamente autônoma da imensa riqueza material que o estatuto colonial subordinara, de forma absoluta, às estritas conveniências metropolitanas.

O processo de transição política coincidiu com o declínio da atividade extrativista de minerais preciosos, mas o

> café não só permitiu o reerguimento do Centro-Sul brasileiro, a braços com a penosa crise de reajustamento que se seguiu ao esgotamento das minerações, como ainda iria constituir a base econômica da formação do império e da constituição orgânica do próprio Brasil independente.[8]

Uma vez aclimatado no Brasil, o café que se cultivava na região do Vale do Paraíba — formado por terras mineiras, fluminenses e do norte de São Paulo —, se tornaria, no período 1810-1870, o principal produto da exportação nacional e responsável, em meados do século, pela satisfação de mais da metade do sempre crescente consumo mundial. Nas três últimas décadas do século, a cafeicultura expandiu-se decididamente pelo oeste paulista, cuja produção suplantaria a vale-paraibana já em 1890.[9]

Observou-se no período, ainda, uma tendência para o progresso material, com o desenvolvimento de algumas formas modernas de acumulação de capital em setores como os de transportes e financeiro.[10] A extinção, em 1850, do tráfico internacional de escravos — "o maior negócio brasileiro na época"[11] — liberara capitais privados que chegavam a equivaler, em um ano, à importação total de outras mercadorias.[12] Entretanto, se é possível apontar uma tendência materialmente progressista na conjuntura, não se pode atribuí-la aos grupos dirigentes. Em seu conjunto, as classes dominantes mostraram-se pouco receptivas a inovações políticas, econômicas e administrativas, optando sempre pela manutenção de um Estado centralizado e escravista, e de uma organização econômica agroexportadora e latifundiária. A propósito do império, Caio Prado Jr. observou:

> Ele sempre constituiu uma força conservadora, não raro reacionária, que só muito prudentemente acompanhava o surto de renovação que perpassava a sociedade brasileira. Quando cedia à pressão dos acontecimentos, era para firmar-se logo depois numa imobilidade intransigente (...) Notemos que, por "império", não entendo aqui unicamente a administração pública e a estrutura política, mas o conjunto das instituições, bem como a posição ideológica dominante no regime imperial.[13]

Do ponto de vista material, portanto,[14] a

> segunda metade do século XIX assinala o momento de maior transformação econômica na história brasileira (...). Expandem-se, então, largamente, as forças produtivas brasileiras, dilatando-se seu horizonte; e remodela-se a vida material do país.[15]

Esse desenvolvimento foi especialmente notável na década de 1870, registrando-se a multiplicação dos negócios nas áreas agrícola, comercial e industrial.[16] A evolução do sistema de transportes no sentido das ferrovias; a superação dos arcaicos banguês na agroindústria açucareira; a conquista, no oeste da província de São Paulo, de níveis de produtividade bastante superiores aos alcançados nas tradicionais zonas cafeeiras do vale do rio Paraíba; a gestação das primeiras indústrias e a proliferação de organismos de crédito são indicadores de que a economia brasileira se tornava mais diversificada e complexa. Embora a agricultura permanecesse como o principal polo de acumulação de capital, perdia, aos poucos, a condição de campo único e exclusivo de investimentos. Em seu interior ocorria um processo que determinaria um amplo leque de transformações internas à sociedade brasileira: o sistema de produção escravista, pressionado pelas contingências do mercado capitalista mundial e estrangulado pelas limitações resultantes da extinção do tráfico, ia sendo, progressivamente, substituído pelo trabalho livre, que, nas áreas cafeeiras do oeste paulista, mais dinâmicas, passava a fundar as relações de produção.[17] Há que considerar, também, o crescimento e a diversificação da presença do capital estrangeiro na economia nacional. Liderados pelo capital inglês, esses capitais vincularam-se estreitamente aos negócios com bancos, seguros, ferrovias e empresas de navegação.[18]

A estrutura demográfica do país traduziu as tendências da economia. Entre 1850 e 1900, a população cresceu em ritmo acelerado, passando de pouco mais de sete milhões para quase 18 milhões de habitantes. Refletindo a polarização das atividades econômicas, os contingentes populacionais distribuíam-se espacialmente de maneira também desigual, com "áreas de forte concentração, como o Rio de Janeiro, Minas Gerais e São Paulo, ao lado de vastas extensões vazias de homens".[19]

O surgimento de novas atividades econômicas e as mudanças sofridas pelas tradicionais afetavam a dinâmica da sociedade brasileira. À emergência de novos grupos correspondia uma diversificação dos interesses em jogo no cenário nacional. Os representantes do ainda embrionário setor industrial reivindicavam a proteção do governo.[20] Ao mesmo tempo, o crescimento demográfico do país formava, em alguns centros urbanos, contingentes populacionais situados nas camadas médias da sociedade: comerciários, profissionais liberais, funcionários públicos, empregados em transportes etc. A experiência urbana matizava ou, mesmo, subvertia os laços que, em geral, esses contingentes mantinham com os interesses agrários e os conduzia a comportamentos próprios diante de questões como a escravidão, o sistema representativo e a organização política.[21]

Por outro lado, os setores dominantes tradicionais também sofriam o impacto das transformações econômico-sociais. Decadentes e descapitalizados, em decorrência da baixa produtividade de suas lavouras, aferravam-se a métodos rotineiros de produção e ao trabalho escravo. Naturalmente, a situação variava entre as províncias,[22] mas o quadro geral era determinado, com exceção do café, pela posição de inferioridade dos produtos regionais de exportação no instável mercado mundial.

Durante o império, o poder político das classes dominantes teve como base material interna a grande propriedade rural e a força de trabalho escrava. No exercício do poder, elas se constituíram como um grupo político conservador, composto, principalmente, de proprietários de terras, burocratas e comerciantes[23] que, organizados em dois partidos — Conservador e Liberal —, revezaram-se no governo do país, sob o arbitramento do imperador, no exercício do Poder Moderador.

Para reproduzir tais condições, mantiveram um Estado centralizado política e administrativamente. O imperador exercia os poderes Moderador e Executivo, monopolizando, portanto, os elementos centrais do sistema político. O sistema representativo excluía os escravos e, na maior parte da fase monárquica, boa parte das pessoas livres, que não dispunham de renda suficiente para se tornar eleitoras nem, muito menos, elegíveis. O Legislativo compunha-se de Câmara dos Deputados, cujos integrantes eram eleitos pelo sistema indireto, e Senado, cujos membros, vitalícios, eram escolhidos a partir de uma lista eleitoral de onde saíam os três nomes mais votados, entre os quais o imperador nomeava um, variando o total de representantes de cada província em função do número de deputados gerais por ela eleitos. Assessorava o imperador o Conselho de Estado, cujos integrantes, nomeados por ele, eram igualmente vitalícios. O governo geral nomeava os presidentes das províncias, às quais cabia pequena parcela da receita tributária gerada em seu território, e as câmaras municipais eram carentes de maiores meios de vida autônoma.

A organização imperial dificultava o atendimento das demandas políticas e econômicas apresentadas pelos grupos emergentes na sociedade. Também os grupos tradicionais nem sempre sintonizavam com o método e a orientação com que o governo equacionava as questões de seu interesse. Protecionismo alfandegário, política imigratória, abolicionismo, alargamento da representação, separação entre a Igreja católica e o Estado, administração dos interesses nacionais diante do capital estrangeiro, melhoria das condições de vida nas grandes cidades etc., eram temas que a monarquia tinha dificuldades de enfrentar e de responder, de maneira adequada, à preservação de suas bases sociais e políticas.

Enquanto não houve maior assimetria entre os poderes econômico e político, o sistema centralizado sobreviveu. Em finais do século XIX, no entanto, já se registrava importante desencontro entre os dois poderes, resultante "do empobrecimento das áreas de onde provinham tradicionalmente os elementos que manipulavam o poder e, concomitantemente, do desenvolvimento de outras áreas que não possuíam a devida representação no governo".[24] No Vale do Paraíba, onde a cafeicultura fluminense contribuíra decisivamente para a prosperidade material do império durante cerca de 50 anos, os cafezais tendiam à estagnação, e os fazendeiros, endividados, frequentemente perdiam ou abandonavam as lavouras. As dificuldades financeiras os impediam de investir na elevação da produtividade dos cafeeiros e, por conseguinte, de acompanhar os níveis de rendimento oferecidos pelas áreas mais prósperas, que, assim, monopolizavam as oportunidades de atração dos imigrantes que buscavam as lavouras. Dependentes da mão de obra escrava, não conseguiam romper o círculo vicioso que levava da baixa produtividade à carência de capitais.

As desigualdades de perspectivas entre as áreas econômicas antagonizavam os interesses provinciais. No plano da política econômica, por exemplo, partiam do oeste paulista pressões no sentido do estímulo à imigração e à construção de ferrovias regionais. Já os fazendeiros das áreas tradicionais, especialmente os cafeicultores fluminenses, mantinham-se escravistas e defendiam a criação de núcleos coloniais como alternativa à atração de imigrantes, cuja importação não podiam bancar.[25]

Também na agroindústria açucareira opunham-se setores modernizadores e arcaizantes. Em crise desde o início do século XIX, em consequência da concorrência estrangeira e da estagnação tecnológica, a economia açucareira nordestina e fluminense enfrentava dificuldades para modernizar-se. Os proprietários de terras mais bem dotados de recursos financeiros investiam no aperfeiçoamento da produção, mas, para isso, dependiam do amparo oficial, na forma de empréstimos subsidiados, garantias de juros etc.[26] Por seu turno, os banguês ficavam definitivamente para trás na corrida pelo mercado; seu destino era a estagnação ou a especialização como produtores de rapadura e fornecedores de matéria-prima para engenhos centrais e usinas.[27]

A coligação de senhores de engenho nordestinos com os fazendeiros do Vale do Paraíba proporcionou a coesão política necessária à monarquia por quase meio século. Entretanto, à decadência das economias açucareira e cafeicultora dessas regiões não correspondeu uma diminuição proporcional de seu peso na estrutura de poder: "Enquanto o centro de gravidade econômico e social se desloca para o Sul, a base política do governo se desloca para o Norte."[28]

A província de São Paulo constituía a face mais evidente da assimetria entre o poder econômico e a representação política. Maior produtora de café do país a partir da segunda metade do século XIX, a região forneceu número inexpressivo de senadores durante o período imperial (três em 59), equivalente ao do Pará e inferior ao da Bahia, Minas Gerais, Pernambuco e Rio de Janeiro. Em 1889, a bancada paulista na Câmara dos Deputados era superior em um deputado à cearense e inferior às representações pernambucana, baiana, mineira, fluminense e da corte. Também no Conselho de Estado e nos ministérios eram clara minoria os representantes do oeste paulista.[29] Nessa região reuniam-se, portanto, condições bastante favoráveis ao desenvolvimento de um projeto de autonomia na forma federalista, item constante do programa do Partido Liberal, embora condicionado à preservação da monarquia, cuja existência, no entanto, era cada vez mais identificada, pelos setores sub-representados, com a centralização político-administrativa.

A ALTERNATIVA REPUBLICANA NO BRASIL

É usual na historiografia apontar a Guerra do Paraguai (1865-1870) como o marco inicial da crise da monarquia no Brasil. Independentemente da maneira como o conflito seja explicado, o que tem variado de acordo com o tipo de envolvimento, a nacionalidade ou a perspectiva historiográfica do analista, é consensual a ideia de que ele funcionou como fator de potencialização de contradições do sistema político brasileiro, às quais acrescentou novos elementos.

Considerada por Joaquim Nabuco a linha divisória entre o apogeu e a decadência do império,[30] a guerra foi entendida por Silva Jardim como elemento decisivo na crise do "constitucionalismo" imperial: "forma-se a princípio o *radicalismo*, e logo após o *republicanismo*, claro, no nome e na ideia e na ação".[31] Entretanto, após o 15 de novembro, as explicações da conexão entre a guerra e a implantação da república têm variado em função, basicamente, do grau de proximidade com a conjuntura de transição política e do papel exercido pelo analista no desenvolvimento dos fatos.

O visconde de Ouro Preto, presidente do último Conselho de Ministros do império, entendeu a guerra como um dos sinais da crise militar da qual a república teria sido o resultado. O golpe estaria sendo preparado há anos, e os primeiros indícios de insubordinação militar datariam do fim da Guerra do Paraguai.[32]

Raimundo Teixeira Mendes, então vice-diretor do Apostolado Positivista do Rio de Janeiro, escreveu em 1891 sobre os reflexos da guerra na inserção do Exército na sociedade brasileira e sobre a questão disciplinar. Tudo se explicaria pela mudança de posição das Forças Armadas nacionais na sociedade durante a Guerra do Paraguai, após a qual suas reivindicações teriam ganho peso junto ao governo, refletindo-se nos orçamentos e na valorização das funções militares.[33]

Escrevendo em 1896 para o público francês, Oliveira Lima apontou a Guerra do Paraguai como o último grande "serviço" prestado ao império pelo Exército brasileiro, que abafara diversas sedições nas províncias. O império, entretanto, segundo ele, "jamais demonstrou reconhecimento ao exército; teve a imprudência de abandoná-lo inteiramente no momento em que o ensino democrático abria horizontes mais vastos aos oficiais".[34]

Já na década de 1950, Raimundo Magalhães Júnior destacou a estratégica conexão existente entre a importância desfrutada pelo Exército após o conflito e o incremento da campanha contra a escravidão, que atacava o principal pilar das classes sociais dominantes no império.[35] De fato, durante quase todo esse tempo, o grupo dirigente brasileiro esteve, no conjunto, comprometido com a escravidão. A exploração dessa forma arcaica de trabalho num período de grande expansão do capitalismo internacional constituiu aparente paradoxo essencial no universo material e ideológico de amplos setores da sociedade. A ideologia dominante configurou um "híbrido sociológico", correspondente à interação de elementos sociais de natureza qualitativamente distinta: a cultura colonizadora europeia e a organização econômica baseada em relações escravistas de produção.[36] Naturalmente, esse casamento, que combinava desigualdades, foi funcionalmente adequado às necessidades de expansão do capital, mas não deixou de criar, nas áreas assim colonizadas, situações *sui generis*. O liberalismo europeu, por exemplo, foi adotado e reinterpretado na convivência com o escravismo:

> (...) interessado em manter as estruturas tradicionais, despojado de seus também tradicionais argumentos teológicos num mundo crescentemente secular, o pensamento escravista defendeu o cativeiro utilizando os próprios dogmas do discurso liberal, purgados cuidadosamente de sua pregação revolucionária. Igualdade, liberdade, iniciativa individual e propriedade privada são temas tomados à ética liberal para justificar o que esta negava através dos mesmos.[37]

Esse empreendimento intelectual envolveu os próprios críticos da monarquia. O peso da visão de mundo e dos interesses materiais articulados em torno do sistema escravista impôs-se à elaboração de projetos modernizadores durante a conjuntura, permeando-os e estabelecendo os seus horizontes. A dimensão política dessa combinação impregnou também o republicanismo brasileiro.

Embora defendida no Brasil desde muito tempo, a alternativa republicana só se tornou politicamente viável a partir de 1870, dadas as transformações econômicas e sociais pelas quais o país passou. A crise política gerada em 1868 pela "derrubada" do gabinete Zacarias levou o Partido Liberal à cisão. De uma das suas correntes, formou-se, em 3 de novembro de 1870, o Partido Republicano da cidade do Rio de Janeiro. Em seu manifesto inaugural, publicado um mês depois, os republicanos criticaram, entre outros aspectos da vida do país, o regime de corrupção e privilégios; as prerrogativas do trono; o centralismo da administração; a ausência das liberdades econômica, de consciência, de imprensa, de ensino; o sistema representativo limitado etc. Como alternativa, propunham a reforma da sociedade por meios pacíficos, através da implantação de uma república federativa e democrática, baseada na soberania do povo e administrada por um governo representativo e responsável.

A divulgação do Manifesto Republicano estimulou o surgimento de clubes e jornais em várias regiões. Menos de um mês após a publicação do documento, chegava ao Clube Republicano do Rio de Janeiro a informação de que o Clube Radical de São Paulo acabara de se transformar em Clube Republicano. Foi o início de uma onda de adesões em vários municípios paulistas.[38] A vaga, contudo, não se expraiaria na mesma velocidade pelo resto país. Onde havia forte tradição liberal e/ou republicana, como em Minas Gerais[39] e Pernambuco,[40] as adesões ao republicanismo começaram a acontecer logo, mas sem se traduzir necessariamente em organização partidária.

Em outras áreas, a evolução do republicanismo foi mais complicada. Entre as províncias do norte, o Pará organizou seu partido em 1886, mas o Amazonas não o conseguiu enquanto durou a monarquia. Na Bahia, forte reduto monarquista, o impacto do Manifesto Republicano restringiu-se a um efêmero entusiasmo de alunos da faculdade de medicina, sem maiores reflexos no interior da província, e ao surgimento de alguns jornais favoráveis ao novo partido.[41] O partido inexistiu na Paraíba, assim como a imprensa republicana, até o fim da monarquia.[42] Província pioneira no abolicionismo, tendo extinto a escravidão em 1884, o Ceará teve seu partido republicano fundado em 1887. Nas províncias do Maranhão, Sergipe, Alagoas, Rio Grande do Norte[43] e Rio de Janeiro, a organização de partidos republicanos só se tornou possível após o fim compulsório da escravidão, que motivou a adesão de escravocratas ressentidos. No Espírito Santo, os republicanos não formalizariam uma organização partidária antes de 1889, mantendo-se nucleados em clubes locais, embora se entendessem como um partido republicano.[44] No sul, o Partido Republicano Rio-grandense foi fundado em 1882, adotando com especial ênfase a vertente federalista do documento.[45] Já o Partido Republicano de Santa Catarina surgiu em 1885, enquanto no Paraná os republicanos não conseguiram superar a fase de organização em clubes.

Em todos os casos, os jornais cumpriram função estratégica, tanto em termos de aglutinação quanto de ação propagandística, mas, na maioria das províncias, o movimento republicano se encontrava em precárias condições organizacionais quando da queda da monarquia. Por meio de intensa propaganda, conseguiu ampliar a receptividade ao republicanismo, mas não logrou êxito na tentativa de multiplicar sua influência político-eleitoral, que acabou, na prática, restringindo-se às províncias de São Paulo e Rio Grande do Sul e, secundariamente, Rio de Janeiro e Minas Gerais.

Apenas em São Paulo os republicanos conseguiriam construir um partido de fato. Aí, se organizariam não só médicos, engenheiros, advogados, jornalistas e comerciantes, em geral maioria nos núcleos republicanos de outras regiões, mas também expressivo contingente de fazendeiros de café do oeste, que representaram 50% dos delegados presentes à Convenção de Itu que, em 1873, fundou o Partido Republicano Paulista. O projeto republicano federalista oferecia a esses agricultores efetiva via de acesso ao poder político, uma vez que o poder econômico eles já encarnavam.

O surgimento do Partido Republicano em 1870 coincidiu com o incremento do movimento abolicionista. À medida que se radicalizava a campanha antiescravista, aguçavam-se as ambiguidades do republicanismo em face da escravidão.[46] Combatida por grande parte da população urbana, por setores do Exército, da Igreja católica e do próprio grupo politicamente dirigente, o imperador incluído, a escravidão constituía a questão estratégica do momento histórico. Do ponto de vista estritamente econômico, a substituição do sistema escravista tornara-se uma prioridade nacional. A cafeicultura em expansão, eixo da produção de riqueza material do país, ampliava a demanda de mão de obra. A utilização de escravos era cada vez mais problemática. Preços ascendentes, alta mortalidade e baixa taxa de crescimento demográfico eram fatores responsáveis pela progressiva diminuição da presença de escravos na população das províncias cafeicultoras. O mercado de trabalho constituía, portanto, um problema relativo às próprias condições de sobrevivência, no curto prazo, das amplas áreas que ainda não empregavam mão de obra livre.

Para os republicanos, entretanto, a abolição era, antes de tudo, um problema de oportunidade política. Na interpretação otimista de Boehrer, os republicanos paulistas eram apenas pragmáticos diante da escravidão: "A maioria dos republicanos *sufocava* as suas tendências abolicionistas em troca de vantagens políticas decorrentes de uma aliança com os fazendeiros republicanos de Campinas."[47]

Na verdade, os partidos republicanos brasileiros assumiram, sempre, posição essencialmente oportunista em face da escravidão. Foram poucas as exceções, devidamente controladas. A sua posição se explicava, pragmaticamente, pela necessidade de assegurar o apoio dos fazendeiros, em especial dos paulistas. Grande parte deles era proprietária de escravos e se aproximara da corrente republicana via federalismo. Responsáveis, já na década de 1880, pela área mais dinâmica da economia nacional, os cafeicultores paulistas se empenhavam em reverter um esquema político-administrativo que, altamente centralizado, castrava-lhe a utilização, em proveito próprio, dos vultosos recursos gerados em sua região.[48]

O partido esperava que o problema da escravidão fosse resolvido, ainda, pela monarquia para, assim, obter dividendos duplamente: capitalizando o descontentamento que a abolição causaria entre os fazendeiros, sobretudo do Sudeste, e defendendo o pagamento de indenização aos proprietários de escravos expropriados. Em Minas Gerais, por exemplo, foi expressiva a corrente dos "indenistas", elementos do Partido Conservador que ingressaram no Partido Republicano — fundado, sintomaticamente, em novembro de 1888 — após a abolição sem indenização.[49] O Partido Republicano da província do Rio de Janeiro — fundado no mesmo mês, assim como o Partido Republicano da Bahia — foi viabilizado pela dissidência escravista, o que obrigou Silva Jardim a realizar complicados exercícios lógicos para explicar que os ex-proprietários de escravos haviam manifestado seu republicanismo *após* e não *por causa* da abolição sem indenização.[50] Na Bahia, segundo Mário Augusto da Silva Santos,[51] o movimento republicano caracterizou-se pela perspectiva democrática que o conduziu, desde cedo, à luta contra a escravidão. Ainda assim houve quem, à época, apontasse a presença do "indenizismo" entre os republicanos baianos.

O oportunismo do Partido Republicano em face da escravidão tinha, portanto, conteúdo que transcendia os limites do momento político. Trata-se do problema representado pelo lugar ocupado pela escravidão como elemento constitutivo da formação social brasileira. Equacioná-lo e resolvê-lo significava definir novas bases sociais, novas relações que envolveriam o conjunto dos elementos da economia e da sociedade nacional. Os republicanos não conseguiram formular um projeto de fôlego para enfrentar a questão. Ao contrário, procuraram eximir-se dessa responsabilidade, defendendo a tese de que era um problema a ser resolvido pela monarquia e, individualmente, pelas províncias interessadas, de acordo com sua realidade e com o espírito federalista. Entretanto, apesar de federalistas intransigentes, os republicanos defenderam uma posição unitária em favor dos interesses dos proprietários de escravos, sustentando a bandeira da indenização. Entenderam, também, de forma igualmente unitária, que a abolição deveria ser gradual, de maneira a não provocar um trauma na sociedade.

O denominador comum entre republicanos, conservadores e liberais, como expressão política dos interesses das classes dominantes no Brasil escravista, era a percepção contrarrevolucionária dos riscos que a ordem social poderia enfrentar caso mudanças fossem feitas sem o devido controle. Por trás da indenização e do gradualismo, projetava-se a sombra da ameaça à ordem social. Ao analisar o projeto da Lei Rio Branco (1871), o jornal republicano da cidade do Rio de Janeiro advertiu seus leitores: "(...) agitar águas que há muito estão turvas, promover o espírito de sedição por parte do escravo e o da revolta por parte do senhor, eis, entre outras, as consequências desse monstruoso projeto". O jornal defendia, naquele momento, a abolição imediata com indenização, para evitar o mal maior:

> (...) há muita gente que se assusta com o algarismo enorme da indenização, mas entre esse algarismo e o que se tiver de gastar com uma guerra civil, que escolha quem for capaz. Nós, os republicanos e *ipso facto* abolicionistas, o que não podemos aceitar é o funesto presente dos danos que, sob a falsa aparência de alta filantropia, acabam de atirar no seio da sociedade brasileira o facho da conflagração.[52]

Os republicanos da cidade do Rio de Janeiro — em sua maioria profissionais liberais da corte — preocupavam-se, portanto, com a ordem. Assustava-os, principalmente, o espectro da guerra civil. A revolução haitiana (1791/1804) e a guerra civil norte-americana (1861/1865), episódios dos quais a escravidão resultara extinta de forma violenta, os estimulavam a adotar atitude prudente, que viabilizasse uma transição isenta de mobilizações populares e controlada pelos grupos dirigentes.[53]

A relação dos republicanos com a questão abolicionista era congruente com o modelo de república que esboçavam. As correntes majoritárias dentro do partido convergiam para uma posição inspirada na experiência norte-americana, com ênfase na organização do poder. Dessa maneira, descartava-se a vertente francesa do republicanismo, que privilegiava a participação popular na direção política.[54]

A divergência traduzia-se na arregimentação dos membros do partido em duas correntes principais.[55] Os adeptos de um caminho "evolucionista" entendiam que a república seria alcançada por meio de um longo processo de educação de amplos setores da sociedade, que acabariam por legitimá-la como forma superior de organização política. O fim do Segundo Reinado, com a morte de d. Pedro II, seria o momento da implantação da república. O líder mais destacado dessa corrente era o veterano jornalista fluminense Quintino Bocaiúva. Majoritária no partido, sua preponderância afirmou-se durante o Congresso Republicano Federal, realizado na cidade de São Paulo em maio de 1889, quando Quintino, com o apoio decisivo da bancada paulista, foi eleito dirigente máximo da agremiação.

Já os defensores de uma via "revolucionária" apostavam na necessidade de recorrer a todos os métodos para derrubar a monarquia, inclusive o uso da violência em resposta à ação violenta do Estado, enfatizando a importância de uma ampla participação popular na luta pela república. Inspiravam-se, em grande parte, no jacobinismo francês e tinham em Silva Jardim — jovem advogado e professor fluminense de orientação positivista — seu principal arauto. Corrente minoritária, tirava sua força da intensa agitação e propaganda desenvolvida por Silva Jardim e do apoio dos partidos republicanos pernambucano e paraense.

MILITARES NA POLÍTICA

A posição das Forças Armadas no processo político nacional durante a monarquia é tema que não desfruta de visão consensual entre os historiadores.[56] Ainda assim, pode-se considerar que, como instituição, elas estiveram distantes do cenário político até a década de 1870. Daí em diante, sua participação política se dará não por intervenção institucional direta, mas por força do progressivo envolvimento de muitos de seus membros em conflitos de natureza variável, que irá da disciplinar à política, mas, em geral, com desdobramentos políticos.

É muito forte a tendência historiográfica que vê na Guerra do Paraguai (1865-1870) o marco inicial de uma atitude de contestação a aspectos da ordem por parte de militares. Para Sérgio Buarque de Holanda, por exemplo, a campanha produziu em muitos militares "frustrações e ressentimentos" explorados por políticos republicanos.[57] Já John Schulz destaca a importância da experiência com os grupos dirigentes do país e com outros povos e sistemas políticos para que o corpo de oficiais emergisse da guerra "com um sentimento de unidade corporativa, um novo sentido de sua importância, uma amargura para com os civis e, talvez, uma visão do mundo mais ampla".[58]

De fato, a partir da década de 1870, uma sucessão de conflitos entre membros das Forças Armadas e de governos indica que a disciplina e a obediência, tidas como o elemento central da organização militar, mas também da relação entre as Forças Armadas e o poder civil, começavam a se enfraquecer. As divergências apresentaram inicialmente caráter estritamente corporativo.

Em 1879, fez-se na Câmara dos Deputados uma tentativa de aplicar cortes nos orçamentos da Armada e do Exército, agitando oficiais das duas forças. Ao custo de algumas punições, conseguiram que a proposta parlamentar fosse abandonada, embora já aprovada em segunda discussão.[59]

A defesa de interesses corporativos levou militares a tentar o envio de um representante ao Congresso. Em 1881, dois candidatos militares concorreram no Rio de Janeiro à Câmara dos Deputados, na primeira experiência de eleições diretas no país. Foi uma campanha de fundo corporativo, que responsabilizava os grupos políticos dominantes por problemas como o pagamento incerto de soldos e pensões, o baixo valor dos soldos, a lentidão nas promoções, a inexistência de uma lei de aposentadoria compulsória que permitisse a abertura de vagas para oficiais jovens, o descumprimento da promessa imperial de prioridade para os veteranos da Guerra do Paraguai no preenchimento de vagas no serviço civil e más condições de vida no serviço. Foram derrotados, mas "a campanha revelou a profundidade da hostilidade militar à elite imperial".[60]

Jornais publicados por oficiais exigiam uma política imigratória, a construção de ferrovias e o protecionismo industrial.[61] Entretanto, o mais poderoso fator de politização dos militares concentrava-se nas divergências em torno da escravidão e da disciplina, que se tornavam faces de uma mesma moeda, já que a ampla simpatia de oficiais, incluídos os de alta patente, pelo abolicionismo ia de encontro à orientação política das autoridades militares do império escravocrata. Em 1881 falava-se, entre militares, na iminência de uma revolução: o Exército exerceria o seu direito, que era também uma obrigação, de intervir no processo político nacional no sentido de conseguir o fim da corrupção e o restabelecimento da ordem moral conspurcada pela elite civil.[62]

Em meados de 1883, apresentou-se no Senado um projeto de lei que criava um montepio compulsório para os funcionários civis e militares, alterava as condições de reforma nas duas armas e declarava os empregados públicos passíveis de demissão quando "o bem do serviço público" o exigisse.[63] Alunos da Escola Militar do Rio de Janeiro organizaram um diretório para conduzir a discussão do assunto pela imprensa, elegendo para a tarefa o tenente-coronel Sena Madureira, que, em vários artigos no *Jornal do Commercio*, defendeu a rejeição do projeto. A campanha do diretório recebeu imediatamente o apoio de alunos de outras escolas militares, professores e oficiais,[64] mas o caso se resolveu pelo reconhecimento da inconstitucionalidade do projeto, uma vez que os funcionários públicos militares só podiam perder suas patentes por sentença proferida em foro próprio.[65]

Os dois episódios puseram na ordem do dia a questão do direito dos militares a discutir livremente, como quaisquer outros cidadãos, os assuntos que os tocassem de perto.[66] Desdobramentos do movimento abolicionista ensejaram, em 1884, nova crise nas relações entre os militares e as autoridades do império. A Escola de Tiro de Campo Grande, comandada pelo agora coronel Sena Madureira, recebeu em festa a visita do jangadeiro Francisco do Nascimento, que se destacara na luta contra a escravidão no Ceará. Interpelado pelo ajudante-general do Exército, maior autoridade depois do ministro, Sena Madureira recusou-se a dar-lhe informações sobre o episódio, alegando que devia satisfações somente ao conde d'Eu, comandante-geral da artilharia, à qual a escola era subordinada. Demitido do comando e repreendido em ordem do dia, foi transferido para o Rio Grande do Sul.

O caso despertou polêmicas nos jornais e chamou mais atenção para a discussão dos direitos civis dos militares. No Senado, o visconde de Pelotas assumiu a defesa de Sena Madureira. A agitação envolveu a Escola Militar do Rio de Janeiro, onde o abolicionismo, em especial, e o republicanismo empolgavam um número crescente de jovens. Pouco tempo depois, o coronel Ernesto Augusto da Cunha Matos recorreu à imprensa para defender-se de acusações que um deputado lhe fizera na Câmara. Foi advertido pelo ministro da Guerra de que um aviso de 1859 proibia oficiais de discutir assuntos políticos ou militares através da imprensa. Cunha Matos discordou da interpretação que o ministro fizera do aviso e sofreu punição de censura e prisão disciplinar por dois dias. Foi igualmente defendido no Senado pelo visconde de Pelotas, que acusou o ministro de ter negado a Cunha Matos o direito de defesa da honra e, por extensão, ter ofendido a todos os oficiais do Exército. Assim, o problema específico de um oficial ganhou a estatura de questão nacional.[67]

Logo em seguida, Sena Madureira, agora comandante da Escola Preparatória e de Tática do Rio Pardo (RS), publicou no jornal *A Federação* — porta-voz do Partido Republicano Rio-Grandense —, de Porto Alegre, um manifesto, defendendo a tese de que Cunha Matos e ele haviam sido punidos com base em normas que feriam o direito de livre manifestação do pensamento, garantido pela Constituição a todos os cidadãos brasileiros. Sena Madureira foi punido pelo ministro da Guerra com repreensão em ordem do dia e, diante do seu inconformismo com a pena, expresso num "Protesto" que publicou no periódico republicano, foi exonerado do comando que exercia.

As punições sofridas por Sena Madureira mobilizaram a oficialidade de várias guarnições gaúchas e o visconde de Pelotas, que voltou a discursar no Senado contra o ministro da Guerra. Autorizados pelo comandante das armas e vice-presidente da província do Rio Grande do Sul, general Manuel Deodoro da Fonseca, oficiais realizaram em finais de setembro uma reunião para anunciar que aderiam à tese da inconstitucionalidade dos avisos ministeriais que vinham sendo usados como base para as sanções. A província, observou Felisbelo Freire,[68] "tornou-se então um centro de agitação política, quer pelas sucessivas reuniões militares, quer pela publicação de diversos artigos". Em consequência, o general Deodoro foi demitido de suas funções e transferido para o Rio de Janeiro, com Sena Madureira e outros dois coronéis também líderes da mobilização contra o ministro.

A situação repercutiu na oficialidade da corte. Em 10 de outubro realizou-se uma reunião na Sociedade Francesa de Ginástica para discutir a atitude dos colegas do Sul. A assembleia, constituída por maioria esmagadora de alunos da Escola Militar, aprovou uma moção, apresentada pelo major Benjamin Constant Botelho de Magalhães, professor de matemática naquela escola, pela qual os oficiais do Exército e da Armada presentes declaravam-se solidários aos "camaradas do Rio Grande do Sul" e afirmavam não haver oposição, mas harmonia, entre o exercício dos direitos constitucionais e o respeito à disciplina militar.[69]

A moção, aprovada quase unanimemente, desencadeou uma onda de manifestações de solidariedade vindas de guarnições de vários pontos do país, bem como a reação do governo, que determinou a prisão de Sena Madureira. No dia 18, contudo, o Conselho Supremo Militar e de Justiça, órgão máximo da Justiça Militar, reconheceu que os militares tinham o direito de discutir qualquer assunto que não se referisse a matéria de serviço, interpretação reforçada alguns dias mais tarde pelo imperador, ao anunciar que os militares podiam manifestar-se sem restrições através da imprensa.

Os sucessivos atritos entre militares e governo indicavam o desgaste das instituições do Estado imperial. Os prejuízos trazidos ao regime não passavam despercebidos pelos grupos dirigentes, como sugere a recriminação que o presidente do Conselho de Ministros, barão de Cotejipe, fez ao general Deodoro da Fonseca por sua atitude cúmplice em face das reuniões de oficiais em Porto Alegre:[70]

> (...) a gravidade de deliberações tomadas em comum pela força armada é de tal natureza que não pode deixar de influir de modo prejudicial na disciplina do exército. Hoje protesta-se contra atos da primeira autoridade militar, que é o ministro da Guerra; amanhã protestar-se-á contra a dos chefes, ou sejam generais ou comandantes de corpos: teremos portanto um exército deliberante, o que é incompatível com a liberdade civil da nação.
>
> ....
>
> Este consentimento e essa aprovação foram o rastilho de pólvora que ateou a chama a todos os pontos da província e alguns do império. Quando o general Deodoro revestido da mais alta confiança do Governo assim pensa e assim procede, o que não fariam os seus subordinados? A política e especialmente os partidos extremos apossaram-se da questão e enxergaram no exército um instrumento a seus planos e paixões.

Em 3 de novembro de 1886, o governo reconheceu, com base em parecer do Conselho Supremo Militar e de Justiça, que os avisos em que se baseara para punir Cunha Matos e Sena Madureira eram inconstitucionais e que suspenderia as notas se os oficiais prejudicados requeressem a medida. Os dois, contudo, se mantiveram irredutíveis.

A intensificação do movimento abolicionista e o agravamento da tensão no relacionamento entre as Forças Armadas e o Estado fizeram da passagem de 1886 para 1887 um período de grande ebulição entre os militares, com graves reflexos sobre a disciplina e as relações hierárquicas. Em 15 de novembro, Sena Madureira publicou um memorial em que pedia a convocação de um conselho de guerra para provar que fora punido injustamente. A recusa do governo em convocar o conselho e a intransigência de Sena Madureira e Cunha Matos ensejaram a radicalização do engajamento de oficiais, entre eles Deodoro da Fonseca e Benjamin Constant, na Questão Militar. A reivindicação de direitos políticos análogos aos exercidos pelos cidadãos civis implicava a contestação dos padrões disciplinares e hierárquicos que, ao menos em tese, presidiam as relações entre os militares. Tal padrão baseava-se na ideia da "obediência passiva e inconsciente" e os sucessivos conflitos entre oficiais e autoridades militares o vinham erodindo desde a década anterior, abrindo caminho para a inserção de novos segmentos das Forças Armadas na vida política nacional.[71] A imprensa republicana vinha discutindo, desde a fundação de *A República*, um papel para o Exército na sociedade brasileira que os promovesse da condição de "cidadãos servis". Um exército permanente deveria ser constituído por cidadãos conscientes de seus direitos — "soldados cidadãos", como os caracterizavam *O Diário de Notícias* e *O País*,[72] do Rio de Janeiro, e *A Federação*, dirigidos, respectivamente, por Rui Barbosa, Quintino Bocaiúva e Júlio de Castilhos. A corrente de opinião que, a partir dessa ideia, se desenvolveu entre os republicanos evoluiu no sentido da formulação de uma estratégia de aliança com os militares na luta contra a monarquia.[73]

O GOLPE DE NOVEMBRO

Na tentativa de pressionar o imperador a alterar a conduta do governo na Questão Militar, no dia 2 de fevereiro de 1887 realizou-se uma grande reunião, de cerca de 200 oficiais, no Teatro Recreio Dramático, no Rio de Janeiro. A assembleia aprovou unanimemente uma moção,[74] apresentada pelo general Deodoro, exigindo a anulação dos efeitos dos avisos, rejeitando qualquer medida de punição aos oficiais envolvidos na Questão Militar, solicitando a mediação do imperador para dirimir o conflito com o governo e, por fim, delegando poderes ao marechal Deodoro da Fonseca para negociar a solução total da situação.

Na Câmara dos Deputados, Andrade Figueira, deputado fluminense pelo Partido Conservador, prenunciou: "É somente agora que vai começar a guerra", recebendo aparte de Afonso Celso Júnior, do Partido Liberal: "Apoiado. A questão militar está, quando muito, adiada; morta, não."[75] No Senado, em 18 de maio, o visconde de Pelotas alertou o presidente do Conselho de Ministros, barão de Cotejipe, para a demonstração de fraqueza que o governo estaria dando e lembrou que os governos fracos ensejavam as revoluções e que fora por uma revolução que d. Pedro I abdicara. Por isso, pedia-lhe encarecidamente que atendesse às reivindicações dos militares, advertindo-o:

> Se não o fizer, não poderemos saber o que acontecerá amanhã, apesar do nobre presidente do Conselho confiar na força armada que tem à sua disposição. Tais são as circunstâncias que bem possível é que ela lhe falte.[76]

Há indicações de que nesse momento gestava-se um projeto de insurreição militar. Em março de 1889, treze republicanos de destaque reuniram-se em Reserva, a propriedade de Júlio de Castilhos, e decidiram que não se deveria esperar pela morte do imperador e que o ataque ao império deveria ser feito pelo Exército, sob a direção do Partido Republicano.[77] Ainda em maio, vários oficiais do Exército, entre os quais Pelotas, Deodoro, Benjamin Constant e Sena Madureira, participaram de uma reunião na corte em que o visconde defendeu imediata ação militar contra o governo, alegando que o imperador já não governava.[78] O governo, contudo, recuou, diante de uma fórmula conciliatória aprovada no Senado em 20 de maio: o governo era convidado a suspender os efeitos dos avisos considerados inconstitucionais pelo Conselho Supremo Militar e de Justiça. Aceito o convite, foram canceladas as notas, o que resolvia a pendência com os militares. O governo, porém, sofrera "alguns arranhões na dignidade". Na verdade, estivera prestes a sofrer mais do que arranhões. Alguém que era então um jovem oficial[79] revelou:

> E se o trono não baqueou nessa ocasião, foi isso devido à precipitação do general Câmara [visconde de Pelotas], desmascarando as nossas baterias em discurso então proferido no Senado. Falo com

> pleno conhecimento de causa, porque fazia parte da comissão de oficiais que, em nome da guarnição da fortaleza de Santa Cruz, recebia ordens e instruções daquele acatado chefe.

Em clima de paz armada, grupos militares passaram a preparar-se para uma guerra de posições, de longa duração. Dispostos a usar com o máximo de eficácia armas de tipo sindical-corporativo, partiram para organizar-se em âmbito nacional. Deodoro da Fonseca, Benjamin Constant e Sena Madureira, entre outros, mobilizaram-se para sua organização, na corte e em todas as guarnições importantes, centros ou clubes militares análogos ao Clube Naval, fundado poucos anos antes. Essas associações visavam preparar os militares para a luta em defesa de interesses comuns e contra a elite política civil.[80] Simultaneamente, jovens oficiais realizavam reuniões com fins semelhantes na residência do capitão Serzedelo Corrêa.[81]

Em 26 de junho de 1887, oficiais do Exército fundaram o Clube Militar da corte, cujos estatutos, aprovados em assembleia geral realizada em 4 de julho, definiram como fins: estreitar os laços de união e solidariedade entre os oficiais do Exército e marinha e defender, pela imprensa e junto aos poderes do Estado, os direitos e legítimos interesses da classe militar. Presidida por Deodoro da Fonseca, a primeira diretoria tinha Benjamin Constant no cargo de tesoureiro.[82]

Logo em seguida, o general Deodoro foi lançado candidato à vaga aberta no Senado pela morte de um representante da província do Rio de Janeiro, com o apoio de republicanos e da Confederação Abolicionista. Deodoro teve 1.399 votos, ficando em último lugar, mas os apoios que recebeu foram interpretados como um sinal do forte impacto das crises militares e do abolicionismo sobre o eleitorado, uma vez que a eleição fora feita no mais sólido reduto conservador escravista do país.

O movimento social contra a escravidão ampliava-se, desenvolvendo novas formas de luta, principalmente nas províncias de São Paulo e Rio de Janeiro. Aumentava rapidamente o número de casos de fugas — nem sempre pacíficas — de escravos das propriedades rurais.[83] Diversificava-se, também, o apoio social aos fugitivos, que incorporava um número progressivamente maior de membros da população pobre. Os conflitos envolvendo escravos ultrapassavam as fronteiras rurais e chegavam a cidades, onde os fugitivos enfrentavam a polícia. A escravidão ia sendo "abolida de fato, revolucionariamente: trabalhava quem queria; todo escravo que abandonava seu senhor achava logo quem o asilasse; as autoridades nem tinham força para apreendê-los, nem se atreviam a aplicar aos acoutadores a pena decretada pela lei (...)".[84] Os "capitães do mato", que sempre haviam auxiliado os proprietários na captura de escravos fugidos, já não davam conta do serviço. As forças públicas provinciais e o exército estavam sendo chamados a perseguir os evadidos das fazendas. Essa atribuição entrava em choque com o amplo e enraizado sentimento abolicionista existente entre os militares.[85] Tradução disso foi a petição, datada de 25 de outubro de 1887, em que os membros do Clube Militar pediram à princesa Isabel — na condição de regente — que não consentisse a utilização dos militares nas captura de escravos fugidos, como vinha acontecendo. O documento, publicado em *O País* no mesmo dia, não foi entregue à destinatária, mas a atitude dos oficiais foi amplamente divulgada. Enviados para operações de captura de escravos fugitivos, os militares passaram a boicotar as missões e manifestavam publicamente repugnância pelo papel que se lhes impunha.[86]

Era esse o quadro quando eclodiu novo incidente entre militares e autoridades civis. Em fevereiro de 1888, a Polícia da corte prendeu um oficial da Armada, capitão-tenente Antônio José Leite Lobo, que reclamou de maus-tratos na prisão, pelos quais responsabilizou o alferes comandante da unidade policial. Enquanto, por causa do episódio, grupos de militares e policiais civis enfrentaram-se nas ruas da cidade,[87] o Clube Naval, apoiado pelo Clube Militar, exigiu reparação do governo, que se comprometeu apenas a abrir um inquérito. Mais adiante, contudo, o governo voltou a ceder às pressões dos militares, demitindo o alferes e o chefe da Polícia. Por fim, o próprio chefe de Governo, barão de Cotejipe, escravocrata ardoroso, foi substituído pelo conselheiro João Alfredo, igualmente do Partido Conservador, mas partidário do fim da escravidão.

No dia 8 de maio seguinte, João Alfredo remeteu à Câmara um projeto de abolição imediata da escravidão, aprovado após três dias de discussão. Igualmente aprovado no Senado, no dia 13 de maio, foi tornado lei e referendado pela princesa regente.

Também na cena política do país anunciavam-se drásticas mudanças de roteiro. A propaganda republicana obtinha êxitos na capitalização das crises do regime e se encontrava na maré ascendente. Um escritor monarquista[88] reconheceria, pouco tempo mais tarde, que, por essa época, "certamente o ideal de muitos brasileiros era a república". Mas, não como um projeto político alternativo: "era para muitos *a outra coisa, a coisa diferente* do que se tinha. Desejar a república era aspirar simplesmente a uma mudança".[89]

Em 6 de junho, João Alfredo caiu, sendo substituído pelo visconde de Ouro Preto, com uma plataforma de governo que pretendia evitar a ascensão da alternativa republicana, como ele explicaria depois: "Apresentei-me às câmaras com um programa francamente democrático, comprometendo-me a realizar reformas liberais, que inutilizassem virtualmente a propaganda republicana (...)."[90] Propunha, entre outros itens, a plena autonomia dos municípios e províncias; liberdade de culto; temporariedade do Senado; liberdade de ensino; reforma do Conselho de Estado, que passaria a órgão administrativo; redução dos direitos de exportação e indicação dos presidentes e vice-presidentes de província a partir de lista tríplice organizada pelos cidadãos alistados. O programa foi considerado tímido por alguns e, por outros, radical.[91] Durante a discussão da proposta, dois deputados fizeram profissão de fé republicana. Era, no entanto, um programa cauteloso, que não chegou, sequer, a contentar o conjunto do Partido Liberal, cuja ala avançada postulava uma federação de províncias.

Naturalmente, os conservadores, que constituíam a maioria, impuseram contundente rejeição do programa de reformas, e Ouro Preto determinou a dissolução da Câmara. Entretanto, mais do que crise de governo ou disputa entre os partidos Liberal e Conservador, o episódio anunciou a falência de mais um dos principais pilares do regime político: a estrutura monárquica centralizada.

A essa altura, a simpatia pela ideia de um movimento militar para pôr fim à monarquia se enraizava entre os republicanos. Segundo um líder regional, em meados de 1889 foi combinado em São Paulo que, a pretexto de comemorar uma data expressiva, como o 14 de julho (Revolução Francesa) ou o 7 de setembro, e manifestar solidariedade às festas oficiais, seria executada uma operação conjunta com as forças armadas simpáticas à república para a mudança de regime. O movimento daria-se simultaneamente na corte e nas províncias, utilizando armamento importado clandestinamente "de país amigo".[92]

Novo atrito com autoridades imperiais realimentou a mobilização militar. Aconteceu de o visconde de Ouro Preto chegar ao prédio do Ministério da Fazenda e não encontrar no posto o chefe da guarda, tenente Pedro Carolino Pinto de Almeida. Mesmo tendo explicado que se ausentara para satisfazer necessidades fisiológicas, foi acusado pelo chefe do Governo de estar dormindo em serviço, e foi preso. O "incidente Carolino", como o episódio ficou conhecido, teve suas dimensões maximizadas pela ação política de setores civis e militares. O ministro da Guerra interino, conselheiro Cândido de Oliveira — cuja indicação gerara descontentamento entre os grupos ainda marcados pela Questão Militar —, estabeleceu em oito dias a pena de reclusão do tenente, o que agitou ainda mais a oposição civil-militar.

A crise assumia agora, mais do que caráter corporativo, uma feição de atrito entre alternativas de regime. É verdade que inexistia uma direção republicana em condições de explorá-la para acelerar o fim da monarquia. No campo militar, o oficial de maior prestígio político nas fileiras não demonstrava convicções republicanas. Conversando com um amigo[93] em dezembro de 1888, o general Deodoro da Fonseca expressou dúvidas quanto à alternativa republicana:

> A república no Brasil (...) traria o desmembramento do nosso território, porque os chefes políticos hão de querer o seu predomínio nas províncias (...). Eu só vejo um homem que me merece confiança para presidente da república, é o Benjamin.

E era o tenente-coronel professor Benjamin Constant quem, em virtude de problemas de saúde enfrentados por Deodoro, estava na presidência do Clube Militar quando um episódio relacionado com o preenchimento de vagas na Escola Militar do Ceará indispôs o tenente-coronel João Nepomuceno de Medeiros Mallet, seu comandante, com o ministro da Guerra, levando-o a pedir demissão do cargo. A reação do ministro foi demiti-lo "a bem do serviço público" e determinar que o oficial fosse submetido a Conselho de Investigação por indisciplina e desrespeito à hierarquia.

Nesse mesmo dia, uma recepção oferecida pelo governo na Escola Militar do Rio de Janeiro a oficiais da marinha chilena, chegados havia pouco à cidade em visita de cortesia, propiciou mais um capítulo da crise. Benjamin Constant, que lá estava a convite dos alunos, criticou duramente o governo, representado pelo ministro da Guerra, e foi intensamente aplaudido. O ministro logo se retirou, mas a festa ainda se prolongou. Um dos jovens militares presentes registrou que o discurso "constituiu uma verdadeira declaração de guerra" contra o governo.[94] Para outro, "foi uma faísca na atmosfera militar; desencadeou a tempestade".[95] De fato, daí em diante, Benjamin Constant começou a assumir posições progressivamente mais radicais. A importância da mocidade militar nesse processo foi apontada por Valeriano Mendes Ferreira da Costa:

> Não parece haver dúvida quanto ao papel decisivo dos jovens oficiais da Escola Militar na radicalização de Benjamin Constant. Um simples tenente-coronel repreender, ainda que indiretamente, o comportamento do ministro da Guerra diante de oficiais estrangeiros não é propriamente um exemplo de disciplina. Mas, o seu discurso tinha endereço certo: a jovem oficialidade republicana da Praia Vermelha (...) Benjamin Constant assumia abertamente a liderança política da vanguarda republicana, quase exclusivamente composta de oficiais de baixa e média patente.[96]

No dia 26, um bilhete em que o líder republicano Quintino Bocaiúva o tratava como "correligionário e distinto amigo" e solicitava um encontro marcou a aproximação da liderança militar com a direção do Partido Republicano. Da conversa, acontecida no dia seguinte, resultou a conclusão de que seria conveniente a publicação de artigos que acirrassem o ânimo do Exército contra o governo, acusando-o de pretender atingir o moral e a economia pessoal dos militares, bem como seus direitos à estabilidade e vitaliciedade. Foi essa a orientação de vários artigos publicados em *O País* nos dias seguintes. Um deles acusava o governo de pretender reapresentar ao Parlamento a lei do montepio obrigatório, considerada pelos militares lesiva aos seus direitos e brios. Comentado e endossado em seguida por Rui Barbosa no *Diário de Notícias*, o artigo teve repercussão violenta sobre a oficialidade do exército.[97]

O potencial explosivo da conjuntura política, ainda que marcado pela ausência de direção revolucionária que procurasse incorporar setores mais amplos da sociedade ao processo político, fazia emergir a perspectiva essencialmente conservadora da liderança republicana militar. É o que se pode depreender da argumentação usada pelo major Sólon Ribeiro para tentar convencer o general Deodoro a aderir a um projeto de mudança de regime político. Sólon dizia[98]

> ser indispensável dar a última demão, de modo terminante, à questão militar; que o fato já não se achava adstrito aos estreitos interesses de uma classe; que era advindo o momento de curar da salvação da pátria; que ele assim refletidamente exprimia-se porque se uma revolução militar não fizesse a república, longe não estaria o dia de ver-se correr o sangue brasileiro em revolução popular; que este fato importaria calamidade tal que nos faria retrogradar um século na civilização, ao passo que uma revolução iniciada e dirigida pelas armas seria uma garantia de ordem e de paz, sem trazer perturbações ao progresso moral e material do país.

Talvez a argumentação de Sólon derivasse da memória da participação popular no processo político não institucionalizado durante a década que terminava, como o Motim do Vintém e a campanha abolicionista, que haviam fugido ao controle das forças da ordem. A própria história da implantação da república na França, então o mais importante referencial dos republicanos brasileiros, indicava o nível de radicalização que a incorporação de setores populares ao processo político poderia provocar quando as classes dominantes estavam divididas. Discutindo as dificuldades que os republicanos brasileiros encontraram para formular um projeto de incorporação dos ex-escravos à cidadania, Sidnei Chalhoub levantou uma hipótese:

> Na verdade, talvez seja possível sugerir que um dos sentidos da proclamação da república foi tentar pôr um dique e anular, ou pelo menos disciplinar, a influência cada vez mais decisiva que as agitações nas ruas da corte estavam a desempenhar nos rumos que tomavam os conflitos no interior da classe dominante.[99]

Uma estratégia, portanto, de contrarrevolução preventiva, visando à preservação das estruturas sociais. Ou, nas palavras de Sólon, da ordem e da paz, do progresso moral e material do país. Não se sabe se Deodoro foi sensível a essa argumentação, o que consta é que teria concordado em apoiar o movimento, a despeito da amizade que tinha pelo imperador.

A síntese simbólica da conjuntura foi o dia 9 de novembro de 1889. À noite realizaram-se uma assembleia no Clube Militar e um baile na ilha Fiscal, na baía de Guanabara — que ficaria marcado como a última grande festa da monarquia —, em mais uma homenagem à guarnição da Marinha chilena que visitava o Brasil. No clube, Benjamin Constant, novamente por causa do estado de saúde de Deodoro, presidiu a reunião, cujo tema de pauta era o "incidente Carolino". Em clima de grande agitação,[100] criticou a conduta do governo, acusando-o de "maus intuitos" em relação às Forças Armadas. Abordou, também, o problema da direção do movimento, solicitando aos presentes "que lhe fossem dados plenos poderes para tirar a classe militar de um estado de coisas incompatível com sua honra e dignidade",[101] garantindo que, "se fosse malsucedido, resignaria todos os empregos públicos que lhe foram confiados, quebrando até a sua espada". Concedida a autorização unanimemente, Benjamin Constant fez um pronunciamento final, transcrito na ata da reunião:

> O sr. presidente, chamando a si tão alta quão patriótica responsabilidade, declara que se não lhe fosse dado convencer aos homens do governo que eles marchavam em um caminho errado; que estavam cavando a ruína da nossa pátria e que eram os únicos responsáveis pelo abismo que nos estava destruindo; que se a calma que lhe era peculiar, se os meios legais e suasórios não fossem suficientes para mudar a direção de uma política caduca, política de homens completamente ignorantes e sem patriotismo algum, estaria pronto para desprezar o que há de mais sagrado, o amor da família, para ir morrer conosco nas praças públicas, combatendo em prol de uma pátria que era vítima de verdadeiros abutres, para o que só pedia lhe fossem dados alguns dias para desempenhar-se de tão árdua quão difícil missão de que fora investido pela classe a que tem a honra de pertencer.[102]

No dia seguinte, Benjamin Constant iniciou o cumprimento do mandato recebido no Clube Militar. Porém, não há registro de que tenha feito contato com o governo. Sob o impacto da partida, pela manhã, do 22° Batalhão de Infantaria para o Amazonas, entendido pelos republicanos como uma atitude provocadora do governo, conversou com Deodoro, conseguindo convencê-lo a liderar o movimento de deposição da monarquia.[103] No dia 10, Deodoro, Benjamin Constant, Sólon, Rui Barbosa e os chefes republicanos Quintino Bocaiúva, Francisco Glicério e Aristides Lobo reuniram-se na residência do general.[104] Benjamin Constant resumiu para Deodoro o ponto de vista militar:[105]

> General. Na situação a que as coisas chegaram, não é mais possível recuar: o exército fará a revolução. O exército, porém, não pode prestar o seu braço forte, talvez mesmo o seu sangue, para que se modifique a situação política do país, pela substituição parcial de um ministério por outro, à feição dos seus interesses, por mais respeitáveis que eles sejam.
>
> General. O exército brasileiro é perseguido em nossa pátria sempre que ele se constitui no último reduto das liberdades civis e políticas; tem sido esta a sua modesta e gloriosa história no Brasil. O

> exército não pode intervir na política interna da nação, senão em casos excepcionalmente extremos, quando ele é chamado a defender a liberdade ameaçada pelo poder público despótico, e quando o povo não encontra nos meios regulares da opinião os recursos da sua defesa política e social.
>
> Nós, os brasileiros, nos achamos num desses momentos em que o despotismo persegue o povo e a classe militar que com ele fraterniza. Está provado que a monarquia no Brasil é incompatível com um regime de liberdade política. Para que a intervenção do exército se legitime aos olhos da nação e pelo julgamento de nossa própria consciência, é necessário que a sua ação se dirija à destruição da monarquia e à proclamação da república, recolhendo-se em seguida aos seus quartéis e entregando o governo da nação ao poder civil.

Selado o acordo entre os chefes militares e a direção do Partido Republicano em torno do projeto de substituição da monarquia pela república, Benjamin Constant fez contato com o grupo republicano, de tendência positivista e divergente da direção nacional do partido, liderado por Aníbal Falcão e Silva Jardim, e informou-os da articulação do movimento, que garantiu ser federalista e não ter caráter exclusivamente militar.[106] O passo seguinte foi uma série de contatos com oficiais de altas patentes para sondá-los quanto à possibilidade de aderirem ao movimento. Um deles foi o general Floriano Peixoto, então no cargo de ajudante-general do Exército e a quem Benjamin Constant só conseguiu enviar um recado através de um amigo comum, que recebeu em resposta o conselho de apoiar os camaradas caso se tratasse de um movimento sério em que todos estivessem unidos.[107]

Enquanto civis e militares conspiravam, denúncias, muitas delas anônimas, alertavam o governo de que se tramava alguma coisa nos corpos da 2ª Brigada. No entanto, sempre que o chefe do Governo pedia informações ao ministro da Guerra e ao ajudante-general, eles o tranquilizavam.[108]

Mesmo sob vigilância policial,[109] a conspiração recebeu a adesão da Armada, através do contra-almirante Eduardo Wandenkolk, e foi marcada a insurreição para o dia 16 de novembro. O plano incluía: assaltar a Secretaria de Estado onde estivessem reunidos os ministros, que seriam presos; enviar o 7º Regimento de Infantaria para o Arsenal de Guerra, com o objetivo de tomá-lo e dali enviar recursos para as demais forças; provocar a saída das tropas aquarteladas no Campo de Santana (Campo da Aclamação); fazer marchar o Batalhão de Engenheiros de Realengo com as metralhadoras e a munição que pudesse reunir.[110]

Na noite do dia 14 de novembro, contudo, o estado de saúde do general Deodoro piorou, e Benjamin Constant resolveu adiar a deflagração do movimento.[111] Entretanto, boatos de que o governo pretendia prender a direção militar do movimento, disseminados pelo major Sólon como "estratagema de guerra",[112] fizeram com que a 2ª Brigada do Exército, aquartelada no bairro de São Cristóvão, decidisse pôr-se em armas, à espera dos chefes.[113]

Informados da movimentação de tropas,[114] Ouro Preto e ministros visitaram a Repartição da Polícia, o Arsenal de Guerra e o Arsenal de Marinha, acabando por reunirem-se no quartel-general do Exército, no Campo de Santana. Cerca de dois mil homens foram postos no pátio interior do quartel e em frente ao prédio, para defender o governo. Segundo o visconde de Ouro Preto, no quartel-general, "aparentemente, à disposição do governo, formavam o 1º, 7º e 10º batalhões de Infantaria de Linha, o Corpo Policial da corte, o Corpo de Bombeiros e os contingentes da Marinha".[115]

De madrugada, Deodoro da Fonseca e Benjamin Constant encontraram-se no quartel-general do Exército e puseram-se à frente dos contingentes rebeldes — cerca de mil homens. Em poucos minutos, a força que guardava o governo foi cercada pelo 9º Regimento de Cavalaria, sem reagir. Logo, as tropas de artilharia, da Marinha e da Polícia confraternizaram com os rebeldes,[116] enquanto alguns membros mais proeminentes do governo recebiam ordem de prisão, sendo liberados os demais.

O depoimento de Aníbal Falcão[117] registra o clima de incerteza em que militares e civis atuavam naquele momento crítico:

> Proclamada por uma salva de artilharia a vitória da insurreição, corri de novo ao centro da cidade, onde começamos a reunir populares para aguardar a chegada das tropas vitoriosas, que foram por nós

> recebidas aos gritos de *Viva a República! Viva o exército libertador! Viva a armada nacional!* Estas saudações eram correspondidas pelos soldados (...).
>
> Na rua do Ouvidor, adiantei-me para apertar a mão de Benjamin Constant, que vinha a cavalo, próximo ao general Deodoro. Trocamos rápidas palavras:
>
> — "Agitem o povo", disse-me ele. "A república não está proclamada."
>
> (...) é-me (...) difícil deixar de aludir ao sentimento de angústia que naquele momento me oprimiu o coração.

O anúncio oficial da república foi feito, finalmente, na Câmara Municipal do Rio de Janeiro por José do Patrocínio, então o vereador mais jovem da corte, enquanto os líderes do movimento discutiam as bases do futuro governo. No dia seguinte, a primeira edição do *Diário Oficial da República dos Estados Unidos do Brasil* estampou uma proclamação do governo provisório, datada da véspera, anunciando a extinção da monarquia. Assinavam o documento o chefe do novo governo, Deodoro da Fonseca, e os membros do primeiro ministério da república brasileira: Aristides Lobo (Interior), Rui Barbosa (Fazenda), Benjamin Constant (Guerra), Eduardo Wandenkolk (Marinha) e Quintino Bocaiúva (Relações Exteriores), que assumiu também a pasta da Agricultura, Comércio e Obras Públicas, enquanto o futuro titular, Demétrio Ribeiro, não chegava do Rio Grande do Sul. Também ainda não se encontrava no Rio de Janeiro o futuro ministro da Justiça, Manoel Ferraz de Campos Sales, de São Paulo. Na tarde do dia 16, o governo provisório prestou juramento na Câmara Municipal do Rio de Janeiro.

CONSIDERAÇÕES FINAIS

O advento da república não alteraria a posição do Brasil como país periférico e dependente no âmbito mundial do sistema capitalista, mas ensejaria reorientações políticas e administrativas que consolidariam em definitivo o perfil do Estado independente, adequando-o à realidade das regiões economicamente mais dinâmicas do país. Apesar de conflitos de natureza variada terem marcado a passagem de regime, a implantação da república resultaria em obra de conciliação entre vitoriosos e derrotados de 1889. Os antigos grupos dominantes acomodariam-se com açodamento à situação emergente, preservando posições de mando e exercendo, em muitos casos, papéis de direção na passagem ao novo regime.

A ascensão da fração republicana das classes dominantes ao poder não modificaria substancialmente, também, a situação dos libertos, o que, aliás, indica um ponto de identidade ideológica entre velhos e novos dirigentes. A república, seguindo, de resto, a orientação fixada pelo partido paulista quando da sua fundação, apenas descentralizou o eixo do problema, de acordo com a perspectiva federalista. Os primeiros governos estaduais, preocupados com a mobilidade "exagerada" da mão de obra e com o ócio, adotaram medidas para impedir o deslocamento espacial dos trabalhadores e reprimir a "vadiagem", constrangendo os desocupados ao trabalho.[118] Os libertos sofreriam, ainda, outras manifestações dos limites da democracia republicana brasileira. Foram, por exemplo, alijados do exercício da cidadania pela Constituição de 1891, que negou o direito de voto aos analfabetos, contingente no qual os ex-escravos se destacavam quantitativamente.

Já os interesses regionais das classes dominantes contariam sempre com o cuidado da república. O federalismo impresso na Constituição de 1891 institucionalizaria suas conquistas como prerrogativas estaduais. Entre as franquias então conquistadas pelos grupos dominantes nos estados, merecem registro especial as faculdades de elaborar constituições próprias, de administrar terras devolutas do patrimônio da União, de organizar forças militares sob o seu comando e de contrair empréstimos no exterior. O pacto entre os poderes regionalizados seria aperfeiçoado, no final do século, pela "política dos governadores", um arranjo político destinado a conferir estabilidade à ordem republicana, que marca o fim da conjuntura de crise da monarquia e transição para a república.

NOTAS

1. Agradeço a Carla Silva Nascimento a assistência de pesquisa, e a Angela Moreira Domingues da Silva, José Alves Dias e Rogério Rosa Rodrigues as indicações bibliográficas sobre o republicanismo na Bahia e no Espírito Santo.
2. Ver, por exemplo, José Ênio Casalecchi, *O Partido Republicano Paulista (1889-1926)*, São Paulo, Brasiliense, 1987, p. 34. Para uma discussão dessa tese, ver Leôncio Basbaum, *História sincera da república. Das origens a 1889*, 4ª ed., São Paulo, Alfa-Omega, 1975-1976, p. 181-194.
3. Décio Saes, *Classe média e sistema político no Brasil*, São Paulo, T. A. Queiroz Editor, 1985, p. 29.
4. Renato Lemos, *Benjamin Constant — vida e história*, Rio de Janeiro, Topbooks, 1999, p. 232. Sobre a repercussão da Comuna de Paris no Brasil, ver Evaristo de Moraes Filho, "A proto-história do marxismo no Brasil" *in* Daniel Aarão Reis Filho e outros, *História do marxismo no Brasil*, v. 1, *O impacto das revoluções*, Rio de Janeiro, Paz e Terra, 1991, p. 22-23.
5. *Apud* Ricardo Salles, *Nostalgia imperial. A formação da identidade nacional no Brasil do Segundo Reinado*, Rio de Janeiro, Topbooks, 1996, p. 163.
6. *Idem, ibidem.*
7. A chamada questão religiosa, que envolveu o Estado imperial, a Igreja católica e a maçonaria, é citada por algumas correntes historiográficas como uma das causas da crise da monarquia. Como este texto segue outra orientação analítica, o tema não será abordado. Para uma discussão do assunto no contexto da emergência da alternativa republicana, ver George C. A. Boherer, *Da monarquia à república. História do Partido Republicano do Brasil (1870-1889)*, Rio de Janeiro, Ministério da Educação e Cultura, 1954, p. 252-262; e Emília Viotti da Costa, *Da monarquia à república. Momentos decisivos*, 2ª ed., São Paulo, Ciências Humanas, 1979, p. 298-299.
8. Roberto Simonsen, "Aspectos da história econômica do café" *in Evolução industrial do Brasil e outros estudos*, seleção, notas e bibliografia de Edgard Carone, São Paulo, Cia. Editora Nacional/Editora da USP, 1973, p. 164.
9. *Idem, ibidem*, p. 174.
10. Cf. Caio Prado Jr., *História econômica do Brasil*, 12ª ed., São Paulo, Brasiliense, 1970, p. 192-204.
11. *Idem, ibidem*, p. 154.
12. *Idem, ibidem.*
13. *Op. cit.*, p. 195-196, nota.
14. Essa seção se baseia em Renato Lemos, *A implantação da ordem republicana no estado do Rio de Janeiro (1889-1892)*, dissertação de mestrado em história, Niterói, Universidade Federal Fluminense, 1985.
15. Caio Prado Jr., *op. cit.*, p. 194.
16. *Idem, ibidem.*

17. Emília Viotti da Costa, *Da monarquia...*, *op. cit.*, p. 304-305.
18. Cf. Ana Célia Castro, *As empresas estrangeiras no Brasil — 1860-1913*, Rio de Janeiro, Jorge Zahar, 1979, p. 12.
19. Maria Luíza Marcílio, "A população do Brasil em perspectiva histórica" *in* Iraci del Nero da Costa (org.), *Brasil: história econômica e demográfica*, São Paulo, Instituto de Pesquisas Econômicas, 1986, p. 23.
20. Nícia Villela Luz, *A luta pela industrialização no Brasil*, São Paulo, Alfa-Omega, 1975.
21. Emília Viotti da Costa, *Da monarquia...*, *op. cit.*, p. 304-305.
22. Ver, para o Nordeste, Peter L. Eisemberg, *Modernização sem mudança — a indústria açucareira em Pernambuco, 1840-1910*, Rio de Janeiro/Campinas, Paz e Terra/Universidade Estadual de Campinas, 1977; e Diana Soares de Galliza, *O declínio da escravidão na Paraíba, 1850-1888*, João Pessoa, Editora Universitária EFPb, 1979.
23. Ver, a respeito, José Murilo de Carvalho, *A construção da ordem. A elite política imperial*, Rio de Janeiro, Campus, 1980. Para uma discussão da organização política do Estado brasileiro sob a monarquia, ver Miriam Dolhnikoff, *O pacto imperial. Origens do federalismo no Brasil*, São Paulo, Globo, 2005.
24. Emília Viotti da Costa, *Da monarquia...*, *op. cit.*, p. 311.
25. *Idem, ibidem*, p. 308.
26. Peter L. Eisemberg, *op. cit.*, p. 70.
27. Edgard Carone, *A República Velha. Instituições e classes sociais*, São Paulo, Difusão Europeia do Livro, 1970, p. 58.
28. Simon Schwartzman, "Representação e cooptação política no Brasil", *Dados — Revista de Ciências Sociais*, nº 7, Rio de Janeiro, 1970, p. 31.
29. Emília Viotti da Costa, *Da monarquia...*, *op. cit.*, p. 312. Sobre a representação política no império, pode-se ver também Lúcia Maria Gomes Klein e Olavo Brasil de Lima Jr., "Atores políticos no império", *Dados — Revista de Ciências Sociais*, nº 7, Rio de Janeiro, 1970, p. 62-88.
30. *Um estadista do império*, p. 439-440. Para uma discussão do ponto de vista de Nabuco, no contexto do exame das relações entre a guerra e a crise do império, ver Wilma Peres Costa, *A espada de Dâmocles. O exército, a Guerra do Paraguai e a crise do império*, São Paulo/Campinas, Hucitec/Editora da Unicamp, 1996, p. 150 e ss.
31. Antônio da Silva Jardim, *Propaganda republicana (1888-1889)*, Rio de Janeiro, Ministério da Educação e Cultura/Fundação Casa de Rui Barbosa, 1978, p. 107-108 (grifos no original).
32. *Advento da ditadura militar no Brasil*, Paris, Imprimerie F. Pichon, 1891, p. 102.
33. Raimundo Teixeira Mendes, "Benjamin Constant. Esboço de uma apreciação sintética da vida e da obra do fundador da república brasileira" *in Apostolado Positivista do Brasil*, v. 1, Rio de Janeiro, 1891-1894, p. 165-167.

34. "Sete anos de república no Brasil, 1889-1896" *in* Manuel Ernesto Campos Porto, *Apontamentos para a história da república*, 2ª ed., São Paulo/Brasília, Brasiliense/CNPq, 1990, p. 19.
35. Raimundo Magalhães Jr., *Deodoro, a espada contra o império*, São Paulo, Companhia Editora Nacional, 1957, v. 2, p. 124.
36. George Novack, *Para comprender la historia*, Bogotá, Pluma, 1978, p. 147-159.
37. Suely R. R. de Queiroz, "Ideologia da escravidão", *Estudos Econômicos*, São Paulo, Instituto de Pesquisas Econômicas, v. 13, nº 1, 1983, p. 96. Para uma discussão sobre a convivência do liberalismo com a escravidão no Brasil, ver Roberto Schwarz, "As ideias fora do lugar" *in Ao vencedor as batatas*, 3ª ed., São Paulo, Duas Cidades, 1988, p. 13-28; Maria Sylvia de Carvalho Franco, "As ideias estão no lugar", *Cadernos de Debate — História do Brasil*, São Paulo, nº 1, 1976, p. 61-64; e Ricardo Salles, *Nostalgia imperial...*, *op. cit.*, cap. IV.
38. George C. A. Boherer, *Da monarquia...*, *op. cit.*, p. 73 e s., no qual o autor apresenta amplo panorama da evolução do republicanismo em todo o país a partir de 1870.
39. Onde o partido republicano só se formaria em 1888. Oiliam José, *A propaganda republicana em Minas*, Belo Horizonte, Edições Revista Brasileira de Estudos Políticos, 1960, p. 33.
40. Cujo partido republicano, no entanto, só seria organizado em 1886.
41. Affonso Ruy, *História da Câmara Municipal da Cidade do Salvador*, Salvador, Câmara Municipal de Salvador, 1955, p. 333.
42. Horácio de Almeida, *História da Paraíba*, João Pessoa, Editora Universitária, 1978, p. 207 e s.
43. "É significativo que aqui, como por toda a parte mais, no Brasil, o partido só alcançou progressos depois da abolição da escravidão. Além disso, no Rio Grande do Norte, pelo menos, os dirigentes republicanos exerceram atividades em favor da abolição, e não contra ela", George C. A. Boherer, *op. cit.*, p. 166.
44. Afonso Cláudio, *História da propaganda republicana no estado do Espírito Santo*, Vitória, Gráfica Espírito Santo, 2002, p. 41.
45. Joseph Love, *O regionalismo gaúcho e as origens da Revolução de 1930*, São Paulo, Perspectiva, 1975, p. 29-30.
46. As relações entre a questão abolicionista e o movimento republicano não foram objeto da historiografia nas duas últimas décadas. Uma indicação disso é o balanço historiográfico elaborado por Stuart B. Schwartz em *Escravos, roceiros e rebeldes*, Bauru, Edusc, 2001, cap. 1. Uma visão amplamente informativa do assunto pode ser encontrada em George C. A. Boehrer, *op. cit.*, p. 262-275.
47. Boehrer, *op. cit.*, p. 268. Grifo meu.
48. A respeito dessa temática, ver Sandra Lúcia Lopes Lima, *O oeste paulista e a República*, São Paulo, Vértice, 1986; José Enio Casalecchi, *op. cit.*; e Iraci Galvão Salles, *Trabalho, progresso e a sociedade civilizada: o Partido Republicano Paulista e a política de mão-de-obra (1870/1889)*, São Paulo/Brasília, Hucitec/INL-Fundação Nacional Pró-Memória, 1986.

49. João Pinheiro da Silva, "Aos mineiros", *O Movimento*, Ouro Preto, 29 de abril de 1890, *apud* Maria Efigênia Lage de Resende, *Formação da estrutura de dominação em Minas Gerais: o novo PRM, 1889-1906*, Belo Horizonte, UFMG/Proed, 1982, p. 57. Ver também George C. A. Boherer, *op. cit.*, p. 139-140 e 145.
50. Renato Luís do Couto Neto e Lemos, "O republicanismo fluminense" *in* Marieta de Moraes Ferreira (coord.), *A república na velha província. Oligarquias e crise no estado do Rio de Janeiro (1889-1930)*, Rio de Janeiro, Rio Fundo, 1989, p. 37.
51. *Republicanismo e classe média em Salvador (1870-1889)*, dissertação de mestrado em Ciências Sociais, Salvador, Universidade Federal da Bahia, 1992, p. 19 e 115-118.
52. *A República*, 27 de maio de 1871, *apud* George C. A. Boehrer, *op. cit.*, p. 264.
53. Emília Viotti da Costa, *A abolição*, São Paulo, Global, 1988, p. 20.
54. Cf. José Murilo de Carvalho, "Entre a liberdade dos antigos e a dos antigos: a República no Brasil" *in Pontos e bordados. Escritos de história e política*, Belo Horizonte, Ed. UFMG, 1998, p. 92-95.
55. Para informações detalhadas desse quadro político, ver George C. A. Boehrer, *op. cit.*; e Reynaldo Xavier Carneiro Pessoa, *O ideal republicano e seu papel histórico no Segundo Reinado (1870-1889)*, São Paulo, Arquivo do Estado, 1983.
56. Para um balanço historiográfico da questão, ver Adriana Barreto de Souza, *O exército na consolidação do império. Um estudo histórico sobre a política militar conservadora*, Rio de Janeiro, Arquivo Nacional, 1999.
57. Sérgio Buarque de Holanda, "Do império à república" *in* Sérgio Buarque de Holanda (org.), *História geral da civilização brasileira*, v. 5, t. II, São Paulo, Difel, 1972, p. 129.
58. John Schulz, "O exército e o império" *in* Sérgio Buarque de Holanda (org.), *História geral da civilização brasileira*, v. 4, t. II, São Paulo, Difel, 1972, p. 252.
59. Cf. José Maria dos Santos, *Bernardino de Campos e o Partido Republicano Paulista. Subsídios para a história da república*, Rio de Janeiro, José Olympio, 1960, p. 28-29.
60. John Schulz, *op. cit.*, p. 253.
61. John Schulz, *O exército na política*, São Paulo, Edusp, 1994, p. 87.
62. *Idem, ibidem*, p. 89.
63. Sousa Doca, "A questão militar" *in A república brasileira*, Rio de Janeiro, Biblioteca Militar, 1939, p. 21.
64. Anfrísio Fialho, *História da fundação da República no Brasil*, 2ª ed., Brasília, Editora UnB, 1983, p. 31. Esse livro, dedicado a Deodoro, foi publicado ainda com o general vivo.
65. Sousa Doca, *op. cit.*, p. 21.
66. José Maria dos Santos, *Bernardino de Campos...*, *op. cit.*, p. 29-30.
67. John Schulz, *O exército e a política*, *op. cit.*, p. 106.
68. *História constitucional da República dos Estados Unidos do Brasil*, 3ª ed., Brasília, Editora UnB, 1983, t. I, p. 190.

69. *Apud* Raimundo Teixeira Mendes, *Benjamin Constant...*, *op. cit.*, v. 1, p. 265-266.
70. A. Ximeno de Villeroy, *Benjamin Constant e a política republicana*, Rio de Janeiro, s. e., 1928, p. 65-66.
71. Felisbelo Freire, *História constitucional da República dos Estados Unidos do Brasil*, 3ª ed., tomo I, Brasília, Editora da UnB, 1983, p. 198.
72. Jornal mais lido entre os oficiais na década de 1880. José Maria dos Santos, *Bernardino de Campos...*, *op. cit.*, p. 52.
73. Ver o desenvolvimento das posições republicanas em relação aos militares em June E. Hanner, *Relações entre civis e militares no Brasil, 1889-1898*, São Paulo, Pioneira, 1976, p. 35-42.
74. Ver texto completo em Tobias Monteiro, *Pesquisas e depoimentos para a história*, Rio de Janeiro, Francisco Alves, p. 137-138.
75. *Apud* Anfrísio Fialho, *op. cit.*, p. 53.
76. *Apud* Sousa Doca, *op. cit.*, p. 64.
77. George C. A. Boherer, *op. cit.*, p. 188-189.
78. Tobias Monteiro, *op. cit.*, p. 145.
79. A. Ximeno de Villeroy, *op. cit.*, p. 63-64.
80. Carta de Sena Madureira ao capitão João de Sousa Castelo, *Correio da Manhã*, Rio de Janeiro, 4 de junho de 1922, *apud* Evaristo de Morais, *Da monarquia...*, *op. cit.*, p. 128, nota.
81. Celso Castro, *Os militares e a República: um estudo sobre cultura e ação política*, Rio de Janeiro, Jorge Zahar, 1995, p. 124.
82. Cf. *Estatutos do Club Militar da Corte*. Para informação mais ampla sobre o Clube Militar, ver Sérgio Lamarão, "O Clube Militar" *in* Alzira Alves de Abreu e outros (coords.), *Dicionário histórico biográfico brasileiro pós 1930*, 2ª ed., Rio de Janeiro, Centro de Pesquisa e Documentação do Brasil Contemporâneo, 2001, v. 2, p. 1383-1389.
83. Ver, a respeito, Robert Conrad, *Os últimos anos da escravatura no Brasil: 1850-1888*, 2ª ed., Rio de Janeiro, Civilização Brasileira, 1978, p. 290-318.
84. C. B. Ottoni, *O advento da república no Brasil*, Rio de Janeiro, Perseverança, 1890, p. 61.
85. Evaristo de Morais, *A campanha abolicionista (1879-1888)*, 2ª ed., Brasília, Editora da UnB, 1986, p. 252.
86. Robert Conrad, *Os últimos anos...*, *op. cit.*, p. 306.
87. Cf. Anfrísio Fialho, *op. cit.*, p. 53-54.
88. Eduardo Prado, *Fastos da ditadura militar no Brasil*, 4ª ed., s. l., s. e., 1890, p. 197-198 (grifo no original).
89. Sobre o ponto a que chegara a disseminação da alternativa republicana, ver Maria Tereza Chaves de Mello, *A república consentida*, Rio de Janeiro, Editora FGV/Editora da UFRRJ, 2007.

90. Visconde de Ouro Preto, *Advento da ditadura militar no Brasil*, Paris, Imprimerie F. Pichon, 1891, p. 99.
91. Ver mais detalhes do programa e comentários a respeito em Emília Viotti da Costa, *Da monarquia...*, *op. cit.*, p. 323-325.
92. Afonso Cláudio, *op. cit.*, p. 37.
93. Anfrísio Fialho, *op. cit.*, p. 75-78, nota.
94. A. Ximeno de Villeroy, *op. cit.*, p. 102.
95. Tasso Fragoso, "Revolvendo o passado" *Jornal do Commercio*, Rio de Janeiro, 3 de março de 1940.
96. *Ressentimento e revolta — Formação cultural e radicalização política dos jovens oficiais da Escola Militar da Praia Vermelha: 1879-1889*, dissertação de mestrado em Sociologia, São Paulo, Universidade de São Paulo, 1990, v. 2, p. 314-317.
97. José Joaquim de Carvalho, *Primeiras linhas da história da República dos Estados Unidos do Brasil*, Rio de Janeiro, s. e., 1889, p. 64.
98. *Idem, ibidem*, p. 61-62. Segundo o autor essa transcrição está baseada em informação do próprio Sólon, que teria lido mais de uma vez a versão publicada e a reconhecera como fidedigna.
99. "Medo branco de almas negras: escravos, libertos e republicanos na cidade do Rio", *Revista Brasileira de história*, São Paulo, nº 8, março/agosto de 1988, p. 86.
100. Ernesto Sena, *op. cit.*, p. 29; e A. Ximeno de Villeroy, *op. cit.*, p. 112.
101. Clube Militar, *Ata sessão da Assembleia Geral em 9 de novembro de 1889.*
102. Cf. Ernesto Sena, *op. cit.*, p. 29.
103. Cf. artigo de José Bevilaqua, *Gazeta de Notícias*, 17 de julho de 1890, *apud* Anfrísio Fialho, *op. cit.*, p. 77-78, e Teixeira Mendes, *op. cit.*, v. 1., p. 341 (grifos no original).
104. *Cf.* depoimento de Rui Barbosa no *Jornal do Commercio*, 15 de fevereiro de 1892, *apud* A. Ximeno de Villeroy, *op. cit.*, p. 122; e de Sebastião Bandeira em Ernesto Sena, *Deodoro — subsídios para a história*, Brasília, Editora da UnB, 1981, p. 84-85.
105. Esse resumo foi fornecido a José Bevilaqua por Francisco Glicério, que, poucos dias depois, já sob a república, o submeteu a Benjamin Constant, que o achou muito bom. Declaração manuscrita de José Bevilaqua, em 6 de outubro de 1891. Museu Casa de Benjamin Constant. FBC/Procl. Alc. 891.1006.
106. Cf. depoimento de Aníbal Falcão *in* A. Ximeno de Villeroy, *op. cit.*, p. 143.
107. Teixeira Mendes, *op. cit.*, p. 343.
108. Visconde de Ouro Preto, *op. cit.*, p. 35.
109. Ernesto Sena, *op. cit.*, p. 215.
110. Cf. depoimento de Sólon *in* José Joaquim de Carvalho, *op. cit.*, p. 71.
111. José Joaquim de Carvalho, *op. cit.*, p. 81.
112. Depoimento de Sólon *in* José Joaquim de Carvalho, *op. cit.*, p. 79.
113. José Joaquim de Carvalho, *op. cit.*, p. 75.
114. Cf. Visconde de Ouro Preto, *op. cit.*, p. 47-49.

115. *Advento da ditadura militar*, *op. cit.*, p. 82.
116. Cf. A. Ximeno de Villeroy, *op. cit.*, p. 140.
117. Depoimento de Aníbal Falcão *in* A. Ximeno de Villeroy, *op. cit.*, p. 148. Villeroy foi testemunha desse diálogo e confessou ter-lhe causado "verdadeiro assombro a declaração do mestre".
118. Em São Paulo, os fazendeiros formularam, desde o início da década de 1870, políticas destinadas a atrair trabalhadores livres. Não deixaram, porém, de acrescentar-lhes mecanismos para obrigar os imigrantes a aceitar contratos extremamente inibidores da sua liberdade, o que desfigurava a sua condição de mão de obra livre. O assunto é analisado em Iraci Galvão Salles, *op. cit.*

Sobre os autores

Angela Alonso é professora do Departamento de Sociologia da Universidade de São Paulo, onde concluiu o mestrado (1995) e o doutorado (2000), e pesquisadora do Cebrap e do Development Research Centre on Citizenship, sediado na Universidade de Sussex (Inglaterra), no qual vem se dedicando a estudos comparados sobre o movimento ambientalista. É autora de *Joaquim Nabuco: os salões e as ruas* (Cia. das Letras, 2007), *Ideias em movimento: a Geração 1870 na crise do Brasil-Império* (Paz & Terra/Anpocs, 2002 prêmio CNPq-Anpocs 2000 na categoria de melhor doutorado em Ciências Sociais) e de vários artigos sobre movimentos intelectuais no Brasil.

Hebe Mattos é professora titular na Universidade Federal Fluminense e autora de diversos livros e artigos sobre história social da escravidão e do pós-abolição, entre eles, *Das cores do silêncio. Significados da liberdade no Sudeste escravista* (Nova Fronteira, 1998; prêmio Arquivo Nacional de Pesquisa, 1993) e *Memórias do cativeiro. Família, trabalho e cidadania no pós-abolição* (Civilização Brasileira, 2005, com Ana Lugão Rios). É coordenadora do Projeto Memórias do Cativeiro no Laboratório de História Oral e Imagem (LABHOI-UFF).

João Klug é doutor em História pela Universidade de São Paulo e professor do Departamento de História e do Programa de Pós-graduação em História da Universidade Federal de Santa Catarina (UFSC). É coordenador do Laboratório de Imigração e Migração da UFSC e tutor do PET-História na mesma instituição.

José Augusto Pádua é professor adjunto de História do Brasil no Departamento de História da Universidade Federal do Rio de Janeiro. É doutor em Ciência Política pelo Iuperj e tem pós-doutorado em História pela University of Oxford. É membro do comitê científico da Sociedade Latino-americana e Caribenha de História Ambiental. Publicou inúmeros trabalhos no Brasil e no exterior, entre os quais *Um sopro de destruição: pensamento político e crítica ambiental no Brasil escravista — 1786/1888* (Jorge Zahar Editor, 2002).

Larissa Viana é doutora em História Social pela Universidade Federal Fluminense e autora do livro *O idioma da mestiçagem* (Editora da Unicamp, 2007). Atualmente desenvolve projetos de pesquisa na área de História da Ciência na Fundação Oswaldo Cruz.

Leonardo Affonso de Miranda Pereira é doutor em História Social pela Unicamp. É autor de *O carnaval das letras. Literatura e folia no Rio de Janeiro do século XIX* (Editora da Unicamp, 2004) e *Footballmania. Uma história social do futebol no Rio de Janeiro — 1902-1938* (Nova Fronteira, 2000). Coorganizou as coletâneas *A história contada. Capítulos de história social da literatura no Brasil*, com Sidney Chalhoub (Nova Fronteira, 1998), e *História em cousas miúdas. Capítulos de história social da crônica no Brasil*, com Sidney Chalhoub e Margarida de Souza Neves (Editora da Unicamp, 2005).

Margarida de Souza Neves é doutora em História pela Universidad Complutense (Madri), professora do Departamento de História da PUC-Rio e pesquisadora do CNPq e da Faperj. Site de pesquisa: www.historiaecultura.pro.br

Maria Helena Pereira Toledo Machado é professora livre-docente do Departamento de História da Universidade de São Paulo. É autora de livros e artigos sobre escravidão, abolição e raça, tais como *O plano e o pânico. Os movimentos sociais na década da Abolição* (Ed. UFRJ/Edusp, 1994) e *Brazil through the Eyes of William James. Letters, Diaries and*

Drawings, 1865-1866 (edição bilíngue) (David Rockefeller Center for Latin American Studies/Harvard University Press, 2006).

Maria Luiza Ferreira de Oliveira é doutora em História Social pela Universidade de São Paulo e professora do Departamento de História da Universidade Federal de São Paulo (Unifesp). É autora de *Entre a casa e o armazém, relações sociais e experiência da urbanização, São Paulo 1850-1900* (Alameda, 2005). Atualmente é pesquisadora no IEB/USP, onde desenvolve o projeto *O ronco da abelha: resistência popular e conflito na consolidação do Estado Nacional, 1851-1852*, com bolsa de pós-doutorado.

Martha Abreu é professora do Departamento de História da Universidade Federal Fluminense (UFF) e doutora em História pela Universidade de Campinas (Unicamp). É autora de vários trabalhos sobre cultura popular e cultura negra no Rio de Janeiro dos séculos XIX e XX.

Renato Lemos é doutor em História e professor associado do Departamento de História da Universidade Federal do Rio de Janeiro (UFRJ). Entre suas publicações estão *Benjamin Constant — vida e história* (Topbooks, 1999) e "A justiça militar na República" *in* Celso Castro e outros, *200 anos de justiça militar* (CPDOC/FGV, 2007).

Ricardo Salles é professor da Faculdade de Formação de Professores da Universidade do Estado do Rio de Janeiro (UERJ) e da Escola de História da Universidade Federal do Estado do Rio de Janeiro (UNIRIO). Autor, entre outros trabalhos, de *E o Vale era o escravo. Vassouras — século XIX: senhores e escravos no coração do império* (Civilização Brasileira, 2008).

*O texto deste livro foi composto em Sabon,
desenho tipográfico de Jan Tschichold de 1964
baseado nos estudos de Claude Garamond e
Jacques Sabon no século XVI, em corpo 11/15.
Para títulos e destaques, foi utilizada a tipografia
Frutiger, desenhada por Adrian Frutiger em 1975.*

*A impressão se deu sobre papel off-set
pelo Sistema Digital Instante Duplex da
Divisão Gráfica da Distribuidora Record.*